Ashwien Sankholkar
Der geplünderte Staat und seine Profiteure

Ashwien Sankholkar

Der geplünderte Staat und seine Profiteure

Residenz Verlag

Bibliografische Information der Deutschen Nationalbibliothek
Die Deutsche Nationalbibliothek verzeichnet diese Publikation in
der Deutschen Nationalbibliografie; detaillierte bibliografische Daten
sind im Internet über http://dnb.dnb.de abrufbar.

www.residenzverlag.at

© 2017 Residenz Verlag GmbH
Salzburg – Wien

Umschlaggestaltung: BoutiqueBrutal.com
Typografische Gestaltung, Satz: Lanz, Wien
Lektorat: Josef Weilguni
Gesamtherstellung: CPI books GmbH, Leck

ISBN 978 3 7017 3426 9

Inhalt

Vorwort

Dieses Buch soll aufdecken und aufwecken. Auf den nächsten Seiten werden neue Skandale enthüllt und längst vergessene Vorfälle wieder in Erinnerung gerufen. Die sieben Kapitel schaffen einen kompakten Überblick über die größten Wirtschaftskrimis Österreichs seit der Jahrtausendwende.

Am Anfang stand die Empörung. Über die Geldverschwendung. Über die Korruption. Über die Verantwortungslosigkeit. Das darf doch nicht wahr sein: Warum bleiben offensichtliche Missstände im staatsnahen Bereich und in der Privatwirtschaft ohne Konsequenzen? Warum wird niemand zur Rechenschaft gezogen? Taugen die Gesetze nichts? Liegt es an den Gerichten? Was ist los mit den Strafverfolgern? Und warum schreibt keiner darüber? Das alles empörte mich lange vor der Jahrtausendwende, also bevor ich Journalist wurde.

Als Reporter für das Magazin »Format« (heute: »trend«) war ich von 2000 bis 2016 an der Aufdeckung zahlreicher Wirtschaftskriminalfälle und Politskandale beteiligt. Mehr als ein Jahrzehnt wurde ich journalistisch auf Trab gehalten. Die persönliche Publikationsliste ist lang. Sie reicht vom Bawag-Skandal (mit Helmut Elsner und Wolfgang Flöttl) über das Skylink-Desaster am Flughafen Wien bis hin zu den Anlegerskandalen Meinl und Immofinanz. Die Berichte führten über die Jahre zu Strafverfahren, einige davon zu gerichtlichen Schuldsprüchen. Eher nebenbei bekam ich Einblick in ein Geflecht aus Politik, Wirtschaft und Kultur, das das gesamte Land durchzieht – und leider auch Korruption begünstigt.

Dieses Buch liefert eine Bestandsaufnahme der wichtigsten Wirtschafts-skandale, die Österreich seit der schwarz-blauen Regierung erschüttert haben und die das Land noch Jahre in Atem halten werden – und deshalb nicht in Vergessenheit geraten sollten. Beleuchtet werden die Hintergründe zu den bevorstehenden Anklagen in den Strafsachen Buwog und Telekom sowie politische Dauerbrenner wie etwa das System Nationalbank oder das staatliche Milliardengrab Hypo Alpe Adria.

Dieses Buch stützt sich auf öffentlich zugängliche Informationen, wie Rechnungshofpapiere, Parlamentsprotokolle oder Medienberichte, sowie auf mir über viele Jahre zugespielte Verschlussakten, wie etwa Polizeiberichte, Gerichtsbeschlüsse, (forensische) Gutachten oder Telefonüberwachungsprotokolle. Dabei handelt es sich um Dokumente der alltäglichen Korruption in Österreich, die zeigen, wie es jahrelang lief und in Zukunft nicht mehr laufen darf. Die Veröffentlichung von Schmiergeldaffären, die Berichterstattung über Politskandale sowie die publizistische Aufarbeitung von Anlegerkrimis beeinflussen das politische und soziokulturelle Leben in einem Land maßgeblich – und die Storys offenbaren auch die Plünderung des Staates.

Es gilt die Unschuldsvermutung. Zahlreiche Personen, die in diesem Buch namentlich genannt werden, standen oder stehen im Verdacht, strafrechtlich relevante Handlungen verübt zu haben. Sofern sie nicht von einem ordentlichen Gericht rechtskräftig verurteilt wurden, gelten sie vor dem Gesetz als sauber und unbescholten. Dieses Buch stellt keine Anklageschrift dar, sondern eine Dokumentation von Handlungen und Verhaltensweisen, die aus Sicht eines Journalisten veröffentlichungswürdig sind.

Wie ich feststellen musste, mutieren spannende Politkrimis ohne prozessbegleitende News sehr leicht zu langweiliger Wirtschaftsgeschichte. Viel zu rasch macht sich dann Interesselosigkeit breit – zuerst in den Medien, dann in der Öffentlichkeit und schließlich in der Justiz. In politisch turbulenten Zeiten scheint alles wichtiger zu sein als die Strafverfolgung. 2016 war so ein Jahr mit dem SP-Kanzlerwechsel von Werner Faymann zu Christian Kern und der Bundespräsidentenwahl zwischen Alexander Van der Bellen und Norbert Hofer. 2017 ging es weiter mit dem ÖVP-Machtkampf zwischen Sebastian Kurz und Reinhold Mitterlehner. Eva Glawischnig trat als Bundessprecherin der Grünen zurück und Peter Pilz gründete eine eigene Partei. Die politische Landschaft verändert sich nachhaltig. Richtungsweisende Entscheidungen stehen bevor.

Auch die grassierende Vergesslichkeit und Ignoranz machten dieses Buch notwendig. Selbst gut informierte Zeitgenossen haben längst den Überblick verloren, was seit der schwarz-blauen Regierungszeit alles falsch gelaufen ist. In Zeiten des politischen Umbruchs ist es wichtig, Derartiges im Kopf zu behalten. Der Skandalreigen rund um Karl-Heinz Grasser war kein Einzelfall, sondern hatte System. Eurofighter, Hypo Alpe Adria und Telekom Austria: Dieses Buch soll Ordnung ins Chaos bringen und Unfassbares wieder in Erinnerung rufen.

Journalisten sind keine Polizisten, keine Staatsanwälte und keine Richter. Wir führen keine Verhöre, schreiben keine Anklageschriften und urteilen nicht über Schuld oder Unschuld. Sehr wohl gehört die schonungslose Information zu unseren Aufgaben, wobei für uns Maßstäbe wie Moral und Wohlverhalten unabdingbar sind. Nicht alles, was rechtlich zulässig ist, ist auch in Ordnung.

Das Buch ist ein Plädoyer für den investigativen Journalismus. Es ist das Verdienst mutiger Informanten, dass Korruption und Misswirtschaft ein Riegel vorgeschoben wird. Ohne sie wären viele Skandale wohl nie ans Tageslicht gekommen. Whistleblower nehmen die Gefahr auf sich, brisante Information mit Journalisten zu teilen. Das vorliegende Buch widme ich »meinen Informanten«, die mich in meiner publizistischen Detektivarbeit unterstützen. Sie brachten mir unglaubliches Vertrauen entgegen und machen meinen Beruf zur Berufung.

Am Ende dieser persönlichen Skandalchronik findet sich ein Plädoyer für mehr Transparenz, Verantwortlichkeit und Kontrolle. Neue Lösungen für alte Probleme. Die zum Teil auch plakativen Ideen und Vorschläge sollen zu einer konstruktiven Debatte über Fehlentwicklungen im Polit- und Justizsystem anregen – und in letzter Konsequenz helfen, die Plünderung des Staates zu stoppen. Für die Profiteure des korrupten Systems soll das Buch eine Warnung sein, dass ihr Treiben nicht in Vergessenheit gerät und späte Verfolgung möglich ist.

Abschließend möchte ich Familie und Freunden sowie meinem Lektor Josef Weilguni und dem Team des Residenz Verlags danken. Ihre Unterstützung hat zum Erfolg des Buches wesentlich beigetragen.

Ashwien Sankholkar
Wien, im September 2017

Kapitel 1

Die Verschwender –
oder: der Burgtheater-Skandal

Dumm gelaufen für Thomas Drozda. Das Wirtschaftsdrama am Wiener Burgtheater bereitet dem sozialdemokratischen Kulturminister seit mehr als einem Jahr schlaflose Nächte. Dabei verlief die Karriere des 52-jährigen Oberösterreichers bis dato wie am Schnürchen. Nach Stationen bei der Sozialistischen Jugend und in der Nationalbank diente Drozda zwei roten Bundeskanzlern: Im Kabinett von Franz Vranitzky war er wirtschaftspolitischer Berater (1993) und unter Viktor Klima betrieb er Kulturpolitik (1997). Als die Bundestheater Ende der Neunzigerjahre ausgegliedert wurden, war Drozda in der glücklichen Lage, sich den Job aussuchen zu dürfen. Seine Wahl fiel auf das prestigeträchtige Burgtheater, das damals Bühnenlegenden (Kirsten Dene, Gert Voss) und Jungstars (Birgit Minichmayr, Nicholas Ofczarek) gleichermaßen unter Vertrag hatte. Als Kulturmanager war Drozda beliebt. Prominente Schauspieler schwärmen noch heute von ihm. Unter Drozda war die Welt noch in Ordnung, heißt es. Eine Welt im Graubereich.

Es war die Zeit der Verschwender. Finanzielle Kontrolle an der Burg? Dafür waren Billeteure zuständig. Grenzenloses Geldausgeben war damals im staatsnahen Kunstbetrieb ganz normal. Den sparsamen Umgang mit Steuergeld gab's bestenfalls in der Theorie. Korruption – von der Revision aufgedeckt – wurde von der Prüfinstanz zugedeckt. Politisch besetzte Kontrollore oder willfährige Prüfer begünstigten eine Art systematische Vertuschung. Am Burgtheater war das nicht anders. Als kaufmännischer Geschäftsführer – der erste unter dem Dach der neu errichteten Bundestheater-Holding – übernahm Drozda nicht nur die größte Sprechbühne im deutschsprachigen Raum, sondern erbte auch eine gigantische Privilegien-Hochburg, wo Gebarungskontrolle ein Fremdwort war.

Unter den Auspizien des legendären Bundestheater-Generals Georg Springer und der emsigen Burgtheater-Prokuristin Silvia Stantejsky wurden die offiziellen Bücher frisiert, die geheimen Geldtöpfe gefüllt und alle Kritiker auf Distanz gehalten. Als Drozda schließlich 2008 zu den Vereinigten Bühnen (Raimund Theater, Ronacher) wechselte, übergab er ein lastenfreies Burgtheater – zumindest auf dem Papier: Bilanzen und Finanzen der Burg wurden damals einwandfrei testiert. Persilscheine gab es viele: Prüfberichte der Wirtschaftstreuhänder PwC und KPMG, die Steuerbescheide des Finanzamts oder das ausdrückliche Lob des Aufsichtsrats. Das alles wird heute von Minister Drozda hervorgekramt, vor allem zur Selbstverteidigung. Rückblickend betrachtet, darf die positive Darstellung der Burgtheater-Finanzen jedenfalls angezweifelt werden.

Ausgerechnet auf dem Höhepunkt dieser sozialdemokratischen Bilderbuchkarriere wurde Thomas Drozda von seiner Vergangenheit eingeholt. Im Mai 2016 ereilte ihn der Ruf seines dritten Kanzlers. Sein politischer Weggefährte Christian Kern – dieser war 1997 Büroleiter von SP-Klubobmann Peter Kostelka – wollte ihn als Minister für Kunst, Kultur und Medien in seinem Regierungsteam. Als Kanzleramtsminister ist Drozda nun oberster Eigentümervertreter des Burgtheaters. Die Auseinandersetzung mit dem spektakulären Wirtschaftsskandal an der Burg bedeutet für ihn notgedrungen auch Vergangenheitsbewältigung in eigener Sache. Denn nun interessiert sich nicht nur die Opposition für ihn, sondern auch alle mit der Causa befassten Institutionen.

Die Wirtschafts- und Korruptionsstaatsanwaltschaft ermittelt seit 2014 am Tatort Burgtheater wegen des Verdachts der Bilanzfälschung, des Betrugs und der Untreue sowie wegen Abgabenhinterziehung. Im Visier der Ermittler stehen in erster Linie der ehemalige Burgtheater-Direktor Matthias Hartmann (2009–2014), die entlassene Burgtheater-Managerin Silvia Stantejsky und der zum Rücktritt gezwungene Bundestheater-Boss Georg Springer. Letzterer war auch langjähriger Aufsichtsratsvorsitzender der Burgtheater GmbH. Die drei spielen die Hauptrollen im spektakulären Burgtheater-Drama. Für sie gilt die Unschuldsvermutung. Eine prominente Nebenrolle nimmt Drozda ein. Zwar waren die Malversationen erst nach seinem Abgang aufgeflogen, weshalb er aus Ermittlersicht aus dem Schneider ist. Doch seine tatsächliche Verantwortung ist noch nicht restlos aufgeklärt. Warum? Als oberster Burg-Kaufmann war er ein Jahrzehnt lang für alle bilanz-, organisations- und steuerrechtlichen Belange verantwortlich. Fakt ist: Auch in seiner Zeit lief sehr viel schief.

Unter Drozda wurden Steuern und Abgaben nicht korrekt abgeführt, wie Finanzprüfer 2016 feststellten: Allein aus der unkorrekten Abrechnung ausländischer Künstler musste das Burgtheater für die Jahre 2004 bis 2013 rund 867 000 Euro nachzahlen – mehr als die Hälfte des Betrags betrifft die Ära Drozda. »Haftungsansprüche gegen mich haben keine Grundlage«, wiederholt Kulturminister Thomas Drozda gebetsmühlenartig. »Von Seiten des

Burgtheaters höre ich, dass in keinem der Bescheide ein Vorwurf gegen mich oder meine Geschäftsführung erhoben wird. Diese richten sich ausschließlich gegen die spätere Geschäftsführung.« Drozda wird jedenfalls nicht als Beschuldigter geführt.

Die Aufarbeitung des Burgtheater-Skandals wird noch einige Zeit in Anspruch nehmen. Der Vorhabensbericht ist zwar schon fertig. Ob es zu einer Anklage kommt, steht noch nicht fest. Das wird das Justizministerium zu entscheiden haben. Die Staatsanwälte haben sich durch einen gewaltigen Aktenberg aus Aufsichtsratsprotokollen, Revisionsmeldungen, Rechnungshofberichten und Wirtschaftsprüfertestaten durchgeackert. Die brisanten Dokumente, darunter Gutachten von Forensikern und Rechtsanwälten, beschreiben nicht nur eine beispiellose Steuergeldverschwendung, sondern nennen zahlreiche Profiteure. Nicht nur Hartmann, Springer und Stantejsky lebten sehr gut auf Kosten des Steuerzahlers. In den vertraulichen Papieren werden auch berühmte Schauspieler, Regisseure und andere Nutznießer des Systems genannt. Auch zahlreiche Berater, die selbst Sparsamkeit einmahnten, verdienten sich eine goldene Nase. Die fette Rechnung bekam am Ende der Steuerzahler präsentiert.

»Aufgrund der erforderlichen Bilanzberichtigungen im Zusammenhang mit der Aufarbeitung der Vergangenheit musste die Burgtheater GmbH Ende des Geschäftsjahres 2012/2013 in ihrer Bilanz bereits ein negatives Eigenkapital in der Höhe von 10,29 Millionen Euro ausweisen«, schreibt der Rechnungshof in seinem Prüfbericht vom Mai 2016. »Die insolvenzrechtliche Überschuldung konnte nur durch eine Patronatserklärung der Bundestheater-Holding und die Erstellung einer positiven Fortbestandsprognose vermieden werden.« Im Klartext: Das Burgtheater war Ende 2013 pleite. Ohne 10-Millionen-Euro-Garantie der Republik wäre das berühmteste Schauspielhaus im deutschsprachigen Raum zum Fall für den Insolvenzrichter geworden. Schauspieler, Bühnentechniker, Dramaturgen – sie alle wären auf der Stelle arbeitslos gewesen. Ein kulturpolitischer Tsunami wurde in letzter Minute verhindert.

Doch wie kam es so weit? Was waren die Gründe? Und wer waren die Profiteure?

Die Hauptverantwortung tragen – wie so oft – die Politiker, die dem wilden Treiben am Burgtheater mindestens zwei Jahrzehnte tatenlos zusahen. Auch die willfährigen Vasallen von VP-Kunststaatssekretär Franz Morak (2000–2007) und SP-Kulturministerin Claudia Schmied (2007–2013) agierten desaströs: Als Aufsichtsräte wurde ihnen das Wohl der Bundestheater (Akademie- und Burgtheater sowie Staats- und Volksoper) anvertraut. Doch anstatt mit dem »Privilegienstadl« aufzuräumen, taten sie genau das Gegenteil: Sie schauten stillschweigend zu.

Die Misswirtschaft an der Burg wird am Beispiel der Ticketvergabe besonders deutlich. Für Österreichs Elite gelten Burgtheater-Karten als harte Währung. Eintrittskarten für Premieren oder für bereits ausverkaufte Vorstellungen werden teilweise zu Fantasiepreisen gehandelt, wie Kulturinteressierte wissen. Wer die Hand auf dem Ticket-Pool hat, der hat auch Wertvolles zu verteilen. Die Chefetage der Bundestheater-Holding, vertreten durch Georg Springer und Burgtheater-Grande-Dame Stantejsky, wusste das zu gut – die beiden avancierten so zu den einflussreichsten Leuten an der Burg. Last-Minute-Tickets bei ausgebuchten Aufführungen gefällig? Für Springer und Stantejsky kein Problem: Ein Anruf genügte. Gleichzeitig mussten einfache Theaterfans lange Warteschlangen in Kauf nehmen oder teure Karten auf dem Schwarzmarkt erwerben. Tickets, die Springers Günstlinge zum Nulltarif erhielten. Für ein Theater, das vom Staat subventioniert wird, ist das bemerkenswert. Die größte Frechheit daran: Springer und Stantejsky agierten nicht widerrechtlich oder auf unerlaubte Weise. Ihre Handlungen waren rechtlich gedeckt durch Gesetze und interne Richtlinien, die sie selbst überwachten.

»Den Geschäftsführungen der Bundestheater-Holding GmbH sowie der Burgtheater GmbH waren täglich eine Dienstloge der besten Preiskategorie zur Verfügung zu stellen«, schreibt der Rechnungshof in seinem Bericht vom Mai 2016. Doch damit nicht genug. Springer und Stantejsky verfügten darüber hinaus über ein riesiges Kontingent an Gratiskarten. Von 2008/2009 bis 2013/2014 wurden in Summe 116 922 Eintrittskarten registriert, die »im Burg- und Akademietheater zu keinen Erlösen führten«. In diesen sechs Jahren erhielten die Sponsoren exakt 6960 Gratiskarten. Beeindruckender ist aber die Anzahl der sogenannten »Dienstkarten«. Derartige Spezialtickets sind kostenlos und dürfen offiziell nicht weitergegeben werden, was wiederum kaum kontrolliert wird. Davon wurden innerhalb von sechs Jahren 85 394 Stück verteilt. Auch Springer und Stantejsky griffen auf diesen Pool zu.

Die »echten« Dienstkarten erhalten ausgewählte Autoren, Komponisten, Solisten oder Verleger sowie Ärzte, Feuerwehrleute oder Polizisten, die aus dienstlichen Gründen im Theater anwesend sein müssen. Der viel größere Teil war aber für »Special Guests« reserviert, eine handverlesene Schar, die von Springer, Stantejsky oder dem einflussreichen Burg-Betriebsrat ausgewählt wurde – ein klassisches Privileg.

Die Geschäftsführungen von Bundestheater-Holding GmbH oder Burgtheater GmbH durften jeden als Gast klassifizieren, solange der Besuch »im künstlerischen oder wirtschaftlichen Interesse« des Burgtheaters lag. Diese Klausel legitimierte so gut wie jede Gratiseinladung, denn wer von »wirtschaftlichem Interesse« war, bestimmten Springer und Stantejsky selbst. Zum Kreis der

Begünstigten gehörten alle, die der Burg nahestanden, beispielsweise Aufsichtsräte, Wirtschaftsprüfer und Politiker sowie »friends & family«. Nachvollziehbar: Kontrollore und Geldgeber zu beglücken, lag im wirtschaftlichen Interesse der Burg. Dementsprechend gab es von Ministerium und Aufsicht keine Kritik, dass Jahr für Jahr Tickets im Wert von rund 500 000 Euro verschenkt wurden. Die fragwürdige Praxis wurde stillschweigend toleriert – und besteht im Wesentlichen bis heute.

Das »künstlerische Interesse« interpretierte der Betriebsrat. »Aus dem Kontingent der Dienstkarten stellte die Burgtheater GmbH dem künstlerischen und dem technischen Betriebsrat kostenlose Karten im Burg- und Akademietheater zur Verfügung«, heißt es im Rechnungshofbericht. »Auf das Burgtheater entfielen davon jährlich durchschnittlich rund 4700 Karten mit einem Wert von rund 180 000 Euro und auf das Akademietheater jährlich rund 2100 Karten mit einem Wert von rund 83 000 Euro.« In den sechs geprüften Jahren wurden rund 41 000 Tickets (Wert: 1,52 Millionen Euro) durch den Betriebsrat geschleust. Pikant daran ist, dass es für diese Praxis keine schriftliche (Betriebs-)Vereinbarung gibt. »Die Burgtheater GmbH gab dem Rechnungshof bekannt, dass diese Handhabung bereits mehrere Jahrzehnte zurückreiche und sie nicht feststellen könne, wann und wer mit der Abgabe von Dienstkarten an den künstlerischen und technischen Betriebsrat begann.« (RH-Bericht vom Mai 2016). Dass bei der regelmäßigen Gebarungsprüfung seit 2009 die »in jedem Geschäftsjahr erfolgte Abgabe von mehreren tausend Dienstkarten an den Betriebsrat nicht thematisiert wurde«, stellt eine kolossale Fehlleistung der Prüforgane dar. »Diese Kartenabgabe [steht] im Widerspruch zur Regelung der Bundestheater-Holding GmbH«, stellte der Rechnungshof trocken fest. Bis dato drücken sich Burgtheater-Direktorin Karin Bergmann und ihr kaufmännischer Direktor Thomas Königstorfer davor, »die Abgabe von Dienstkarten an den Betriebsrat zu beenden«, wie es der Rechnungshof empfiehlt. Das Betriebsratskontingent solle lediglich reduziert werden, um Zoff mit der Schauspieler-Vertretung zu vermeiden. Der designierte Burgtheater-Direktor Martin Kušej, der 2019 antreten wird, hält nichts vom alten Schlendrian: »Ich kann Bilanzen lesen«, sagte er anlässlich seiner Vorstellung im Juni 2017.

Besonders krass lief es bei Premieren ab. Diese gelten gemeinhin als Veranstaltungen mit dem größten Andrang. Dennoch waren die Kartenerlöse um bis zu 48 Prozent niedriger als bei den Folgevorstellungen. Wie kam das? Zitat aus dem RH-Bericht: »Der Anteil der Dienst- und Regiekarten lag bei Premieren im Burg- bzw. Akademietheater bei rund 27 Prozent bzw. rund 40 Prozent. Im Hinblick darauf, dass bei Premieren ein besonderes Publikumsinteresse anzunehmen war, wies der RH kritisch darauf hin, dass die Feststellung im Bericht über die Gebarungsprüfung, ›dass sparsam mit der Vergabe von Dienst- bzw. Regiekarten umgegangen wird und nur im Ausnahmefall, das heißt nur bei nicht ausverkauften Vorstellungen, Dienst- bzw. Regiekarten vergeben werden‹, nicht nachvollziehbar war.« Im Burgtheater verteidigt man die großzügige Einladungspolitik noch heute damit, dass »Premieren ein zentraler Kommunikations-Angelpunkt für Meinungsbildner und für Zwecke des Fundraisings« seien und sich allein daraus ein »höherer Anteil an Regiekarten« ergeben würde. Bei allem Verständnis für Öffentlichkeitsarbeit: Dass fast die Hälfte der Eintrittskarten verschleudert wird, wirkt doch ein wenig übertrieben.

Tatsächlich wäre ein Ende der maßlosen Gratisvergabe höchst angebracht. Immerhin verfälscht sie auch die betriebswirtschaftlichen Statistiken. So stiegen die Auslastungszahlen durch den Dienstkarten-Trick um mindestens 1,6 Prozentpunkte, wie der Rechnungshof vorrechnete. Um das zu verstecken, wurden sogar Auslastungszahlen manipuliert. »Seit 1999 wurden bei Repertoirevorstellungen in der Spielstätte Burgtheater bis zu 112 teilweise stark sichtbehinderte und bis zum Vortag nicht verkaufte Sitzplätze nachträglich aus dem Angebot genommen und somit nicht in die Summe der angebotenen Sitzplätze einbezogen«, schreibt der Rechnungshof. So konnten die Auslastungszahlen willkürlich rauf- und runtergesetzt werden. Im Extremfall ergaben sich Vorstellungen mit einer 100-prozentigen Auslastung. Der Rechnungshof: »Die gesamte Auslastung bei den Spielstätten hätte sich demnach von 82 auf 80 Prozent oder um zwei Prozentpunkte verringert.«

»Der kulturpolitische Auftrag lautet, die Bundestheater im Sinne eines hochklassigen Repertoiretheaterbetriebs zu führen«, sagte der frühere SP-Kulturminister Josef Ostermayer im August 2014. »Das ist der Anspruch, den die Bevölkerung stellt, den auch ich stelle. Natürlich geht es darum, mit dem vorhandenen Geld auszukommen.« Das Credo übernahm auch sein Nachfolger Thomas Drozda. Auch für ihn sind die primären Geldquellen des Burgtheaters Ticketeinnahmen, Sponsoring und die staatliche Basisabgeltung. Diese deckt das Budget zum größten Teil ab. Minister Drozda sowie seine Vorgänger Josef Ostermayer, Claudia Schmied und Franz Morak erhöhten den Bundeszuschuss zur Erfüllung des »kulturpolitischen Auftrags« sukzessive. Was sie dabei aus den Augen verloren: die Kostenschraube. Sparsamkeit und Kulturpolitik schließen einander per se nicht aus. Einsparungen wären möglich gewesen. Doch an der Stellschraube »Personalkosten« wollte keiner drehen. Das war unpopulär.

Die Schauspieler waren und sind tabu – und damit auch ihre unfassbaren Privilegien. Der Rechnungshof kritisierte in seinem Bericht, dass »die Burgtheater GmbH in der Personalverwaltung gravierende Mängel aufwies, weil sie nicht für alle Beschäftigten Dienstverträge ausstellte und entgegen der Weisung der Bundestheater-Holding GmbH bis zum Jahr 2014 keine Dienstreiseabrechnungen durchführte«. Das hatte zur Folge, dass Gagen ohne vertragliche Grundlage ausgezahlt und Reisekosten ohne Belege abgerechnet wurden – und das in einem Staatsbetrieb! Diese Praxis wurde vom seit 2013 amtierenden kaufmännischen Direktor Thomas Königstorfer mittlerweile abgestellt. Daran führte auch kein Weg vorbei. Königstorfer hatte keine andere Wahl. Anders beim Thema Zeitausgleich.

»Die Burgtheater GmbH gewährte dem Personal in den Bereichen Kunst und Technik zusätzlich zum Erholungsurlaub einen Zeitausgleich, der – so er nicht verbraucht wurde – auszuzahlen war und im Unterschied zum Anspruch auf den Erholungsurlaub nicht verfallen konnte«, schreibt der Rechnungshof. In der Regel wurde der Zeitausgleich in den Theaterferien verbraucht, also im Juli und August, wenn Burg- und Akademietheater geschlossen waren. Der Zeitausgleich sollte die bei Theaterproduktionen anfallenden Überstunden kompensieren. Im Bereich Technik erlaubte eine Betriebsvereinbarung, dass 14 Werktage Zeitausgleich gewährt würden, die in den Theaterferien zu konsumieren und auch aufzuzeichnen seien. Die Auszahlung von Zeitausgleich wurde nur »in Ausnahmefällen« und nach schriftlichem Antrag gewährt. Der Technikbetriebsrat wollte so Missbrauch verhindern.

Extrawürste gab es für die Künstler. »Durch jahrzehntelange Übung wurde der Anspruch auf Zeitausgleich von 17 Werktagen für das gesamte künstlerische Personal Bestandteil der einzelnen Dienstverträge« (Rechnungshof). Doch im Gegensatz zum Technikbereich gab es für die Künstler keine Betriebsvereinbarung. Grundlage für die fragwürdige Praxis war eine einseitige Regelung der Bundestheaterverwaltung aus dem Jahr 1960 (!) sowie eine nicht schriftlich festgelegte betriebliche Übung. Die Künstler wurden auch nicht verpflichtet, ihren Zeitausgleich in den Theaterferien zu konsumieren, geschweige denn schriftliche Aufzeichnungen zu führen. So wurde es Usus, dass sich die Schauspieler ihren Zeitausgleich regelmäßig auszahlen ließen. Ob sie den Zeitausgleich in realita bereits abgebaut hatten, spielte keine Rolle, weil es ohnedies nie kontrolliert wurde.

»Bis zum Jahr 2015 führte die Burgtheater GmbH für das Personal im Bereich Kunst keine schriftlichen Aufzeichnungen über den Verbrauch der Urlaubs- und Zeitausgleichsansprüche, und das Personal in diesem Bereich stellte keine schriftlichen Anträge für die Ausbezahlung von Ersatzansprüchen«, schreibt der Rechnungshof im Bericht vom Mai 2016. »Dessen ungeachtet zahlte die Burgtheater GmbH dem Personal im Bereich Kunst im überprüften Zeitraum rund 136 000 Euro für nicht verbrauchte Freizeit aus.« Künstler, die nach dem Theatergesetz angestellt sind, verfügen über einen Urlaubsanspruch von vier bis sechs Wochen, abhängig von der Zugehörigkeitsdauer. Das Burgtheater-Privileg: Ensemblemitgliedern stehen zwischen sieben und neun Wochen Freizeit zu. Daran soll sich auch in Zukunft nichts ändern, heißt es. Nur den Zeitausgleich müssen sie schriftlich beantragen. Und eine Auszahlung kommt nur ausnahmsweise und in begründeten Fällen in Betracht, was von den Betroffenen als beispiellose Schikane empfunden wird.

Die Wandlungsfähigkeit der Wirtschaftsprüfer

Dienstkarten zum Nulltarif, Zeitausgleich ohne Rechtsgrundlage, mündliche Arbeitsverträge: Das war der ideale Nährboden für die obszöne Unternehmenskultur, die im Herbst 2013 zum Crash an der Burg führte. Die Wirtschaftsprüfgesellschaft KPMG führte im Oktober 2013 eine Gebarungsprüfung durch, die den Anfang des Burgtheater-Skandals markiert. »Hohe Kassenbestände führten dazu, dass auch die Kassenführung in die Gebarungsprüfung einbezogen wurde«, heißt es im Rechnungshofbericht vom Mai 2016. »Der Abschlussprüfer stellte am 11. November 2013 in seinem ersten Entwurf des Berichts gravierende Mängel in der Buchführung fest.« KPMG hatte Pricewaterhouse-Coopers (PwC) als Buchprüfer des Burgtheaters ersetzt und war angesichts der grassierenden Bilanzskandale bei Banken und Industriebetrieben sensibilisiert. Und siehe da: Diesmal zog der Wirtschaftsprüfer die Notbremse. Das Burgtheater war pleite. »Der Jahresabschluss des Geschäftsjahres 2012/13 wies einen Bilanzverlust von 19,64 Millionen Euro und ein negatives Eigenkapital von 10,29 Millionen Euro aus«, schreibt der Rechnungshof. »Der Bilanzverlust resultierte aus der Bildung von Steuerrückstellungen, aus der Abschreibung von Bühnenproduktionen […] und der Wertberichtigung von sonstigen Forderungen und Vermögensgegenständen von insgesamt 17,65 Millionen Euro.« Ein bilanzieller Kraftakt war nötig, um die Vergangenheit aufzuarbeiten. Erst auf der Basis einer Patronatserklärung von zehn Millionen Euro seitens der Bundestheater-Holding war KPMG bereit, eine positive Fortbestandsprognose abzugeben. Damals konnte der Wirtschaftsprüfer erstmals »schwerwiegende Verstöße der gesetzlichen Vertreter gegen das Gesetz erkennen«, schreibt der Rechnungshof. Doch die Warnung kam viel zu spät.

Im Minderheitsbericht des parlamentarischen Ständigen Unterausschusses des Rechnungshofunterausschusses, der den Skandal am Burgtheater in acht Sitzungen zwischen 19. November 2014 und 10. Mai 2015 untersuchte, heißt es: »Auf Ebene der Wirtschaftsprüfer war es ›sehr auffällig, dass bei

Prüfberichten [...] komplette Entlastung gegeben wurde. Es wurde nichts beanstandet, es wurde nichts kritisiert, es wurde alles für gut befunden‹, kritisiert Rechtsanwalt Thomas Angermair die Arbeit der Prüfgesellschaft PricewaterhouseCoopers.« Angermair war Rechtsberater von Kulturminister Josef Ostermayer. Schwere Bilanzierungsfehler und offensichtliche Mängel in der Revision wurden schlicht und ergreifend ignoriert. Auch die KPMG habe bei ihrer ersten Prüfung zum Jahresabschluss 2011/12 noch nichts zu beanstanden gehabt. Laut Bundestheater-Manager Othmar Stoss sei bis zum Herbst 2013 von PwC und KPMG »die klare Aussage getätigt worden, dass ein funktionierendes internes Kontrollsystem implementiert« worden sei. Tatsächlich war genau das Gegenteil der Fall, wie Forensiker und Anwälte später erkennen sollten. Offensichtlich wollten es sich die Wirtschaftsprüfer nicht mit Kunst und Politik verscherzen. Für sie war klar, dass im Notfall der Staat einspringen würde. So wie die »großen« Banken war das »kleine« Burgtheater »too big to fail«, zu groß zum Scheitern.

Die Zustände am Burgtheater sprengten jeden Rahmen. Geheime Gelddepots, mysteriöse Scheinrechnungen und teure Beratungsaufträge wurden enthüllt. Wiewohl der Skandal im Herbst 2013 aufgedeckt wurde und in der Folge zum Rauswurf von Silvia Stantejsky (November 2013), Matthias Hartmann (Frühjahr 2014) und zum erzwungenen Rücktritt von Georg Springer (Juni 2014) führte, war der leichtfertige Umgang mit Bargeld schon viel früher bekannt. Vertrauliche Revisionsberichte der Bundestheater-Holding aus den Jahren 2011 und 2013 machten auf strukturelle Missstände am Burgtheater aufmerksam. Von Springer und dem Bundestheater-Aufsichtsrat wurden die Berichte aber schubladisiert. Ein Freibrief für Missmanagement.

Die Bundestheater-Revision hielt im Jahr 2011 im Bericht zum Thema »Barauszahlungen (Honorare, Gagen, Eintrittsgelder)« fest, dass damals mehr als 30 Prozent aller Honorare, Spesen und Wohnzuschüsse über Barauszahlungen abgewickelt wurden. Zum Vergleich: In der Staatsoper, die ebenfalls der Bundestheater-Revision unterstellt war, lag die Cash-Quote bei rund sechs Prozent. Bargeld verwalten, Auszahlungen anweisen und Kassastand prüfen: Für all das war Silvia Stantejsky zuständig. Diese Machtkonzentration fördere Missbrauch, kritisierten die Revisoren. Das müsse umgehend abgestellt werden. Doch es geschah nichts. Der Bericht landete in der Schublade. Stantejsky durfte weitermachen und sagt (leider) zu Recht: »Die Kontrollinstanzen des Burgtheaters waren immer über die Buchführung informiert.« Die Dimension der Malversationen war dem Aufsichtsrat vermutlich nicht bewusst. Dass herumgewurschtelt wurde, war offensichtlich. Die Missstände zu beenden, kam den Aufsehern dennoch nicht in den Sinn.

Zahlreiche Künstler ließen sich ihre Spielgelder, Pauschalen oder Tantiemen in Cash auszahlen. Ein Anruf bei der Hauptkasse genügte, und das Geld wurde zur Abholung bereitgestellt. Im forensischen KPMG-Bericht vom 27. Februar 2014 (Titel: »Projekt Sopran«) heißt es zur Bezahlkultur an der Burg: »Der Grund dieser Vorgehensweise der (teilweisen) Barauszahlungen von vertraglichen Ansprüchen und Honoraransprüchen an Künstler ist betrieblich und betriebswirtschaftlich nicht nachvollziehbar und kann als fremdunüblich beurteilt werden. Die Vorgehensweise birgt das Risiko, dass die Burgtheater GmbH zu Abgabenhinterziehung beiträgt.« Tatsächlich wurde es teuer. Für nachzuzahlende Steuern und Sozialversicherungsbeiträge musste das Burgtheater im Jahr 2014 rund 9,9 Millionen Euro bilanziell rückstellen. Ein Staatsbetrieb, der Steuerhinterziehung begünstigt. Das ist keine Kunst, sondern kriminell.

Das Wirtschaftsmagazin »Format« outete in der Titelgeschichte »Cash und Crash am Burgtheater« am 13. Juni 2014 eine Reihe von Bühnenstars als regelmäßige Bargeldempfänger. So standen beispielsweise Michael Maertens (»Der ideale Mann«), Christiane von Poelnitz (»Elektra«) oder der verstorbene Gert Voss auf Stantejskys Liste. Zur Erinnerung: Silvia Stantejsky führte »schwarze« Kassen, wo sie Ein- und Auszahlungen in Cash abwickelte. Dass sie am Ende den Überblick über die wilden Geldgeschäfte verlor, wurde ihr letztlich zum Verhängnis.

Die prominenten Auskunftspersonen sprachen über Stantejskys lockeren Umgang mit Bargeld. »Nestroy«-Preisträger Michael Maertens, der Ehemann von Mavie Hörbiger, bunkerte in Summe 99 000 Euro bei Stantejsky. Er habe »bis etwa 2004 kein eigenes Bankkonto besessen« und Stantejskys Angebot, sein Geld zu verwalten, gerne angenommen. »Ich fand das sehr nett«, so Maertens. »Ich wollte ja sparen.« Folglich behielt die Burg ab 2001 sein »Monatsgehalt in Form von Spielgeld, Pauschalen etc.« ein. Wenn er das Geld brauchte, spazierte er »zur Hauptkasse des Burgtheaters«. Die »bar erhaltenen Summen« habe er gegengezeichnet, und damit war's für ihn erledigt. »Das Geld ist versteuert worden«, betont Maertens. Lohnsteuer und Sozialversicherung wurden abgeführt. Maertens: »Ich war ein Trottel, dass ich Stantejsky mein Geld gab.« Zumindest hat er nichts verloren. Im Gegensatz zu Regisseur David Bösch (»Parzival«), der um rund 200 000 Euro zittert.

»Nestroy«-Preisträger bekamen offenbar eine Spezialbehandlung. »Christiane von Poelnitz gab an, von Frau Stantejsky viele Akontos abgeholt zu haben«, heißt es im »Sopran«-Bericht. »Die Übergabe fand immer bar in der Hauptkasse statt.« Am 31. August bzw. 21. November 2012 holte sie 7000 bzw. 7500 Euro ab. »Jede Akonto-Auszahlung an mich wurde dem Gehalt abgezogen und damit ordnungsgemäß versteuert«, sagt Christiane von Poelnitz, die langjährige Lebensgefährtin von Schauspieler Joachim Meyerhoff (»Die Welt im Rücken«). Auch Schauspiellegende Gert Voss wird im »Sopran«-Bericht erwähnt. »Stantejsky sendete ein E-Mail mit der Bitte um Baranweisung der Monatsgage September von Gert Voss und teilte mit, dass die weiteren Zahlungen dann wieder aufs Konto erfolgen sollten.« Ob das eine Ausnahme oder die Regel war und wie viel über die Hauptkasse verschoben wurde, bleibt ungeklärt. Gert Voss verstarb im Sommer 2014. Bei Starregisseur Jan Bosse konnte die KPMG hingegen konkrete Geldsummen festmachen: »Stantejsky sendete ein E-Mail, aus dem hervorgeht, dass sie Jan Bosse einen Vertrag über 30 000 Euro zukommen ließ und dazu noch ein weiteres Honorar von 10 000 Euro dazukomme, für welches die Honorarnote dann bei Barbehebung in Wien ausgestellt wird.«

»Künftig wird es keine Barauszahlungen mehr geben, sondern nur von Konto zu Konto«, versichert Burg-Direktorin Karin Bergmann. Daran wird auch Martin Kušej, ihr designierter Nachfolger an der Burg, nichts ändern. Doch ähnlich wie Minister Drozda hadert auch Bergmann mit ihrer Vergangenheit. Sie war viele Jahre am Burgtheater angestellt und mit Stantejsky gut befreundet. Wenig überraschend: Auch Bergmanns Name scheint auf Stantejskys berüchtigter »Depots«-Liste auf. Dabei handelt es sich um die Auflistung von Verrechnungskonten, auf denen Stantejsky das Cash ihrer Schützlinge bunkerte. Neben Bergmann werden auch die Regisseure Karin Beier, Nicolas Stemann, Tom Stromberg und der verstorbene Christoph Schlingensief genannt. Sie alle wollen nichts davon gewusst haben, dass Stantejsky ein Depot unter ihrem Namen führte. Bergmann hat in der Vergangenheit jede illegale Entgegennahme von Burgtheater-Geldern zurückgewiesen. Die monatlich 2700 Euro, die ihr laut dem Nachrichtenmagazin »profil« in der Saison 2008/09 vom damaligen Burg-Direktor Klaus Bachler überwiesen wurden, seien jedenfalls sauber.

Konkret flossen zwischen September 2008 und August 2009 in Summe 32 400 Euro von Bachlers Privatkonto an Bergmanns Privatkonto. Dies sei laut Stellungnahme des Burgtheaters »freiwillig, ohne jegliche rechtliche Versicherung als Zeichen der freundschaftlichen Verbundenheit und persönlichen Dankbarkeit für die loyale Unterstützung« geschehen, weil Bachler in seiner letzten Saison am Burgtheater kaum anwesend war und seine damalige Stellvertreterin Bergmann seinen Job erledigte. Rechtlich sei das völlig in Ordnung, befand Georg Springer als damaliger Burg-Aufsichtsratspräsident. Diese »private« Aufwandsentschädigung von Bachler für Bergmann darf im Rückblick als weitere Blüte im Burgtheater-Sumpf betrachtet werden. Eigentlich sollte es selbstverständlich sein, dass ein Geschäftsführer seinen Job bis zum Vertragsende erfüllt. Managementagenden einfach so zu delegieren und danach über Aufwandsentschädigungen auszugleichen: Das klingt nach einem arbeitsrechtlichen Drahtseilakt.

Eine prominente Nebenrolle im Burgtheater-Drama bekleidete der Betriebsrat, der sich im Zuge der forensischen Recherchen als diskrete Gelddrehscheibe entpuppte. Nicht nur wertvolle Gratistickets wurden dort verteilt, sondern auch echtes Geld. Im »Sopran«-Bericht ist dokumentiert, dass immer wieder zehntausende Euro von der Burgkasse zum Betriebsrat gewandert sind, der das Geld gegen Ausstellung dubioser Quittungen entgegengenommen haben soll. Der Rechnungszweck war kurz, der Geldbetrag groß: »Abrechnung künstlerischer Lizenzen« (18 000 Euro), »Personalangelegenheiten« (18 000 Euro), »TV-Auszahlung« (12 000 Euro), »Diverse Lizenzen« (20 000 Euro) oder »Zurverfügungstellung von Personal« (26 646,35 Euro). Das Gegenüber von Burg-Managerin Silvia Stantejsky war die damalige Betriebsratsvorsitzende Dagmar Hölzl. Die Staatsanwaltschaft geht davon aus, dass es sich um Scheinrechnungen gehandelt haben könnte, weil Hölzl sagt: »Ich habe das Geld nie gesehen.« Wo ist das Geld gelandet? Die Justiz sucht es noch.

Wiewohl die Stantejsky-Hölzl-Transfers noch Gegenstand von Untersuchungen sind, besteht kein Zweifel, dass der Betriebsrat über die Jahre mit großen Geldbeträgen jongliert hat. »Unter dem Titel ›Erlöse aus Rundfunk- und Fernsehübertragungen‹ kassiert das Burgtheater viel Geld, das zum Großteil an die Künstler weitergereicht wird«, berichtete das Magazin »Format« im Juni 2014. In sieben Jahren, also von 2006 bis 2013, waren es 967 334,85 Euro. »Die Direktion überweist das ORF-Geld an den Betriebsrat, der es verteilt: Der Künstler wird angerufen, er solle doch ›kurz vorbeischauen‹, um ›sein Geld‹ abzuholen. Ein paar hundert bis ein paar tausend Euro wechseln dann den Besitzer.« Auf die Frage, warum das Geld nicht überwiesen werde, heißt es seitens des Betriebsrats: »Das war schon immer so.« Zwar weise der Betriebsrat die Ensemblemitglieder darauf hin, dass das Geld zu versteuern sei. Doch ähnlich wie bei Trinkgeldern dürfte das Finanzamt wohl auch vom Betriebsratsgeld nichts erfahren haben. Tatsache ist, dass laut Rechnungshof erhebliche Abgabenschulden entstanden sind: »Die Burgtheater GmbH beglich für 23 Personen insgesamt rund 137 000 Euro an persönlichen Steuer- und Abgabenverbindlichkeiten bei in- und ausländischen Finanzverwaltungen.« Die Namen der betroffenen Personen sind ein Staatsgeheimnis.

Der Burg-Betriebsrat führt jedenfalls seit vielen Jahren ein fragwürdiges Dasein. In der Vergangenheit beschäftigte er schon mehrfach die Gerichte. Im Juni

2013 wurde ein Betriebsrat rechtskräftig zu acht Monaten bedingter Haftstrafe verurteilt, weil er sich zwischen Februar 2010 und November 2011 insgesamt 78 Mal aus dem Betriebsratsfonds bedient hatte – Schaden: 52 000 Euro. Um das Geld kaufte er beispielsweise Fernseher, Geschirrspüler oder Kaffeemaschinen für seine Kolleginnen und Kollegen. Wer einen finanziellen Engpass hatte, der wurde mit Geld aus der Kasse versorgt. Eine noble Geste, die aber strafrechtlich relevant ist. Denn: Das willkürliche Verteilen von fremdem Vermögen ist verboten – auch aus edlen Motiven.

Wiewohl die Verurteilung des Betriebsrats für großen Wirbel sorgte, änderte sich wenig am Schlendrian. Im Juni 2016 wurde abermals ein Betriebsratsmitglied wegen Veruntreuung zu neun Monaten bedingter Haft verurteilt. Aus dem Betriebsratsfonds des künstlerischen Personals und einem Sozialfonds zweigte er von Februar 2015 bis März 2016 insgesamt 47 300 Euro ab. »Als Kassawalter hatte der Mann Zugriff auf Bankkonto und Tresor, was er nutzte, um sich regelmäßig Beträge zwischen 200 und 3500 Euro einzustecken«, berichtete die »Austria Presse Agentur« am 16. Juni 2016. Die Malversationen waren im Zuge einer internen Rechnungsprüfung entdeckt worden. In einer Presseaussendung stellte der künstlerische Betriebsrat fest, dass es sich »bei der betroffenen Person nicht um eine Darstellerin oder einen Darsteller handelt«. Außerdem: »Es sind auch keine Steuermittel, Erlöse aus Kartenverkäufen oder sonstige Gelder der Burgtheater GmbH von dem Vorfall betroffen, sondern ausschließlich Mittel der Kolleginnen und Kollegen des Burgtheaters.« Spät, aber doch: Der Betriebsrat nahm den Vorfall aus dem Jahr 2016 zum Anlass, das interne Kontrollsystem nachzuschärfen.

Es gibt noch sehr viel zu verbessern. Gefordert wären in erster Linie die Aufsichtsorgane von Bundestheater-Holding oder des Burgtheaters, dem auch der Betriebsrat angehört. Es war eine Mischung aus Unvermögen und Gleichgültigkeit, die die Tricksereien in der Bilanz- und Liquiditätsrechnung möglich machten. Zu den Aufsichtsräten der Bundestheater-Holding in der Skandal-Ära gehörten etwa Max Kothbauer (Nationalbank-Vizepräsident), Bettina Glatz-Kremsner (Lotterien-Geschäftsführerin), Hilde Hawlicek (Ex-SP-Unterrichtsministerin) und Manfred Lödl (Finanzministerium). Im Burgtheater-Aufsichtsrat saßen damals beispielsweise Karl Stoss (Ex-Casinos-Austria-General), Heide Schmidt (Liberales-Forum-Gründerin), Josef Schmidinger (s Bausparkasse), Viktoria Kickinger (Ex-Post-Lobbyistin), Susanne Moser (Direktorin Komische Oper Berlin), Michael Längle (Rohöl-Aufsuchungs-AG-Vorstand) und Monika Hutter (Finanzministerium).

Die geballte Kraft aus Wirtschaft und Kultur konnte betriebswirtschaftlichen Wahnsinn und künstlerischen Unsinn nicht verhindern. Die Kontrollore nickten alles kritiklos ab. Der Unterausschuss des Rechnungshofausschusses stellt im Minderheitenbericht fest, dass »eine mittelfristige finanzielle Konsolidierung durch strukturelle Maßnahmen« kaum auszumachen war, »einfacher war es jedenfalls, auf eine Erhöhung der Bundesfinanzierung zu setzen«. Und das Jahr für Jahr – bis zum Crash Ende 2013. Fazit der damaligen RH-Unterausschuss-Vorsitzenden und NEOS-Politikerin Beate Meinl-Reisinger: »Es ist ein Versagen auf allen Ebenen erkennbar, von der Wirtschaftsprüfung über Geschäftsführung und Aufsichtsrat bis zum Ministerium.«

Im Minderheitenbericht werden die Verantwortlichkeiten auf den Punkt gebracht. Die Wirtschaftsprüfungsgesellschaften PwC und KPMG agierten zahnlos. »Es wurde nichts beanstandet, es wurde nichts kritisiert, es wurde alles für gut befunden«, wird Rechtsanwalt Thomas Angermair zur PwC-Arbeit zitiert. Bühnenstücke wurden über einen Zeitraum von fünf Jahren abgeschrieben. Statthaft wäre laut Rechnungshof eine buchhalterische Nutzungsdauer von drei Jahren gewesen. Zudem wurden Aufführungen, die längst abgespielt waren, mit positiven Buchwerten erfasst. »Da die Jahresabschlüsse wesentliche Fehldarstellungen enthielten, war es für den Rechnungshof nicht nachvollziehbar, warum die Prüfungshandlungen der Abschlussprüfung der Geschäftsjahre 2011/12 zu keinen Einwendungen führten«, heißt es im RH-Bericht vom Mai 2016. Zumal die Abschlussprüfer im Jahr 2008/09 »einen Schwerpunkt der Prüfungshandlungen beim Anlagevermögen« setzten und spätestens zu diesem Zeitpunkt hätten feststellen müssen, dass »Buchwerte für nicht mehr gespielte Bühnenproduktionen« angesetzt wurden. Durch diese Bilanztricks wurden nicht mehr aufgeführte Theaterstücke als Vermögenswert ausgewiesen. Im Klartext: Die Burgtheater GmbH machte sich so reicher, als sie eigentlich war.

Im Aufsichtsrat von Bundestheater-Holding und Burgtheater GmbH weist man jedes Fehlverhalten zurück. Man habe sich auf die Wirtschaftsprüfer und deren Testate verlassen. Zudem seien die Malversationen nicht feststellbar gewesen. Der Aufsichtsrat habe sich nicht nur auf die Urteile der Abschlussprüfer zu verlassen, sondern das zu überwachende Unternehmen vertieft zu kontrollieren, entgegnet der Rechnungshof in seinem Bericht vom Mai 2016 und erinnert an die Warnungen der internen Revision und Aufsichtsratsprotokolle, wo auf dubiose Bilanzierungs- und Bargeldpraktiken im Burgtheater hingewiesen wurde. »Durch diese hätten die Mitglieder des Aufsichtsrats erkennen können, dass die Einrichtung der Kasse nicht den maßgeblichen Grundprinzipien eines Internen Kontrollsystems entsprach.« Der Theaterexperte Gerd Leo Kuck sagt laut Minderheitenbericht: »Ein großes Problem sind die Aufsichtsräte, die absolut nicht qualifiziert sind für ihre Tätigkeit.

Das sind reine Abnick-Organisationen, so wie sich das dargestellt hat.« Kucks Empfehlung: »Künftige Aufsichtsräte, die diese Jobs übernehmen, müssen einen Schnellkurs machen, wie ein Theaterbetrieb funktioniert.«

»Ab dem Jahr 2010 war die alarmierende Liquidität ein prominentes Thema im Aufsichtsrat der Bundestheater-Holding«, sagt NEOS-Politikerin Beate Meinl-Reisinger, die als Vorsitzende des RH-Unterausschusses zum Burgtheater-Skandal eine Reihe von Auskunftspersonen befragte, darunter den Spitzenbeamten Gerhard Steger. Steger war mehr als ein Jahrzehnt Budget-Sektionschef im Finanzministerium und danach bis 2016 Finanz-Sektionschef im Rechnungshof. Als Vertreter des Finanzministeriums saß er im Bundestheater-Aufsichtsrat. Steger laut Minderheitenbericht: »Erstens ist es so, dass ich wie eine tibetanische Gebetsmühle im Aufsichtsrat immer wieder Konsolidierungsmaßnahmen nicht nur im Burgtheater, sondern in allen Bühnen eingefordert habe. Ich war immer derjenige, der gesagt hat: Wir können nicht warten, bis wir quasi an der Wand stehen, sondern wir müssen rechtzeitig mittelfristig ausgeglichene Budgets in allen Bühnen sicherstellen.« Doch seine Mahnungen wurden niedergestimmt. Man habe stets versucht, sich »über das nächste Jahr hinüberzuturnen«, und kurzfristige Maßnahmen ergriffen, um »das nächste Jahr zu überbrücken«. Die Vogel-Strauß-Taktik ging vom damaligen Bundestheater-Aufsichtsratsvorsitzenden Max Kothbauer aus, der alle Probleme mittels Erhöhung der Bundessubvention lösen wollte. Im Aufsichtsrat sagte Kothbauer laut Minderheitenbericht: »Sämtliche Einsparungen, die man jetzt machen kann, helfen uns nichts, wir brauchen mehr Geld.« Kothbauer war Vorstandsmitglied der Creditanstalt (heute UniCredit Bank Austria) und ist Vizepräsident der Nationalbank, wo finanzielle Sorgen traditionell vom Steuerzahler übernommen werden.

Die Burg-Aufseher diskutierten die Finanzprobleme im Oktober 2010. »Allerspätestens ab dieser Sitzung musste den Mitgliedern des Aufsichtsrats bewusst gewesen sein, dass hinsichtlich der wirtschaftlichen Situation der Burgtheater GmbH Maßnahmen erforderlich waren«, schreibt der Rechnungshof. Doch Sanierungsmaßnahmen sucht man vergeblich. »Beispielsweise ein Konsolidierungsprogramm auszuarbeiten, um den bis 2014 gesetzten Finanzrahmen unter Beibehaltung der künstlerischen Qualität einzuhalten.« Eine Schuldenreduktion wurde etwa durch buchhalterische Kunstgriffe erreicht. So wurden Verbindlichkeiten gegenüber Beschäftigten und Dritten verspätet erfasst und Barauszahlungen vom Juli 2010 erst im September 2010 verspätet registriert. Die Zahlungsprobleme wurden aufgeschoben. »Im Aufsichtsrat der Burgtheater GmbH fand eine eingehende Debatte über die Liquiditätslage erst am 23. Jänner 2013 und nicht bereits ein Jahr davor statt, als eine negative

Planabweichung von 1,05 Millionen Euro bereits erkennbar war.« Besonders skandalös ist die Ignoranz des Burg-Aufsichtsrats: »Die Beratungen über Berichte der internen Revision wurden selbst dann vom Aufsichtsrat vertagt, wenn diese unverzüglich zu setzende Maßnahmen enthielten.«

Den Kontrollorganen war somit klar, dass das Burgtheater grundlegend reformiert werden musste. Die angespannte Finanzsituation war den Eigentümervertretern des Burgtheaters bewusst, wie der Sektionschef im Kunstministerium, Michael Franz, im Rechnungshofunterausschuss zu Protokoll gab. Laut Franz sei »die Situation des Bundestheater-Konzerns insgesamt von 2007 an durchaus bekannt und nachvollziehbar« gewesen. Es habe eine Vielzahl an Besprechungen mit Holding-Geschäftsführer Georg Springer und Kulturministerin Claudia Schmied gegeben, in denen die Liquiditätssituation und allfällige Gegensteuerungsmaßnahmen diskutiert wurden. Franz laut Minderheitenbericht: »Soll man Strukturmaßnahmen setzen, die finanzielle Auswirkungen haben, oder soll man Maßnahmen setzen, die durch zusätzliche Mittel getragen werden? Da gab es durch die Ministerin eine Festlegung: Sie wollte keine Strukturmaßnahmen.« Claudia Schmied zog es vor, die bereits üppige Basisabgeltung für die Bundestheater immer wieder hinaufzuschrauben. Das war mit weniger Widerstand verbunden. Schmied, die auch Bildungsministerin war, wollte sich eine zweite Front ersparen. Der Konflikt mit der selbstbewussten Lehrergewerkschaft reichte ihr. Der Gedankenaustausch mit Künstlern und Schauspielern war ihr persönliches Wohlfühlprogramm.

Die Pläne zur Sanierung des Burgtheaters lagen bereits vor. Das Skandalöse daran: Sowohl Ministerium als auch Bundestheater-Holding, die mehrere Experten mit der Ausarbeitung von finanziellen Verbesserungsvorschlägen beauftragt hatten, ließen die Konzepte links liegen. Der Wirtschaftsprüfer Richard Bock evaluierte beispielsweise gemeinsam mit dem Theaterexperten Gerd Leo Kuck in den Jahren 2009 und 2010 den Bundestheater-Konzern sowie die Burgtheater GmbH – und kam auf ein erhebliches »Verbesserungspotential«. »Laut Kuck ergab die erste Zusammenfassung nach mehr als zwei Jahren Evaluierung sogar ein Einsparungspotential von 30 Millionen Euro«, heißt es im Minderheitenbericht des RH-Unterausschusses. »Die schwarze Null wäre seiner Ansicht nach ohne Erhöhung der Basisabgeltung und bei gleichbleibendem kulturpolitischen Auftrag über einen Zeitraum von fünf Jahren zu erreichen gewesen.«

Doch das hätte massive Einschnitte beim Personal nötig gemacht, was mit allen Mitteln vermieden werden sollte. Mit beliebten Schauspielern und dem einflussreichen Betriebsrat wollte es sich die Politik nicht verscherzen. Der »Privilegienstadl« wurde nicht abgerissen, sondern unter Denkmalschutz gestellt. Aus Sicht der Sonderprüfer wurde nie kontrolliert, wie das Geld ausgegeben wird. Kuck laut Minderheitenbericht: »Wenn man Vergleichszahlen deutscher Theater in ähnlicher Größenordnung sieht, sind die Ausgaben, die für einzelne Produktionen gemacht werden, meist zwischen einem Drittel und 50 Prozent niedriger als für vergleichbare Produktionen in Wien. [...] Das Problem ist: Solange die Theater im festen Glauben sind, dass jegliche Kosten getragen werden, werden sie sich nicht reformieren. [...] Wirkliche Reformen sind nur möglich, wenn den Theaterunternehmen ganz klargemacht wird, dass es Budgeterhöhungen, Erhöhungen von Basisabgeltungen in den nächsten Jahren nicht geben wird und man sich auf viele, viele Maßnahmen einlassen muss, die zu einer massiven Reduzierung der Ausgaben führen.«

Doch in der Bundestheater-Holding dachte man nicht im Traum daran, zu sparen, und redete sich ein, dass eine kostenseitige Sanierung unmöglich sei. Im RH-Unterausschuss sagte Bundestheater-Prokurist Othmar Stoss: »Es wurde sehr viel rationalisiert im Personalkostenbereich, nur ist einfach jedes Jahr diese Situation, dass die Personalkosten um drei bis fünf Millionen Euro steigen.« In Summe liegen die Personalaufwendungen in den Bundestheatern (Akademie- und Burgtheater, Staats- und Volksoper) bei rund 175 Millionen Euro. »Die Bundestheater kostet eine Gehaltsrunde, die der Bund abschließt, etwa drei bis fünf Millionen Euro«, sagt Stoss. »So viel kann man nie einsparen. Das ist unmöglich bei den gegebenen Rahmenbedingungen.«

Ganz so unmöglich, wie es Bundestheater-Veteran Othmar Stoss darstellt, wäre es keineswegs gewesen. Das Argument, dass ohne Bundessubvention der viel zitierte »kulturpolitische Auftrag« nicht erfüllt werden kann, lässt Theaterexperte Gerd Leo Kuck laut Minderheitenbericht nicht gelten: »Der kulturpolitische Auftrag ist enorm wichtig, nur der ist so nebulos verfasst. Es gibt ja keine Zielvorstellungen. [...] Es ist wie mit der Freiheit der Kunst: Jede wirtschaftliche Einschränkung oder Veränderung kann ich gleichzeitig auch als Angriff auf die Freiheit der Kunst interpretieren. Das heißt, es bedarf großen Mutes, Strukturreformen anzugehen.«

Selbst in der schweren Liquiditätskrise war kaum Mut zur Veränderung wahrnehmbar. Alles sollte beim Alten bleiben – und vom Steuerzahler finanziert werden. »Es hat tatsächlich eine Vorgabe gegeben, die auch von Frau Bundesministerin Schmied formuliert wurde«, erinnert sich Ex-Bundestheater-Boss Georg Springer bei seiner Befragung im RH-Unterausschuss: »Ich gehe sicher nicht in die Geschichte der Kunst- und Kulturverwaltung mit Schließung von Theatern ein.« Claudia Schmied war vor ihrer Ernennung zur Bildungs- und Kulturministerin im Topmanagement der Kommunalkredit

Austria. Das ist jene Spezialbank, die offiziell als biederer Gemeindefinanzierer auftrat, aber in Wahrheit wegen fehlgeleiteter Milliardenspekulationen Ende 2008 notverstaatlicht werden musste. Auch dafür lehnte Claudia Schmied jegliche Mitverantwortung ab. Die Staatsanwaltschaft vertraute der SP-Politikerin und stellte das Strafverfahren gegen sie sehr rasch ein.

Der Geldregen für die Geschäftsführung

Die Nonchalance der politischen Führung wurde von Springer, Stantejsky und Hartmann ausgenutzt. Hartmann kassierte bis zu seiner Entlassung im Frühjahr 2014 rund 2,2 Millionen Euro. Aus Sicht des Rechnungshofs war die Vertragsbeziehung zu Hartmann »von Rechtsunsicherheit und Intransparenz« geprägt. In seiner Amtszeit von 2009 bis 2014 kassierte er eine runde Million Euro Geschäftsführergehalt, das korrekt über die Lohnverrechnung ausgezahlt wurde. Doch darüber hinaus flossen weitere 1,23 Millionen Euro, wo es dem Rechnungshof schwerfällt, einen »nachvollziehbaren Leistungsgrund zuzuordnen«. Hartmann besteht auf der Feststellung, dass er die Honorare zu Recht bezogen habe. Trotzdem musste die Burgtheater GmbH zwei Gutachten um insgesamt rund 21 000 Euro einholen, um die Zahlungen an Hartmann zu rekonstruieren. Hartmann selbst fand nichts dabei, einen Großteil seiner Honorare über die Hauptkasse abzuwickeln, wovon laut Rechnungshof »mehr als die Hälfte (insgesamt rund 375 000 Euro) Barauszahlungen« darstellten. Dabei griff er auf die Dienste von Co-Direktorin Stantejsky und deren klandestines Cash-System zurück.

Auch Stantejsky selbst ließ es sich gut gehen. So zahlte sie sich beispielsweise für August 2008 insgesamt 14 600 Euro »für nichtkonsumierte Freizeit« aus, wie der Rechnungshof feststellte. »Das waren um rund 9400 Euro oder 31 Tage mehr, als ihr zugestanden hätten.« Die Burgtheater GmbH zahlte Stantejsky üppige Mehrdienstleistungspauschalen, die ihr laut Geschäftsführervertrag aber nicht mehr zustanden. Bargeldauszahlungen nahm Stantejsky ohne Rücksicht auf das Vier-Augen-Prinzip vor – auch in eigener Sache. Zitat aus dem RH-Bericht: »Die frühere kaufmännische Geschäftsführerin erhielt in 73 Auszahlungsvorgängen ›Akonti‹ von insgesamt rund 64 000 Euro.« Nachsatz: »Eine gesetzliche Verpflichtung zur Leistung von ›Akonti‹ an Beschäftigte oder Werkvertragsnehmer bestand nicht.« Im System Stantejsky flossen laut Rechnungshof zwischen 2008 und 2013 in 7362 Fällen »Akonti« über rund 21,14 Millionen, für die »keine gesetzliche Verpflichtung bestand und eine etwaige vertragliche Verpflichtung nicht überprüfbar war«. Die Wirtschafts-

und Korruptionsstaatsanwaltschaft untersucht die strafrechtliche Relevanz dieser Bargeldzahlungen.

Bis zum erzwungenen Rücktritt führte Georg Springer ein feudales Leben. Als langjähriger Bundestheater-Boss durfte er zu Premieren einladen und Gratistickets verteilen. Seine Ambition war es, dem Ministerium Jahr für Jahr mehr Geld abzuluchsen, natürlich nicht für sich selbst, sondern »für die Kunst«. Dabei wäre das gar nicht seine primäre Aufgabe gewesen. Die Bundestheater-Holding wurde zur strategischen Steuerung der Bühnengesellschaften gegründet. Nicht das Geldverteilen, sondern die sparsame Verwendung von Steuergeld wäre seine Verantwortung gewesen. Die Einhaltung vorgegebener Controlling- und Rechnungswesen-Standards wurde unzureichend überprüft, was zum Burgtheater-Skandal beitrug. Angesichts seines systematischen Versagens wirkt es geradezu absurd, dass Springer fette Geschäftsführerprämien kassierte. Rechnungshofprüfer Bernhard Kratschmer laut Minderheitenbericht: »Die Zielvereinbarung sollte natürlich abgeschlossen werden, bevor eine Saison beginnt.« Im Fall Springer war es so, dass die Ziele »erst weit in der Saison« beschlossen wurden, also zu einem Zeitpunkt, als schon klar war, welche Ziele erfüllt wurden und welche nicht. Bemerkenswert: »Dass man in die Zielvereinbarungen eine ganze Reihe von Kriterien hineinschreibt, die ein Geschäftsführer sowieso zu erfüllen hätte.« Springer kam so auf Prämien von rund 20 000 Euro im Jahr. Zusätzlich zu seiner Geschäftsführergage von zuletzt 261 700 Euro. Sowohl bei der Wirtschafts- und Korruptionsstaatsanwaltschaft als auch im Justizministerium wird in Sachen Springer eifrig antichambriert. Das Strafverfahren gegen ihn solle alsbald eingestellt werden.

Auch bei Springer, Stantejsky und Hartmann hätte man den Rotstift ansetzen können. Stattdessen wurde der Irrsinn an der Burg durch Subventionen unterstützt. Statt die explodierenden Gagen von Kunstmanagern und Schauspielern anzutasten, wurde das Publikum herangezogen. »Anstelle einer [...] massiven Einschränkung der Produktionen kam es im Geschäftsjahr 2011/12 zu einem Anstieg auf 31 Produktionen und einer Überschreitung des genehmigten Produktionsbudgets um 28 Prozent«, schreibt der Rechnungshof. Außerdem wurden die Kartenpreise alle vier bis fünf Jahre erhöht. »Nach der Preiserhöhung vom 1. September 2010 ging die Besucherzahl je Vorstellung in der Spielstätte Burgtheater von 984 (Saison 2009/10) auf 906 (2010/11) um acht Prozent zurück«, stellt der Rechnungshof fest. Die rückläufigen Besucherzahlen wurden von Management, Aufsichtsrat und Ministerium achselzuckend in Kauf genommen. Dass der Steuerzahler auf diese Art zweimal für die Misere am Burgtheater zur Kasse gebeten wurde, kam den Verantwortlichen nicht in den Sinn.

»Theaterbetriebe sind nicht über Einnahmen zu führen, sondern nur über Ausgaben, weil das einzig Sichere im Theater nicht die Einnahmen, sondern die Ausgaben sind, die durch eine starke Verwaltungsdirektion und durch eine starke Holding zu steuern sind«, sagt der Theaterexperte Gerd Leo Kuck. Am Burgtheater war das bis dato nicht der Fall. »Es ist das Harmoniebedürfnis im Theater allgemein sehr groß. […] Leute, die versuchen, die Betriebe ordentlich zu führen, werden in der Regel als Kunstfeinde dargestellt – und Kunstfeind in Österreich zu sein, ist wahrscheinlich mit das Schwierigste, was ein Politiker oder sonst jemand aushalten kann.« Nun liegt es an Kunstminister Thomas Drozda, die Bundestheater wieder auf Vordermann zu bringen. Die Wiederbestellung von Thomas Königstorfer als kaufmännischem Direktor ist ein Garant dafür. Seiner ruhigen Hand ist es zu verdanken, dass die Burg nicht zu einem Fall für den Insolvenzrichter wurde.

Das Bargeldauszahlungssystem ist eliminiert, die verrückten Chefprämien sind objektiviert und die Aufführungen finden nun innerhalb des Budgetrahmens statt. Auch Arbeitsverträge werden unter der neuen Geschäftsführung – wie es sich gehört – nicht mehr mündlich abgeschlossen. Parallel dazu wurden die Abrechnungssysteme so umgestellt, dass Lohnsteuer, Sozialversicherung und Krankenkassenbeiträge nun ordentlich abgeführt werden. Mahnungen der internen Revision kommt künftig mehr Bedeutung zu, und das Vier-Augen-Prinzip ist kein Lippenbekenntnis mehr.

Seit Ausbruch des Burgtheater-Skandals wurden das Topmanagement und (fast) alle Aufsichtsräte ausgewechselt. Für Kulturminister Thomas Drozda ist die Arbeit damit noch nicht beendet. Seine Amtszeit wird auch daran gemessen werden, wie Bühnen, Museen und andere öffentliche Kulturbetriebe wirtschaftlich aufgestellt sind. Trotz der zahlreichen Adaptionen liegt noch viel im Argen. Echte Strukturreformen lassen noch auf sich warten. Zahlreiche Privilegien blieben de facto unangetastet (Stichwort: Gratistickets). Auch bei den Personalkosten bestünde erhebliches Verbesserungspotenzial. Das Burgtheater ist kein Einzelfall. Drozda weiß, dass auch andere Kultureinrichtungen suboptimal geführt werden. Viele genießen eine Sonderstellung und hängen am Fördertropf. Weniger Privilegien, mehr Transparenz und klare Verantwortlichkeiten in den Kunsttempeln sind dringend nötig. Nur so können kostspielige Wiederholungen des Burgtheater-Dramas verhindert werden.

Kapitel 2

Dunkle Verbindungen –
oder: die Telekom-Affäre

Er ist reich, steinreich. Auf mehr als 45 Milliarden Euro wird das Vermögen von Carlos Slim Helú geschätzt. Den öffentlichkeitsscheuen Mexikaner kannten die Österreicher lange nur aus den Reichenrankings des US-Magazins »Forbes«. Dort bekleidete Slim Helú regelmäßig eine Spitzenposition und wurde bestenfalls von Microsoft-Gründer Bill Gates, Berkshire-Hathaway-Investor Warren Buffett oder dem spanischen Zara-Textilmagnaten Armancio Ortega übertroffen.

Seit wenigen Jahren dreht der 77-jährige Slim auch in der Alpenrepublik ein großes Rad. Der unter Slims Kontrolle stehende Telekom-Gigant América Móvil (Konzernumsatz: 60 Milliarden Dollar; rund 160 000 Mitarbeiter weltweit) schnappte sich im Jahr 2012 die Mehrheit an der börsennotierten Telekom Austria AG (Umsatz: vier Milliarden Euro; 18 000 Mitarbeiter). Ein beachtlicher Deal.

Der Einstieg sorgte für ein politisches Erdbeben. Jahrelang galt die Telekom neben Post AG (Logistik), OMV AG (Öl und Gas) und Verbund AG (Strom) als sakrosankt. Feindliche Übernahmen waren undenkbar. Die Telekom war nicht nur reich und im Wachstum begriffen, sondern auch ein gefragter Arbeitgeber – vor allem für politische Versorgungsfälle. Ein Ausverkauf ins Ausland? Einfach illusorisch. Jeder Versuch scheiterte bereits an der »roten Phalanx«. Gegen Gewerkschaft und SPÖ kam selbst die Regierung von VP-Kanzler Wolfgang Schüssel (2000–2007) nicht an. Die schwarz-blauen Privatisierungsfanatiker boxten zwar einen Börsengang der Telekom Austria durch. Doch selbst nach dem Initial Public Offering im November 2000 blieb der Staat am Ruder. Der staatliche Einfluss schien auf ewig betoniert.

Das Totalverkaufs-Tabu wurde erst viel später und schrittweise gebrochen. Die Aufdeckung der Buwog-Affäre im September 2009 löste eine Kettenreaktion aus, die zahlreiche Korruptionsfälle ans Licht der Öffentlichkeit brachte. Eher nebenbei geriet auch die heile Telekom-Welt ins Wanken. Polizisten und Staatsanwälte witterten eine historische Chance: Im Justiz- und Innenministerium herrschte ein Machtvakuum. Prominente Player in Wirtschaft und Politik, die Geschäfte in der Grauzone betrieben, waren plötzlich ungeschützt.

Zum Machtvakuum kam es so: Mitte 2008 hatte der Prozess rund um Spekulationsverluste der einstigen Gewerkschaftsbank Bawag mit der Verurteilung des pensionierten Bankgenerals Helmut Elsner, seines Nachfolgers Johann Zwettler, des Investors Wolfgang Flöttl und Co geendet. Vorausgegangen war ein beispielloses Strafverfahren: (Ehemalige) Regierungsmitglieder, Spitzenbeamte, Wirtschaftsbosse und Lobbyisten mussten vor Gericht aussagen. Der öffentliche Prozess dauerte mehr als ein Jahr. Das Bawag-Urteil war noch nicht zu Papier gebracht, da gab der frischgebackene VP-Vizekanzler Josef Pröll Ende 2008 bekannt, eine gewisse Claudia Bandion-Ortner als Justizministerin zu nominieren. Eine Personalentscheidung mit Signalwirkung. Denn Bandion-Ortner war von Juli 2007 bis 2008 Vorsitzende des Bawag-Schöffengerichts gewesen, das Elsner und Co verurteilt hatte.

Die Bestellung der karrierebewussten Richterin war zunächst reiner Politopportunismus. Warum? In den Medien war Bandion-Ortner durch den Bawag-Prozess zur Heldin mutiert. Sie ließ Österreichs Who's who im großen Schwurgerichtssaal antanzen: Von Ex-Bundeskanzler Franz Vranitzky über Ex-Finanzminister Karl-Heinz Grasser bis zum schillernden Investor Martin Schlaff. Sie alle mussten der resoluten Richterin im Zeugenstand Rede und Antwort stehen. Bei der Bevölkerung kam das an. Bandions Befragungen erwiesen sich letztlich als Show. Promizeugen hatten nichts zu befürchten. Den Angeklagten blieb nichts anderes übrig, als das Schauspiel über sich ergehen zu lassen. Der Auftritt von Vranitzky, Grasser und Co war primär ein gefundenes Fressen für Funk und Fernsehen. Das mediale Spektakel förderte jedenfalls Bandions Karriere.

Die erste Personalentscheidung der im Jänner 2009 bestellten Justizministerin hatte Signalwirkung. Wirtschaftsstaatsanwalt Georg Krakow – der Mann, der Elsner und Co auf die Anklagebank gebracht hatte – übernahm den einflussreichen Posten des Kabinettschefs.

Somit herrschte ab 2009 eine in der österreichischen Justizgeschichte einzigartige Konstellation. Im Palais Trautson, Sitz des Justizministeriums, regierten eine Strafrichterin und ein Staatsanwalt. Den Politneulingen fehlte jede Routine im Umgang mit diskreten Interventionen in Strafverfahren. Und Weisungen bei laufenden Ermittlungen – das Faustpfand jedes Justizministers – waren für sie tabu. In der Ära Bandion (2009–2011) herrschte unter engagierten Staatsanwälten und Richtern eine Art Aufbruchstimmung.

Es war die Zeit der großen Überraschungen. Im Oktober 2009 stürmte ein Sonderkommando des Bundeskriminalamts die Büroräume des Lobbyisten und PR-Beraters Peter Hochegger. Bei der Hausdurchsuchung im Rahmen der Buwog-Ermittlungen wurden mehrere Dutzend Bene-Ordner sichergestellt. Mappen mit der Aufschrift »Valora«. Ein Schriftzug, der die Republik in den folgenden Jahren noch erschüttern sollte. Ein ganzes Jahr musste vergehen, bis den Ermittlern bewusst wurde, dass sie auf einen kriminaltechnischen Schatz gestoßen waren. Der Zufallsfund legte den Grundstein für die Telekom-Affäre (Aktenzeichen 614 St 3/10m), die das Wirtschaftsmagazin »Format« im Herbst 2010 aufdeckte. Im Auftrag von hochrangigen Telekom-Managern, allen voran Vorstand Rudolf Fischer, hatte der Lobbyist Hochegger eine gut geölte Geldverteilungsmaschine gebastelt, um Banker, Politiker und Wirtschaftsbosse zu beeinflussen. Die schicksalsreiche Razzia, die von Buwog-Staatsanwalt Norbert Haslhofer angeordnet worden war, deckte in der Tat atemberaubende Verstrickungen auf. So bediente die Telekom via Hocheggers Valora Unternehmensberatung-und -beteiligung AG eine Reihe von Glücksrittern – der wohl berühmteste: Walter Meischberger, Ex-FPÖ-Generalsekretär, Lobbyist und Trauzeuge von Ex-Finanzminister Karl-Heinz Grasser.

Nach Auswertung der Valora-Rechnungen durch die Wirtschaftspolizei schien bereits Ende 2010 klar, dass der Telekom Austria über dubiose Kanäle zumindest 9,06 Millionen Euro entzogen worden waren. Doch es war noch viel mehr Geld versickert, wie in einer forensischen Untersuchung der Telekom-Bücher später festgestellt wurde. Über die exakte Höhe kann nur spekuliert werden, aber es dürfte sich um ein Vielfaches der polizeilich ermittelten Summen handeln. Die Telekom-Austria-Gruppe, also die Telekom und deren Handytochter Mobilkom, überwies zwischen 2005 und 2010 rund 40 Millionen Euro an die Hochegger-Gruppe. Das stellte ein Team der Wirtschaftsprüfgesellschaft BDO Deutschland fest. Nach Auffliegen des Skandals wurde BDO von Telekom-Boss Hannes Ametsreiter mit der Durchleuchtung der Auftragsbücher mandatiert. Die Forensiker untersuchten die Mittelverwendung, also die Leistung von Hochegger, seinem Team und den Subauftragnehmern. Das verblüffende Ergebnis: Hochegger wurde sehr oft viel mehr Geld überwiesen, als er für die Erfüllung der konkreten Aufträge brauchte.

Im 37 Seiten schlanken BDO-Endbericht vom 18. Juni 2012 liest sich das so: »Wir konnten feststellen, dass die gebuchten Umsätze seitens der Telekom Austria an die Valora für den Zeitraum 2004 bis 2008 um ein Vielfaches die gebuchten Umsätze der Valora mit den Kreditoren im Zusammenhang mit den Aufträgen für die Telekom Austria für 2005 bis 2009 übersteigen.« Oder wie es eine mit den Telekom-Ermittlungen befasste Person ausdrückte: »Sehr viel wurde an Personen weitergereicht, die in der Buchhaltung von Valora oder Hochegger nicht aufscheinen. Auszahlungen erfolgten bar und wurden ohne Nennung des konkreten Empfängers verbucht.«

Das illegale Treiben in der Telekom nahm dabei durchaus skurrile Formen an, wie am Beispiel der berühmt-berüchtigten Aktienkursmanipulationen deutlich wird. Im Zuge des Börsengangs im Jahr 2000 wurde für mehr als 100 in- und ausländische Spitzenmanager der Telekom-Gruppe ein Aktienoptionsprogramm aufgelegt. Es sollte die Leistungsbereitschaft im verschlafenen Staatsbetrieb erhöht, das Shareholder-Value-Prinzip eingeführt werden. Das Programm erforderte ein persönliches Eigeninvestment in Form von Telekom-Aktien. Das Ziel formulierte die Telekom so: »Die Manager durch das Eigeninvestment an das Unternehmen zu binden und die Prämien der Manager direkt mit der Wertsteigerung des Unternehmens zu verknüpfen und somit zur Performance beizutragen.« Gemäß Shareholder-Value-Konzept sei die Unternehmenspolitik auf die Maximierung des Aktienkurses auszurichten, um langfristig profitabel und wettbewerbsfähig zu bleiben. Die kurzfristige Steigerung des Börsenkurses allein solle dementsprechend nie das alleinige Ziel sein.

Doch bei der Telekom lief es genau so, wie es nicht sein sollte: Die Bonusauszahlung wurde einzig und allein von der kurzfristigen Erreichung eines Kurszieles abhängig gemacht. Laut Optionsprogramm musste im Zeitraum 20. bis 26. Februar 2004 die Kursmarke von 11,70 Euro überschritten werden. Diese starre Bedingung wurde zwar von Anfang an von Medien und Kleinaktionärsvertretern kritisiert, weil sie geradezu zur Kursmanipulation einladen würde. Doch die damaligen Telekom-Eigentümervertreter – Finanzminister Karl-Heinz Grasser (FPÖ) sowie Rudolf Streicher (SPÖ) und Johannes Ditz (ÖVP) als Vorstände der staatlichen Beteiligungsholding ÖIAG – ignorierten die Warnungen und begünstigten letztlich ungewollt die erste Plünderung der Telekom.

Es kam, wie es kommen musste. Am letzten Tag des Beobachtungszeitraumes, dem 26. Februar 2004, fiel die Entscheidung. Der Schlusskurs wurde durch eine Monsterorder in die Höhe getrieben. Die Euro Invest Bank von Johann Wanovits kaufte 900 000 Telekom-Aktien im Wert von rund elf Millionen Euro. Obwohl die Papiere nur kurz gehalten wurden, bewirkten sie die Fälligkeit der Bonuszahlungen, weil der Durchschnittskurs über die 11,70-Euro-Schwelle gehievt wurde. Schon damals wurde gemutmaßt, dass nicht alles mit rechten Dingen abgelaufen war – und die Auftraggeber von Wanovits in der Telekom saßen.

Den ersten konkreten Hinweis dafür lieferte die Hausdurchsuchung bei Hochegger im Jahr 2009. Dort wurde eine Rechnung sichergestellt, die direkt zur Euro Invest Bank führte. Die Rechnung des Börsianers Wanovits für eine »Studie zum Thema Investitionsmöglichkeiten in erneuerbare Energien und alternative Investments« machte die Polizisten hellhörig. Nach dutzenden Einvernahmen, etwa von Peter Hochegger sowie den Ex-Telekom-Vorständen Rudolf Fischer und Gernot Schieszler, konnte der Verdacht der Aktienmanipulation erhärtet werden. Schieszlers schlauer Anwalt Stefan Prochaska nutzte die Gunst der Stunde und sicherte seinem Mandanten den Kronzeugen-Status. Die Kronzeugen-Regelung war im Jahr 2010 brandneu. Sie ermöglicht der Staatsanwaltschaft, von der Verfolgung eines Beschuldigten abzusehen, wenn der sein Wissen über Straftaten offenbart, die (noch) nicht Gegenstand eines gegen ihn geführten Strafverfahrens sind. Mit anderen Worten: Wer auspackt, geht straffrei.

Und Gernot Schieszler packte ordentlich aus. Was der erste Kronzeuge Österreichs zu erzählen hatte, sollte die Republik nachhaltig erschüttern. Die Geschichte mit dem »Weinhändler« (Telekom-Deckname von Johann Wanovits) war nur der Anfang. Es folgten spektakuläre Details über die trickreiche Finanzierung von Parteien und deren Wahlkämpfen, die verschlungenen Geldflüsse an Spitzenpolitiker sowie eine Reihe dubioser Geschäfte mit den FPÖ-Vermittlern Gernot Rumpold und Walter Meischberger sowie dem ÖVP-nahen Waffenlobbyisten Alfons Mensdorff-Pouilly. Seine brisanten Erinnerungen, die er selbst »Schieszlers Shit List« nannte, hielt er in einem schwarzen Notizbuch fest. Auf der ominösen »Shit List« finden sich Mittelsmänner, Geldsummen, Kürzel – und entlarvende Notizen wie »Vorstand besticht Politiker«.

Als Basis für die fingierten Überweisungen an Hochegger diente etwa eine Studie über Marktchancen in Osteuropa. Die Chuzpe: Obwohl das 380 Seiten starke Papier von Telekom-Mitarbeitern ausgearbeitet worden war, wurde es als Zahlungsgrund herangezogen. Das schaut sich eh keiner an, dachten sich die Beteiligten. Das Geld wurde von der Telekom auf ein Konto der Valora AG bei der Raiffeisen Centrobank transferiert. Danach lief alles nach Schema ab: Lobbyist Hochegger holte die Kohle persönlich in der Raiffeisenfiliale ab und gab sie anschließend weiter. »An die Valora wurden je zwei Teilrechnungen über 750 000 Euro überwiesen«, sagte Kronzeuge Schieszler laut Einvernahmeprotokoll. »Bei den Übergaben erhielt ich jeweils glaublich 300 000 Euro bis 350 000 Euro.« Wanovits war eine runde Million versprochen worden. Zahlen musste die Telekom aber viel mehr, weil weitere Personen mitnaschten. »Da Hochegger dies als Gewinn ausschütten musste, war Körperschafts- und Kapitalertragsteuer abzuziehen«, erinnerte sich Schieszler laut Protokoll.

»Hochegger dividierte der Einfachheit halber durch zwei und zog sich selbst seine zehn Prozent Marge ab.«

Der (verstorbene) Ex-Telekom-Manager Wolfgang Frauenholz war laut Polizeibericht besonders gierig. Für die firmeninterne Freigabe der Rechnungen hielt er die Hand auf. Schieszler: »Es war so, dass Frauenholz sagte, dass er die Geldübergabe weiter an Wanovits nur dann mache, wenn er 20 000 oder 30 000 Euro dafür bekomme.« Mit Josef Trimmel verdiente sich ein anderer Telekom-Prokurist eine goldene Nase. Trimmel wollte Geld, weil er den Kontakt zu Wanovits hergestellt hatte.

Die Geldübergaben mit dem »Weinhändler« fanden regelmäßig auf dem Wiener Naschmarkt statt, weil der Börsianer sein Büro in der Nähe hatte. »Es handelte sich um fünf Geldpakete, insgesamt 250 000 Euro«, erinnerte sich Trimmel laut Verhörprotokoll an die erste Geldübergabe. »Ein Teil des Geldes war verschweißt. Schieszler hat das Bargeld in seine Aktentasche gesteckt.« Dann ging es zu Wanovits. »Die Übergabe fand im Auto von Gernot statt. Wir fuhren zur Linken Wienzeile, und Wanovits stieg zu uns ins Auto ein. Er hat die fünf Geldpakete vor sich liegen gehabt und zu uns gesagt, wir sollen uns ein Packerl nehmen. Gernot sagte, dass er gerne ein offenes Paket hätte, und ich nahm mir ebenso ein offenes Paket. Es waren 50 000 Euro für jeden von uns.« Dann ging man zur »Gräfin am Naschmarkt«, einen Happen essen. Pikant ist auch die zweite Geldübergabe, die am Rande eines Vortrags des Kriminalpsychologen Thomas Müller stattfand. Wieder fünf Packerln à 50 000 Euro. Wieder Wanovits. Trimmel: »Diesmal waren alle verschweißt.«

Die Telekom war der Bankomat der Republik. Abgehoben wurde mit dem richtigen Parteibuch. Zwar blieb Bargeld lange die erste Wahl, doch Überweisungen mit falschem Zahlungshintergrund wurden immer beliebter. Denn die Beteiligten fühlten sich sicher, und die anfängliche Vorsicht nahm sukzessive ab – und Einsätze wurden erhöht.

»Ein System der Gefälligkeiten«

War es bei der Kursmanipulation noch um den persönlichen Vorteil von mehr als 100 Telekom-Managern gegangen, so verschoben sich in der Folge die Prioritäten – und aus einem Einzelfall wurde ein System, das finanzielle Gefälligkeiten für Parteien und Politiker erlaubte und Schmiergelder für öffentliche Aufträge generierte.

Der Grundstein wurde, wie gesagt, bei der politischen Wende 2000 gelegt. Damals war die Telekom für die frisch angelobte schwarz-blaue Regierung das lukrativste Staatsunternehmen, das im Gegensatz zu Bahn, Post und den Energiebeteiligungen (OMV, Verbund) rasant wachsende Gewinne schrieb. Praktischerweise konnte die neue Regierung auch die Auswahl des Telekom-Managements bestimmen. Sowohl die UMTS-Lizenzauktion als auch der Börsengang fanden damals statt, was den Kontakt zwischen Politik und Management automatisch intensivierte – und mittendrin war Lobbyist Hochegger. Seine PR-Agentur vertrat die Telekom-Tochter Mobilkom, er beriet den damaligen Infrastrukturminister Michael Schmid und Finanzminister Karl-Heinz Grasser. Auch die Telekom-Bosse Heinz Sundt und Rudolf Fischer vertrauten Hochegger. Trotz Hochegger hielt sich Schmid nur kurz im Ministerium. Auch Schmids Nachfolgerin, Monika Forstinger, blieb nicht lange. Dafür war der Draht zu BZÖ-Infrastrukturminister Nummer drei, Mathias Reichhold, viel besser. Bis zu seiner Ablöse im Jahr 2003 hatte der gelernte Hendlzüchter Reichhold ein offenes Ohr für Hochegger – und alle Telekom-Anliegen. Als kleines Dankeschön erhielt Reichhold nach seinem Ausscheiden einen Beratungsvertrag mit der Telekom – Honorar: 72 000 Euro.

So etablierte sich ein »System der Gefälligkeiten«, wie es Telekom-Vorstand Rudolf Fischer nannte. Die Telekom Austria finanzierte indirekt die Freiheitliche Partei Österreichs (FPÖ), das Bündnis Zukunft Österreich (BZÖ) und die Österreichische Volkspartei (ÖVP), wie die Staatsanwaltschaft Wien feststellte. Eine Reihe von Strafverfahren, wie etwa gegen die Ex-Telekom-Vorstände Rudolf Fischer und Stefano Colombo, gegen Ex-FPÖ-Nationalrat Gernot Rumpold und Ex-BZÖ-Nationalrat Klaus Wittauer, landeten vor Gericht und endeten mit rechtskräftigen Verurteilungen. 2017 erhob die Staatsanwaltschaft eine weitere Anklage im sogenannten Valora-Komplex. Diesmal traf es auch den Lobbyisten Walter Meischberger und den ehemaligen ÖVP-Finanzmanager Michael Fischer. Nach Rechtskraft der Anklage soll der Prozess 2018 starten. Es gilt die Unschuldsvermutung.

Im spektakulären Fall Rumpold stellte das Finanzamt bei einer Steuerprüfung fest, dass dessen Firma mediaConnection im Rahmen eines Generalvergleichs auf Forderungen gegenüber der FPÖ aus dem Jahr 2004 verzichtet hatte. Es ging um rund 765 000 Euro. Die Parteischulden hatten sich angehäuft, weil der Werber Gernot Rumpold diverse Parteiveranstaltungen wie etwa den EU-Wahlkampf 2004 organisiert hatte. »Im Zuge einer Besprechung teilte Gernot Rumpold mit, dass über den Forderungsverzicht an die FPÖ der Auftrag von der Telekom Austria kam«, heißt es im Endbericht der Finanz: »Die Telekom Austria (gab) am 1. April 2004, also vor dem FPÖ-Generalvergleich am 7. Juni 2004, den Auftrag für vier Studien bzw. Konzepte an die media-Connection.« Im Klartext: Still und heimlich wurden alle FP-Schulden bei

Rumpold durch Telekom-Aufträge ausgeglichen. Doch es kam noch besser, wie Kronzeuge Gernot Schieszler zu Protokoll gab.

»Zu den gegenständlichen Konzepten gab Schieszler an, dass diese Scheingeschäfte seien, da die fakturierten Leistungen seiner Wahrnehmung nach nie erbracht worden wären«, heißt es im staatsanwaltschaftlichen Gutachten des Buchsachverständigen Martin Geyer in der »Strafsache Gernot Rumpold u. a.« (Aktenzeichen 609 St 29/11z). In der Telekom wurden vier Pseudostudien mit folgenden Titeln und Umfängen aufgestöbert: »Q-Bus – Ein Würfel für alle Fälle, die mobile Verkaufseinheit – das Konzept exklusiv für die Telekom Austria« (zwölf Seiten), »Tele Champion – das große Handy Telefonspiel der Telekom Austria – Präsentation der Möglichkeiten und Benefits« (neun Seiten), »Die B2B Fibel der Telekom Austria – 4x pro Jahr exklusiv für den Telekom Austria Kunden« (sechs Seiten) und »Park Your Bike – exklusiv für Telekom Austria« (fünf Seiten). »Tatsächlich hätten laut Schieszler lediglich die vier Deckblätter, allerdings keine Studien existiert«, schreibt Geyer, der von »Präkonzepten« redet, also von unausgereiften Entwürfen möglicher Geschäftsideen. Auch bei den Razzien in der Telekom und bei den Rumpolds waren keine Endkonzepte auffindbar und konnten von Rumpold und Co auch nicht vorgelegt werden.

Laut Geyer-Gutachten lässt sich ein Seitenpreis für die fragwürdigen Auftragsarbeiten ausrechnen: »Beim Q-Bus handelt es sich laut Studie um quasi einen Container, welcher leicht transportiert und mobil an den gewünschten Standorten aufgestellt werden kann.« (Seitenpreis: 20 600 Euro). »Das Konzept Tele Champion beinhaltete die Idee eines wöchentlichen Telefonspiels (Dauer von zehn Wochen), bei dem Anrufer Wissen testen und Preise gewinnen können.« (10 533,33 Euro pro Seite). »Die B2B Telekom Fibel wäre viermal jährlich für die Kunden der Telekom Austria erstellt worden.« (Seitenpreis: 17 600 Euro). »Gernot Rumpold [gab] an, dass das Konzept ›Park Your Bike‹ eine Zusammenarbeit mit der Stadt Wien gewesen sei, bei dem flächendeckend versperrbare Fahrradständer entwickelt und auch in Wien bzw. ganz Österreich zum Aufstellen gebracht worden seien. Diese Permanentwerbung sei an diverse Partner verkauft worden.« (Studien-Kosten: 30 480 Euro pro Seite). Auffällig: »Park Your Bike« von der mediaConnection ging im April 2004 »exklusiv« an die Telekom, obwohl die zweite Rumpold-Firma 100 % Communications dieselbe Studie bereits im November 2003 ebenfalls »exklusiv« an die Stadt Wien verkauft hatte. Geyers Fazit: »Die Existenz der ausgearbeiteten Studien kann derzeit angezweifelt werden.«

Weit mehr als eine Million Euro flossen in Richtung Jörg Haiders BZÖ. Besonders raffiniert agierte der ehemalige Vizekanzler Hubert Gorbach, wie Telekom-Kronzeuge Schieszler darlegte. Hochegger sollte das Telekom-Geld nicht direkt an ihn überweisen, sondern an »die Gabriele«, wünschte sich Gorbach. So zahlte die Valora AG über einen Zeitraum von zwei Jahren 264 000 Euro an Gorbachs Sekretärin. Und was machte Gabriele mit dem vielen Geld? 4500 Euro zweigte sie sich ab – zur Abgeltung ihrer Sekretariatsleistungen –, und der Rest sei für Gorbach zur Verfügung gestanden. »Damit meine ich, dass ich mit diesem Betrag Aufwendungen für ÖBB-Tickets, Sachgeschenke, Postsendungen, diverse Einladungen und Geschäftsessen beglich«, so Gabriele Kröll-Maier. Hubert Gorbach entschied, wofür das Geld ausgegeben wurde. Laut Hochegger gab es für die Zahlungen an Gorbachs Sekretärin »keine Gegenleistung«. In der Telekom-Buchhaltung scheint Gorbach nicht auf. Wofür dann das viele Geld? Laut Schieszler wurde Gorbach für eine Novelle der Universaldienstverordnung, die er als Infrastrukturminister initiiert hatte, nachträglich belohnt. In der Universaldienstverordnung wird die Leistungsverrechnung zwischen Telekommunikationsbetrieben geregelt. Die Novelle soll der Telekom Einsparungen von zehn Millionen Euro pro Jahr gebracht haben. Unverständlich: Gorbach bzw. Kröll-Maier wurden nicht angeklagt, sondern kamen mit der Zahlung einer Geldbuße von 1680 Euro bzw. 4000 Euro davon.

Das BZÖ von Jörg Haider wollte auch von Gorbachs Universaldienst für die Telekom Austria profitieren, erzählte Schieszler dem Staatsanwalt. Als »kleines Dankeschön« sollte die Telekom den kostspieligen BZÖ-Wahlkampf 2006 finanziell unterstützen. Auch diesmal wurde Hochegger zwischengeschaltet, der über Scheinrechnungen rund eine Million an zwei BZÖ-Vertrauensleute zahlen sollte: Werbefachmann Kurt Schmied und PR-Beraterin Tina Haslinger. BZÖ-Nationalrat Klaus Wittauer holte die Agentur Schmied an Bord, der 720 000 Euro zuflossen. Die Haslinger-Firma inbestform erhielt 240 000 Euro Telekom-Geld auf Vermittlung von Christoph Pöchinger, dem Pressesprecher von BZÖ-Justizministerin Karin Gastinger. Auf diese Weise kam ein Fünftel des offiziellen BZÖ-Wahlbudgets (fünf Millionen Euro) von der Telekom.

Der Tiroler BZÖ-Nationalrat Klaus Wittauer vermittelte nicht nur Wahlkampfgelder für die Partei, sondern stopfte sich auch selbst die Taschen voll. Nach seinem Ausscheiden aus dem Nationalrat klopfte Wittauer bei Kontaktmann Schieszler an – und erhielt einen fetten Konsulentenvertrag. Für Beratung rund um die Integration des von der Telekom erworbenen Festnetzbetreibers eTel AG erhielt Wittauer ein monatliches Bruttohonorar von 18 000 Euro. Das Vertragsverhältnis endete nach zwei Jahren. In der Telekom wurde er selten gesehen, und einen bleibenden Eindruck hatte er ebenfalls nicht hinterlassen. »Meine Aufgabe war es, Konzepte zu entwickeln«, sagte Wittauer im parlamentarischen Korruptions-Untersuchungsausschuss im Jahr 2012. Oder wie es die grüne Abgeordnete und U-Ausschuss-Vorsitzende Gabriela Moser ausdrückte: »Money for nothing.«

Angezapft wurde die Telekom Austria auch von der ÖVP. Anders als bei der FPÖ bzw. dem BZÖ waren die Transaktionen ausgeklügelter und mit doppeltem Boden ausgestattet. Die »Jungen« wurden über die Agentur White House und die »Alten« über die Agentur Mediaselect bedient. Im Jahr 2008 organisierte White House eine Kampagne »No Bubbles, no Troubles« der Jungen ÖVP. Die Rechnung dafür wurde an die Valora AG von Peter Hochegger gestellt. Die Valora überwies in Summe 96 900 Euro, die von der Telekom Austria bereitgestellt wurden. Mehr als doppelt so viel Telekom-Geld floss an die Mediaselect.

Bei der Mediaselect handelt es sich um eine alteingesessene Schaltagentur, die bis zum Auffliegen der Telekom-Affäre im Eigentum von Bawag-PSK, Lotterien, Post AG und Telekom Austria stand. Mediaselect-Geschäftsführer war ein gewisser Michael Fischer, der als VP-Organisationsreferent und Telekom-Prokurist ein wichtiges Bindeglied zwischen Telekom Austria und ÖVP war. Die Telekom zahlte jedenfalls 190 800 Euro via Valora an die Mediaselect. Dort wurde das Geld auf einem eigenen »ÖVP-Konto« geparkt, das die Schwarzen jederzeit abrufen konnten. Die Telekom war nicht das einzige Unternehmen, das via Mediaselect das »ÖVP-Konto« speiste. Auch Lotterien GmbH (72 960 Euro), Post AG (114 209 Euro) und die Raiffeisenlandesbank Oberösterreich (50 000,40 Euro) füllten die »schwarze Kasse«. In diesem Zusammenhang ist bei der Staatsanwaltschaft Wien ein eigenes Strafverfahren Mediaselect anhängig.

Die Volkspartei hat schon eingelenkt, den Vorwurf der illegalen Parteienfinanzierung via Mediaselect akzeptiert. Im Jahr 2014 erklärte sich die Partei unter Obmann Michael Spindelegger bereit, das zwischen 2006 und 2008 von der Telekom via Hochegger und Mediaselect kassierte Geld zurückzuzahlen. Das waren in Summe 250 000 Euro. Weil die Partei nicht liquid war, wurde ein Tilgungsplan vereinbart, der sich laut vertraulichem Notariatsakt vom April 2014 so liest: »Die ÖVP erklärt sich gegenüber der Telekom Austria aus freien Stücken bereit, den dieser allenfalls entstandenen Schaden zu ersetzen. Die Zahlung ist binnen zehn Jahren in folgenden Raten zu bezahlen: 10 000 Euro binnen 14 Tagen ab Abschluss dieser Vereinbarung; bis 31. Dezember der Folgejahre (ab 2015) jährlich jeweils 25 000 Euro und bis 31. Dezember 2024 der offene Restbetrag.« Mit Lotterien bzw. RLB OÖ wurden ähnliche Verträge mit Jahresraten von 7000 bzw. rund 20 000 Euro abgeschlossen.

Mit dem Deal eliminierte die ÖVP das Risiko, als erste Partei Österreichs auf Basis des Verbandsverantwortlichkeitsgesetzes zur Rechenschaft gezogen zu werden. Denn bei Schadenswiedergutmachung darf von einer strafrechtlichen Verfolgung abgesehen werden. Unabschätzbar war das politische Risiko. Darf eine »vorbestrafte« Bundespartei bei Nationalratswahlen antreten und Regierungsverantwortung tragen? Weil das Verbandsverantwortlichkeitsgesetz erst seit 1. Jänner 2006 in Kraft ist, gibt es kaum Rechtsprechung. Angesichts der Beweise war ein außergerichtlicher Vergleich ratsam.

Rund um den Vergleich machten im April 2014 laut »Format« abstruse Gerüchte die Runde: »Ein einmaliger Solidarbeitrag der VP-Nationalräte hätte alle Verpflichtungen gegenüber Telekom & Co schlagartig gelöst. Die Mandatare, die monatlich 8303,90 Euro verdienen, hätten bloß auf ihr 13. und 14. Gehalt verzichten sollen. Das wurde aber verworfen. Darum mussten VP-Obmann Michael Spindelegger und Generalsekretär Gernot Blümel bei Telekom & Co. um Ratenzahlung bitten.« Beim Geld hört offensichtlich die Loyalität zur Partei auf.

Ein historischer Rekord bleibt der ÖVP trotzdem: erste politische Partei Österreichs, die von der Staatsanwaltschaft offiziell der Geldwäsche verdächtigt wurde. Auch einige Verfahren gegen höchste Parteifunktionäre wie etwa VP-Vizekanzler Wilhelm Molterer oder VP-Klubobmann Reinhold Lopatka wurden eingestellt. Dass die Volkspartei mit einem blauen Auge davonkam, hängt wohl auch damit zusammen, dass Innen- und Justizministerium unter ÖVP-Führung stehen.

Wie es zu den Verfahren gegen Molterer und Lopatka kam? Belastet wurde die schwarze Spitzenriege von einem Insider: Michael Fischer, seines Zeichens Ex-VP-Parteistratege und langjähriger Public-Affairs-Chef der Telekom Austria. »Gleich am Beginn meiner Tätigkeit in der Telekom Austria hat mein weisungsbefugter Vorgesetzter Rudolf Fischer mir den Auftrag erteilt, seine Sponsoringzusage von 20 000 Euro, die er für den SV Sierning auf Ersuchen von Wilhelm Molterer, wie er mir gesagt hat, getätigt hatte, an unsere PR-Agentur Hochegger weiterzuleiten«, sagte Michael Fischer im März 2013 gegenüber dem Staatsanwalt aus. Ab 2007 flossen so Jahr für Jahr zehntausende Euro an den Club. Molterer war Finanzminister und Telekom-Eigentümervertreter. »Ich sehe hier keine Unvereinbarkeit«, sagte VP-Mann Michael Fischer und erklärte die Telekom-Sicht: »Molterer kam als Parteipolitiker (zu uns) und nicht als Finanzminister.« Fakt ist: Ein vom Staatsanwalt bestellter Gutachter überprüfte den Fall und stellte fest, dass die vom Verein Sierning vorgelegten Fotos mit Telekom-Bandenwerbung offensichtlich gefälscht worden waren. Das Telekom-Sponsoring erfolgte somit ohne Gegenleistung.

»Das Problem lag daran, dass permanent Ersuchen aus der Politik um Sponsorings herangetragen wurden«, klagte Rudolf Fischer gegenüber dem Staatsanwalt. »Gewusst davon haben sicher Gernot Schieszler, Michael Fischer und die PR-Abteilung (Martin Bredl). Ein Abteilungsleiter konnte bis zu einem Betrag von zirka 10 000 bis 15 000 Euro Zahlungen über Hochegger direkt anordnen.« Die Volkspartei wurde auf diesem Weg gut versorgt. Laut Ex-Telekom-Vorstand Rudolf Fischer bekamen die Schwarzen aber den Hals nicht voll. Einmal sollte die Telekom rund 100 000 Euro für den ÖVP-Wahlkampf 2008 zuschießen. »Ich habe damals sehr oft Treffen mit Wilhelm Molterer gehabt«, so Fischer. Geldwünsche aus dem Kabinett von Molterer oder aus dem ÖVP-Klub seien keine Seltenheit gewesen. Fischer: »Hier fällt mir eher Lopatka ein, der solche Zahlungen in der Regel eher eingefädelt hat und/oder abgewickelt haben könnte.« Lopatka war »fürs Lukrieren von Geldern für die ÖVP« zuständig.

Besonders forsch agierte die ÖVP-Arbeitnehmerorganisation ÖAAB. »Am Ende eines Heurigenbesuchs bat Fritz Neugebauer Rudolf Fischer, den geplanten ÖAAB-Bundestag zu unterstützen«, plauderte Michael Fischer aus dem Nähkästchen. Als damaliger Chef der mächtigen Beamtengewerkschaft war Neugebauer eine lebende Legende. Sein Wort hatte Gewicht. Das Geld floss über Hochegger an den Arbeitnehmerbund. Kurze Zeit später kam ÖAAB-Generalsekretär Werner Amon nochmals auf ihn zu. Fischer: »Ich habe ihm mitgeteilt, dass es bereits eine Zusage gibt.« Amon und Hochegger schlossen sich kurz und das Geld wurde überwiesen. »Welche Gegenleistung zwischen Hochegger und ÖAAB vereinbart wurde, weiß ich nicht«, sagte Michael Fischer. Fakt ist, dass der Staatsanwalt der Causa wenig Beachtung schenkte. Die Verfahren gegen Amon, Lopatka, Molterer und Neugebauer wurden kurzerhand eingestellt.

Der einst mächtige Beamtengewerkschafter Neugebauer ist inzwischen in Pension. Molterer ist Geschäftsführender Direktor des Europäischen Fonds für strategische Investitionen (Juncker-Fonds). ÖVP-Generalsekretär Amon und VP-Klubobmann Lopatka wurden mittlerweile von Parteichef Sebastian Kurz politisch kaltgestellt. Mit deren illustrer Vergangenheit will Kurz nichts zu tun haben.

Die Ermittlungen der Staatsanwaltschaft erhöhten den Druck auf die Telekom, alle Mittelsmänner offenzulegen. Ex-Telekom-Manager Gernot Schieszler und Michael Fischer mussten bestätigen, was bisher nur hinter vorgehaltener Hand thematisiert wurde: Provisionszahlungen rund um Telekom-Ostdeals mit dem schillernden Investor Martin Schlaff sowie das diskrete Engagement des Lobbyisten Alfons Mensdorff-Pouilly.

Bei Mensdorff, der mit vollem Namen Alfons Eduard Alexander Antonius Maria Andreas Hubertus Christoph Mensdorff-Pouilly heißt, handelt es sich um den Ehemann von Ex-VP-Gesundheitsministerin Maria Rauch-Kallat. Der polyglotte Landadelige blickt auf eine langjährige Geschichte als diskreter Vermittler zwischen Rüstungsunternehmen und der Republik Österreich zurück. Grenzwanderungen gehören zu seinem Leben. Häufig fällt sein Name im Zusammenhang mit großen öffentlichen Aufträgen, wie etwa der Eurofighter-Beschaffung 2002 und dem Tetron-Behördenfunkauftrag 2004.

Wegen seiner fragwürdigen Beschäftigung wurde Mensdorff zweimal in Untersuchungshaft genommen. Das war 2009 in Wien und 2010 in London. Wenn er über die Zeit in der U-Haft spricht, beweist er Haltung und Humor. »Es waren die Beamten in Ordnung, es war die Kost in Ordnung – ich war zehn Jahre im Internat, da ist man ja einiges gewöhnt«, so Mensdorff-Pouilly in der ATV-Sendung »Hi Society« über den Wiener Knast. »Ich habe auch zehn Kilo abgenommen. Bewusst, weil ich etwas Vernünftiges dort drinnen machen wollte.« Das Joghurt sei sein »Häfentrick«, so Mensdorff. »Wenn ich das vor dem Frühstück esse, dann habe ich keinen Hunger.« Da war es in London schon härter. »Im Vereinigten Königreich werden die Menschenrechte nicht so respektiert wie in Österreich«, wird Mensdorff in der britischen Tageszeitung »Daily Telegraph« zitiert: »Ich habe keine Unterwäsche in meiner Größe bekommen, obwohl ich mehrmals danach gefragt habe. Und einen Kamm haben sie mir auch nicht gegeben.« Zudem sei der Gefängnisrasierer vor ihm schon von anderen Insassen benützt worden, weshalb er um eine Hepatitis-B-Impfung angesucht und diese auch bekommen habe. Sieben Tage dauerte die U-Haft im Jahr 2010. Mensdorff ging frei, nachdem British Aerospace 278 Millionen Pfund an die Behörden gezahlt hatte. Für die Zeit in London gab es 300 000 Pfund (damals umgerechnet 425 000 Euro) Haftentschädigung. »Wenn ich das gwusst hätt, wär ich vier Wochen geblieben«, scherzte er gegenüber dem Wirtschaftsmagazin »Format«.

Im Fall Telekom ist ihm das Lachen mittlerweile vergangen. Im Dezember 2015 wurde er wegen Beitrags zur Untreue rechtskräftig verurteilt. Mensdorff nach der Urteilsverkündung: »Ich bin noch nie drei Jahre gesessen, ich weiß nicht, wie das ist.« Die Höhe der Strafe steht noch nicht endgültig fest, könnte noch reduziert werden. Wie es zur Anklage kam? Bei der Valora-Razzia 2009 waren Rechnungen entdeckt worden, die auf eine Geschäftsbeziehung mit der Telekom schließen ließen. Hochegger laut Einvernahmeprotokoll: »Befragt zur Rechnung der MPA Handelsgesellschaft vom 28. Juli 2008 bezüglich Weiterverrechnung eines Fluges Wien–Dundee–Wien vom 16. bis 19. Oktober 2008 über 21 800 Euro gebe ich an: Dieses Honorar wurde auf Wunsch der

Telekom Austria bezahlt und ist keinem konkreten Projekt zuzuordnen. Diese Rechnung ist für mich ein Durchläufer.« MPA gehört Mensdorff-Pouilly.

Die Polizei stellte im Laufe der Ermittlungen fest, dass Mensdorffs ungarische Firma MPA Budapest von Juli bis Dezember 2008 sieben Rechnungen stellte und in Summe 1,1 Millionen Euro von der Telekom kassierte. Doch wofür? Mensdorff erklärte lange Zeit, dass er von der Telekom dafür bezahlt wurde, mögliche Übernahmekandidaten am osteuropäischen Markt zu identifizieren. Ostakquisitionen liefen Telekom-intern unter dem Projektnamen »Alpha«. Seine Leistungen seien »leider nicht« dokumentiert worden, weil ihm seitens der Telekom »immer die Verpflichtung aufgetragen wurde, alle Unterlagen zu vernichten«. Sein Millionenhonorar rechtfertigte Mensdorff gegenüber dem Staatsanwalt so: »Ich schätzte unter Bedachtnahme auf Projekt Alpha meinen Zeitaufwand auf 2000 Stunden. Befragt nach Listen über Unternehmen, die ich geprüft hatte: Die habe ich vernichtet, nachdem die Telekom den Bericht nicht mehr wollte. Der Telekom habe ich in der Sache Projekt Alpha weder einen Endbericht noch Unterlagen übergeben, weil es keiner mehr wollte.« Ein Millionenhonorar ohne aufgezeichnete Gegenleistungen? Das war Staatsanwalt und Strafrichter dann doch etwas zu steil. Zwar gestand Mensdorff-Pouilly am Ende des Gerichtsprozesses 2015 unter der erdrückenden Beweislast, dass er als Lobbyist von Telekom Austria und Motorola im Zusammenhang mit dem Behördenfunkauftrag Tetron tätig gewesen war, was er im staatsanwaltschaftlichen Vorverfahren noch kategorisch abgestritten hatte. Doch was mit dem Geld am Ende geschehen war, ist noch immer nicht klar. Somit bleibt die spannende Frage nach den Hintermännern, ob und mit wem Mensdorff sein Telekom-Honorar geteilt hatte, bis dato unbeantwortet. Angesichts der jahrelangen Ermittlungen ist das eine Schande für Österreichs Justiz.

Die Telekom-Ermittlungen brachten eine weitere Tetron-Verbindung ans Tageslicht: nämlich zu einem gewissen Christoph Ulmer. In seinem vertraulichen Gutachten vom Mai 2014 für die Staatsanwaltschaft Wien stieß der Buchsachverständige Mathias Kopetzky auf eine brisante Telekom-Aktennotiz: »Hingewiesen wird demnach auf ein Geschäft der MPA Budapest mit Telekom Austria und >CFU direkt< im Ausmaß von insgesamt 1,4 (wahrscheinlich) Millionen Euro. Da sich das Geschäftsvolumen mit der MPA Budapest auf 1,1 Millionen belief, müssten 300 000 Euro >CFU< betreffen. Im Gesamtakt rund um das Tetron-Projekt war die Abkürzung >CFU< bislang regelmäßig mit Christoph Ulmer in Verbindung zu bringen.« Ulmer ist Mensdorffs Jagdfreund und Eigentümer der CFU Consulting GmbH in Wien. Ein strafrechtlich relevantes Verhalten hat Ulmer stets zurückgewiesen.

Die Ulmer-Connection nährt den Verdacht, dass es bei der Tetron-Auftragsvergabe auch nicht mit rechten Dingen zuging. Zur Erinnerung: Bei der Tetron-Affäre handelt es sich um die dubiose Vergabe des Digitalfunks BOS-Austria. Dahinter steckt die geplante Etablierung eines landesweiten Funknetzes für alle Blaulichteinheiten bzw. alle Behörden und Organisationen mit Sicherheitsaufgaben (BOS), basierend auf dem europäischen Digitalfunkstandard Tetra. Im Jahr 2002 wurde dem Mastertalk-Konsortium, bestehend aus Siemens, Verbund, Raiffeisen Zentralbank und Wiener Stadtwerke, der Zuschlag erteilt. Die Bietergruppe Tetratel (Austro Control / Kapsch / Motorola) und die Telekom Austria gingen leer aus. Doch im Jahr 2003 wurde Mastertalk der Auftrag überraschend entzogen – die Begründung: mangelhaftes Projektmanagement, technische Mängel, Zweifel an der Finanzierung. Der Auftrag wurde neu ausgeschrieben. In der zweiten Runde ging Tetron – ein Joint Venture aus Alcatel, Motorola und Telekom Austria – als Sieger hervor. Von Anbeginn stand die Tetron-Vergabe in einem schiefen Licht. Zumal sich die Republik im Jahr 2006 mit Mastertalk auf eine 30-Millionen-Euro-Vergleichszahlung einigte. Über den Inhalt des Vergleichs wurde Stillschweigen vereinbart. Offensichtlich dürfte die überraschende Auftragsstornierung nicht ganz sauber gewesen sein.

Im Rahmen der staatsanwaltschaftlichen Ermittlungen wurde erhoben, dass neben den 1,1 Telekom-Millionen weitere 720 000 Euro von Alcatel und 2,2 Millionen Euro von Motorola an Mensdorffs Firmen geflossen sind. Das Motorola-Geld wurde als Erfolgshonorar für die Lieferung von 20 000 Endgeräten für den Blaulichtfunk dargestellt. Einen Bestechungsverdacht weist Motorola zurück. Dass parallel zur Mensdorff-Zahlung auch Geld an die CFU von Christoph Ulmer geflossen ist, sei aus Sicht der Justiz zumindest verdächtig. Immerhin war Ulmer zum Zeitpunkt des Tetron-Auftrags Kabinettschef des damaligen VP-Innenministers Ernst Strasser und davor im Büro von ÖVP-Generalsekretärin Maria Rauch-Kallat beschäftigt. Erstaunlich: Alcatel-Austria-Chef war damals ein gewisser Harald Himmer, der 1990 als Chef der Jungen ÖVP mit dem Slogan »Bonzen quälen, Himmer wählen« landesweit bekannt wurde. Von 1995 bis 2015 war Himmer Abgeordneter zum Bundesrat. »Himmer hat mit der Doppelfunktion Politiker und Geschäftsführer den Eindruck gemacht, dass er politisch intervenieren kann«, so ein Zeuge im Telekom-Prozess gegen Mensdorff Ende 2015. Auch Kronzeuge Schieszler belastete Himmer.

Mensdorffs Firmen hatten in der Regierungszeit von VP-Kanzler Wolfgang Schüssel (2000–2007) jedenfalls Hochkonjunktur. Die Staatsanwaltschaft vermutet zwar, dass es sich bei den Millionenzahlungen an Mensdorff um Tetron-

Schmiergeld handelt, doch der Bestechungsverdacht in Richtung ÖVP konnte bis dato nicht bewiesen werden.

Im Gerichtsprozess gegen Alfons Mensdorff-Pouilly wurde jedenfalls eines offensichtlich: Scheinrechnungen waren in der Telekom gang und gäbe. Und Papier ist geduldig. Zwei »rote« Beispiele, die die Justiz beschäftigten: der Fall Kurt Gartlehner und die Geschäfte mit dem Stadt-Wien-nahen Echo Medienhaus.

Das Nachrichtenmagazin »News« berichtete 2013, dass der SPÖ-Nationalrat Kurt Gartlehner von 2007 bis 2009 stolze 127 200 Euro kassiert hatte. Hocheggers Valora zahlte an Gartlehners Austria Consult monatlich 3600 Euro plus »Erfolgsprovisionen«. Die vertraglich vereinbarten Tätigkeiten konnte Gutachter Matthias Kopetzky »nicht nachvollziehen«. Aus Gutachtersicht standen »die Zahlungen an ihn unmittelbar mit dessen politischer Funktion und nicht mit dessen Beratungstätigkeit im Zusammenhang«. Vielmehr sei von »eingekaufter Gunst zugunsten der Telekom Austria AG« auszugehen. Besonders deutlich wird das bei den Valora-Zahlungen über 72 000 Euro an die Wabe GmbH, deren Geschäftsführer Gartlehners Sohn war. Die Wabe GmbH wurde laut eigenen Angaben für die »naturmedizinische Beratungs- und Koordinationsleistung« vergütet. Das geheime Joint Venture – bis zu den Telekom-Ermittlungen wusste keiner davon – plante für Telekom-Marketingzwecke die Herstellung eines Müsliriegels aus »Blütenpollen, Honig, Bienenbrot und Propolis«. Der Breitband-Honig, wie er in der Telekom genannt wurde, sollte aus dem Naturpark Kalkalpen stammen. Der Honigriegel sollte über Arztpraxen und Apotheken vertrieben und nach einem Rezept aus den Zeiten des Dschingis Khan hergestellt werden. Laut Wabe-Konzept lag das Geheimnis in den »Rohstoffen aus der mongolischen Naturmedizin (Stutenmilch und Bergblut)«.

»Auszuschließen ist unseres Erachtens, dass die Valora AG auch Zahlungen an die Wabe GmbH geleistet hätte, wenn hier nicht ein Lobbying-Kontakt, wie dies der Telekomsprecher der SPÖ im Nationalrat darstellt, unterstützt worden wäre«, schreibt Gutachter Kopetzky trocken: »Ein betriebswirtschaftlicher Hintergrund seitens der Valora AG für die gegenständliche Rechnung und Zahlung ist unserer Ansicht nach nicht gegeben. Demnach wurden teilweise bereits Jahre zuvor beauftragte Lebensmittelanalysen und Studien als Vorwand für die Weiterleitung von Geldern an Nationalrat Kurt Gartlehner genutzt und diese Zahlungen in der Valora AG der Telekom Austria AG zugeordnet.«

Agenturen als Mittelsmänner gab es nicht nur bei der ÖVP. Auch die Sozialdemokraten nutzten parteinahe Agenturen. So mietete die Telekom

Austria anlässlich der Fußball-Europameisterschaft 2008, die von Österreich und der Schweiz gemeinsam veranstaltet wurde, das Wiener Burgtheater als Veranstaltungsort inmitten der Fanmeile. Die Räume wurden nicht von den Bundestheatern angemietet, sondern über einen bizarren Umweg: das Stadt-Wien-nahe Echo Medienhaus. Denn der Echo-Verlag hatte sich das Burgtheater über einen Exklusivvertrag gesichert. Kaufmännischer Direktor des Burgtheaters war damals der heutige Kanzleramtsminister Thomas Drozda. Laut der Tageszeitung »Der Standard« wurde der Telekom »das spielfertige Burgtheater« vom 7. Juni bis 29. Juni 2008 »für Eigenveranstaltungen exklusiv zur Verfügung« gestellt. Die Kosten beliefen sich auf eine Million Euro plus Umsatzsteuer. »540 000 Euro an Personalkosten kamen noch dazu«, die laut »Der Standard« direkt von der Telekom ans Burgtheater flossen. Wie viel beim Echo-Verlag hängen blieb? Weniger als 50 000 Euro, behauptet Echo-Geschäftsführer Christian Pöttler, der den Vertrag mit Telekom-Vorstand Gernot Schieszler unterschrieben hat. Das Burgtheater hätte jedenfalls mehr kassieren können, wie Drozda gegenüber dem Burgtheater-Aufsichtsrat zugab: »Mit der Weisheit des Rückblicks […] hätten wir den Vertrag direkt mit der Telekom gemacht – schon um uns den Vorwurf der Parteienfinanzierung zu ersparen.« Die strafrechtlichen Ermittlungen gegen Pöttler, Drozda und Co im Zusammenhang mit der Burgtheater-Vermietung wurden eingestellt.

Die Millionendeals des Martin Schlaff

Die Valora-Anklage, wo es um insgesamt 15 Geschäftsfälle mit einer Schadenssumme von rund neun Millionen Euro geht, wurde 2017 fertiggestellt. In der Anklage werden die verbliebenen Strafverfahren aus der Telekom-Affäre abgearbeitet. Der spannendste Teil, der in der Valora-Anklage mit keinem Wort erwähnt wird, umfasst wohl den Komplex rund um die Ostgeschäfte der Telekom Austria – und den schillernden Investor Martin Schlaff. Bei ihm fand die Staatsanwaltschaft Wien offensichtlich keine Anhaltspunkte, die eine weitere Strafverfolgung rechtfertigen würden. Bemerkenswert sind die Millionendeals des Martin Schlaff allemal.

Die Auslandsexpansion der Telekom Austria war ein besonderes Abenteuer. Ab 2003 wagte sich der teilstaatliche Konzern in den wilden Osten. Bulgarien, Kroatien, Serbien und Weißrussland sollten sukzessive erobert werden. Aufgrund der heiklen politischen Lage in der damaligen Hoffnungsregion CEE sowie der umstrittenen Eigentumsverhältnisse der in Frage kommenden Akquisitionsobjekte war das kein leichtes Unterfangen. In dieser Zeit trat ein

Mann in Erscheinung, der sich anbot, der Telekom den Weg zu ebnen: Martin Schlaff. Gemeinsam mit seinen Geschäftspartnern Herbert Cordt und Josef Taus sollte er sich zum wohl wichtigsten unternehmerischen Brückenbauer der Telekom Austria entwickeln.

Der Startschuss fiel im Jahr 2002, als ein Austro-Konsortium den bulgarischen Funker Mobiltel um rund 800 Millionen Euro kaufte. Die Gruppe bestand aus Schlaff, dem ehemaligen ÖVP-Obmann Josef Taus, dem Ex-Länderbank-Chef Herbert Cordt sowie der von Helmut Elsner geführten Gewerkschaftsbank Bawag. Als unternehmerisches Vehikel wurde die Wiener Mobiltel Holding gegründet, die den gleichnamigen Mobilfunker mit Sitz in Sofia übernehmen sollte. Diese bulgarische Mobiltel a.s. gehörte zuerst dem Russen Michail Chorny (alias Mikhail Chernoy alias Michael Tschernoy alias Michail Cherney), der mit dem organisierten Verbrechen in Zusammenhang gebracht wurde. Die mutmaßliche Mafia-Connection schürte offensichtlich das Misstrauen im Bawag-Aufsichtsrat, was die Kreditvergabe verzögerte. Der damalige Wirtschaftspolizei-Chef Roland Horngacher brachte den Umschwung. Die Wirtschaftspolizei stellte Elsner eine Unbedenklichkeitserklärung bezüglich Chorny aus und besänftigte so die Bawag-Kontrollore. Eine Amtshandlung, die Horngacher fünf Jahre später zum Verhängnis werden sollte: Der Persilschein für die Bawag war nicht durch Gesetze gedeckt, weshalb er seinen Posten als Wiener Polizeikommandant verlor.

Kurz nach dem von der Bawag finanzierten Mobiltel-Takeover machten sich Schlaff und Co auf die Suche nach einem neuen Abnehmer. Der im Osthandel mit der DDR reich gewordene Schlaff blieb nicht lange investiert, sondern wollte schnelles Geld machen. Mit der Telekom Austria war der perfekte Abnehmer rasch gefunden. Telekom-Vorstandsvorsitzender Heinz Sundt und sein für die Mobilfunksparte verantwortlicher Kollege Boris Nemšić interessierten sich schon länger für Mobiltel, zögerten aber wegen der dubiosen Eigentumsverhältnisse. Der Einstieg von Cordt, Schlaff und Taus löste das Compliance-Problem der Telekom. Dass Österreichs Regierungschef Wolfgang Schüssel gemeinsam mit Elsner und Schlaff zum Mobiltel-Eröffnungsfest im Privatjet nach Sofia reiste, sorgte für die richtige Begleitmusik. Des Kanzlers Kurzbesuch im März 2003 hob jedenfalls die Reputation der »neuen« Mobiltel-Aktionäre. Danach war Chornys Mafia-Vergangenheit nicht mehr von Interesse.

Schüssel gab grünes Licht. Nun musste auch Karl-Heinz Grasser überzeugt werden. Grasser war damals Finanzminister und oberster Telekom-Eigentümervertreter. Auftritt Peter Hochegger. Im November 2002 wurde die Valora von den Mobiltel-Aktionären beigezogen, was Rechnungen belegen. Hochegger sollte die »Interessentensuche am Verkaufsprozess der Mobiltel« begleiten. Zitat aus dem Polizeibericht vom 22. April 2010: »An die Mobiltel Holding GmbH, Dr. Herbert Cordt, konnten zwei nahezu idente Ausgangsrechnungen in Höhe von je 600 000 Euro vorgefunden werden.« Aber warum zahlte die Mobiltel Holding 1,2 Millionen Euro an Hochegger? Im parlamentarischen Korruptions-Untersuchungsausschuss war Schlaff nicht gewillt, die Telekom-Ostgeschäfte zu kommentieren. Auf Anraten seines Anwalts entschlug Schlaff sich der Aussage. Auch gegenüber Medien werden frühere Geschäftsbeziehungen mit der Telekom Austria nicht kommentiert.

Für Ermittler und U-Ausschuss-Mitglieder drängte sich ein Verdacht auf: Mit dem Geld könnte Hochegger bei ausgewählten Entscheidungsträgern Stimmung gemacht haben. Ein Indiz dafür: Zwei Monate nachdem die Mobiltel Holding das Geld an die Valora überwiesen hatte, wurde laut Polizeibericht ein KHG-Intimus bedient: »Walter Meischberger stellte seine Rechnung für Lobbyingmaßnahmen und Recherchen für den Kunden ›Mobiltel‹ aus.« Die Valora zahlte Meischbergers Mobiltel-Lobbyinghonorar von 365 240,40 Euro (inklusive Umsatzsteuer) anstandslos. Meischbergers Leistung konnte bis dato nicht restlos eruiert werden. Fakt ist: Finanzminister Grasser – Meischbergers Freund und oberster Telekom-Eigentümervertreter – hatte nichts gegen die Auslandsexpansion einzuwenden.

Nach der letzten Valora-Zahlung an Meischberger startete die Telekom im Dezember 2003 Exklusivverhandlungen in Sachen Mobiltel. Der Kauf scheiterte zunächst an den Preisvorstellungen. Schlaff und Co forderten 1,2 Milliarden Euro. Telekom-Boss Sundt wollte maximal eine Milliarde zahlen, heißt es. Doch nur ein Jahr später änderte Sundt seine Meinung: Als die Telekom im November 2004 die Kaufgespräche erneuerte und wenig später abschloss, war Mobiltel bereits 1,6 Milliarden Euro wert. Was die 600 Millionen Euro Preissteigerung und den Meinungsumschwung bewirkte, bleibt ein Mysterium, wie so vieles in der Geschäftswelt des Martin Schlaff.

Bemerkenswert ist, dass Hochegger erneut als Lobbyist mitverdiente. Diesmal auf der Käuferseite. »Es wurden 42 Ausgangsrechnungen der Valora AG an die Raiffeisen Centrobank AG, z. H. Dr. Gerhard Grund adressiert, aufgefunden«, heißt es im Polizeibericht. Darunter eine »Rechnung vom 1. August 2005 von 300 000 Euro für Erfolgshonorar Lobbying, Akquisitionsunterstützung für Beratungsmandat Telekom Austria / M-Tel«. Wenig später zahlte die Centrobank-Tochter RIAG weitere 300 000 Euro für dieselbe Leistung. In Summe zahlte Raiffeisen rund 1,05 Millionen Euro für Lobbying und Beratung in Sachen Telekom / Mobiltel. Eine Raiffeisen-Sprecherin: »Das war ein ganz normaler Public-Affairs-Vertrag mit Hochegger.« Walter Meischberger hatte den Kontakt zu Gerhard Grund hergestellt. Hochegger erinnerte sich in einem »profil«-Interview: »Bei jenen Aufträgen, wo wir die Centrobank ins Spiel bringen, sollten wir zusätzlich eine Erfolgsprovision in der Höhe von zuerst 15 Prozent, später dann zehn Prozent des jeweiligen Transaktionswerts erhalten. Es hat drei konkrete Geschäfte gegeben. Das erste war noch im Jahr 2003, daran habe ich jedoch keine Erinnerung mehr. Da bekamen wir zwischen 60 000 und 100 000 Euro. Der zweite Geschäftsfall war, dass wir die Centrobank beim Verkauf der bulgarischen Mobiltel ins Spiel gebracht haben. Und der dritte Fall war eben der Post-Börsengang.« Hochegger und Meischi waren ihr Geld wert. Allein der Post-IPO sollte Raiffeisen ein Honorar von 3,9 Millionen Euro bringen. Der Staatsanwalt fand jedenfalls keinen Grund zur weiteren Verfolgung. Das Strafverfahren bezüglich Post-Privatisierung wurde 2017 eingestellt.

Nach dem Mobiltel-Deal waren in der Telekom Millionenhonorare für Lobbyingaufträge nichts Besonderes. Was soll schon passieren, wenn der beste Freund des Finanzministers auf der Payroll steht? Die Einsätze wurden immer höher – und die Hintermänner immer reicher. »Dolose Zahlungen«, wie es die Wirtschaftsprüfungskanzlei BDO Deutschland nennt, dürften auch bei Übernahme der weißrussischen Mobilfunkgesellschaft Velcom im Jahr 2007 geflossen sein. BDO wurde nach Auffliegen des Valora-Skandals von der Telekom-Führung beauftragt, fragwürdige Geschäftsfälle aufzudecken. Die forensische Aufarbeitung lief parallel zu den polizeilichen Ermittlungen. So stellte BDO fest, dass von der Telekom 1,8 Millionen Euro an die Holdenhurst Holding in Zypern und weitere 1,2 Millionen Euro an die Wiener Firma Robicom gezahlt wurden.

Der MS Privatstiftung von Martin Schlaff gehören laut BDO-Bericht 85 Prozent an Holdenhurst, der Rest wird Ex-VP-Obmann Josef Taus zugerechnet. Robicom ist eine Enkeltochter der RN Privatstiftung des Schlaff-Freundes Robert Nowikovsky. Zitat aus dem BDO-Prüfbericht: »Wir haben festgestellt, dass die Robicom über verschiedene Gesellschafter und Mitarbeiter in einem Naheverhältnis zu Martin Schlaff steht.« Offiziell bestreiten Schlaff und sein Sprecher Michael Fink die Nähe zu Nowikovsky und dessen Stiftung, insbesondere im Zusammenhang mit Telekom-Geschäften. Doch im Handelsregister werden die personellen Verflechtungen deutlich: Der Steuerberater Michael Hason und der Rechtsanwalt Harry Neubauer sitzen im Vorstand der MS Privatstiftung. Bei der Gründung im Jahr 2002 saßen Hason und Neubauer auch im RN-Stiftungsvorstand. Bemerkenswert: Im Februar 2006 wurde Neubauer in Robert Nowikovskys Stiftung durch einen gewissen Norbert Wicki ersetzt. Der 47-jährige Schweizer erlangte als Grassers Treuhänder österreichweite Bekanntheit. Die Justiz prüft Wickis Rolle bei der Verteilung der Buwog-Gelder und bei Grassers Hypo-Investment bei Tilo Berlin. Schlaff legt Wert auf die Feststellung, dass er Norbert Wicki und dessen Beratungsfirma Private Asset Partners »gar nicht kennt«. Er sei weder deren »Kunde« noch habe er mit Wicki sonst irgendetwas zu tun. Gegenteilige Behauptungen werden rechtlich verfolgt. Die Distanz zu Wicki scheint Schlaff sehr wichtig zu sein.

Der Weißrussland-Deal kostete die Telekom rund 1,2 Milliarden Euro. Holdenhurst und Robicom standen der Telekom beratend zur Seite. Im Oktober 2007 kauften die Österreicher 70 Prozent um umgerechnet 730 Millionen Euro. Die Komplettübernahme der restlichen Velcom-Aktien von Schlaff und dem syrischen Geschäftsmann Ead Samawi erfolgte Ende 2010. Im Nachhinein erwies sich das Ostabenteuer als teuer: Die Telekom musste 2009 für die weißrussische Tochter eine Wertberichtigung von 290 Millionen Euro vornehmen. Erfolge lesen sich anders.

Supergeschäfte für Schlaff und Co waren es jedenfalls. Selbst aus dem 2005 gescheiterten Mobtel-Deal in Serbien ging Schlaff erhobenen Hauptes hervor. Zwischen den Transaktionen in Bulgarien und Weißrussland wollte er mit der Telekom Austria die Übernahme des Belgrader Mobilfunkers durchziehen. Nach dem Mobiltel-Muster sollte zunächst Schlaff mit einer Investorengruppe einsteigen, damit die börsennotierte Telekom Austria Mobtel dann erwerben konnte, ohne internationale Compliance-Regeln zu verletzen. Es galt, das Übernahmeziel weißzuwaschen.

»Die Telekom hätte so eine Firma nicht von Cherney kaufen können, um Gottes willen«, erinnerte sich der frühere Telekom-Finanzchef Stefano Colombo im Interview mit der Wiener Stadtzeitung »Falter«. »Ich konnte sie meinen Investoren nicht präsentieren.« Man brauchte »eine Jungfrau«, so Colombo. »Eine Firma ohne Vergangenheit.« Darum war Colombo anfänglich auch gegen den Mobiltel-Kauf. Hochegger beackerte den Telekom-Vorstand so lange, bis der seine Meinung änderte. »Colombo hatte Zweifel, dass sich das rechnen könnte«, sagt Hochegger. Doch am Ende konnte er umgestimmt werden. Im Juli 2005 war der Mobiltel-Deal perfekt. Die Telekom zahlte 1,6 Milliarden Euro. Schlaff und Co waren reich. Wie es zu Colombos Meinungswechsel kam, blieb ein Rätsel.

Geld könnte ein Motiv gewesen sein, so der Verdacht der Ermittler. Denn kurz nach der Pro-Mobiltel-Entscheidung rannte Colombo mit dicken Geldkoffern durch Wien, wie das Magazin »Format« 2013 berichtete: »Mit 400 000 Euro in der Aktentasche spazierte er am 2. August 2005 erstmals in die Privatbank Sal. Oppenheim (heute: Deutsche Bank Österreich). Am 19. September 2005 kam er mit 300 000 Euro und zu Weihnachten gab's 50 000 Euro Nachschlag. Die letzten beiden ›Bartransaktionen‹ fanden laut Geldwäsche-

Anzeige im Juli 2006 (250 000 Euro) und im Februar 2007 (180 000 Euro) statt.« Den Kick-back-Verdacht hat Colombo stets zurückgewiesen, es sei Geld seiner Familie gewesen. Warum das Geld nicht überwiesen wurde, konnte Colombo nicht plausibel beantworten. Die Vermutung der Ermittler: Vielleicht waren es Nebenkosten für die »Jungfrau«.

Auch in Belgrad sollte Colombo seine »Jungfrau« bekommen. War es in Sofia noch Michail Chorny, so war es diesmal der Clan rund um Boguljub Karić, der neben der Funklizenz einen dicken Polizeiakt besaß. Der steinreiche Karić war zwar einer der wichtigsten Unterstützer von Slobodan Milošević, fiel aber unter den neuen serbischen Machthabern in Ungnade. Milošević war von 1989 bis 2000 der allmächtige Präsident der Republik Serbien und musste sich später wegen Völkermords im Jugoslawien-Krieg vor dem internationalen Kriegsverbrechertribunal in Den Haag verantworten. Die Abgrenzung von seiner Ära war damals politisch opportun.

Nach heftigen Streitigkeiten um die Eigentumsverhältnisse entzog Belgrad dem Mobilfunker im Dezember 2005 die Lizenz. Für Schlaff, der sich die Mobtel-Mehrheit von Milliardär Karić erst im August 2005 gesichert hatte, war das eine Katastrophe. Ein Notfallplan wurde geschmiedet – und eine Rolle darin spielte niemand Geringerer als BZÖ-Vizekanzler Hubert Gorbach. Der reiste nach Belgrad und machte sich für Schlaff bzw. die Mobilkom stark. Österreich werde »auf politischer Ebene mit voller Kraft die Ambitionen der Mobilkom Austria« zum Einstieg beim serbischen Mobilfunkbetreiber Mobtel unterstützen, wurde Gorbach 2005 von der »Austria Presseagentur« nach einem Treffen mit Serbiens Ministerpräsident Vojislav Koštunica zitiert. Gorbach schrieb auch einen offiziellen Protestbrief als Vizekanzler an die serbische Regierung, als der Lizenzentzug publik wurde. Alles zusammen half Schlaff, ohne Megaverluste aus dem Serbien-Deal rauszukommen. Der Telekom brachte die Aktion null. Ganz im Gegenteil, sie verursachte Zusatzkosten: So erhielten die im Jahr 2006 ausgeschiedenen Telekom-Vorstände Heinz Sundt und Stefano Colombo lukrative Konsulentenverträge. Dazu sagte Sundt im Korruptions-U-Ausschuss 2012: »Beim Vertrag ist es um Mobtel Serbien gegangen. […] Ich glaube, dass der Betrag in einer Größenordnung von 1,5 Millionen Euro gelegen ist, ich weiß es aber nicht mehr genau.« Nachsatz: »Es kam dann in der Folge nicht zu diesem Geschäft, wie ursprünglich angedacht.« Denn das Geld sollte nur dann fließen, wenn der Schlaff-Deal in trockenen Tüchern war. Obwohl aus dem Mobtel-Deal nichts wurde, bekam Sundt sein Geld. Laut dem im U-Ausschuss-Protokoll zitierten Verfahrensanwalt verweigerte Sundt detaillierte Antworten zu seinem Konsulentenvertrag, weil er sich »bei einer wahrheitsgemäßen Beantwortung« dem Risiko eines »gegen ihn noch nicht anhängigen Strafverfahrens« aussetzen könnte. Der Verfahrensanwalt weiter: »Man [könnte] zu dem Ergebnis kommen, er hat im Zusammenspiel mit einem Verantwortlichen der Telekom für eine Nichtleistung eine Leistung erhalten, nämlich Geld.«

Auch Colombo verließ die Telekom mit einem »Golden Handshake«: eine runde Million Euro Abfertigung (inklusive Boni) plus 200 000 Euro freiwillige Abfertigung plus 500 000 Euro Konsulentenvertrag. Das Brisante: Consulting-Leistungen wurden laut Colombo nie abgerufen. Colombo: »Ich wäre natürlich zur Verfügung gestanden im Rahmen eines Consulter-Vertrages. Dies wurde aber nie in Anspruch genommen.«

Zurück zu Schlaff. Die MS Privatstiftung übernahm im Jahr 2007 die Kontrolle über den börsennotierten Feuerfestriesen RHI AG. Warum das von Interesse ist? Hubert Gorbach ist seither Aufsichtsrat der RHI AG (Jahresgage 2015: 24 200 Euro), wo er drei Roten gegenübersitzt: SP-Altkanzler Alfred Gusenbauer, Ex-ÖBB-Boss Helmut Draxler und Ex-OMV-General Wolfgang Ruttenstorfer. Auch Colombo kam nach seinem Ausscheiden aus der Telekom-Chefetage 2007 bei Schlaff unter: Als RHI-Finanzvorstand verdiente er von 2007 bis 2009 mehrere hunderttausend Euro im Jahr. Die Ermittlungen gegen Schlaff und Co wurden jedenfalls eingestellt. Obwohl die Ostdeals viele Fragen aufwerfen, konnte im Zusammenhang mit Mobiltel, Velcom oder Mobtel kein strafrechtlich relevantes Verhalten festgestellt werden. Das bedeutet nicht, dass diese Affären restlos aufgeklärt sind. Es gäbe noch viel zu ermitteln, doch die Justiz setzt offensichtlich andere Schwerpunkte.

Die Staatsanwaltschaft konzentriert sich viel lieber auf die »kleinen Fische«. Die Valora-Akte, wo die vielen kleinen Scheinrechnungen von Hochegger für Dritte zusammengefasst sind, ist so eine Sache. Die Vorgangsweise der Justiz hat den unangenehmen Nebeneffekt, dass die Öffentlichkeit sehr rasch vergisst – und politische Entscheidungsträger nur unzureichend zur Verantwortung gezogen werden. Jüngstes Beispiel ist der Fall Bernd Schönegger rund um die ÖVP Steiermark. Hier wird das Versagen der präventiven Wirkung von Strafverfahren besonders deutlich. Schönegger sitzt für die ÖVP Steiermark im Nationalrat und vertrat die ÖVP sogar im 2017 etablierten Eurofighter-U-Ausschuss. Schönegger gehört auch zu den engsten Beratern des Grazer Bürgermeisters Siegfried Nagl.

Das Bemerkenswerte: Ein Wiener Schöffensenat verdonnerte Schönegger im Juni 2016 zu neun Monaten bedingter Haft, weil das Gericht es als erwiesen erachtete, dass Schönegger in die illegale Parteifinanzierung durch die Telekom verwickelt war. Was war geschehen? Eine VP-nahe Werbeagentur, die für die Grazer ÖVP den Gemeinderatswahlkampf 2008 bestritt, erhielt auf Basis einer Scheinrechnung 120 000 Euro Telekom-Geld via Hochegger. Schönegger soll das eingefädelt haben, was der bis zuletzt entschieden von sich wies. Das Urteil ist nicht rechtskräftig, weil Schönegger Berufung und Nichtigkeitsbeschwerde eingelegt hat. Parallel dazu hat auch die Generalprokuratur die Aufhebung des Urteils wegen falscher rechtlicher Beurteilung beantragt. Sie regt an, den Prozess neu aufzurollen und schweren Betrug anzuklagen. Die Entscheidung liegt nun beim Obersten Gerichtshof. Trotzdem: Berufliche Konsequenzen hatte die Verurteilung keine. Für einen automatischen Mandatsverlust war die Strafe zu gering. Schönegger arbeitete sogar im parlamentarischen Justizausschuss. In personeller Hinsicht bestehe »kein Handlungsbedarf«, sagte auch der Grazer Bürgermeister Nagl trocken. Die Gerichtsentscheidung bezeichnete Nagl als »Fehlurteil«. Nagls Wortmeldungen dürfen nicht verwundern. Als Spitzenkandidat war und ist er der ultimative Profiteur der inkriminierten Parteispende aus dem Jahr 2008. Bedenklich ist, dass Nagl mit seinen Aussagen die illegalen Telekom-Praktiken legitimiert – und in der Öffentlichkeit damit durchkommt. Die Vergesslichkeit des Souveräns wurde im Februar 2017 offensichtlich. Telekom-Skandal hin oder her, Nagls Popularität blieb ungebrochen. Bei seinem vierten Antreten als Stadtchef feierte er einen fulminanten Wahlsieg. 37,8 Prozent der Grazer hievten die ÖVP auf Platz eins. Der Telekom-Skandal rund um Schönegger war vergessen.

Die Abarbeitung der Telekom-Affäre wird noch Jahre in Anspruch nehmen. Einige Telekom-Causae könnten neu aufgerollt werden, andere dürften in den nächsten Jahren vor dem Strafrichter landen und wenige komplett eingestellt werden. Zur Erinnerung: Unter Finanzminister Grasser planten der Automatenhersteller Novomatic und die Telekom Austria ein Joint Venture im Online-Glücksspielbereich. Zitat aus einer Anordnung der Staatsanwaltschaft Wien aus dem Jahr 2010: »Aufgrund des Naheverhältnisses zwischen Meischberger und Grasser besteht der Verdacht, Letzterer habe Teile der von der Novomatic beziehungsweise der Telekom an Meischberger bezahlten Beträge erhalten. Der Verdacht von Zahlungsflüssen an Grasser ergibt sich überdies aus der zeugenschaftlichen Vernehmung von Willibald Berner, wonach eine Gruppe um Hochegger, Meischberger und Grasser bestrebt gewesen sei, an im Regierungsprogramm festgelegten Privatisierungsprojekten finanziell zu >partizipieren<. Dementsprechend liegt der Verdacht nahe, dass eine ähnliche Vorgangsweise auch bei anderen Amtsgeschäften gepflogen wurde.« Das Novomatic-Verfahren gegen Grasser und Co wurde eingestellt, weil die Staatsanwaltschaft keine strafbaren Handlungen feststellen konnte.

Zweifelsfrei hatte Grasser von 2000 bis 2007 als oberster Eigentümervertreter bei der Telekom stets das letzte Wort. »Grasser werden Verbrechen mit einer

Strafandrohung bis zu einer Freiheitsstrafe von zehn Jahren zur Last gelegt«, heißt es in einer vertraulichen Kontenöffnungsanordnung aus dem Jahr 2010. »Überdies besteht angesichts des Umstandes, dass der Beschuldigte zu den Tatzeitpunkten Bundesminister für Finanzen war, ein besonderes öffentliches Interesse an einer umfassenden Überprüfung der Vorwürfe.« Im Telekom-Komplex konnte Grasser aber kein strafbares Handeln nachgewiesen werden, die entsprechenden Strafverfahren gegen ihn wurden eingestellt.

Grassers Freunde hatten weniger Glück. Im Mai 2017 erhob die Staatsanwaltschaft Wien abermals Anklage gegen Ex-Telekom-Vorstand Rudolf Fischer und den Lobbyisten Peter Hochegger wegen Untreue sowie gegen den Lobbyisten Walter Meischberger und ÖVP-Organisationschef Michael Fischer wegen Geldwäscherei. Im Wesentlichen wird ihnen die Bildung einer »schwarzen Kasse« bei der Telekom Austria zwischen 2004 und 2009 vorgeworfen. In dieser Zeit zahlte die Telekom wie bekannt rund neun Millionen Euro. Nur zu einem Teil lagen diesen Zahlungen reale Lobbyingleistungen zugrunde, schreibt der Staatsanwalt. Sie dienten vielmehr dazu, »eine Liquiditätsreserve« von rund 5,7 Millionen Euro zu bilden. Zugriff auf den Schmiergeldtopf hatten etwa Walter Meischberger und Michael Fischer, die die Gelder weiterverteilten – und somit laut Staatsanwaltschaft als Geldwäscher fungierten. Insgesamt wurde gegen 40 Beschuldigte ermittelt. Auffällig: Vor allem Parteisoldaten kamen mit einem blauen Auge davon. Allen voran Ex-BZÖ-Vizekanzler Hubert Gorbach. Obwohl Gorbach gemeinsam mit seiner Sekretärin Gabriele Kröll-Maier 264 000 Euro von der Valora abcashte, muss er nicht auf die Anklagebank. Mit 100 000 Euro Teilschadensgutmachung und 1680 Euro Geldbuße kommt er in den Genuss einer sogenannten Diversion. Eine vor wenigen Jahren eingeführte Reform des Strafgesetzbuches macht das möglich. Die strafbestimmenden Wertgrenzen wurden mit Jahresbeginn 2016 von 50 000 auf 300 000 Euro hinaufgesetzt.

Die langjährige Praxis, Gelder auf Basis von Scheinrechnungen auszuzahlen, dürfte beendet sein. Die dunklen Verbindungen in der Telekom Austria dürften gekappt sein. Durch den öffentlichen Druck (Medien, Gerichtsprozesse und U-Ausschüsse) wurden die Korruptions- und Parteifinanzierungsgesetze verschärft. Die neue Gesetzeslage reicht aber nicht aus, um korrupte Praktiken wie in der »alten« Telekom Austria komplett zu unterbinden. Parteienvertreter, die Geld annehmen, dürfen strafrechtlich nicht tabu sein. Ein gut austariertes System an »checks & balances« ist nötig, das auch Politiker zur Verantwortung zieht. Dass der spektakuläre Telekom-Skandal kaum Konsequenzen im Parteienbereich hatte, hinterlässt einen üblen Beigeschmack – und ist kein Ruhmesblatt für die Justiz.

Kapitel 3

Der Skandalreigen KHG – oder: die Buwog-Bombe

Er machte eine politische Bilderbuchkarriere. Alles begann mit der Bekanntschaft zu Jörg Haider. Als Karl-Heinz Grasser den Obmann der Freiheitlichen Partei Österreichs (FPÖ) kennenlernte, war er Anfang zwanzig. Die Verbindung mit dem blauen Volkstribun beflügelte Grassers Aufstieg. Im Jahr 1993 wurde er mit dem Management der Freiheitlichen Parteiakademie betraut, parallel dazu zum FPÖ-Generalsekretär aufgebaut. Mit 25 Jahren wurde Grasser stellvertretender Landeshauptmann Kärntens (1994) und mit 31 jüngster Finanzminister der Republik Österreich. Das alles mit Rückendeckung von Übervater Haider.

Karl-Heinz Grasser war Teil der legendären »Buberlpartie«, also jener kleinen Gruppe von blauen Karrieristen, die Jörg Haiders Aufstieg nach seiner Machtübernahme am Innsbrucker Parteitag 1986 begleiteten und vorantrieben. Zu den »Buberln« gehörten etwa Walter »Meischi« Meischberger, Gerald »Gerry« Mikscha, Peter »Westi« Westenthaler sowie Haiders Pressesprecher Karl-Heinz Petritz und Wahlwerber Gernot Rumpold (»Haiders Mann fürs Grobe«). Die »Buberln« waren keine Parteisoldaten, sondern ideologieferne Freibeuter.

Aus dieser illustren Gruppe stach Karl-Heinz Grasser hervor. Er wollte nicht nur Politik für die Menschen machen, sondern auch Geld und Karriere. Mit Charme und Eloquenz gewann er nicht nur Wählerherzen, sondern auch Wählerstimmen. Seine Initialen wurden zum Markenzeichen: KHG. Und seine Budgetreden mutierten zu Slogans: »Ein guter Tag beginnt mit einem sanierten Budget« erinnerte an eine damalige Zeitungswerbung, »Wir machen's wieder gut« an ein Versicherungsinserat. Die saloppen Botschaften rüttelten vor allem politikverdrossene Wähler auf. Die Marke KHG wirkte.

Parallel zum politischen Aufstieg bastelte Grasser an einem beeindruckenden Netzwerk. Der Immobilienmakler Ernst Karl Plech, der Magna-Gründer

Frank Stronach, Red-Bull-Boss Dietrich Mateschitz und Magna-Topmanager Siggi Wolf gehörten ebenso dazu wie der Banker Julius Meinl, der Investor Wolfgang Flöttl oder der Lobbyist Peter Hochegger. Sie alle sollten auf die eine oder andere Art vom guten Draht ins Finanzministerium profitieren, wie aus vertraulichen Gerichtsakten aus Wien und München hervorgeht.

Nach seinem Ausscheiden aus der Kärntner Landesregierung 1998 dockte Grasser beim Autozulieferer Magna an, wo er als Vice President Human Resources & Public Relations tätig war. Zwei Jahre machte er den Topjob (Jahresgage: 260 000 Euro), ehe er von Jörg Haider zurück in die Politik geholt wurde, diesmal in die schwarz-blaue Bundesregierung. Als Finanzminister propagierte Grasser einen konsequenten Privatisierungskurs. Die staatliche Beteiligungsholding ÖIAG erhielt den Auftrag, alles nicht Niet- und Nagelfeste abzustoßen. Selbst der Widerstand der oppositionellen Sozialdemokraten und der Grünen konnte ihn nicht stoppen. Generalstabsmäßig organisierte der selbst ernannte »Chief Financial Officer des Unternehmens Österreich« (Grasser über Grasser) den Ausverkauf von Österreichs Paradeunternehmen, darunter Austria Tabak, Böhler-Uddeholm, Dorotheum, Post, Postsparkasse, Staatsdruckerei, VA Tech, voestalpine und Telekom Austria. Zudem kamen mehr als 60 000 Bundeswohnungen unter den Hammer, der Buwog-Deal.

Die Interessenkonflikte des Karl-Heinz Grasser materialisierten sich sehr rasch. So wurde 2003 bekannt, dass die Staatsholding ÖIAG unter dem Codenamen »Minerva« ihren 34-Prozent-Anteil an der voestalpine abstoßen wollte. Als Käufer war Frank Stronachs Magna-Konzern vorgesehen. Die Opposition kritisierte, dass Magna-Boss Siegfried Wolf im ÖIAG-Aufsichtsrat saß und Grasser ein Rückkehrrecht in den Magna-Konzern besaß. Der öffentliche Aufschrei nach Bekanntwerden der Geheimoperation sowie die Angst, dass der Stahlkocher voestalpine nach einem Magna-Takeover filetiert werden könnte, killten »Minerva« – und Grasser musste auf sein Magna-Retourticket verzichten.

Tatsächlich boten die KHG-Deals der Jahre 2000 bis 2006 reichlich Gründe zum Hinterfragen. Den Privatisierungserlösen von rund 6,4 Milliarden Euro standen Kosten von rund 250 Millionen Euro gegenüber, wie der Rechnungshof in seinem Bericht 2007 feststellte: »Der Rechnungshof wies auf die vergleichsweise hohen Bankberatungskosten bei den Verkäufen an Investoren hin. Die ÖIAG führte dazu aus, dass in den Beratungskosten auch Erfolgsprovisionen enthalten seien, die sich an der Höhe der erzielten Verkaufserlöse orientieren. Insgesamt entfielen 67 Prozent der Beratungskosten auf Erfolgsprovisionen.«

Auffällig waren beispielsweise die Strategiewechsel rund um Post AG und Austria Tabak. Im Herbst 2002 verhandelte die ÖIAG mit der Deutschen Post.

Um den Totalverkauf zu ermöglichen, sollte der ÖIAG-Privatisierungsauftrag per Ministerratsbeschluss über Nacht geändert werden. Der Plan sickerte durch, und die Post-Gewerkschaft ging auf die Barrikaden. Danach waren die Deutschen weg vom Fenster. Wäre der Deal durchgegangen, hätte Grasser-Freund Julius Meinl profitiert. Denn im Rahmen der geplanten Transaktion war der Meinl Bank ein lukratives Beratungsmandat versprochen worden. Die Post-Aktien landeten schließlich an der Börse.

Beim Tabakriesen lief es umgekehrt. Ursprünglich sollte die Austria Tabak über die Börse privatisiert werden. Doch die ÖIAG änderte überraschend die Strategie. Der britische Tabakkonzern Gallaher Group sollte den Zuschlag erhalten – und zwar noch im ersten Halbjahr 2001. Speed kills. Die übereilte Planänderung verblüffte nicht nur die Öffentlichkeit. »Unterlagen, aus denen eine Begründung für die Vorverlegung der Privatisierung zu entnehmen war, konnte die ÖIAG dem Rechnungshof nicht mehr vorlegen«, heißt es im Rechnungshofbericht 2007. Der Grund: Die Unterlagen seien bei der Übersiedlung der ÖIAG-Zentrale verloren gegangen. Die »als entbehrlich erachteten Aufzeichnungen« seien »aus Platzgründen entsorgt worden«, teilte die ÖIAG dem Rechnungshof schriftlich mit. Dass die Dokumentation für einen 770-Millionen-Euro-Deal im Mistkübel landet, darf als »skandalös« bezeichnet werden.

Aufklärungswürdig erscheint auch die Rolle des Finanzministeriums rund um die Eurofighter-Beschaffung 2002. Auch hier wechselte Grasser kurzfristig und überraschend die Seiten: vom Fan des »Fighting Falcon« des US-Herstellers Lockheed Martin zum Befürworter des »Typhoon« des europäischen Rüstungsbetriebs EADS.

Politisch schien Grasser unverwundbar. Skandale, die andere Minister wohl zum Rücktritt gezwungen hätten, überlebte KHG unbeschadet. Im November 2001 wurde bekannt, dass sich KHG die Teilnahme an einer Shoperöffnung von Tommy Hilfiger mit Designeranzügen abgelten ließ. 2002 organisierte die Agentur von Peter Hochegger eine KMU-Offensive mit dem Finanzminister – Kostenpunkt: 2,3 Millionen Euro. So machte KHG bei kleinen und mittleren Unternehmen unverblümt Eigen-PR auf Rechnung der Republik. Im Jahr 2003 kam die Homepage-Affäre ans Tageslicht: Die Industriellenvereinigung hatte die Erstellung einer KHG-Homepage mit rund 283 000 Euro gesponsert. Das Geld floß über den privaten »Verein zur Förderung der New Economy«. Der öffentliche Aufschrei führte zu einer Steuerprüfung. Die eigenen Beamten stellten ihrem Chef aber einen Persilschein aus: Der Finanzminister musste keine Schenkungssteuer zahlen. Prominente Steuerrechtler wie der Universitätsprofessor Werner Doralt waren fassungslos. Weihnachten

2004 machte Grasser mit seiner damaligen Freundin Natalia Corrales-Diez Urlaub auf den Malediven. Das Gratis-Upgrade von Economy auf Business Class, das die Austrian Airlines gewährte, sorgte landesweit für Aufregung. Die AUA gehörte damals noch dem Staat, und als Finanzminister war Grasser der oberste Eigentümervertreter. Auch diese Privilegiendebatte überstand KHG unbeschadet. Im Jahr darauf machte ein weiterer Urlaub Schlagzeilen. Diesmal war er mit seiner neuen Partnerin unterwegs, der Swarovski-Erbin Fiona. Auf Einladung von Banker Julius Meinl unternahm er einen Adria-Törn. Ebenfalls auf der Meinl-Jacht dabei war der schillernde Investmentbanker Wolfgang Flöttl. Brisant war der Termin der Bootsreise: Wenige Monate später kamen die Bawag-Spekulationsgeschäfte ans Tageslicht. Die Politmarke KHG verlor aber keineswegs an Glanz, sondern gewann sogar noch an Strahlkraft. Es klingt widersprüchlich. Öffentliche Kritik konnte Grassers Aufstieg nicht bremsen. Nach jedem Skandal stiegen Popularität und Zustimmung beim Wahlvolk.

Die Politkarriere des KHG endete nicht mit einem Knall, sondern völlig unspektakulär mit einer Wahlniederlage der ÖVP. Die Volkspartei unter Kanzler Wolfgang Schüssel verlor die Nationalratswahl im Oktober 2006. Die Schwarzen waren auf den zweiten Platz zurückgefallen. Der siegreiche SPÖ-Parteichef Alfred Gusenbauer wurde mit der Regierungsbildung beauftragt. Zwar einigte man sich auf eine große Koalition mit der ÖVP. Doch Schüssel wollte keinesfalls als Juniorpartner weitermachen. Der »Schweigekanzler«, wie Schüssel genannt wurde, wagte ein letztes Manöver. Im ÖVP-Parteivorstand sprach er sich für Grasser als Vizekanzler aus. Selbst Erwin Pröll, damals Landeshauptmann von Niederösterreich und schwarzes Politschwergewicht, stimmte zu. Einzig und allein Seniorenbund-Obmann Andreas Khol war dagegen. Mit Verweis auf Grassers mangelnde christliche Sozialisierung sprach er sein Veto. So wurde Wilhelm Molterer zum Vizekanzler und ÖVP-Obmann. Molterer wollte auch den Finanzminister machen, damit war für Grasser kein Platz mehr. Im Nachhinein sollte sich Khols Einspruch als Glücksfall für die ÖVP erweisen.

Grassers so erzwungener Wechsel in die Privatwirtschaft war da schon spektakulärer. In der deutschen Ausgabe des Hochglanzmagazins »Vanity Fair« posierte er Anfang 2007 mit seiner Ehefrau Fiona Pacifico Griffini-Grasser. Das Shooting mit Starfotograf Michel Comte war im Auftrag des italienischen Magazins »L'Uomo Vogue« entstanden – und zwar zu einem Zeitpunkt, als Grasser noch Finanzminister war. Die künstlerischen Schwarz-Weiß-Bilder zeigten das Ehepaar im barocken Ambiente. KHG mit nacktem Oberkörper, sowohl mit als auch ohne Sakko. Doch erstmals ging die Publicity nach hinten los. »Nicht nur britische Repräsentanten von Lehman Brothers, wo Grasser davor im Gespräch gewesen sein soll, waren ›not amused‹«, vermeldete die

»Süddeutsche Zeitung«. »Auch in der weniger steifen Wiener Bankenszene, die keinen britischen Dresscode pflegt, war das Erstaunen groß.« Vor dem Auffliegen des Fotoskandals hatte Grasser noch mit zahlreichen Angeboten aus der Londoner City geprahlt. Die Investmentbanken würden bei ihm Schlange stehen. Neben Lehman Brothers wollten ihn die großen Wallstreet-Giganten Citigroup, Goldman Sachs und Morgan Stanley. Doch deren Türen blieben nach der »Vanity Fair«-Story verschlossen. Aus dem Aufstieg in die internationale Finanzwelt wurde nichts. Grasser musste in Wien bleiben – und mit Freunden ins Geschäft kommen: Mit Julius Meinl stieg er ins Energie-Business ein, mit Ernst Plech gründete er eine Immobilienfirma und mit dem Duo Walter Meischberger und Peter Hochegger wollte er projektbezogene Unternehmensberatung anbieten. Die Geschäfte liefen gut. Die 2007 gegründete Grasser-Firma machte ihrem Namen alle Ehre: Valuecreation.

Nicht nur das Business florierte. Auch die Beziehung mit der Swarovski-Erbin Fiona Pacifico Griffini-Grasser lief nach Wunsch, das »Powercouple« war Dauergast in den »Seitenblicken« und Liebkind des Boulevards. Nach der Hochzeit 2005 in den Wachauer Weinbergen, zu der ein Red-Bull-Flugzeug 12 000 Rosenblätter vom Himmel regnen ließ, verschaffte sich Grasser sukzessive den Respekt des standesbewussten Swarovski-Clans. Fionas Mutter, Marina Giori-Lhota, war sofort hin und weg von ihrem neuen Schwiegersohn. Nur wenige Clanmitglieder gingen auf Distanz. Der Autohändlersohn aus Klagenfurt hatte den Sprung in Österreichs High Society und den internationalen Jetset geschafft. Er führte ein glückliches Familienleben, machte gute Geschäfte und war ganz oben. Da holte ihn die Schattenseite seiner Vergangenheit ein.

Die Schockwellen der Buwog-Bombe

Der Wendepunkt in der steilen Karriere des KHG war der 18. September 2009. An diesem Freitag platzte die »Buwog-Bombe«. Die Privatisierung von 60 000 Bundeswohnungen im Jahr 2004 sei eine Goldgrube für Grassers Freunde gewesen, so das Wirtschaftsmagazin »Format« in seiner aufsehenerregenden Topstory. Der Lobbyist Peter Hochegger habe 9,61 Millionen Euro vom Immofinanz-Konsortium kassiert. Das war exakt ein Prozent der Summe, die für das Buwog-Paket geboten wurde. Die Vermittlungsprovision floss heimlich auf Basis von Scheinrechnungen über eine Briefkastenfirma in Zypern, um letztlich auf drei Konten bei der Hypo Investment Bank Liechtenstein (HIB) aufgeteilt zu werden. Zum Zeitpunkt der Enthüllung stand lediglich fest, dass Hochegger kassiert hatte. Wer sich hinter den ominösen HIB-Konten

»Natalie«, »Karin« und »40.0815« verbarg bzw. mit wem der Lobbyist seine Einkünfte geteilt hatte, blieb damals noch Gegenstand von Spekulationen.

Die Hochegger-Provisionen waren bei der gerichtlichen Aufarbeitung der Immofinanz-Affäre rund um veruntreute Anlegergelder ruchbar geworden. »Im Zusammenhang mit dem Erwerb der Buwog wurden tatsächlich Vermittlungsleistungen verrechnet«, gab Ex-Immofinanz-Vorstand Christian Thornton gegenüber dem Staatsanwalt zu Protokoll. »Ich war mit dem Erwerb der Buwog nicht befasst, musste aber nach Abschluss der Transaktion auf Weisung von Karl Petrikovics mit einem Herrn Hochegger von der PR-Agentur Kontakt aufnehmen. Es wurden Rechnungen von zypriotischen Gesellschaften gelegt.« Karl Petrikovics war der damalige Vorstandsvorsitzende von Immofinanz AG und Constantia Privatbank, Österreichs bester Immobilienmanager und Jugendfreund von Wolfgang Brandstetter (heute: Justizminister; früher: Strafverteidiger). Bis zu Thorntons Aussage war nicht bekannt, dass Grassers Freunde beim Buwog-Deal mitverdient hatten. Ein Immofinanz-Manager sagte gegenüber Staatsanwalt Norbert Haslhofer, dass er für Petrikovics Ende 2006 eine Liste erstellen musste, für welche Deals die Immofinanz bis dato »keine Provisionen bezahlt« hatte. Auf Basis dieser Auflistung sollten Provisionsleistungen für Hochegger erfunden werden. Als Zahlstelle wurde die Immofinanz-Firma CPC Corporate Finance Consulting ausgewählt, Empfänger der erfundenen Provisionen war die Astropolis Investments Consulting, Hocheggers Firma in Zypern. Dass das Geld für den Buwog-Deal war, sollte weder in der Buchhaltung noch auf den Rechnungen aufscheinen. Ein anderer Zeuge erklärte das so: »Es wurden Vermittlungsleistungen im Zusammenhang mit der Anschaffung der Buwog durch die CPC Corporate Finance Consulting verrechnet, obwohl die Buwog im Zuge eines Tenderverfahrens ohne Vermittlungsleistungen verkauft wurde.«

Die Enthüllungen rückten nicht nur Hocheggers Arbeit, sondern den gesamten Buwog-Deal in ein schiefes Licht. Staatsanwalt Norbert Haslhofer, der bislang nur in Sachen Immofinanz ermittelt hatte, erweiterte seinen Untersuchungsradius. »Sozialdemokraten und Grüne hatten den Verkauf schon immer schwer kritisiert«, schrieb »Format« im September 2009. »Die Bundeswohnungen seien zu billig und überhastet verkauft worden. Der Rechnungshof teilt diese Meinung und beanstandete ›die mangelhafte Vorbereitung‹ der Veräußerung.« Auffällig war schon im Jahr 2004, dass Grassers Freunde ihre Finger im Spiel hatten: Ernst Plech saß im Buwog-Aufsichtsrat und war Mitglied der Kommission, die für die Auswahl der beratenden Investmentbank zuständig war. Als Buwog-Verkaufsberater kam das US-Investmenthaus Lehman Brothers zum Zug, das den KHG-Spezi Karlheinz Muhr als Subauftragnehmer an

Bord hatte. Lehman, Muhr, Plech. Sie alle sollten vom Buwog-Deal finanziell profitieren, wie sich später herausstellte.

Kurze Rückblende: Rund 60 000 Bundeswohnungen waren auf vier Gesellschaften verteilt und sollten 2004 in einem mehrstufigen Prozess verkauft werden. Nach der letzten Verkaufsrunde blieben nur drei Bieter übrig: das Immofinanz-Konsortium (mit Wiener Städtische und Raiffeisen Oberösterreich), die Gruppe Blackstone/conwert und die CA Immo. Letztere fühlte sich bereits als Sieger, weil sie am meisten geboten hatte. Doch zu früh gefreut. Verkaufsberater Lehman Brothers führte überraschend eine Extrarunde ein, wo ein »Last & Final Offer« abgegeben werden konnte. Plötzlich drehte sich alles. Die CA Immo bot 960 Millionen Euro und das Immofinanz-Konsortium 961,2 Millionen Euro. Die CA-Immo-Manager waren fassungslos; so knapp am Erfolg vorbeigeschrammt zu sein, das schmerzte. Angesichts der hauchdünnen Differenz musste es ein Informationsleck gegeben haben. Doch von wem, wann und wie die Info geleakt worden war, blieb ein Mysterium.

Der PR-Profi Peter Hochegger machte im Herbst 2009 keinen Hehl daraus, Geld erhalten zu haben. Die Katze war aus dem Sack. Er habe Petrikovics eine Information zum Buwog-Deal verschafft, die spielentscheidend gewesen sein soll, so Hochegger: Die Immofinanz solle »mehr als 960 Millionen Euro« bieten. Das war sein Tipp. »Nachdem die Immofinanz als Höchstbieter den Zuschlag erhalten hat und ich der Meinung war, dass meine Information dabei mitgeholfen hat, habe ich bei der Immofinanz angeklopft, um eine Erfolgsprämie zu bekommen«, sagte er dem »WirtschaftsBlatt«. Den Vorwurf, er sei von Grasser mit Informationen über das Buwog-Bieterverfahren versorgt worden, wollte Hochegger gegenüber »Format« im September 2009 weder bestätigen noch dementieren: »Ich sage Ihnen gar nichts.« Versteuerung und Verteilung der Buwog-Provisionen? Seine Partner bei dem Deal? Hochegger hörte zu, verlor aber kein Wort. Weil er die zehn Millionen nicht versteuert hatte, war es nur eine Frage der Zeit, bis die Finanz anklopfen würde.

Die Angst vor dem Finanzamt führte zum Tabubruch. Eigentlich war allen Beteiligten klar, dass nie auch nur ein Sterbenswort über die Provisionsgeschäfte rund um die Privatisierungen der Ära Grasser fallen durfte. Schweigen ist Gold. Dieser Grundsatz musste nun gebrochen werden.

Die Polizei konnte die Ereignisse im Herbst 2009 auf Basis von sichergestellten Aktennotizen, E-Mails, Terminkalendern und Walter Meischbergers Tagebuch gut rekonstruieren. Als Hochegger Wind von den »Format«-Recherchen bekam, trommelte er alle Beteiligten zusammen. Als Erstes schickte er seinem Partner Walter Meischberger eine SMS: Medien würden in Sachen Buwog recherchieren. Alarm. Meischberger brach sofort seinen Ibiza-Urlaub ab, düste schnurstracks nach Wien und informierte Ernst Plech und Karl-Heinz Grasser von der drohenden Gefahr. In der Folge wurden Anwälte und Steuerberater beigezogen und die weitere Vorgangsweise besprochen. Für Hocheggers Advokat Gabriel Lansky war die Sache klar: An einer Selbstanzeige beim Finanzamt führte kein Weg vorbei. Bei einer zu späten Meldung wäre die Straffreiheit für Hochegger futsch. Meischberger sprach mit Hochegger. Er versuchte ihm die Anzeige auszureden bzw. ihn zu überzeugen, die gesamte 9,6-Millionen-Euro-Provision auf die eigene Kappe zu nehmen. Erfolglos. Die Omertà, das Gesetz des Schweigens, wurde in diesen Septembertagen gebrochen – mit damals ungeahnten Folgen.

Verzweifelt rief Meischberger seine Freunde Grasser und Plech an. Weil Hochegger nicht als alleiniger Nehmer dastehen wollte, musste »Meischi« einspringen. Im Gegensatz zu Hochegger war er bereit, KHG und Plech zu decken, meint der Staatsanwalt. Nun brauchte das Trio einen vertrauenswürdigen Consigliere. Die erste Wahl fiel auf Eduard Lechner. Der Universitätsprofessor ist nicht nur eine Koryphäe im Finanzrecht, sondern war Grasser und Meischberger gut bekannt. »Meischi« kannte ihn aus einem anderen Finanzverfahren und KHG als langjährigen Steuerberater seiner Schwiegermutter Marina Giori-Lhota. Doch Lechner lehnte ab und empfahl seinen aufstrebenden Kollegen Gerald Toifl. Der war – so wie er – Universitätsprofessor. Der Doppeldoktor Toifl war ein ausgewiesener Steuerexperte in Finanzstrafsachen und obendrein ein auf Wirtschaftsstrafrecht spezialisierter Rechtsanwalt. »Wunderwaffe für Wirtschaftskriminelle«: Dieser Ruf eilte Toifl voraus. Als Strafverteidiger im legendären Bawag-Prozess hatte er den angeklagten Bankgeneral Josef Zwettler vor einer Haftstrafe bewahrt, obwohl Zwettler ein Geständnis abgelegt hatte. Lechner rief also Toifl an. Er machte ihm das Mandat schmackhaft, ohne den Mandanten zu nennen. Toifl, der zu diesem Zeitpunkt noch in Salzburg weilte, liebte das Abenteuer. Er nahm Lechners Angebot an und übte sich in Geduld. Lechner sagte Toifl nur so viel: Der prominente Klient sei ihm bekannt und werde ihn am Westbahnhof abholen. Toifl kaufte sich ein Zugticket und machte sich sofort auf den Weg nach Wien.

Am Bahnhof wartete Walter Meischberger auf Gerald Toifl. Gemeinsam fuhren sie ins Büro auf der Wiener Tuchlauben, das Meischberger damals mit KHG teilte. Aus Sicht des Staatsanwalts erfuhr Toifl bei diesem ersten Treffen alles über die mutmaßlichen Buwog-Bestechungszahlungen und wie Grasser, Plech und Meischberger das Geld nach Liechtenstein geschafft hatten. Laut Staatsanwalt waren Grasser und Plech in die erste Selbstanzeige involviert, was beide bestreiten.

Zeitgleich mit dem Erscheinen der »Format«-Topstory am 18. September 2009 landeten die Selbstanzeigen von Hochegger und Meischberger beim Finanzamt. Ein verblüffender Umstand, der erst Jahre später auffliegen sollte: Ebenfalls am 18. September wurde Grasser von seinem Finanzamt ein Persilschein für eine ganz andere heikle Sache ausgestellt, sein bis dahin geheimes Stiftungskonstrukt in Liechtenstein. Doch dazu später mehr.

Advokat Toifl, der die gewaltige Dimension des Skandals rasch begriffen hatte, informierte seinen Kanzleikollegen Mario Schmieder über das erste Geheimtreffen. »Habe Donnerstag auf Freitag Nacht mit Meischberger und Grasser verbracht, Ergebnis war Selbstanzeige für Meischi. Hintergrund ist die Topstory im Format dieser Woche«, schreibt Toifl an Schmieder in einem E-Mail vom 19. September 2009. »Dazu würde ich zum Kauf Buwog gerne auch deine strafrechtliche Meinung wissen. Les mal die Geschichte vom Sankholkar, sie stimmt, Betrug, Amtsmissbrauch, Untreue, eigene Straftatbestände im Vergabeverfahren?? Da rollt einiges auf uns zu.«

Das waren geradezu prophetische Worte. Dem unmissverständlichen Toifl-E-Mail kommt ein hoher Beweiswert zu. Über die Zulassung des E-Mails als Beweisstück wurde heftig gestritten. Die Beschuldigten wollten mit allen Mitteln die Verwendung vor Gericht verhindern. Gemeinsam mit Toifls Notizen, wie etwa über konspirative Treffen zur Verschleierung von Verbindungen zu KHG, bildet das E-Mail den Kern der Anklageschrift gegen Grasser, Meischberger, Hochegger und zwölf weitere Personen, darunter Anwalt Toifl, der Raiffeisenbanker Ludwig Scharinger und der Vermögensberater Norbert Wicki. Der Streit um die Toifl-Akten verzögerte die staatsanwaltschaftliche Aufklärung der Affäre Grasser um zumindest drei Jahre.

Im Herbst 2009 erhöhte die Justiz die Schlagzahl. Die Buwog-Ermittlungen lösten eine Kettenreaktion aus. Wenige Tage nach der ersten Selbstanzeige (Buwog) ging beim Finanzamt eine zweite ein. Diesmal ging es um rund 200 000 Euro vom Baukonzern Porr. Schon wieder floss das Geld über die zypriotische Astropolis weiter nach Liechtenstein, wo es auf die drei HIB-Konten aufgeteilt wurde. Dahinter vermuten die Ermittler Bestechungszahlungen für die Übersiedlung von Linzer Finanzdienststellen in den Bürokomplex Terminal Tower. Der Mietvertrag wurde vom damaligen Finanzminister Karl-Heinz Grasser abgesegnet. Auch diese Porr-Selbstanzeige wurde von Hochegger und Meischberger eingebracht.

Im Wiener Straflandesgericht schrillten nun die Alarmglocken. Zwei Selbstanzeigen in so kurzer Zeit und die mediale Begleitmusik ließen Staatsanwalt Norbert Haslhofer nicht kalt. Ihm reichte die Verdachtslage, um Hausdurchsuchungen anzuordnen. Das machte er mit Überzeugung und ohne Abklärung mit vorgesetzten Stellen. Haslhofer war vor seinem Wechsel zur Staatsanwaltschaft Wien Richter am Straflandesgericht Linz. Die Seniorität gab ihm das

Recht, eigenmächtige Anordnungen zu treffen. Vermutlich wäre es bei einem anderen Staatsanwalt nie so weit gekommen – und mehrere Skandale der schwarz-blauen Regierungszeit wären niemals gerichtlich aufgearbeitet worden. Worüber nie berichtet wurde: Ab diesem Zeitpunkt stand der unbequeme Anklagevertreter auf der politischen Abschussliste und wurde innerhalb der Wiener Anklagebehörde zunehmend isoliert. Der engagierte Staatsanwalt zog die Konsequenz, wechselte die Seite und wurde Rechtsanwalt. Die Lorbeeren für Haslhofers Pionierarbeit nahmen andere Staatsanwälte entgegen.

Auf Haslhofers Anordnung stürmten Beamte des Innen- und Finanzministeriums am 2. Oktober 2009 die Büros von Hochegger, Meischberger und der Valora Solution GmbH. Letztere war eine von Hochegger, Meischberger und Grasser gemeinsam geführte Beratungsfirma. »Wir haben alle Unterlagen bereitwillig weitergegeben«, sagte Meischberger damals, »weil wir nichts zu verstecken haben.« In Wahrheit war genau das Gegenteil der Fall. Bei Hochegger stieß man auf einen kriminaltechnischen Schatz: Die »Valora«-Akten – benannt nach der Hochegger-Firma Valora Unternehmensberatung und -beteiligung AG – sollten neue, gänzlich unbekannte Korruptionsaffären rund um die Telekom Austria, die Schaltagentur Mediaselect und den Behördenfunkauftrag Tetron ans Tageslicht bringen.

Nach außen gaben sich die Buwog-Boys gelassen. Doch hinter den Kulissen brodelte es gewaltig. Wenige Tage nach der Razzia zitierte das Nachrichtenmagazin »profil« einen anonymen Informanten, der die gesamte Buwog-Transaktion – von der Auswahl der Investmentbank Lehman Brothers bis hin zum Verkauf an das Immofinanz-Konsortium – als »abgekartetes Spiel« bezeichnet hatte. Bei dem Whistleblower handelte es sich um Michael Ramprecht. Als ehemaliges Kabinettsmitglied im Finanzministerium verfügte Ramprecht nicht nur über Buwog-Insiderwissen, sondern gehörte auch Grassers innerstem Kreis an. Im Jahr 2006 mutierte Ramprecht vom Freund zum Feind. Grasser hatte ihn damals als Geschäftsführer der Bundesbeschaffungsagentur brutal abgesetzt. Offenbar war 2009 »payback time«. Es war die Zeit, um Rechnungen zu begleichen. Auch politisch erhöhte sich der Druck. Die SPÖ forderte einen Untersuchungsausschuss, und die Grünen brachten eine Strafanzeige gegen Karl-Heinz Grasser ein. Die so in die Ecke Gedrängten mussten reagieren – und ihr Verhalten gegenüber der Justiz koordinieren.

Am 5. Oktober 2009 trafen sich Grasser, Meischberger und Plech in der Kanzlei von Gerald Toifl zu einer rund vierstündigen Besprechung. In Meischbergers Tagebuch wird das Geheimtreffen als »die große Runde« bezeichnet. Als Vertreter von Immofinanz-Chef Karl Petrikovics war auch dessen Verteidiger (und nunmehrige Justizminister) Wolfgang Brandstetter anwesend. In dieser Sitzung wurde die grundsätzliche Linie festgelegt. Zitat aus der Anklageschrift: »Dabei wurde vor allem besprochen, wie man die geleisteten Zahlungen im Rahmen des Verkaufs der Bundeswohnbaugesellschaften anders darstellen bzw. gar rechtfertigen könnte. Klar war aufgrund der Selbstanzeige nur, dass Walter Meischberger auch die Verantwortung für die Anteile von Karl-Heinz Grasser und Ernst Plech übernehmen musste. In diesem Sinne wurde zunächst eine Kommunikationsstrategie gegenüber den Medien entworfen. Wolfgang Brandstetter nahm insbesondere zu strafrechtlichen Auslegungsfragen Stellung und sollte das Aussageverhalten von Karl Petrikovics dahingehend abstimmen, dass dieser Walter Meischberger nicht kennen würde und es zwischen beiden keine Kontakte gegeben hätte.« Die Teilnehmer sollen sich darauf geeinigt haben, die geringe Differenz der Bietersummen zwischen Immofinanz und CA Immo so zu erklären, dass sich einer »beim Bier verredet« habe. Plech und Grasser sollten weiterhin jeden Buwog-Konnex gegenüber Justiz und Medien zurückweisen. Das Kalkül: nur keine Angriffsfläche bieten. Die Justiz würde das Verfahren binnen Wochen, schlimmstenfalls weniger Monate einstellen. In dieser kurzen Zeit sei es unmöglich, eine Verwicklung in den Buwog-Deal nachzuweisen. Im Nachhinein gesehen war das eine kolossale Fehleinschätzung.

Die Toifl-Akten und Meischis Selbstanzeigen liefern zwar keine Beweise, dass Grasser Bestechungszahlungen in Empfang genommen hat. Jedoch widerlegen sie Grassers öffentliche Statements, rein gar nichts von den Aktivitäten seines Freundes Meischberger gewusst zu haben. »Sie können davon ausgehen, dass ich ein supersauberes, reines Gewissen habe«, sagte Grasser bei einer Pressekonferenz am 6. Oktober 2009. Von den Aktivitäten seines Trauzeugen Meischberger habe er erst über die Medien erfahren. Das war die erste Lüge. Sein Verhältnis zu Meischi? Keines. Das war die zweite. Grasser: »Weil ich die Medienberichterstattung zu dieser Frage brauche wie einen Kropf. Das ärgert mich in hohem Maße und deswegen habe ich keinen Kontakt.« Der Verkauf der Bundeswohnungen sei »sehr professionell, transparent, juristisch sauber und einwandfrei« über die Bühne gegangen. Auch darüber herrscht erheblicher Zweifel. Fakt ist: Mehrere Freunde und spätere Geschäftspartner des Finanzministers der Republik Österreich stopften sich bei Staatsaufträgen die Taschen voll. Nicht nur einmal, sondern immer wieder. Schwer vorstellbar, dass KHG so gar nichts darüber wusste.

In den folgenden Wochen kam es zu weiteren Verabredungen mit Toifl. Laut Anklageschrift wurden sukzessive alle potenziellen »Gefahrenquellen« identifiziert, darunter eine 500 000-Euro-Überweisung vom Konto »40.0815« – einem der drei Liechtensteiner Depots bei der Hypo Investment Bank – auf ein

Konto der Briefkastenfirma Mandarin Group bei der Raiffeisenbank Liechtenstein. Um Mandarin-Treuhänder Norbert Wicki zu treffen, begab sich Toifl im Herbst 2009 auf Fact-Finding-Mission in die Schweiz. Auch aus Liechtenstein wurden Informationen eingeholt, etwa welche Wertpapiere mit dem Buwog-Geld gekauft wurden oder welche Infos gegenüber den Liechtensteiner Geldhäusern HIB und Raiffeisen offengelegt wurden.

Der Briefkastenfirma Mandarin Group kommt eine besondere Bedeutung zu. Eine Vielzahl an Geschäften, bei denen Karl-Heinz Grasser eine wesentliche Rolle spielte, wurde über ein und dasselbe Mandarin-Konto bei Raiffeisen Liechtenstein abgewickelt. Was die Justiz feststellte: Grassers Trauzeuge schleuste über Mandarin einen Teil der Buwog-Gelder, Grassers Schwiegermutter transferierte ihre Hypo-Profite zu Mandarin und Grassers Ehefrau kaufte sich mit Mandarin-Geld teure Ohrringe. Grasser selbst will rein gar nichts mit Mandarin oder dem darauf gebunkerten Vermögen zu tun haben. Dass Trauzeuge, Schwiegermutter und Ehefrau das gleiche Konto nutzten, sei reiner Zufall.

Über das alles war Toifl Ende November 2009 voll im Bilde – und ihm war klar: Es gibt viel zu tun. Aus Sicht der Justiz war das der Beginn einer generalstabsmäßigen Vertuschung. Den Hinweis dafür lieferte ausgerechnet Meischbergers Moleskin. Eigentlich diente das Notizbuch der Psychohygiene: Der emotionale Ausnahmezustand der Herbsttage 2009 musste irgendwie verarbeitet werden. Ärger, Aggressionen, Enttäuschung, Hilflosigkeit. Das Niederschreiben des emotionalen Wirrwarrs erleichterte Meischberger den Umgang mit dem medialen Tornado, der ihn zu zerreißen drohte. In den Händen der Polizei entpuppte sich das Affären-Tagebuch als Bumerang, weil es Deckungshandlungen dokumentiert und die Konspiration nachvollziehbar macht. Bei der staatsanwaltschaftlichen Schnitzeljagd nach Karl-Heinz Grasser war es die Schatzkarte. Die Geheimtreffen im Oktober 2009 beschreibt Meischberger so: »Am Abend dann wieder lange, große Sitzung bei Geri Toifl. Es wird dabei klar, dass die Sache [Buwog; Anm.] noch lange nicht gegessen sein wird. Ein Schriftsatz mit noch nachzuliefernden Erklärungen ist abzugeben, auf den der Staatsanwalt noch wartet. In diesem Schriftsatz ist wohl der Sukkus der wirklichen Gefahren zu behandeln. Die Mandarin-Überweisung ebenso wie die Immobilien. Der Name eines Zürcher Treuhänders interessiert ihn ganz besonders. Die Verträge sind zu >finden< und abzustimmen etc. Plätze an denen solche Verträge liegen, Zahlen abzuklären. [...] KH spricht die Geldsumme immer wieder an, verhält sich dabei aber großzügig. Letztlich liegt es aber an Ernst.« Für den Staatsanwalt ist sonnenklar, was gemeint ist: Die Zusammenkünfte hatten den Zweck, im Nachhinein Dokumente zu produzieren, die die fragwürdigen Aussagen der Betroffenen untermauern sollten. »Nachträgliche Verschriftlichung« nannte Anwalt Toifl seine Arbeit an der Immobilieninvestvereinbarung zwischen Plech und Meischberger sowie an den Verträgen über Darlehen und Wertpapiergeschäfte mit der Briefkastenfirma Mandarin. Doch warum der Aufwand? Ganz einfach: Die wahren Besitzverhältnisse sollten verschleiert werden. Oder wie es der Staatsanwalt bezeichnet: Beweismittelfälschung.

Offiziell gehörten alle Konten in Vaduz alleinig Walter Meischberger. Und damit die dort gebunkerten 7,7 Millionen Euro Buwog-Geld. Die Gelder landeten etappenweise von Dezember 2005 bis November 2007 auf drei Konten bei der Hypo Investment Bank (HIB). Das Prozedere war immer das gleiche und umständlich: Hocheggers Astropolis überwies das Geld auf ein zwischengeschaltetes Konto der Briefkastenfirma Omega International LLC, wo es in der Folge bar abgehoben und anschließend auf die drei HIB-Namenskonten »Natalie«, »Karin« und »40.0815« eingezahlt wurde. Einzig das Konto »Natalie« gehört Meischberger; wieso sich die Ermittler so sicher sind? Über das Konto wurden Meischis Kredite getilgt, der Kaufpreis für sein Luxusapartment auf Ibiza bezahlt und das US-Studium von Meischbergers Tochter finanziert. Meischbergers Freundin heißt Natalie. Hinter den Konten »Karin« und »40.0815« hingegen stecken Plech und Grasser. Wie die Ermittler darauf kommen? Vom Konto »Karin« floss eine halbe Million Euro zum Erwerb eines Anwesens im australischen Brisbane. Zudem wurden 1,3 Millionen Euro bar abgehoben, die in Wiener Immobilien investiert sein sollen. Diese Immobilienprojekte konnten Ernst Plech zugeordnet werden. Die von Anwalt Toifl Ende 2009 aufgesetzte »Immobilieninvestvereinbarung« erklärte die Mittelverwendung so: Plech habe auf Basis dieser Verträge treuhändig für Meischberger investiert. Toifl spekulierte mit der Trägheit des Justizsystems, vor allem was die grenzüberschreitende Rechtshilfe betrifft. Sein Kalkül: Nach Vorlage des »falschen« Immokontrakts würden die Ermittlungen sukzessive eingestellt werden. Doch diesmal ging alles flotter als erwartet. Staatsanwalt Haslhofer zögerte nicht lange. Die Ermittlungen wurden auf Liechtenstein ausgeweitet, und zur Überraschung lieferte die Bank sehr rasch – und bestätigte Haslhofers Verdacht. Die Hypo Investment Bank nannte Ernst Plech als wirtschaftlich Berechtigten des »Karin«-Kontos sowie Ehefrau Karina Plech und Sohn Markus Plech als zeichnungsberechtigte Personen.

»Rechtsanwalt Gerald Toifl ist verdächtig, gemeinsam mit Ernst Plech und Walter Meischberger zwischen dem 19. Oktober und dem 10. November 2009 eine inhaltlich falsche Immobilieninvestvereinbarung zwischen Walter Meischberger und Ernst Plech, datiert mit 12. März 2006, erstellt zu haben«, heißt es in einem Polizeibericht vom 14. Juni 2010. »Die Beteiligung des Ernst Plech am Buwog-Verkauf bzw. an den dafür geflossenen Provisionszahlungen [galt es] zu verheimlichen und diesen dadurch der Gefahr der strafrechtlichen Verfolgung zu entziehen.« Was besonders auffällig war: Die Plech und Co entlastenden Vertragswerke wurden in Kopie vorgelegt, weil Originale angeblich nicht auffindbar waren. »Es besteht der Verdacht, dass die Originaldokumente nicht vorgelegt wurden, um eine etwaige kriminaltechnische Untersuchung nicht zu ermöglichen.«

Konspirative Treffen und gefälschte Beweismittel. Das ist der Stoff, aus dem Wirtschaftskrimis sind. Hochegger, Meischberger und Plech waren bereits im Netz der Ermittler gelandet. Ihnen konnte zumindest vorgeworfen werden, Provisionseinnahmen in Millionenhöhe vor dem Finanzamt versteckt zu haben. An dieser Stelle hätte alles vorbei sein können. Doch Polizisten und Steuerprüfer hatte nun der Ehrgeiz gepackt. Wofür war die Millionenprovision geflossen? Und was hatten die drei dafür geleistet? Hochegger sagte, er habe eine vertrauliche Info von Meischberger weitergegeben, die Immofinanz solle nicht weniger als 960 Millionen Euro bieten. Woher hatte Meischberger die Info? Und was für eine Rolle spielte Ernst Plech? Die Beantwortung sollte sich als schwierig erweisen. Noch gab es keine Kronzeugen. Ganz im Gegenteil: Die Verdächtigen mauerten. Auch die anfängliche Kooperationsbereitschaft der Banken in Liechtenstein und der Schweiz währte nur kurz. Und die Zusammenarbeit mit den Strafverfolgungsbehörden in Vaduz und Zürich sollte sich als äußerst zäh erweisen – und das Strafverfahren in Österreich um viele Jahre verschleppen.

Die Korruptionsjäger machten aus der Not eine Tugend und folgten einem altbewährten Credo: »Follow the money trail.« Die Geldspuren waren klar und deutlich. Sie führten nach Liechtenstein, in die Schweiz und nach Zypern, auf die British Virgin Islands und in die karibische Steueroase Belize. Überall dort hatte Grasser Spuren hinterlassen. Es waren viele Indizien, die wie ein Mosaik mühsam zusammengesetzt werden mussten und eines immer wahrscheinlicher werden ließen: eine Anklage gegen Karl-Heinz Grasser. Doch alles der Reihe nach.

Ausgangspunkt der spektakulären Spurensuche war das dritte HIB-Konto »40.0815« und die Vermutung, dass Karl-Heinz Grasser dahintersteht. Mehrere Umstände nährten diesen Verdacht. Der Besitzer des Kontos »40.0815« kaufte Aktien von Citigroup, Magna International und C-Quadrat sowie Meinl International Power (MIP) und Meinl European Land, alles börsennotierte Gesellschaften mit einem Naheverhältnis zu KHG. Grasser war vor der Kür zum Finanzminister bei Magna angestellt und danach Aufsichtsratchef der

Fondsgesellschaft C-Quadrat. An der MIP-Managementfirma Meinl Power Management war KHG ebenfalls beteiligt, nicht zuletzt wegen seiner Freundschaft zu Julius Meinl. Die US-Investmentbank Citigroup wollte KHG engagieren. Das war, bevor die »Vanity Fair«-Fotos publik wurden. Meischberger, der offizielle Besitzer des »40.0815«-Kontos, wurde von der Polizei gefragt, was ihn motiviert hatte, beispielsweise 200 000 MIP-Aktien im Gegenwert von rund 1,5 Millionen Euro aufzukaufen? »Einfach so«, antwortete er. »Ich wollte weiter MIP haben und kaufen.« Er habe damals gehört, dass das ein »lukratives Geschäft« sei. Von wem, von Grasser? »Nein, Grasser wusste nichts.« Es sei purer Zufall, dass er vor allem Aktien von KHG-nahen Unternehmen erworben habe.

Kriminalpolizisten glauben nicht so recht an Zufälle. Sie beantragten die Öffnung der Grasser-Konten in Österreich und verglichen sie mit den Transaktionen in Liechtenstein. Das Ergebnis war verblüffend. So stellten sie für den Zeitraum Juni 2006 bis April 2008 fest, dass Barabhebungen vom HIB-Konto »40.0815« sehr häufig von zeitnahen Bareinzahlungen auf Grassers Konten bei der Meinl Bank in Wien und der Salzburger Spängler-Bank begleitet waren. Die Hypo Investment Bank prahlte damals mit einem speziellen Service, das diskrete Vermögenstransfers garantieren sollte: Im Auftrag des Kunden hebt ein Hypo-Banker das Geld in Vaduz ab und übergibt es einem auf grenzüberschreitende Geldtransporte spezialisierten Spediteur. In der Zwischenzeit fliegt der Hypo-Banker nach Wien, nimmt dort das Geld vom Spediteur in Empfang und übergibt es danach seinem Kunden. Auf diesem Weg schaffte Meischberger rund 1,2 Millionen Euro vom HIB-Konto »Natalie« nach Wien. Die Geldkoffer holte sich Meischberger am liebsten im »Hotel am Stephansplatz« ab, erinnerte sich ein involvierter Hypo-Banker. Der Staatsanwalt vermutet, dass insgesamt 592 000 Euro Cash, die vom HIB-Konto »40.0815« abgehoben und im Hotel an Meischberger übergeben wurden, letztlich bei Grasser gelandet sind. Meischberger und Grasser, die damals eine Bürogemeinschaft in der Wiener Tuchlauben pflegten, bestreiten kategorisch, Geldkoffer ausgetauscht zu haben.

Ebenso wenig habe KHG von der 500 000-Euro-Überweisung an die Mandarin Group gewusst, behauptet Meischberger. Die komplizierte Transaktion war seine Idee. Das Geld landete am 12. Dezember 2007 auf dem Raiffeisen-Konto der Mandarin Group und kam vom HIB-Konto »40.0815«, stellten die Ermittler fest. Wer ist der wirtschaftlich Berechtigte der Mandarin Group? Nicht der Zürcher Vermögensberater Norbert Wicki, der agierte als Treuhänder. Wickis Großmutter Annette, die in den Kontounterlagen als wirtschaftlich Berechtigte angeführt wurde, ist es wohl auch nicht. Denn sie ist schon lange tot. Steckt vielleicht Walter Meischberger dahinter? Nein, echte Treuhandverträge zwischen Mandarin und Meischi gibt es nicht. Die vorgelegten Kreditverträge und Wertpapierleihe-Arrangements dürften gefälscht sein. Interne Bankunterlagen der HIB legen das nahe. Sie deuten darauf hin, dass die Geldüberweisungen an die Mandarin nicht auf Basis eines Kreditvertrags getätigt wurden. Vielmehr wollte der Besitzer des »40.0815«-Kontos ein zweites anonymes Konto bei der Raiffeisenbank errichten. Vermögen aus mehreren Quellen sollte dort in Form eines eigenen »Trusts« zusammenlaufen. Aus Sicht des Staatsanwalts kommt daher nur eine Person als geheimer Mandarin-Treugeber in Frage: Karl-Heinz Grasser.

Das Mandarin-Konto lieferte eine neue Spur. Auffällig war eine Überweisung von 784 000 Euro an Mandarin im Februar 2009. Das Geld kam von der Ferint AG, einer weiteren Briefkastenfirma, deren wahre Eigentümer unbekannt waren. Die Auflösung lieferte das Magazin »Format« im Jänner 2010: Hinter der Ferint AG steckte niemand Geringerer als Karl-Heinz Grasser. Die KHG-Connection war brisant, weil die Ferint AG zur illustren Investorengruppe von Tilo Berlin gehörte, die beim 2007 erfolgten Verkauf der Kärntner Skandalbank Hypo Group Alpe-Adria (HGAA) an die Bayerische Landesbank ein Vermögen verdient hatte. In Summe organisierte Tilo Berlin in den Jahren 2006 und 2007 rund 120 Millionen Euro von seinen reichen Freunden, die nach Abschluss des BayernLB-Deals mit Renditen von mehr als 50 Prozent das Geschäft ihres Lebens machten. Zu den Glücklichen zählten die Familie von Ex-Mayr-Melnhof-General Michael Gröller, der ehemalige Industriellenvereinigungs-Präsident Veit Sorger, die Milliardärswitwe Ingrid Flick, das Spediteurehepaar Heidegunde und Paul Senger-Weiss, die Piëch Vermögensverwaltung sowie 40 weitere Personen. Grasser bestreitet, dass er hinter Ferint steckt, so wie im Fall Mandarin. Die Weiterleitung des Ferint-Geldes an die Mandarin Group lässt genau das Gegenteil vermuten. Kontoöffnungen rund um die Ferint AG brachten Erstaunliches zutage: nämlich Grassers Kassageschäfte mit der Meinl Bank. Sie erhärten den Verdacht, dass die Ferint AG Grassers Vermögen verwaltete.

Karl-Heinz Grasser und Julius Meinl V. kennen sich seit 2002. Aus den beruflichen Kontakten zwischen Finanzminister und Privatbankier entwickelte sich eine enge Freundschaft. Man schaute aufeinander. Grasser setzte etwa seinen Generalsekretär im Finanzministerium als Staatskommissär in die Meinl Bank. Die politische Rückendeckung ersparte der Meinl Bank lange Zeit unangenehme Fragen. Auch Finanzmarktaufsicht (FMA) und die Notenbank (OeNB), die auf dem Papier politisch unabhängig sind, blieben so auf Distanz. KHG hatte seinen Kabinettschef Heinrich Traumüller als FMA-Vorstand und seinen Kabinettsmitarbeiter Josef Christl als OeNB-Direktor installiert. Keiner wollte sich in dieser Zeit mit KHG anlegen. Grasser war damals ein politisches Schwergewicht. Das führte unter anderem dazu, dass Meinl risikoreiche Anteilsscheine der Immobiliengesellschaft Meinl European Land (MEL) an unerfahrene Kleinanleger verhökern konnte. Aktien des Flughafeninvestors Meinl Airports International (MAI) und des Energie-Fonds Meinl International Power (MIP) kamen später auf den Markt. Mit MEL, MAI und MIP verdiente die Meinl Bank mehr als 200 Millionen Euro an Provisionen, und das vor den Augen von Finanzmarktaufsicht und Nationalbank. Der »Lizenziat«, wie Meinl in Anspielung auf seinen an der Hochschule Sankt Gallen erworbenen akademischen Titel genannt wird, war Grasser so dankbar, dass er diesem nach dem Ausscheiden aus der Politik eine Beteiligung an der Meinl Power Management anbot. MPM führt die operativen Geschäfte der Energiegesellschaft MIP. Die Managementverträge waren wie ein Kapitalsparbuch, sie garantierten dem Besitzer millionenschwere Honorare für die nächsten Jahre.

Im August 2005 hatte Meinl zu einem Segeltörn in der Adria geladen. Auf die Privatjacht des Milliardärs nahm Grasser seine spätere Ehefrau Fiona Swarovski mit. Die Luxussause sorgte für Schlagzeilen, weil ein schillernder Meinl-Intimus ebenfalls dabei war: der Investor Wolfgang Flöttl. Auf der Jacht wurde »nichts Geschäftliches« gesprochen, erzählte Flöttl später. »Ich habe ihn damals das erste Mal kennengelernt.« Grasser sei frisch verliebt gewesen, die meiste Zeit verbrachte er mit Fiona im Wasser oder unter Deck. Wenige Monate nach dem gemeinsamen Adria-Urlaub gaben sich Fiona und KHG das Jawort. Das war im Oktober 2005.

Im selben Monat schlitterte der US-Broker Refco in die Pleite. Weil die Bawag kurz davor einen Blitzkredit an Refco vergeben hatte, geriet auch die (damalige) Gewerkschaftsbank in Turbulenzen. Mit der Refco-Insolvenz war die Kreditsumme von 350 Millionen Euro futsch und die Bawag selbst in einer Existenzkrise. Eine Sonderprüfung durch die Nationalbank holte eine alte Leiche aus dem Bawag-Keller: die Karibikgeschäfte mit Wolfgang Flöttl. Was damals nur ein kleiner Kreis von Bank-Insidern wusste: Flöttl hatte hunderte Millionen Euro Bawag-Geld versenkt. Wegen riskanter Währungsspekulationen, rechtfertigte sich Flöttl. Er habe das Geld gestohlen, konterte Ex-Bawag-Boss Helmut Elsner. Beides ist möglich. Die Wahrheit liegt wohl dazwischen und bleibt ungeklärt. Die Justiz stellte nach jahrelangen Ermittlungen lediglich fest, dass das Bawag-Geld futsch war. Mehr nicht. Wer das Geld kassiert hat: Banken, Spekulanten oder politische Parteien? Das wurde von Staatsanwalt Georg Krakow nie aufgeklärt. Fakt ist: Während Bankboss Elsner wegen der Bawag-Karibikgeschäfte rechtskräftig verurteilt wurde, wurde Investor Flöttl – trotz

Teilgeständnis – von allen Anklagepunkten freigesprochen. Ein Justizskandal: Das Refco-Strafverfahren ist nach zwölf Jahren Ermittlungsdauer noch immer nicht abgeschlossen. So viel zur Effizienz der Staatsanwaltschaften.

Fakt ist auch, dass die Nationalbank in einem vertraulichen Prüfbericht über die Meinl Bank feststellte, dass Wolfgang Flöttl eine MEL Holdings Ltd mit Sitz auf Tortola besaß. »Die Meinl Bank vergab im März 2005 einen Kredit an diese Gesellschaft in Höhe von 250 000 Euro mit Laufzeit bis März 2006«, schreiben die OeNB-Prüfer. Damit sollten Zertifikate der Meinl-Firma MEL erworben werden. »Es wurden nur rund 50 Prozent der MEL-Aktien belehnt, der Rest wurde von Dr. Flöttl durch Eigenmittel finanziert.« Demnach investierte Flöttl 500 000 Euro (Eigenkapital plus Kredit) in MEL-Papiere. Die Bankprüfer fragten sich, warum Flöttl für ein derartiges Mini-Investment den komplizierten Weg über eine Karibikfirma wählte. Die Ermittler gehen davon aus, dass Flöttl für einen unbekannten Dritten agierte. »Er verkaufte die Aktien im Oktober 2005«, heißt es im OeNB-Bericht. Das Aktienpaket war zu dem Zeitpunkt mehr als eine halbe Million Euro wert. Flöttl könnte als Mittelsmann von KHG agiert haben, ein hartnäckiger Verdacht, den Grasser und Flöttl in der Vergangenheit vehement von sich gewiesen haben.

Warum die Flöttl-Grasser-Connection überhaupt von Interesse ist? Weil die Öffnung der Ferint-Konten ein außergewöhnliches Transaktionsmuster im Jahr 2005 offenbart hat. Grasser besuchte die Meinl Bank mehrmals nach Dienstschluss mit dicken Bargeldkuverts. »Über Vermittlung von Julius Meinl V. sei Grasser an ihn herangetreten«, sagte ein Meinl-Bank-Vorstand laut Polizeibericht. »Grasser habe ihm außerhalb der Banköffnungszeiten den Betrag von 100 000 Euro mit dem Auftrag, diesen auf das Konto der Ferint AG einzuzahlen, übergeben. Eine Übernahmebestätigung sei nicht angefertigt worden.« Ein zweifelhafter Vorgang, der zur Routine wurde. So füllte sich das Ferint-Konto bei der Meinl Bank bis Anfang 2006 mit einer halben Million Euro, die letztlich in einen Hypo-Genussschein investiert wurde. Grasser war bis 2007 Finanzminister der Republik Österreich. Diskrete Bargeldzahlungen und verdeckte Investitionen bei der Hypo Alpe Adria wären in der Öffentlichkeit sicher nicht gut angekommen. Und was sagt der Betroffene?

Die Schwiegermutter-Connection

Aus Sicht von Karl-Heinz Grasser und seinem Anwalt Manfred Ainedter sind die Vorwürfe konstruiert. Veranlagt wurde das Vermögen seiner steinreichen Schwiegermutter Marina Giori-Lhota. Sie wollte sein »Veranlagungsgeschick testen«, sagt KHG. Kein Witz! »Grasser habe eine Veranlagung seines eigenen Vermögens in Hypo-Genussscheine aufgrund seiner politischen Funktion abgelehnt«, schreiben die Ermittler laut Buwog-Gerichtsakt. Gleichzeitig habe er seinen Meinl-Bank-Berater ersucht, die Sicherheit eines Investments in Hypo-Genussscheine zu prüfen. Erst nach dem Okay der Meinl Bank wurde Tilo Berlin um Zusendung des Hypo-Infomaterials gebeten. Auffällig: Die Unterlagen sollten nicht an KHG persönlich versandt werden. »So wurde am 15. Dezember 2006 von der Mitarbeiterin der Berlin & Co AG, Ingeborg Rheinwald, eine E-Mail […] mit dem Betreff ›Unterlagen Grasser‹ übermittelt«, heißt es im Buwog-Gerichtsakt. »In einer weiteren E-Mail vom 18. Dezember 2006 schrieb Ingeborg Rheinwald an die Walter Meischberger zuzurechnende E-Mail-Adresse meischi@mac.com wörtlich: ›Sehr geehrter Herr Minister Grasser, im Auftrag und mit einem herzlichen Gruß von Tilo Berlin darf ich Ihnen die folgenden Dokumente auf diesem Weg übermitteln.‹« In der Anlage befanden sich die Hypo-Investorenprospekte. Die E-Mails waren ein Zufallsfund des Landeskriminalamts München. Die brisanten Dokumente wurden im Rahmen des parallel laufenden Ermittlungsverfahrens zur Affäre Hypo Alpe Adria sichergestellt. Auch in Wien wurde man laut Polizeibericht fündig: »Wie sich aus bei Plech sichergestellten elektronischen Daten ergab, wurde diese E-Mail von Meischberger auch an Ernst Plech weitergeleitet.« Und was sagt Grasser zu alldem? Er bestreitet vehement, dass es sein Geld war – und schiebt alles auf seine Schwiegermutter. Die staatsanwaltschaftlichen Erhebungen in Wien und München belegen eines eindeutig: Sowohl Meischberger als auch Plech fungierten in heiklen Finanzgeschäften als Geschäftspartner, die stellvertretend für KHG agierten. Wenn Meischi und Plech in die Hypo-Causa involviert waren, dann ist es nicht so weit hergeholt, dass sie auch bei Buwog und Terminal Tower gemeinsame Sache gemacht haben.

»Grasser erklärte im Zuge seiner ersten Beschuldigtenvernehmung, er sei Treugeber der Ferint AG bzw. Treuhänder für seine Schwiegermutter Marina Giori-Lhota gewesen. Er habe von Giori-Lhota im Mai oder Juli 2005 anlässlich eines Besuches in deren Wohnung 100 000 Euro in bar übernommen (und) im November oder Dezember 2005 weitere 330 000 Euro in bar erhalten«, heißt es im Polizeibericht. Die restlichen 70 000 Euro bekam er später. Der Treuhandvertrag mit der Schwiegermutter sei mündlich abgeschlossen worden, weshalb es nichts Schriftliches gibt. »Das war relativ einfach«, erinnerte sich KHG laut Einvernahmeprotokoll. »Es hat sich einfach so ergeben. Sie hat gesagt: ›Schau, nimm 100 000 Euro, und schauen wir einmal, wie Du Geld veranlagen kannst‹, und dann haben wir weitergeredet.« Im Gespräch sei man draufgekommen, dass 100 000 Euro gar wenig ist, und die Schwiegermutter habe auf 500 000 Euro erhöht. »Meine Schwiegermutter hat einen großen Safe in der Wohnung. Wenn Sie hineinkommen bei der Tür, nach der Eingangstür irgendwo rechts. Es ist weder das Wohnzimmer, Esszimmer, Schlafzimmer, sondern der Raum hat so einen Vorraumcharakter. Dort ist der Safe, und dort hat sie das Geld herausgenommen und mir gegeben.« Er war nicht dabei, als sie das Geld herausgenommen hat. »Weil ich schau ja nicht meiner Schwiegermutter über die Schulter, wenn die den Safe aufmacht […] Wir waren dort zu dritt, meine Schwiegermutter, meine Frau und ich.« Das Geld habe die Schwiemu nach dem Mittagessen geholt. Nachgezählt habe er das Geld nie. Es war meistens am Wochenende. »Das waren Bargeldscheine, die sie mir in die Hand gedrückt hat, und natürlich habe ich sie dann in ein Kuvert hineingetan. Das war jetzt nicht in Plastik verschweißt. Ich weiß jetzt nicht, ob eine Schleife drauf war oder nicht […] Ich bin dann später zum Auto gegangen, habe es ins Auto gelegt und bin über Kitzbühel nach Wien gefahren.« In der Befragung kann sich Grasser nicht mehr erinnern, wann und wo genau die Geldübergaben stattgefunden haben. Jedenfalls müssen es Wochenenden gewesen sein, weil er als amtierender Finanzminister von Montag bis Freitag arbeiten musste. Weil seine Schwiegermutter in der Schweiz lebt, verortete er die Treffen etwa in die Nobelenklave Zug. Und was geschah mit dem Bargeld in Wien? Zunächst deponierte er das Geld »in meinem Safe in der Unteren Weißgerberstraße«. Dann habe er es »zeitnah irgendwann in die Meinl Bank gebracht und dort eingezahlt«, erinnerte sich Grasser laut Einvernahmeprotokoll. »Zeitnah heißt, dass ich Ihnen nicht mehr sagen kann, ob es direkt der nächste Tag war, weil ich einen ziemlich dichten Terminkalender gehabt habe und daher schauen musste, wann habe ich Zeit, das Geld zu nehmen und in die Meinl Bank zu tragen.«

Die Mühsal hätte sich Grasser ersparen können. Eine einfache Überweisung hätte ausgereicht. Als Finanzminister hätte er wissen müssen, dass geheime Cashtransporte den Verdacht der Geldwäsche nähren.

Geldwäsche bedeutet, dass illegales Vermögen in den Finanzkreislauf geschleust wird. Weil das zu »waschende« Geld aus kriminellen Aktivitäten wie Korruption, Bestechung oder Steuerhinterziehung stammt, muss dessen Herkunft verschleiert werden. Transparenz erschwert Geldwäsche. Bargeldlose Überweisungen sind nachvollziehbar, Cashoperationen nicht. Onlinebanking sei ebenfalls nicht möglich gewesen, weil – wie Grasser den ermittelnden Beamten erklärte – das Internet damals »so langsam« war. Dass ein Finanzminister der Republik Österreich sich auf Geldtransporte einlässt und riskiert, an der Grenze mit Geldbündeln im Kofferraum angehalten zu werden, ist bemerkenswert. Die Ermittler bezweifeln Grassers famose Geschichte.

Zumal es unzählige weniger riskante Alternativen gegeben hätte: Neben der Überweisung wäre sogar eine Übergabe in Wien sicherer gewesen.

Nicht nur die Ermittler bringt das Schwiemu-Gschichterl in Rage. Auch die Swarovskis ärgern sich. Marina Giori-Lhota ist die zweitgrößte Miteigentümerin des Kristallkonzerns Swarovski und wird als eine der reichsten Frauen Österreichs gehandelt. Im Februar 2005 wurde die Liaison zwischen KHG und Fiona durch eine heimliche Videoaufnahme vom Pariser Flughafen öffentlich. Die beiden wurden beim Händchenhalten gefilmt. KHG war damals noch mit Natalia Corrales-Diez liiert, die er als Praktikantin im Finanzministerium kennengelernt hatte. Zum Zeitpunkt der vermeintlichen Übergabe der 100 000 Euro aus dem Safe war die Fiona-Beziehung gerade einmal vier Monate jung. Viel Vertrauen für die kurze Zeit. Giori-Lhota wird vom renommierten Finanzrechtsprofessor Eduard Lechner steuerlich vertreten. Steuerberater Lechner und Finanzminister Grasser wussten, dass bei Geldgeschäften zwischen Familienangehörigen strenge Formvorschriften einzuhalten sind. Einen notariell beglaubigten Vermögensverwaltungs- bzw. Darlehensvertrag mit der Schwiegermutter konnte KHG bis dato nicht vorlegen. Die Schriftform wäre spätestens nach der Grasser-Hochzeit im Oktober 2005 angebracht gewesen.

Die Geschichte war zu gut, um wahr zu sein. Deshalb unterzogen die Ermittler die Behauptungen Grassers nochmals einer gründlichen Prüfung – und erstellten ein lückenloses Bewegungsprofil. Kreditkartenbelege, Tankstellenrechnungen und Flugtickets wurden ausgewertet. Beim Finanzdienstleister Europay, bei Austrian Airlines und Tyrolean Jet Services sowie bei Columbus Travel Management und Hogg Robinson – den Reisebüros von KHG und Fiona – wurde recherchiert. Das Ergebnis war entlarvend: Die Geldübergaben seien laut Polizeibericht »gar nicht möglich« gewesen und Grassers »Angaben diesbezüglich falsch«.

Aus Sicht der Ermittler verwickelte sich Grasser in Widersprüchen. »Er sagte mehrmals aus, es sei an einem Wochenende gewesen (darum war auch keine Überweisung möglich), und seine Gattin sei dabei gewesen«, heißt es im Polizeibericht vom 24. Jänner 2013. Die Einzahlung bei Meinl sei »zeitnah« am 14. Juli und am 16. Dezember 2005 erfolgt. Jedoch stellten die Ermittler fest: Bis auf ein einziges Mal sei Marina Giori-Lhota »an keinem Wochenende«, das »für ein Treffen mit Grasser bzw. für eine Geldübergabe in der Schweiz in Frage kommt«, in Zug gewesen. Aufzeichnungen, die Marina Giori-Lhota dem Finanzamt Innsbruck vorgelegt hat, würden das belegen. Selbst an dem einen November-Wochenende, an dem sich Giori-Lhota in Zug aufhielt, konnte die Geldübergabe nicht stattgefunden haben, weil Fiona zu dem Zeitpunkt in Italien weilte. Warum Fionas Anwesenheit von Bedeutung ist? Grasser hatte ausgesagt, dass seine Ehefrau bei »allen« Geldübergaben dabei gewesen war.

Doch es kommt noch besser. »Das Team Data Request der Austrian Airlines übermittelte dem Bundeskriminalamt eine Liste über die gesamten vorhandenen Flugdaten des Karl-Heinz Grasser«, heißt es im Polizeibericht. »Bei der Auswertung der Kreditkartenabrechnungen des Karl-Heinz Grasser konnten weitere Erkenntnisse über seine Aufenthaltsorte 2005 gewonnen werden.« An einigen der fraglichen Wochenenden war KHG in Italien oder in China. Die mit Mastercard bezahlten Restaurantbesuche dokumentieren Grassers Anwesenheit in Neapel und Peking – und die Abwesenheit in Zug.

Was sagt KHG dazu? »Grasser wurde am 18. Dezember 2012 im Zuge einer Einvernahme durch Finanzbeamte mit diesem Erhebungsergebnis konfrontiert«, steht im Polizeibericht. Das Verhör wurde auf Video aufgezeichnet. »Wir haben von Ihnen ein Bewegungsprofil, von Ihrer Frau und von der Schwiegermutter auch«, sagt ein Behördenvertreter zu KHG. »Da sind wir zum Schluss gekommen, dass es nicht möglich ist, dass Sie Ihre Schwiegermutter in Zug in der Schweiz an einem Wochenende getroffen haben könnten. Das geht einfach nicht.« Grasser bleibt die Spucke weg. »Muss nicht sein, dass das richtig ist. Die Aufzeichnungen von der Frau Giori«, sagt Anwalt Manfred Ainedter. Es sei auch »völlig wurscht, wo sie ihm die Kohle gegeben« habe. Der Vernehmungsleiter kontert trocken: »Aber es stimmt halt nicht.«

Genährt werden die staatsanwaltschaftlichen Vorurteile ausgerechnet von Marina Giori-Lhota und deren Ehemann. Ein Telefonat von Adalbert Lhota im Mai 2011 gab den ersten Hinweis. Bei der Razzia im Kitzbüheler Moserhof, dem Refugium des Swarovski-Clans, las er seiner Ehefrau die im Hausdurchsuchungsbefehl festgehaltenen Vorwürfe vor: Es ging um die abenteuerlichen Beschreibungen der Bargeld-Übergaben in Zug. Die Polizisten beobachteten Lhotas Mimik genau, hörten mit gespitzten Ohren zu und hielten ihre Wahrnehmungen schriftlich fest. »Auf die Frage, was seine Frau zum Vorgelesenen sage, teilte er mit, dass Giori-Lhota die Ausführungen der vorgelesenen Seiten absolut in Abrede stellt«, heißt es im polizeilichen Aktenvermerk vom 26. Mai 2011. »Sie sagte zu diesen Ausführungen, dass dies alles nicht stimmt. Sie hat, so wie Adalbert Lhota zu Beginn der Amtshandlung schon angegeben hat, mit dieser Sache nichts zu tun.« Sechs Monate später war die Finanz dran. Sie interessierte sich dafür, ob die Grasser-Schwiegermutter hinter den Briefkastenfirmen Ferint und Mandarin steckte. Für diesen Fall wäre eine fette Steuernachzahlung fällig. Auch das Risiko eines Finanzstrafverfahrens stand plötzlich im Raum.

In einem Brief an die Großbetriebsprüfung Innsbruck vom 18. November 2011 antwortete Marina Giori-Lhota unmissverständlich: »Vorweg ist festzuhalten, dass ich zu keinem Zeitpunkt >wirtschaftlich Berechtigte< des auf die Ferint AG lautenden Depots Nr. 49214-0 bei der Meinl Bank AG war. Das mir von Ihnen (dem Vorhalt als weitere Beilage angefügte) vorgelegte Formular über die >Feststellung des wirtschaftlich Berechtigten< durch die Meinl Bank AG vom 15. Jänner 2010 wurde ohne mein Zutun erstellt. [...] Da ich nicht wirtschaftliche Berechtigte des Depots bin bzw. war, waren allfällige Erträge aus diesem Wertpapierdepot nicht in meine Schweizer Steuererklärung aufzunehmen.« Das ist das einzige Statement von Marina Giori-Lhota gegenüber den Behörden. Eine Zeugenaussage, die die Behauptungen von KHG bestätigt, wollte sie bis dato nicht abgeben. Eine böse Schwiegermutter – zumindest aus Sicht des Schwiegersohns.

Für die Justiz steht seither fest, dass Grasser hinter Ferint und Mandarin stehen muss. Es war nicht der letzte Hinweis in Richtung KHG.

Eine weitere Geldspur führte die Ermittler zu einer neuen Briefkastenfirma und einer neuen Bankverbindung: Im Juni 2009 wurden Wertpapiere und Cash im Gesamtwert von 909 000 Euro von der Mandarin Group auf ein Depot bei der St. Galler Kantonalbank übertragen – Inhaber: die Catherine Participation Corp. Errichtet wurde die Catherine Participation von den Private Asset Partners (PAP) von Norbert Wicki. Die Beratungsfirma PAP war auch Gründungshelferin der Mandarin Group. Sowohl bei Mandarin als auch bei Catherine wurde Wicki als Zeichnungsberechtigter registriert.

Gegenüber der Justiz erklärten Karl-Heinz Grasser und Norbert Wicki übereinstimmend, dass Marina Giori-Lhota die wirtschaftlich Berechtigte der Catherine Participation sei. Auch diese Aussage konnte eindrucksvoll widerlegt werden. Zitat aus der Buwog-Anklageschrift: »Am Formular zur Feststellung der wirtschaftlich berechtigten Person der Vermögenswerte am Konto der Catherine Participation Corp. bei der St. Galler Kantonalbank AG zur Kundennummer 6048.6664 wurde Fiona Grasser als wirtschaftlich Berechtigte der Catherine Participation Corp. vermerkt. [...] Am 18. Dezember 2008 wurde schließlich Fiona Grasser direkt die Zeichnungsberechtigung für das Konto der Catherine Participation Corp. bei der St. Galler Kantonalbank AG zur Kundennummer 6048.6664 eingeräumt.« Warum nennt KHG die falsche Hinterfrau? Antwort laut Anklageschrift: »Ohne Zweifel versuchte man, Fiona Grassers wirtschaftliche Berechtigung an der Catherine Participation Corp. aufgrund der anlaufenden strafbehördlichen Ermittlungen zu verschleiern, um die aus ihrer wirtschaftlichen Berechtigung resultierende Nahebeziehung dieser Gesellschaft zu Karl-Heinz Grasser zu verschleiern.«

Das Schweigen der Schwiegermutter machte den Weg frei. Marina Giori-Lhota pochte auf ihr Aussagebefreiungsprivileg, wonach enge Angehörige nicht gezwungen werden können, gegen Familienmitglieder auszusagen. Vor Gericht steht Grassers Geschichte gegen Bewegungsprofile, Bankdokumente und Hausverstand. Es ist schwer vorstellbar, dass der smarte Politiker Grasser mit Geldbündeln im Auto von der Schweiz nach Österreich gefahren ist. Er riskierte nicht nur Raub, Diebstahl oder Verlust des Geldes, sondern auch das Ende seiner politischen Karriere. Man stelle sich die Schlagzeile vor: Finanzminister mit 100 000 Euro Cash im Kofferraum erwischt. Schlimm. Das Oberlandesgericht Wien bringt es in einem vertraulichen Beschluss auf den Punkt: Die Story rund um die abenteuerlichen Geldtransporte wird »als lebensfremd und konstruiert dargestellt, zumal dafür auch keinerlei Belege oder sonstige Beweismittel, die die Herkunft des Geldes schlüssig erklären«, von Grasser vorgelegt werden konnten.

In der Familie Swarovski wird nun mal mit viel Geld jongliert. »Irgendwann kam Finanzminister Grasser auf mich zu und erzählte mir, dass die Familie Swarovski-Giori Geld in Österreich veranlagen möchte, dies aber nicht direkt, sondern indirekt«, so die protokollierte Zeugenaussage von Julius Meinl. »Meiner Erinnerung nach war das Mitte 2005.« Also wenige Monate nachdem KHG und Fiona ein Paar wurden und kurz vor der Jachtpartie mit Flöttl. »Auf Befragung gebe ich an, dass über Höhe und Art der Veranlagung nicht gesprochen wurde. Ich stellte mir vor, eine größere Investition in mehrstelliger Millionenhöhe. Ich dachte an 20 bis 30 Millionen Euro. […] 500 000 Euro sind in der Meinl Bank die Mindesteinlage für verwaltete Vermögen. Ich habe damals sicher nicht gewusst, dass ›nur‹ 500 000 Euro veranlagt werden sollten, weil ich ja von einer viel höheren Investitionssumme ausgegangen bin. Ich glaube, dass mir Grasser am Telefon mitgeteilt hat, dass er einen kleineren Betrag mitbringen möchte, wie viel genau, hat er nicht gesagt«, so Meinl laut Protokoll. »Die Sache war auch für die Bank immer eine ›kleine Sache‹ und in keinster Weise das, was sie jetzt ist.«

Grasser und Meinl sind momentan gar nicht gut aufeinander zu sprechen. Meinl meint, dass KHG der wahre Grund sei, weshalb Justiz und Medien sich auf ihn eingeschossen haben. Zur Erinnerung: Julius Meinl und seine Bank stehen seit zehn Jahren im Visier von Anlegerschützern, Staatsanwalt und Wirtschaftspolizisten. Die Justiz wirft Meinl vor, dass er Investoren von Meinl European Land, Meinl Airports International und Meinl International Power übers Ohr gehauen habe. Während die Meinl Bank fette Provisionen kassierte, mussten Anleger herbe Kursverluste einstecken. Aus Meinls Sicht ist die Kritik ungerecht, weil damals eine Reihe von börsennotierten Immobilientiteln an Wert verloren. Neben Immofinanz und Immoeast waren das etwa conwert, s-Immo und CA Immo. Aufgrund seiner Prominenz traf es Meinl als Ersten und am heftigsten. Vermutlich verwünscht er schon den Tag, an dem er Grasser an Bord holte. Schuld daran war der 2017 verstorbene Bruder von Erste-Group-Generaldirektor Andreas Treichl. Julius Meinl laut Protokoll: »Nach seinem Ausscheiden als Minister im Jänner 2007, schätzungsweise im Mai oder Juni, kam Michael Treichl telefonisch auf mich zu und fragte mich nach meinen Kontakten zu Grasser. Treichl ist ein langjähriger Freund von mir und besitzt in London eine Fondsgesellschaft. Es war seine Idee, den ehemaligen Finanzminister von Österreich bei Geschäften mit an Bord zu haben. Als quasi Door-Opener. Ich stellte den Kontakt her und war beim ersten Gespräch, welches in London stattfand, auch dabei.«

Die Männerfreundschaft zwischen Skandalbanker und Skandalminister wurde spätestens im Frühling 2012 zu Grabe getragen. Damals zeigte die Meinl Bank ihren langjährigen Kunden Karl-Heinz Grasser bei der Geldwäschemeldestelle im Innenministerium an. Die Bank nahm die Berichte über Marina Giori-Lhotas Brief ans Finanzamt zum Anlass, um auf Distanz zu gehen. Die Anzeige brachte noch mehr dubiose Cashzahlungen im Zeitraum 2005 bis 2010 zum Vorschein, die erst nach einer Detailprüfung entdeckt wurden. Überweisungen von insgesamt 830 000 Euro wurden als fragwürdig klassifiziert. »Bei der Raiffeisen Bezirksbank Klagenfurt (RBB) wurden diese Beträge von Karl Grasser bzw. Christa Grasser (Eltern von Karl-Heinz Grasser) mit dem Auftrag bar eingezahlt, die Beträge auf das Konto von KHG bei der Meinl Bank zu überweisen«, schreibt die Meinl Bank in ihrer Verdachtsmeldung. »Wir erlauben uns darauf hinzuweisen, dass nach den geltenden Geldwäschebestimmungen die RBB die Herkunft der Gelder überprüfen musste. Ob dies geschehen ist, entzieht sich unserer Kenntnis.« Die mittlerweile durchgeführten Kontenöffnungen bei RBB, Meinl und Spängler-Bank deckten noch mehr »ungeklärte Bareingänge« von rund 780 000 Euro auf.

Laut Grasser soll es sich um Schenkungen seiner Eltern handeln. Endgültig geklärt ist das nicht, weshalb das Oberlandesgericht in einem Beschluss festhält, dass »nicht ausgeschlossen werden kann, dass diese [Zuwendungen; Anm.] zumindest teilweise aus unversteuerten Einnahmen stammen«. Unversteuerte Einnahmen? Grasser hat stets abgestritten, illegale Provisionen bei Regierungsgeschäften kassiert zu haben. Ganz oben auf der Liste der korruptesten Deals steht der Eurofighter-Ankauf im Jahr 2002, wo auch KHG eine entscheidende Rolle spielte. Im Zusammenhang mit der Eurofighter-Beschaffung floss sehr viel Schmiergeld, das als Vermittlungsprovision getarnt war. Verteilt wurde bar und über Mittelsmänner. Nach und nach kommen Namen ans Tageslicht. Die Ermittlungen sind noch nicht abgeschlossen.

Auch auf dem Mandarin-Konto stellten die Ermittler erhebliche Bareingänge für das Jahr 2008 fest: 290 000 Euro (März), 443 000 Euro (Juni),

210 000 Euro (Oktober) und 10 000 Euro (Dezember). In Summe sind das 953 000 Euro, die ein Mitarbeiter von Norbert Wicki einzahlte. Nach Auswertung von Flugticket- und Kreditkartenabrechnungen stellte die Polizei fest, dass sich Grasser in den Tagen vor und nach den Bareinzahlungen in Zürich befand. Schwer zu glauben, dass das ein Zufall war. Die Herkunft dieser Geldmittel konnte laut Anklageschrift zwar »nicht geklärt« werden, aber es sei von »einem Nahebezug zu Karl-Heinz Grasser auszugehen«, weil Grasser zeitnah zu den Einzahlungen in Zürich weilte. Die Cashzahlungen bei Mandarin, Ferint und den KHG-Konten bei RBB, Meinl und Spängler summieren sich auf insgesamt rund 2,2 Millionen Euro.

Von Schwiegermutter, Mama und Papa stammt die Kohle nicht, meinen die Ermittler. Woher dann? Der Staatsanwalt hat wie schon öfter eine üble Vermutung: Es könnte sich um Schmiergeld handeln, weil aus offiziellen Geschäften derartige Umsätze nicht nachvollziehbar sind. Verdächtig sind nun zahlreiche Staatsgeschäfte in Grassers Amtszeit, also vom Verkauf der Bundeswohnungen über Deals mit der Telekom bis hin zur Eurofighter-Beschaffung.

Der Masterplan aus dem Hotel Bristol

Laut Staatsanwalt wurde nach einem ausgeklügelten Masterplan abkassiert. »Zu einem nicht mehr näher feststellbaren Zeitpunkt in der Zeit von Beginn des Jahres 2000 bis Sommer 2000, mithin rund um den Amtsantritt von Karl-Heinz Grasser als Finanzminister der Republik Österreich, vereinbarten Karl-Heinz Grasser, Walter Meischberger, Ernst Plech und Peter Hochegger, Grassers Stellung als Bundesminister für Finanzen unerlaubterweise auszunützen, um jeweils finanzielle Vorteile zu lukrieren«, heißt es in der Buwog-Anklage. »Konkret vereinbarten sie, für zumindest parteiliche Entscheidungen von Karl-Heinz Grasser bei den anstehenden Verkaufsprozessen, Privatisierungen oder Auftragsvergaben der Republik Österreich Geld von Bietern und anderen Interessenten zu fordern, sich versprechen zu lassen und anzunehmen. Auf Basis der letztlichen Entscheidungsbefugnis Karl-Heinz Grassers und der dadurch für potentielle Bieter und Interessenten entstehenden Drucksituation wollten sie derart ohne aufwändige Arbeit zu vergleichsweise viel Geld kommen.«

Um keinen Verdacht auf sich zu lenken, mussten sie unauffällig agieren. Abläufe mussten derart strukturiert werden, dass Grasser »zwar vordergründig möglichst wenig in Erscheinung« trat, letztlich aber immer die Möglichkeit hatte, eine »durch Bestechungszahlungen motivierte Entscheidung« zu treffen.

Niemals sollte KHG die illegalen Geldforderungen stellen, mutmaßt der Staatsanwalt. Diese Aufgabe wurde Meischberger, Plech und Hochegger zugewiesen. Laut Anklage gehörte es zum Tatplan, dass das Schmiergeld zeitlich verzögert über Briefkastenfirmen und Steueroasen geschleust wurde. Zitat aus der Anklageschrift: »Die geforderten Bestechungszahlungen sollten über die zum Zwecke der Verschleierung geschaffenen, möglichst weitverzweigten Strukturen zwischen Karl-Heinz Grasser, Walter Meischberger, Ernst Plech und Peter Hochegger aufgeteilt werden.«

Offengelegt wurde der Masterplan erstmals in einer Zeugenaussage von Willibald Berner, der ab Februar 2000 als Kabinettschef im Bundesministerium für Verkehr, Innovation und Technologie wirkte. Berner war damals in der FPÖ perfekt vernetzt. Bei einem Arbeitsfrühstück im Spätsommer 2000 im Hotel Bristol wurde Berner von Hochegger in die sinistre Abzocke eingeweiht. Auf einem Blatt Papier skizzierte Hochegger zwei Gruppen. An die Spitze setzte er jeweils einen FPÖ-Entscheidungsträger, der bei öffentlichen Auftragsvergaben die Weichen stellen sollte. Zum einen war das der Kärntner Landeshauptmann und FPÖ-Parteichef Jörg Haider, zum anderen FPÖ-Finanzminister Karl-Heinz Grasser.

Der von Jörg Haider angeführten Gruppe gehörten der Industrielle Ernst Hofmann sowie die FPÖ-Sekretäre Karlheinz Petritz und Gerald Mikscha an. Auch Berner wurde dorthin verortet. Ihre Spielwiese sollte in erster Linie die Kärntner Hypo sein. Zum KHG-Lager gehörten Meischberger, Plech und Hochegger. Hochegger hielt es für wichtig, Willibald Berner einzuweihen, weil das Infrastrukturministerium viele Anknüpfungspunkte zu den großen Privatisierungskandidaten hatte, wie etwa die Telekom Austria. Als Geldempfänger würden sich Briefkastenfirmen in Liechtenstein, Zypern oder in der Karibik anbieten. Diese Steueroasen waren traditionell sehr restriktiv im Informationsaustausch mit Strafverfolgungsbehörden. Hochegger nannte auch eine konkrete Firma in Vaduz. Es handelte sich um eine »Anstalt mit englischem Namen«, an mehr konnte sich Berner nicht erinnern. Vielleicht meinte Hochegger die US-Firma Omega International LLC? Auf einem Omega-Konto bei der Hypo Investment Bank wurden die Buwog-Provisionen kurz zwischengelagert.

»Die Erklärung von Hochegger, wie dieses Konstrukt mit diesen Personen zustande gekommen sei, war wie folgt: Er persönlich ist mit Herrn Grasser seit einigen Jahren bestens befreundet, ebenso mit den Herren Meischberger und Plech und daher ist in dieser Gruppe ein besonderes Vertrauensverhältnis gegeben«, sagte Willibald Berner laut Einvernahmeprotokoll. »Nach seinem Wissen gibt es ein ähnliches Vertrauensverhältnis in der zweiten Gruppe zwischen Jörg Haider und Herrn Hofmann bzw. Mikscha / Petritz und mit meiner

Person. In dieser Konstellation wäre es laut Hochegger ein Leichtes, bei den genannten Privatisierungen bzw. bei Auftragsvergaben im Hinblick auf Kommunikations- und Lobbyingleistungen über die oben erwähnte Liechtensteiner Firma zu partizipieren, wobei die Geschäftsanbahnung stets über die Firma Hochegger.Com erfolgen soll und erst die daraus zu erzielenden >Mehrwerte< über die Liechtensteiner Firma abgewickelt werden können. Die Einbindung von Jörg Haider und >seinem Freundeskreis< erachtete Hochegger deswegen für nötig, da bei einzelnen Projekten, speziell bei den Großprojekten, Bundesminister Grasser nicht das nötige politische Gewicht haben wird, um hier eine in seinem Sinn zu treffende Entscheidung durchzusetzen. Dies wäre nur Haider gegenüber dem Koalitionspartner möglich.«

Ursprünglich sollten Wolfgang Schüssel (ÖVP) und Jörg Haider (FPÖ) die schwarz-blaue Koalition im Jahr 2000 anführen. Doch der europäische Widerstand gegen Haider war derart gewaltig, dass nicht nur der Kanzlerposten für die FPÖ unmöglich war. Ein Regierungsamt für Haider war damals tabu. Kanzler Schüssel pflegte in allen wesentlichen Fragen informelle Gespräche mit Haider, um die Dos and Don'ts früh abzuklären. Die blaue Politlinie gab Haider vor – zumindest bis zum legendären Knittelfelder FPÖ-Parteitag im September 2002, der zu Regierungsbruch und Neuwahlen führte. »Auf die Frage, warum man meine Person in dieser Konstruktion berücksichtigen möchte, zumal ich aufgrund meiner beruflich / politischen Herkunft für viele in der FPÖ als Roter / nicht vertrauenswürdig gelte, hat mir Hochegger erklärt, dass ich aber Kabinettschef in jenem Ministerium sei, welches die lukrativsten Aufträge vergeben wird«, erinnerte sich Berner laut Protokoll. »Hochegger meinte, dass das Geld über eine Liechtensteiner Firmenkonstruktion am steuerschonendsten zu genannten Akteuren gebracht werden kann. Wie die einzelnen Akteure dann das Geld von der Liechtensteiner Firma erhalten sollen, hat Hochegger nicht gesagt. Auch über Aufteilungsschlüssel wurde nicht gesprochen.«

»Gegen die Glaubwürdigkeit von Willibald Berner wurde wiederholt ins Treffen geführt, dass dieser aufgrund seiner persönlichen Nähe zu Michael Ramprecht falsche Behauptungen aufstellen würde«, heißt es in der Buwog-Anklageschrift. Ramprecht hatte gegenüber dem Nachrichtenmagazin »profil« behauptet, dass der Buwog-Deal »ein abgekartetes Spiel« von KHG & Co gewesen sei. Aus Sicht des Staatsanwalts sind sowohl Ramprecht als auch Berner sehr wohl glaubwürdig. Die Buwog-Privatisierung und die Übersiedlung der Linzer Finanzämter in den Terminal Tower entsprächen dem skizzierten Tatplan haargenau. In beiden Fällen traf KHG die parteilichen Entscheidungen, danach wickelten Meischberger und Hochegger die mutmaßlichen Bestechungszahlungen ab. In der generalstabsmäßigen Vorbereitung übernahm Ernst Plech eine zentrale Rolle.

Als Immobilienmakler war Plech mit dem geschickten Handel von Innenstadtobjekten zu enormem Wohlstand gekommen. Das Immobilienbüro Plech & Plech residiert im noblen Trattnerhof mit direktem Blick auf die Pestsäule am Wiener Graben. Plech war ein Haider-Fan der ersten Stunde und der beste Freund von Walter Meischberger. Als Grasser das Finanzministerium übernahm, begann Plechs Goldgräberzeit. Seine exzellenten Kontakte in die Baubranche und sein Riecher für Immobiliendeals waren nun gefragt. Dass KHG und Plech eng befreundet waren, bestätigen Grassers damalige Partnerinnen Beate Holper (1997–2003) und Natalia Corrales-Diez (2003–2005). KHG und Plech vertrauten einander blind. Zwischen 2000 und 2003 wohnte KHG in einer Dachgeschosswohnung, die sich im Eigentum von Plech befand und die zuvor von Jörg Haider benutzt worden war.

Der vom Staatsanwalt skizzierte Tatplan passt da gut ins Bild. Grasser setzte seinen Freund Plech in strategische Positionen. Das Finanzministerium entsandte den Immobilienmakler in die Aufsichtsräte der Bundesimmobiliengesellschaft (BIG) und der Bauen und Wohnen Gesellschaft (Buwog). Plech war es, der im Vorfeld des Buwog-Deals im Jahr 2002 mit Landeshauptmann Jörg Haider sprach und ein Vorkaufsrecht des Landes Kärnten einfädelte. Es ging um die künftigen Besitzverhältnisse bei der Kärntner Wohnbaugesellschaft ESG. Wie der Rechnungshof später feststellte, war dieses Vorkaufsrecht von strategischer Bedeutung, weil es Kärnten erlaubte, beim Buwog-Deal das Zünglein an der Waage zu sein. Kärnten konnte den Buwog-Gewinner bestimmen. Wie das vonstattenging, wusste Strippenzieher Plech: Die Buwog-Bietergruppen mussten in der Endrunde zwei Angebote legen, sowohl mit als auch ohne ESG. Ganz konkret: Bei Ausübung des Kärntner Vorkaufsrechts hätte die CA Immo den Zuschlag erhalten. Im gegenteiligen Fall war es die Immofinanz – eine zusätzliche Absicherung für KHG und Co, um den Zuschlag diskret zu steuern. Was geschah: Haider verzichtete auf die ESG, und das Immofinanz-Konsortium war der Sieger.

Doch Plech war nicht nur Buwog-Aufsichtsrat und in die Buwog-Vorverhandlungen involviert, sondern auch bei der Auswahl der verkaufsberatenden Investmentbank beteiligt. KHG und Plech waren sich sehr rasch einig, dass die Investmentbank Lehman Brothers beim Buwog-Deal beraten sollte. Warum? KHG war mit dem Investmentbanker Karlheinz Muhr befreundet und der saß als »Subadvisor« im Lehman-Boot. Das Kalkül: Über die »freundschaftliche Schiene« könnten Informationen aus dem Verkaufsverfahren gewonnen werden. Grasser setzte eine »unabhängige« Auswahlkommission ein. »Dadurch erhoffte er sich, die bereits vorgefasste Entscheidung für Lehman Brothers argumentativ auf diese Kommission >überwälzen< zu können«, heißt es in der Buwog-Anklage. »Zu diesem Zwecke war es freilich erforderlich, darauf hinzuwirken, dass die Vergabekommission auch tatsächlich eine Empfehlung für Lehman Brothers aussprechen würde.« Das war die Aufgabe von Ernst Plech und Grassers Kabinettsmitarbeiter Michael Ramprecht, die beide in die Kommission entsandt wurden. Obwohl die CA IB, das Investmenthaus der Bank-Austria-Gruppe, deutlich günstiger anbot, fiel die Entscheidung für Lehman Brothers. Plech und Ramprecht wirkten eindeutig in dem Sinne auf die Kommissionsmitglieder ein, dass alle qualitativen Kriterien für Lehman und gegen CA IB sprächen. Einen Deal von dieser Größenordnung könne man nicht einer kleinen Austrobank überantworten, hieß es. Außerdem verfüge nur Lehman über das Expertenwissen, optional eine Verbriefungstransaktion durchzuführen.

Die Verbriefungsidee wurde von Karlheinz Muhr ins Spiel gebracht. »Es fand auch tatsächlich eine Abstimmung statt, bei welcher die CA IB von den Mitgliedern der Vergabekommission als Bestbieter ermittelt wurde«, heißt es in der Anklageschrift. Nach der Sitzung am 5. September 2002 war kurz Feuer am Dach. Das von Ramprecht und Plech angeführte Lehman-Team bündelte seine Kräfte – und schaffte ein Wunder. »Die Sitzung wurde am Folgetag fortgesetzt. Bei diesem Termin am 06. September 2002 kam es über entsprechenden Auftrag von Karl-Heinz Grasser dazu, dass Michael Ramprecht die Kommissionsmitglieder umstimmte und eine Reihung des Alternativangebots I von Lehman Brothers als Bestgebot herbeiführte.«

In einem »profil«-Interview im Oktober 2009 erinnerte sich Ramprecht an den Herbst 2002: »Zwei Minuten bevor wir zur Kommission reingegangen sind, hat Plech auf einem Gang des Finanzministeriums zu mir gesagt: >Der Minister will, dass es Lehman wird.< Darauf war ich nicht vorbereitet. Alle waren schon im Sitzungsraum. Plech hat mir ausgerichtet, was der Minister will. Konkret hat er gesagt: >Der Minister will Lehman Brothers.< Plech war das Sprachrohr. Er hat mir gesagt, was der Minister will.« Plech und Grasser bestreiten, jemals derartige Order ausgesprochen zu haben. Die Staatsanwaltschaft hält Ramprecht für glaubwürdig. Nicht nur weil er sich damit selber belastet, sondern weil sich die Buwog-Boys bei den Geheimtreffen im Herbst 2009 auch zum »singenden Kabinettsmitarbeiter«, wie Ramprecht in den Besprechungsnotizen genannt wird, absprachen. Damals empörten sie sich nicht über unwahre Behauptungen, sondern vielmehr über seine »Illoyalität«, die sie zum Handeln zwang: Ramprecht und »profil« wurden wegen übler Nachrede geklagt. Ein Warnschuss für alle Whistleblower und alle Medien, die in Sachen Buwog und KHG berichten wollten.

Die Attacke ging nach hinten los. Justiz und Medien buddelten immer tiefer. Zudem meldeten sich immer mehr Insider, die ihr Wissen über die Amtszeit von KHG teilen wollten. Willibald Berner, Michael Ramprecht sowie Banker, Berater und Politiker. So sagte CA-IB-Investmentbanker Klaus Requat als Zeuge unter Wahrheitspflicht aus, dass ihm Karlheinz Muhr noch vor der Zuschlagsentscheidung durch die Auswahlkommission mitgeteilt hatte, dass der Beratungsauftrag in jedem Fall an Lehman Brothers gehen werde. Der CA IB bot man an, als Auftragnehmer für Lehman zu arbeiten. Das Kalkül ging auf: CA IB nahm das Offert an und verzichtete darauf, den dubiosen Auswahlprozess gerichtlich anzufechten. Man wollte es sich nicht mit dem Finanzministerium als potenziellem Auftraggeber verscherzen, heißt es. Auch das CA-IB-Management wusste: Unter Grasser sollte reichlich Staatsvermögen unter den Hammer kommen. Ein Prozess gegen das Finanzministerium wäre als feindlicher Akt gewertet worden und hätte wohl jede Chance auf lukrative Privatisierungsaufträge zunichtegemacht.

Karlheinz Muhr wurde vom Staatsanwalt mit den Aussagen von Klaus Requat konfrontiert. »Befragt, von wem ich die Information erhielt, dass es ›gut ausschaut für Lehman‹«, antwortete Muhr laut dem Anfang 2010 im Magazin »Format« veröffentlichten Protokoll der Zeugeneinvernahme: »Es ist möglich, dass diese Information vom Grasser kam. Es müsste in Form eines Telefonats gewesen sein. Ich kann mich nicht daran erinnern, ich kann es aber auch nicht ausschließen, dass mich Grasser ersucht hätte, mit CA IB zu reden. Wenn ich mich definitiv daran erinnern könnte, würde ich es sagen.« Jedenfalls wurde Muhrs Firma Volaris Advisors, die für Lehman komplizierte Finanzmodelle erstellte, fürstlich entlohnt.

»Gearbeitet wurde von Ende April bis Anfang September 2002«, schreibt »Format«. »Für die vier Monate zahlte Lehman 433 820 Euro, die in drei Tranchen von März 2003 bis Juni 2004 auf das US-Konto von Muhrs KM Management überwiesen wurden.« Diese Summe entspricht zehn Prozent vom Nettohonorar, das die Republik für die Buwog-Beratung an Lehman zahlte. Das Brisante: Es gab nichts Schriftliches, wie Muhr selbst vor Gericht zugab. Die Volaris-Modelle wurden nicht an Lehman übergeben, sondern »mündlich mit Vertretern von Lehman besprochen«. Nachdem Lehman den Zuschlag für den Buwog-Beraterauftrag erhalten hatte, war die Zusammenarbeit mit Muhrs Volaris vorbei. Die Staatsanwaltschaft wollte die Auftragsvergabe an Lehman ursprünglich anklagen, weil sie so gut zum Masterplan passte. Das Oberlandesgericht Wien pfiff die Anklagebehörde letztlich zurück. Das Lehman-Verfahren sei einzustellen, weil die Voraussetzungen für eine Anklage nicht vorliegen. Die Ermittlungen wegen Bestechungsvorwürfen bei einer geplanten Novelle des

Glücksspielgesetzes (Novomatic-Verfahren) und bei der Post-Privatisierung (Raiffeisen-Verfahren) wurden von der Staatsanwaltschaft ebenfalls eingestellt. In den Fällen Buwog und Terminal Tower jedoch fanden die OLG-Richter die Ermittlungsergebnisse ausreichend für eine Anklage. Aufsehenerregend ist etwa die Aussage von Martina Postl, die den Staatsanwalt bereits im Herbst 2009 auf fragwürdige Interventionsversuche rund um die Buwog hinwies. Die Finanzexpertin arbeitete früher für die Constantia Privatbank (die Hausbank der Immofinanz-Gruppe) und saß als Vertreterin der Immofinanz im Buwog-Konsortium, dem auch Raiffeisen Oberösterreich und Wiener Städtische Versicherung angehörten. Beim Buwog-Deal war sie federführend dabei. »Ich wusste es nicht mit Sicherheit, ich habe es aber von Anfang an gespürt, dass wir, damit meine ich das Konsortium, in der zweiten Bieterrunde irgendetwas über das Limit von 960 Millionen Euro wussten. Weil wir bei 961,3 Millionen mit unserem Angebot gelandet sind, war es für mich so offensichtlich, dass das Anbotslimit des Mitanbieters bekannt gewesen sein muss.« Wer der Tippgeber war, wusste Postl damals noch nicht. Bekannt war ihr, dass ihr Chef Karl Petrikovics gute Kontakte zu Ernst Plech pflegte. »Ich habe Plech vorher nicht gekannt«, sagte Postl laut dem Einvernahmeprotokoll vom 19. Oktober 2009. »Es ist aber richtig, dass mich Plech öfters angesprochen hat, dass er im Ministerium zugunsten der Immofinanz intervenieren könne. Er hat nicht konkret gesagt, dass er bei dem und dem intervenieren werde, er hat aber auf seine guten Kontakte ins Finanzministerium hingewiesen und unterstrichen, dass er behilflich sein könne.« Nicht nur beim Buwog-Deal bot Plech seine Dienste an.

Der Sündenfall beim Linzer Turmbau

Ein Insider schilderte der Tageszeitung »Die Presse« im November 2009 im Gefolge der Buwog-Berichterstattung die Umstände rund um einen anderen dubiosen Deal: die Übersiedlung von Finanzämtern in den von der Porr AG und der Raiffeisenlandesbank Oberösterreich errichteten Terminal Tower in Linz. Auch hier sollte die Justiz später feststellen, dass die Auftragsvergabe an eine Provisionszahlung von 200 000 Euro geknüpft war. Ähnlich wie bei der Buwog landete das Geld auf den drei Liechtensteiner HIB-Konten »Natalie«, »Karin« und »40.0815«. Die Staatsanwaltschaft sieht auch hier den gemeinsamen Tatplan verwirklicht. Im Gegensatz zur Buwog-Causa kann die Staatsanwaltschaft im Fall Terminal Tower auf belastende Zeugenaussagen und E-Mails zurückgreifen, die Rückschlüsse auf Plech, Meischberger und

KHG zulassen. Vor allem die Rolle von Ernst Plech scheint aus Sicht des Staatsanwalts sehr gut dokumentiert zu sein.

Eine Bestechungszahlung in Sachen Terminal Tower soll erstmals bei einem Treffen im Frühsommer 2004 zwischen Horst Pöchhacker, Martin Huber und Ernst Plech gefordert worden sein. Der mittlerweile verstorbene Pöchhacker war damals Generaldirektor des Bauriesen Porr und Huber der für Immobilienentwicklung zuständige Porr-Vorstand. Damals soll Plech gegen eine Zahlung von 700 000 Euro den Abschluss eines Mietvertrags mit dem Finanzministerium in Aussicht gestellt haben. Das Gespräch zwischen Pöchhacker und Plech fand zunächst unter vier Augen statt, Huber wurde im Anschluss hinzugebeten, wo ihm die Möglichkeiten – Mietvertrag gegen Provision – skizziert wurden. »Für mich war klar, dass Plech gute Zugänge zum Finanzministerium in Person von Karl-Heinz Grasser hatte und dass die Provision nur für die Organisation der Einmietung bezahlt worden wäre«, sagte der Zeuge Martin Huber laut Einvernahmeprotokoll. »Auf die Frage, wie es zur Differenz von 700 000 auf letztendlich 200 000 Euro kam, gebe ich an, dass ich mir nur vorstellen kann, dass meine ablehnende Haltung offensichtlich gewirkt hat und deswegen auf 200 000 Euro runterverhandelt wurde.«

Hubers Story wird durch den Schriftverkehr zwischen den Terminal-Tower-Partnern Porr AG und Raiffeisen Oberösterreich bestätigt. Nach einem Gespräch mit Pöchhacker schaltete sich auch Ludwig Scharinger, der damalige Generaldirektor der Raiffeisenlandesbank Oberösterreich, in Sachen Terminal Tower ein. Scharinger bestätigt zwar Treffen mit KHG, doch Bestechungszahlungen seien niemals Gesprächsthema gewesen. Scharinger habe lediglich die legitimen Geschäftsinteressen seines Hauses vertreten, mehr nicht. So wie seine Konkurrenten habe er beim Generalsekretär des Finanzministeriums Peter Quantschnigg interveniert, um die Vorzüge des Terminal Towers hervorzuheben. Quantschnigg war von KHG als Verbindungsmann nominiert worden. In der Folge liefen intensive Gespräche auf Beamtenebene ab. Mit dem Porr-Raiffeisen-Konsortium und deren Konkurrenten wurde hart verhandelt. Der mittlerweile verstorbene Quantschnigg – er war auch Staatskommissär in der Meinl Bank – berichtete Grasser laufend über den aktuellen Verhandlungsstand.

Im Winter 2005 war es endlich so weit. Die Verhandlungen in Sachen Finanzämter-Übersiedlung waren abschlussreif. Von Beamtenseite war der Terminal Tower der Bestbieter. Nun regte sich Widerstand seitens der Finanz-Gewerkschafter. Sie wollten nicht in den Neubau. Für KHG und Co war das die ideale Gelegenheit, um sich ins Gespräch zu bringen. In der entscheidenden Sitzung, wo der Grundsatzbeschluss für den Terminal Tower gefällt werden sollte, verkündete Grasser einen vorläufigen Verhandlungsstopp. Die Spitzenbeamten bekamen den Auftrag, sich mit den Finanz-Gewerkschaftern zusammenzusetzen. Sie sollten um die Gunst der Belegschaft buhlen und sie für die Übersiedlung gewinnen. In der Anklage wird Grassers soziale Ader so erklärt: »Erst nach der so geschaffenen Drucksituation sollten sich Walter Meischberger und Ernst Plech abermals an Horst Pöchhacker wenden und mit diesem neuerlich die Möglichkeiten einer Bestechungszahlung für Karl-Heinz Grasser erörtern.« Diesmal kam die Botschaft an. Porr und Raiffeisen waren dem Geschäftsabschluss zum Greifen nahe – und bereit, zu zahlen.

Die Terminal-Tower-Partner wurden vom Finanzministerium über die ablehnende Haltung und die Hintergründe informiert. Alle seien dafür, nur KHG nicht. Zitat aus einem an Ludwig Scharinger gerichteten E-Mail vom 22. Dezember 2005, das den Titel »Terminal Tower / Bitte um Intervention bei Minister Grasser« trägt: »Gestern wurde beim Minister Projekt Terminal Tower präsentiert. Alle Teilnehmer (u.a. Quantschnigg, Nolz) stehen dem Projekt positiv gegenüber. Ausschließlich Grasser hat gegen das Projekt opponiert, an seine Mitarbeiter weitere Prüfaufträge gegeben und keine positive Entscheidung getroffen.« Die Projektpartner waren überrascht, die Raiffeisen-Leute stellten fassungslos fest: »Bisherige Gespräche mit Scharinger waren KHG egal und wurden vom Tisch gewischt.«

Grassers Mittelsmänner klopften nun nochmals bei Horst Pöchhacker an. Doch im Gegensatz zum letzten Mal unter besseren Voraussetzungen. »Nunmehr musste selbst Horst Pöchhacker erkennen, dass man der Forderung einer Bestechungszahlung nicht entrinnen konnte, wenn es doch noch zu einer Einmietung der Linzer Finanzdienststellen in den Terminal Tower kommen sollte«, heißt es in der Anklageschrift. »Aus diesem Grund kontaktierte Horst Pöchhacker umgehend Ludwig Scharinger sowie Karlheinz Sandler und informierte sie über die von Walter Meischberger und Ernst Plech wiederholt überbrachte Forderung einer Bestechungszahlung für Karl-Heinz Grasser in Höhe von 700 000 Euro.«

Nun war Feuer am Dach. Um den Deal noch zu retten, musste rasch reagiert werden. Laut Anklageschrift beauftragten Pöchhacker und Scharinger ihre Mitarbeiter mit der Neuberechnung des Angebots. Es galt, Mietpreise, Mietdauer und Finanzierungskonditionen derart zu kalkulieren, dass die neue Vermittlungsprovision irgendwie unauffällig untergebracht werden konnte. Bei einem Mietentgelt von 9,9 Euro pro Quadratmeter und einem generellen Kündigungsverzicht von 15 Jahren für die gesamte Mietfläche schien das machbar. Im ursprünglichen Angebot waren die Kündigungsrechte seitens des Finanzamts weniger eingeschränkt gewesen. Laut Porr-Aktenvermerk vom 22. Dezember 2005 war nun eine »Dotierung eines einmaligen Betrages von 700 000 Euro zu Gunsten der Finanz bzw. allenfalls namhaft gemachter Dritter« möglich. In den Gesprächen mit Plech und Meischberger gelang es Pöchhacker, die Provision auf 200 000 Euro herunterzuverhandeln.

Die Weichen waren somit gestellt. Pöchhacker sollte den Widerstand der Belegschaft und deren Präferenz für das Konkurrenzobjekt der Bundesimmo-biliengesellschaft als erledigt erachten, hieß es. In einem Raiffeisen-E-Mail vom 1. Februar 2006 liest sich das so: »Es gab Gespräche zwischen Pöchhacker und Plech (= AR-Vorsitzender der BIG) und Intimus von KHG, die ganz gut gelaufen sind. Laut Pöchhacker rechnet er mit einer baldigen positiven Ent-scheidung des Finanzministers für unseren Standort. Es gibt einen internen angeblich letzten Abstimmungstermin zwischen Quantschnigg und Finanz-minister KHG am 13. Februar des Jahres – dann sollte alles klar sein!«

Tatsächlich fand am 13. Februar 2006 eine Sitzung im Finanzministerium statt, wo die Umsetzbarkeit der zum Terminal Tower in Konkurrenz stehenden Projekte behandelt wurde. Es galt, eine Machbarkeitsstudie der Bundesimmo-biliengesellschaft (BIG) abzuwarten, die bis Ende Februar vorliegen sollte. Dass mehr als 70 Prozent der Belegschaft eine Übersiedlung in den Termi-nal Tower ablehnten, war nur mehr ein Randthema. Ursprünglich war die Belegschaftsmeinung Grassers offizieller Hauptgrund gewesen, die Entschei-dung aufzuschieben. Die Mitarbeiter wurden schließlich vor vollendete Tat-sachen gestellt. Ende März wurde der Mietvertrag von Generalsekretär Peter Quantschnigg im Auftrag des Finanzministers unterschrieben. Der Terminal-Tower-Deal war somit in trockenen Tüchern.

Mögliche Restzweifel des Staatsanwalts, dass illegale Provisionen gezahlt wurden, räumte ein E-Mail vom 29. November 2006 aus. Das im Rahmen der Porr-Hausdurchsuchung im Herbst 2009 sichergestellte Dokument trägt den entlarvenden Titel: »Meischberger – streng vertraulich«. Eindrucksvoll ist der Inhalt: »Wie gestern bereits auch telefonisch angesprochen wurde ich seitens unserer Generaldirektion informiert, dass als Ergebnis des Mietvertrages mit der Finanz eine Vermittlungsprovision an Herrn Meischberger in Höhe von 200 000 Euro zu zahlen sei. 100 000 Euro sollen de facto noch 2006 fließen, die weiteren 100 000 Euro mit Einzug der Finanz im Terminal Tower. Dies sei auch bereits dem Grunde nach der GF RL und Vorstand der RLB OÖ bekannt. Die Verrechnung soll über eine zypriotische Consultinggesellschaft erfolgen.«

Bei der zypriotischen Firma handelt es sich um die Astropolis von Peter Hochegger, die bereits für die Abwicklung der Buwog-Provisionen herange-zogen wurde. Eine andere Buwog-Verbindung ist Raiffeisen Oberösterreich. Sowohl beim Terminal Tower als auch bei der Buwog zählte Raiffeisen zu den Profiteuren. Dementsprechend wurde der frühere RLB-OÖ-Chef Ludwig Scharinger vom Staatsanwalt befragt. Scharinger gab im Mai 2013 zu Protokoll: »Ich kann mich nur an einen Termin mit Kommerzialrat Plech erinnern, der etwa im Frühjahr 2004 gewesen sein muss. Dies schließe ich daraus, weil zu diesem Zeitpunkt die Ausschreibung von Lehman draußen war, wir uns im Konsortium beworben haben und Plech muss gewusst haben, dass wir uns beworben haben. Dieser Termin dürfte meiner Erinnerung nach im Oberösterreich Haus in Wien stattgefunden haben. Da Plech bei unserer Privatbank Kunde war, nehme ich an, dass der Termin von der Privatbank über Wunsch von Plech koordiniert wurde. Unter anderem sprach mich Plech auch zur Bewerbung Buwog sinngemäß an: ›Ihr habt's euch beworben, ihr liegt's gut, ich kann euch behilflich sein, das kostet ein Prozent‹.« Ein Prozent vom Buwog-Transaktionsvolumen? Scharinger: »Ich habe nichts hinterfragt und sagte: ›Aber Herr Kommerzialrat Plech, wozu sollen Sie uns helfen, das ist ein öffentliches Verfahren, das Verfahren führt Lehman und wofür sollen wir daher eine Provision zahlen?‹ Plech hat meine Frage nicht beantwortet und beendete das Gespräch. Ich hatte dann in der Folge am gleichen Tag einen Termin bei Hannes Androsch bei ihm im Büro am Opernring 5. Weil ich offenbar über dieses Ansinnen des Herrn Plech irritiert war, habe ich Androsch erzählt, was Plech von mir wollte. Androsch schmunzelte und sagte: ›Ja, ja so san's, ich geb dir einen guten Rat, soll er wieder mit dem Ansinnen kommen, lass dir eine Rechnung geben und auf dieser Rechnung lass dir genau draufschreiben, was seine Verdienstlichkeit sein soll.‹ Plech hat sich aber nicht mehr gemeldet.« Das war auch nicht mehr nötig. Immofinanz-Chef Karl Petrikovics hatte die Sache in die Hand genommen. Sein Kontakt lief bekanntlich über Hochegger.

Im Buwog-Gerichtsprozess ist Ernst Plech dem größten Risiko ausgesetzt. Mehrere Personen, wie etwa Michael Ramprecht, Martin Huber oder Ludwig Scharinger, sowie Aktennotizen und E-Mails belasten ihn. Mehr als 2,5 Millionen Euro Cash am HIB-Konto »Karin« sind ihm über Umwege zugeflossen. Mit einem Teil des Geldes finanzierte er ein 120 Hektar großes Anwesen und eine Eigentumswohnung in Australien. Zudem kaufte er sich eine kleine Jacht auf der Ferieninsel Ibiza. Offiziell lief das Motorboot auf Plechs Namen, aber ein Treuhandvertrag nennt Meischberger als verdeckten Hälfteeigentümer. Meischberger, der so wie Plech ein Luxusapartment auf Ibiza besitzt, blechte auch die Hälfte der Marina-Miete sowie Treibstoff- und Betriebskosten für die Jacht.

Ähnlich wie Meischberger griff auch Plech auf das diskrete Geldtransportservice der Hypo Investment Bank Liechtenstein zurück. Etwa 1,3 Millionen Euro schaffte er auf diesem Weg nach Wien und investierte in Immobilien.

Plechs akutes Problem: Nichts davon wurde versteuert. Eine rechtzeitige Selbstanzeige ist nicht dokumentiert. Im Gegenteil: Dass die Millionen ihm gehören, hat Plech stets bestritten. Ihm droht nicht nur eine Geldstrafe in mehrfacher Millionenhöhe. Zwar sind Gefängnisaufenthalte in Steuersachen eher eine Seltenheit, doch die hinterzogenen Geldbeträge und die Verschleierungshandlungen sind gewaltig. Gut möglich, dass die Finanz ein Exempel statuiert. Auch bei Meischberger und Hochegger werden die hinterzogenen Steuern rigoros eingetrieben. Die Finanzstrafverfahren sind noch nicht rechtskräftig abgeschlossen, auch nicht jenes von KHG.

Das Finanzstrafverfahren des ehemaligen Finanzministers

In der Steuersache Karl-Heinz Grasser geht es der Justiz um eines: Generalprävention. Im Rahmen des Buwog-Strafverfahrens wurde den Steuerprüfern Einblick in eine Schattenwelt gewährt, die so ganz und gar nicht zu einem ehemaligen Finanzminister der Republik Österreich passt. In dieser Welt wimmelt es von Stiftungen in Liechtenstein, Briefkastenfirmen in der Karibik und zypriotischen »Doppelstock«-Strukturen. Das weitverzweigte Offshore-Konstrukt diente als perfektes Geldversteck vor dem Fiskus.

Eine erste Meinung bildete sich das Oberlandesgericht Wien bereits im Februar 2012. Karl-Heinz Grasser und sein Schwiegeronkel Gernot Langes-Swarovski hatten damals eine Beschwerde gegen die Razzia im Moserhof bei Kitzbühel eingelegt. In diesem Rahmen würdigte das OLG Wien das von Grasser über die Jahre heimlich aufgebaute Stiftungskonstrukt sowie die Buwog-Verdachtslage. »Die dem Beschwerdeführer solcherart in ihrer Gesamtheit angelasteten Malversationen begründen bei gesamthafter Betrachtung und unter Berücksichtigung des Umstandes, dass die vermutete systematische Abgabenhinterziehung ausschließlich und unmittelbar Karl-Heinz Grasser zum Vorteil gereicht, den Verdacht der Begehung der Finanzvergehen der gewerbsmäßigen Abgabenhinterziehung.« Der Strafrahmen bei derartigen Verstößen gegen das Finanzstrafgesetz liegt bei bis zu fünf Jahren Gefängnis.

Der dreiköpfige Richtersenat erhärtete den Verdacht, dass Grasser sein Einkommen nicht vollständig deklariert, das Finanzamt angeschwindelt und die nicht ordnungsgemäß versteuerten Gelder gewinnbringend angelegt habe – ohne dafür Steuern abzuführen. Investiert wurde in Aktien und Anteilsscheine wie etwa den skandalträchtigen Hypo-Genussschein von Tilo Berlin. »Die dargelegten Tatverdachtsmomente gründen sich insbesondere auf den Anlassbericht des Finanzamts Wien 9/18/19«, heißt es im OLG-Beschluss. Die gerichtliche Zuständigkeit ergebe sich »aus der vorläufigen Berechnung des strafbestimmenden Wertbetrages mit rund 2,6 Millionen Euro« durch die Finanzstrafbehörde. »Wie das Erstgericht zutreffend erkannte, ist auf Grund der bisherigen Ermittlungsergebnisse zumindest indiziert, dass Karl-Heinz Grasser diverse Einkünfte in seinen Einkommensteuererklärungen nicht deklarierte und so eine Abgabenhinterziehung erwirkte.« Gemeint sind Vertriebsprovisionen von der Meinl Bank für sein Verkaufsengagement beim Börsengang der Meinl International Power Ltd (MIP) sowie die Dividenden aus der Drittelbeteiligung an der Meinl Power Management Ltd (MPM), die die MIP-Geschäfte führt.

Im Offshore-Konstrukt bunkerte Grasser zumindest neun Millionen Euro. So floss eine Meinl-Provision von 4,38 Millionen Euro am 24. August 2007 von der Meinl Bank Ltd in Antigua an Grassers geheime Briefkastenfirma Silverwater Invest & Trade auf den British Virgin Islands. Scheibchenweise gelangte das Geld von der Karibik nach Österreich: In neun Tranchen überwies Silverwater 3,37 Millionen Euro an Grassers Wiener Gesellschaft Valuecreation. Die verbuchte und versteuerte die Einnahme aus Sicht des Finanzamts viel zu spät. Abenteuerlich wirkt auch die zweite Geldspur von der Meinl Power Management. »Vom Konto 499137 der MPM bei der Meinl Bank AG in Wien wurden im Zeitraum 20. Februar 2008 bis 12. Februar 2010 in sieben Tranchen insgesamt 4,569 Millionen Euro auf das Konto 1.000.978 bei der Centrum Bank in Vaduz, lautend auf Mag. Grasser, überwiesen«, heißt es im OLG-Beschluss. Dieses Geld wanderte von Ende 2008 bis April 2010 »in vier Tranchen […] auf das Konto 804 800 der Man-Angelus Holdings Ltd bei der Centrum Bank«.

Auf diese Weise häufte Grasser einen Geldberg außerhalb Österreichs an, gut versteckt in den Stiftungen Waterland und Silverland, und die steuerten das Netzwerk von Briefkastenfirmen mit klingenden Namen wie etwa Geimain, Levesque, Man-Angelus und Silverwater.

Mit einem einfachen Trick holte Grasser die MPM-Millionen zurück nach Österreich: günstige Darlehen. Die Liechtensteiner Stiftungen Silverland und Waterland borgten Grasser, was er brauchte. Offiziell waren die Stiftungsvorstände unabhängig und weisungsfrei. Grasser war und ist in keinem Stiftungsorgan vertreten. Auf dem Papier hat er nichts zu sagen. In Wahrheit dürfte sein Einfluss maßgeblich gewesen sein, vermuten die Steuerprüfer. Die Existenz der Silverland-Stiftung und die Tatsache, dass Grasser auf vielen Subkonten als wirtschaftlich Berechtigter aufschien, wurden gegenüber dem Finanzamt verheimlicht. Der OLG-Vorwurf gegenüber Grasser: »So soll er nach dem Stand der Investigationen wesentliche, in steuerrechtlicher Hinsicht bedeutsame Informationen dem Finanzamt gegenüber bewusst nicht offengelegt haben«, um so eine »für ihn günstige Intransparenzbeurteilung der Waterland Stiftung« zu erreichen.

Die vollständige Bekanntgabe des Offshore-Konstrukts hätte wohl einen saftigen Steuerbescheid zur Folge gehabt. Ganz zu schweigen davon, wenn die Stiftungen des Ex-Finanzministers publik geworden wären. So wurde Waterland als intransparente Stiftung klassifiziert. Das verhinderte laut OLG-Beschluss den »steuerlichen Durchgriff auf sein Vermögen als Stifter, obwohl die Einkünfte tatsächlich ihm zuzurechnen waren«. Dass KHG immer Zugriff auf sein Vermögen hatte – somit alle Stiftungen transparent waren –, wird am Beispiel Silverland deutlich. Silverland wurde erst als Folge der Buwog-Ermittlungen entdeckt. Zitat aus dem OLG-Papier: »Nicht mitgeteilt wurde […] der wesentliche Umstand, dass ein Teil des Vermögens der Waterland Stiftung abgespalten und die liechtensteinische Silverland Stiftung gegründet wurde, unter der die Levesque Holdings Ltd und die Geimain Investments Ltd stehen.« Warum diese Briefkastenfirmen von Bedeutung sind? Über Levesque wurden Grassers Luxuspenthouse in der Wiener Babenbergerstraße und seine Villa in Maria Wörth finanziert. »Dem Finanzamt (wurde) die möglicherweise als Kapitalrückfluss einzustufende Darlehensgewährung von 3,7 Millionen Euro der Levesque Holdings an Grasser sowie von der Geimain Investments an die SMW OG von 1,318 Millionen Euro (nicht) bekanntgegeben.« Auch die Cashzahlungen auf den KHG-Konten interessieren die Steuerfahnder. »Anhand der vorliegenden Kontounterlagen wurden von Dezember 2003 bis Juni 2009 […] ungeklärte Bareingänge von insgesamt 781 672,83 Euro festgestellt«, heißt es im OLG-Beschluss. »Die Hintergründe dieser Einzahlungen sind derzeit noch nicht geklärt, sodass nicht ausgeschlossen werden kann, dass diese zumindest teilweise aus unversteuerten Einnahmen stammen.«

Rückendeckung bekam KHG von einer hohen Finanzbeamtin in Wien. Anneliese Kolienz versperrte die Akte KHG in ihrem Büro, was ihr laut OLG-Papier zum Vorwurf gemacht wird: »Als sie den Steuerakt des Mag. Grasser versperrte und diesen nicht dem Betriebsveranlagungsteam zur genauen Prüfung übergab, war im Bundesministerium für Finanzen mit Erlass geregelt, dass die Erfahrungen mit vermögensverwaltenden Stiftungen Anlass zur Vermutung geben, dass die Zurechnung weiterhin zum Stifter und nicht zu der liechtensteinischen Stiftung erfolgt. […] In den internen Verwaltungsanweisungen des Finanzministeriums ist festgehalten, dass im Falle einer zu befürchtenden Umgehung österreichischer Steuern die in ›Steueroasen üblichen Untersuchungen angestellt werden müssen‹.« Hätte Finanzbeamtin Kolienz eine Prüfung zugelassen, wäre der KHG-Schwindel sofort aufgeflogen. Es sollte nicht der einzige Gefallen bleiben.

Die fragwürdige Spezialbehandlung reichte noch viel weiter. Nicht nur der Ex-Finanzminister persönlich kam in den Genuss, sondern auch seine Familie. Die Finanzbeamtin Anneliese Kolienz soll eine geplante Betriebsprüfung bei Fiona Pacifico Griffini-Grasser (FPGG) kurzerhand abgedreht und eine Umsatzsteuerprüfung bei Grassers Firma Valuecreation verhindert haben. Im November 2011 berichtet das Nachrichtenmagazin »profil« von einem mit 31. Jänner 2011 datierten Schreiben eines Steuerfahnders der Großbetriebsprüfung an die Staatsanwaltschaft: »Im Zuge der Aktenvorbereitung zum Fall ›KHG‹ bin ich auf folgende Besonderheiten und Ungereimtheiten gestoßen. Die Zuständigkeit für den Steuerakt FPGG ist im Jahr 2009 während einer Betriebsprüfung angeblich durch einen Wohnsitzwechsel der FPGG vom Finanzamt Kitzbühel / Lienz an das Finanzamt Wien 1/23 übergegangen.« Zu dem Zeitpunkt sollte eine Steuerprüfung starten. Das Erstaunliche: Mit dem Wechsel des Finanzamts wurde auch die Prüfung abgeblasen.

»Der Akt wurde vom Finanzamt 1/23 angefordert, die Betriebsprüfung gilt bei uns in der EDV als widerrufen.« Wer hatte die Einstellung angeordnet? »Nach Angaben von Kollegen aus Innsbruck gab es eine Besprechung in Wien bei der Fachvorständin des FA 1/23 Mag. Anneliese Kolienz, welche keine Prüfung mehr anordnete«, schreibt der Steuerfahnder, der aus dem Staunen nicht mehr herauskam: »Letzte Woche wollte ich mir durch einen Kollegen diesen Akt ausheben lassen. Der Akt ist ohne Anlegung eines Ersatzakts bei der Fachvorständin, welche eine Studienkollegin und sehr gute Bekannte von KHG sein soll. Dies ist ungewöhnlich und entspricht nicht unseren internen Vorschriften. [...] Aus Sicht der bisher mit dem Fall befassten Personen ist die Vorgangsweise und die Ablauforganisation der Mag. Anneliese Kolienz als höchst bedenklich einzustufen.« Doch es geht noch weiter. »Bei der Valuecreation GmbH (Geschäftsführer und 100%-Gesellschafter ist KHG) wurde am selben Tag der Aktenübernahme des Akts der FPGG aus Kitzbühel durch das FA 1/23 eine Umsatzsteuerprüfung widerrufen.«

Die zeitgleiche Absage von Steuerprüfungen bei KHG und Fiona ist nicht der einzige Zufall. Anneliese Kolienz war auch jene Finanzbeamtin, die Grasser die berühmt-berüchtigte »Unbedenklichkeitserklärung« für sein Stiftungskonstrukt ermöglichte. Erstaunlich: Der Persilschein wurde am 18. September 2009 ausgestellt. Das war jener Tag, an dem Walter Meischberger und Peter Hochegger die Buwog-Provisionen im Rahmen von Selbstanzeigen beim Finanzamt offenlegten. Bemerkenswert aus Sicht der Justiz: Just zum Zeitpunkt, als die Buwog-Affäre virulent wird, fordert der Ex-Finanzminister von seiner Freundin beim Finanzamt ein schriftliches Okay für seine waghalsige Offshore-Konstruktion.

Im »Abschlussbericht vom 7. August 2013« findet die ermittelnde Finanz-strafbehörde harte Worte für die steuerschonenden Praktiken des Ex-Finanz-ministers: Karl-Heinz Grasser habe »durch die Nichterklärung von erzielten Einkünften« von rund zehn Millionen Euro in den Jahren 2003 bis 2010 »eine Verkürzung an bescheidmäßig festzusetzenden Abgaben in gesamter Höhe von 4 950 263 Euro« bewirkt. Aus Sicht der Finanz stellt das »gewerbsmäßige Abgabenhinterziehung« dar, die mit einer Geldbuße von bis zum Dreifachen des hinterzogenen Betrags bestraft wird. Bei einer Steuernachzahlung von 4,95 Millionen Euro wären das im Fall KHG zusätzlich rund 15 Millionen Euro.

Zudem wird KHG auch des Abgabenbetrugs verdächtigt. Die Verletzung des Paragrafen 39 Finanzstrafgesetz wiegt schwer. »Des Abgabenbetrugs macht sich schuldig, wer ausschließlich durch das Gericht zu ahndende Fi-nanzvergehen der Abgabenhinterziehung […] unter Verwendung von Schein-geschäften oder anderen Scheinhandlungen begeht«, steht im Gesetz. »Wer einen Abgabenbetrug mit einem 500 000 Euro übersteigenden strafbestim-menden Wertbetrag begeht, ist mit Freiheitsstrafe von einem bis zehn Jahren zu bestrafen.« Diese Norm wurde von der rot-schwarzen Regierung 2011 ein-geführt. Bis dahin wurden bei gewerbsmäßiger Abgabenhinterziehung über-wiegend Geldstrafen verhängt. Wirtschaftskriminelle kamen oft mit einem blauen Auge davon. Die generalpräventive Wirkung ging gegen null. Der neue Abgabenbetrug-Tatbestand sollte das ändern: Steuerhinterziehung gilt seither nicht mehr als Kavaliersdelikt.

Beim Abgabenbetrug dürfen neben einer Gefängnisstrafe in besonderen Fällen zusätzliche Geldstrafen von »bis zu 2,5 Millionen Euro« verhängt wer-den. Für Grasser wäre das bitter. Die Steuererklärungen für 2009 und 2010 brachte er im März 2011 bzw. April 2012 ein, weshalb laut Auffassung der Finanz die neuen, strengeren Strafbestimmungen anzuwenden wären – und damit die höhere Gefängnis- und Geldstrafe. Grasser und seine Anwälte weisen jedes finanzstrafrechtliche Verhalten zurück. Die Konstruktion sei von Steuerberater Peter Haunold entworfen und vom Finanzamt als okay befunden worden. Die Stiftungskonstruktion hält Grasser weiterhin für vertretbar. Sollte der Oberste Gerichtshof wider Erwarten zu einem anderen Ergebnis kommen, müsste sein Steuerberater belangt werden. Immerhin habe er die Struktur erfunden. Peter Haunold und die Steuerberatungskanzlei Deloitte wurden deshalb von Grasser vorsorglich wegen mutmaßlicher Fehlberatung geklagt, um eine Verjährung möglicher Ansprüche zu verhindern. Deloitte und Haunold weisen Grassers Vorwürfe zurück. Grasser habe eigenmächtig Änderungen am vorgeschlage-nen Steuerkonstrukt vorgenommen, behaupten sie. Die Adaptionen waren derart gravierend, dass sie auch das Finanzamt näher in den Fokus nahm.

Zudem hätten Grasser und Co Aktivitäten gesetzt, die ihnen steuerrechtlich zum Verhängnis werden könnten, wie etwa die Umbauarbeiten an der Wörthersee-Villa. Die Handwerker erhielten alle Anordnungen von KHG und Fiona, die Rechnung bezahlte eine Briefkastenfirma.

»Der Aufbau des gesamten Konstruktes sollte lediglich der Verschleierung der bewusst gesetzten Abgabenhinterziehung dienen«, schreiben die Steuerprüfer in ihrem Abschlussbericht. Demnach bediente sich KHG unterschiedlicher Berater, »die er unabhängig voneinander jeweils nur in abgegrenzten Bereichen als Werkzeuge benutzte«. 4,38 Millionen Euro zahlte die Meinl Bank für die Vermittlung von Investoren für den MIP-Börsengang, weitere 4,57 Millionen Euro erhielt KHG als Vorabgewinn und Dividende aus dem Drittelanteil an der MIP-Managementfirma MPM. »Die Zahlungen liefen über verschiedene meist in Steueroasen etablierte Rechtsträger, die als gemeinsames Element aufweisen, dass Grasser Begünstigter bzw. wirtschaftlich Berechtigter ist. […] Der Zahlungsfluss zeigt, dass die Rechtsträger nur zur Durchleitung der Geldmittel dienten und daher keine eigene Rechtfertigung (außer der Abgabenhinterziehung) beinhalten.«

Im Abschlussbericht wird die Behauptung von Deloitte-Berater Haunold gestützt, Grasser habe den zwischen der Meinl Bank und ihm abgeschlossenen Vertriebsprovisionsvertrag eigenständig geändert. Konkret soll er seinen Namen aus dem Kontrakt gestrichen und ihn durch die Briefkastenfirma Silverwater Invest & Trade ersetzt haben. Laut Abschlussbericht ist diese Aktion finanzstrafrechtlich relevant. »Obgleich es sich bei den durchgeführten Vermittlungsleistungen eindeutig um persönliche Leistungen Grassers gehandelt hat, wurde durch diese Umformulierungen und das Vorschieben einer Sitzgesellschaft versucht, die Versteuerung zu umgehen. Vielmehr zeigt sich in diesem Faktum, dass Grasser – sich sehr wohl der steuerlichen Konsequenzen bewusst – absichtlich den Vertrag selbst verändert hat, um die Versteuerung bei sich zu vermeiden.« Zudem stellten die Prüfer fest, dass »sämtliche Zahlungen der MPM aus dem Titel ›Vorabgewinn und Dividende‹ von Grasser auf seinem persönlichen Konto bei der Centrum Bank vereinnahmt und dort bis Ende 2008 zwischenzeitlich veranlagt wurden«. Erst nach Start der polizeilichen Ermittlungen 2009 wurde das Geld beispielsweise an eine Beteiligung der Waterland Stiftung überwiesen. Aus Sicht der Prüfer besteht kein Zweifel, dass das Millionenvermögen Grasser persönlich zuzurechnen ist – und daher von ihm versteuert werden musste. Die Adaptionen und Überweisungen auf Privatkonten machten die Struktur erst steuerlich angreifbar.

Die persönliche Zurechnung wird im Fall Wörthersee-Villa besonders deutlich. Die Stiftung beglich zwar alle Rechnungen, also für Erwerb und Umbau der Immobilie. Doch die Verhandlungen führten KHG und *family*. Villenverkäufer Helmut Mathe erinnerte sich daran, dass er jahrelang mit Grassers Vater verhandelt hatte und kurz vor dem Verkauf KHG dazugekommen war. »Später hat mir Burckhard Graf erzählt, er habe den Kaufvertrag für die Gesellschaft schon unterschrieben«, erzählte Mathe den Ermittlern. Burckhard Graf ist Grassers Wahlonkel und hat den Ruf, seinem Schützling immer wieder aus der Patsche zu helfen. Graf stellte sich etwa als Chef der SMW OG zur Verfügung, der Besitzgesellschaft der Wörthersee-Villa. Grasser und seine Frau Fiona hatten sich beim Umbau der Immobilie am Wörthersee intensiv eingebracht, wie die Finanzermittler feststellten. Aus Sicht der Finanz ist die Wörthersee-Villa deshalb steuerrechtlich KHG zuzurechnen. Mittlerweile wurden Villa und Penthouse abgestoßen – mit Gewinn. Allein das Haus am Wörthersee soll zwei Millionen Euro Profit gebracht haben. Ob Grasser auch Gewinnsteuer zahlen musste, wird nicht verraten. Das Finanzamt verweist auf das Steuergeheimnis. Eine Anklage im Finanzstrafverfahren KHG steht jedenfalls noch aus, weil die Behörden die Unterlagen von Grassers Steuerberater Peter Haunold bzw. Deloitte noch nicht ausgewertet haben. Sie erhoffen sich einen brisanten Zufallsfund wie bei Meischbergers Anwalt Toifl.

Grassers Antikorruptions-Fibel

Den ganzen Ärger mit dem Finanzamt hätte sich Grasser jedenfalls ersparen können, wenn er sich an seine eigenen Ratschläge gehalten hätte. Zur Erinnerung: Im Mai 2003 versandte er als Finanzminister Antikorruptions-Fibeln an seine Finanzbeamten. Anlass war ein Finanzamtsskandal in Tirol. Die Infobroschüre sollte »der verstärkten Bewusstseinsbildung und damit der Vorbeugung« dienen. Ein Auszug aus dem Benimm-Büchlein: »Korruption ist kein eigener Straftatbestand. Unter diesem Begriff werden Delikte der passiven und aktiven Bestechung verstanden. [...] Bedenken Sie, dass Korruption unangenehme Folgen nach sich ziehen kann. Sie können straf- und zivilrechtlich zur Verantwortung gezogen werden. Nicht nur Ihre eigene Existenz, sondern auch die Ihrer Familie kann gefährdet sein. [...] Es gibt in der Strafprozessordnung eine gesetzliche Anzeigepflicht [...]. Das Nichtmelden begründeter Verdachtsmomente kann Amtsmissbrauch darstellen.« Komplizierte Steuerkonstrukte seien mit Vorsicht zu genießen. »Verständigen Sie Ihren Vorgesetzten, wenn Ihnen Tatsachen bekannt geworden sind, die einen konkreten Korruptionsverdacht nahelegen. [...] Indizien für Korruption sind: Auffällig geänderter Lebensstil, unerklärliche Abgabenverkürzung oder offensichtliches Falschauslegen bzw. der Bruch von Gesetzen. […] Wie die Berichterstattung in den Medien zeigt, geht es auch um unseren Ruf bei den Steuerzahlern.«

In der Finanzstrafbehörde nimmt man Grasser nun beim Wort. Dass er sich selbst »als steuerlich so ungebildet« bezeichnet und alle Schuld auf seinen Steuerberater schiebt, sorgt für Kopfschütteln. Für die Steuerprüfer sind das Schutzbehauptungen. »Grasser besitzt überdurchschnittliches steuerliches Wissen, das er im Rahmen seiner universitären Ausbildung erworben sowie in seiner Zeit als Finanzminister der Republik vertieft hat«, heißt es im finanzstrafrechtlichen Abschlussbericht vom 7. August 2013. Der »Sinn und Zweck einer Verschleierungskonstruktion in einem Steueroasenstaat« liege gerade darin, »Nachweise und Aussagen vor der Inlandsgerichtsbarkeit verstecken zu können«, heißt es dort. »Insoweit erfüllen die Stiftungsvorstände in Liechtenstein (Herbert Oberhuber, Stefan Wenaweser) sowie der zuständige Bankbetreuer (Michael Barbist) genau die Rolle, die ihnen in einer solchen der Abgabenhinterziehung dienenden Struktur zukommt, nämlich die Verheimlichung der für die inländische Versteuerung relevanten Information durch Berufung auf eine ausländische Verschwiegenheitpflicht.«

Auf diese Art und Weise gelang es nicht nur Grasser, sondern auch seinen Amigos Walter Meischberger, Ernst Plech und Peter Hochegger, den Abschluss der zahlreichen Strafverfahren hinauszuzögern – und das ganz legal. Dass eine im Visier der Strafverfolgungsbehörden stehende Person alle Rechtsmittel in der Schweiz, in Liechtenstein oder Zypern ausschöpft und ihre Banker, Rechtsanwälte und Vermögensmanager nicht von der Verschwiegenheit entbindet, ist nicht rechtswidrig. Unglaubwürdig werden KHG, »Meischi« und Co, wenn sie die Verfahren im Ausland bremsen und sich im Inland über die lange Verfahrensdauer beschweren.

Für die Justiz ist die Causa Buwog ein heikler Fall. Die prominente Verteidigerriege von KHG, Meischberger und Plech ist besonders wachsam. Jeder kleinste Verfahrensfehler wird genüsslich ausgeschlachtet. Darum ist besondere Sorgfalt geboten. So werden die Anwälte – allen voran Grasser-Verteidiger Manfred Ainedter – nicht müde, über die vermeintliche Vorverurteilung in den Medien zu lamentieren. Doch sie übersehen: Die Öffentlichkeit hat ein Recht, über die skandalösen Geschäftspraktiken der Ära Grasser lückenlos informiert zu werden. Heimliche Provisionszahlungen und diskrete Geldtransporte. Steuerschonende Stiftungen und vermögende Briefkastenfirmen. Schweigende Schwiegermütter und bar zahlende Eltern. Wenn der ehemalige Finanzminister der Republik Österreich involviert ist, dann ist das keine Privatsache mehr. Die Berichterstattung darüber ist vielmehr zwingend. Ob die dubiosen

Vorgänge von strafrechtlicher Relevanz sind, entscheidet jedoch nicht die Öffentlichkeit, sondern ein unabhängiges Gericht. Bis zu einem rechtskräftigen Urteil, also Schuld- oder Freispruch, gilt für Grasser und Co selbstverständlich die Unschuldsvermutung.

Die Richter und Staatsanwälte sind durchaus in der Lage, objektiv zu entscheiden. Gerade im Skandalreigen KHG haben sie bewiesen, dass sie differenziert vorgehen können. Ein Strafverfahren gegen Grasser wegen Bestechungszahlungen rund um die Privatisierung des Dorotheums wurde rechtskräftig eingestellt. Kurze Rückblende: Im Jahr 2001 verkaufte die Republik das Auktionshaus an eine Bietergruppe rund um die Unternehmerfamilien Dichand und Soravia sowie den Finanzinvestor Michael Tojner. Innerhalb weniger Monate holten sich Dichand und Co mehr als die Hälfte des Kaufpreises von rund 70 Millionen Euro durch den Verkauf eines Teils der Dorotheum-Immobilien zurück. Auffällig: Der Zweitplatzierte bot 68 Millionen Euro. Außerdem erfüllte die Finanzminister Grasser unterstellte Staatsholding ÖIAG den Wunsch des Konsortiums, das Dorotheum rückwirkend von einer GmbH in eine Personengesellschaft umzugründen. Bei den Immobiliengeschäften brachte das einen Steuervorteil von 16,9 Millionen Euro, wie der Rechnungshof 2012 feststellte. Oder umgekehrt: 16,9 Millionen Euro Steuerentgang für die Republik. Laut Rechnungshof wurde das Dorotheum viel zu billig verkauft, bis zu 90 Millionen Euro wären möglich gewesen. Doch ein miserables Geschäft für die Republik Österreich ist offensichtlich nicht automatisch strafbar. Der Staatsanwalt sah »keinen tatsächlichen Grund zur weiteren strafrechtlichen Verfolgung« gegeben. Das Strafverfahren wurde eingestellt.

Ähnlich verhält es sich bei den Fällen Nordbergstraße und City Tower Vienna. Dort flossen mehrere hunderttausend Euro Vermittlungsprovision an Walter Meischberger und Ernst Plech. In der Causa City Tower geht es um die 2002 paktierte Übersiedlung des Wiener Handelsgerichts von der Riemergasse in das von der Porr neu errichtete Justizzentrum in Wien-Mitte. FPÖ-Justizminister Dieter Böhmdorfer (heute: Anwalt von Karl-Heinz Grasser) suchte nach einem neuen Standort. Bei dem Deal kassierte Plech eine Vermittlungsprovision vom Justizministerium und von der Porr AG – Gesamtsumme: 1,2 Millionen Euro. Der Tipp, dass die Justiz einen neuen Gerichtsstandort suche, kam von Meischberger. Darum gab Plech eine halbe Million Euro an Meischberger weiter.

Beim Fall Nordbergstraße handelt es sich um eine Immobilie, die im Jahr 2003 der teilstaatlichen Telekom Austria gehörte. Die Bundesimmobiliengesellschaft (BIG) interessierte sich damals für das Objekt, weil sie Räume für die Wirtschaftsuni Wien suchte. Die BIG stand in Konkurrenz zum Baurriesen

Porr. Das Bieterrennen ging haarscharf für die Porr aus. Der von Horst Pöch-hacker geführte Baukonzern siegte mit einem Angebot, das mit 30,5 Millionen Euro ganz knapp über dem BIG-Offert lag – und verkaufte das entwickelte Objekt wenige Monate später um rund 50 Millionen Euro an einen deutschen Immobilienfonds. Im Zuge der Buwog-Ermittlungen stellte sich heraus, dass Meischberger bei dem Deal eine Vermittlungsprovision von 700 000 Euro von der Porr erhalten hatte und Plech im BIG-Aufsichtsrat saß. Der Korruptions-verdacht gegen Meischberger und Plech reichte nicht aus. Das Strafverfahren wurde vom Staatsanwalt rechtskräftig eingestellt.

Offensichtlich war selbst ein von Ermittlern abgehörtes Telefonat zwischen Meischberger und Plech, in dem sich »Meischi« nach der Nordbergstraße und seiner 700 000-Euro-Provision erkundigte, für die Justiz nicht stark genug. »Wo ist denn des eigentlich?«, fragte »Meischi«. Plech: »Die Nordbergstraße ist, wenn du den Julius-Tandler-Platz, dort wo der Franz-Josef-Bahnhof ist, nach rechts abbiegst.« Eine weitere Frage Meischbergers ist mittlerweile legendär: »Wo woar mei Leistung?« Im Klartext: Meischberger wusste offensichtlich nicht, wo das von ihm vermittelte Objekt lag und worin seine Vermittlungsarbeit lag. Für die Justiz ist das trotz jahrelanger Ermittlungen nicht strafbar.

Die strafrechtliche Einschätzung der Wirtschafts- und Korruptionsstaats-anwaltschaft ist nicht immer nachvollziehbar und wirkt mitunter inkonse-quent. Im Fall Brehmstraße wird das besonders deutlich. Im Jahr 2016 wurde Meischberger und zwei Managern der Porr-Tochterfirma UBM der Prozess gemacht. Kurze Rückblende: Im Jahr 2005 mussten in Wien 400 Finanzbe-amte in die Brehmstraße umziehen. Die neue Unterkunft war vom Baukonzern Porr errichtet und vom Finanzministerium unter KHG gemietet worden. Im Hintergrund sollen Bestechungsgelder geflossen sein, behauptete die Staatsan-waltschaft – und zwar so: Zeitnah zum Deal überwies die Porr-Tochter UBM eine halbe Million Euro (plus Umsatzsteuer) an die Zehnvierzig GmbH von Walter Meischberger. Offiziell zahlte die Porr-Tochter eine Vermittlungspro-vision betreffend eine Hotelimmobilie in München. Auch hier nährte ein 2010 abgehörtes Telefonat zwischen Plech und Meischberger den Verdacht, dass München ein Scheingeschäft und die halbe Million Euro für den Brehmstraße-Deal war. In dem Telefonat verplapperten sich die Amigos kolossal. »Weißt du noch, was hinter der Münchner Geschichte war, eigentlich?«, fragte Meisch-berger. Plechs Antwort: »Des von der Münchner Geschichte war der 11. Bezirk, die Aussiedlung von Teile von der Finanz.« Meischberger: »Brehmstraße.« Plech: »Brehmstraße.« Meischberger: »Okay, gut.«

Der Staatsanwalt vermutete, dass die halbe Million bei Grasser gelandet ist. »Meischberger erhielt die halbe Million von der Porr-Tochter am 14. Juni

2005 und überwies 330 000 Euro am 22. Juni auf ein Subkonto, wo es später bar ausgezahlt wurde«, recherchierte das Magazin »Format«. »Die Verwendung der Cashbeträge konnte Meischberger den Ermittlern nicht glaubhaft erklären. Sie haben aber eine Erklärung parat: Im Ferint-Konto bei der Meinl Bank landeten von Juli 2005 bis Februar 2006 exakt 500 000 Euro Cash. Der größte Batzen machte 330 000 Euro aus. Dass die Bargeldsummen rein zufällig übereinstimmen, ist für die Ermittler nur schwer vorstellbar.« Der Brehmstraßen-Deal würde auch dem mutmaßlichen Tatplan entsprechen: Plech sollte Deals einfädeln, Meischberger Zahlungen abwickeln und Grasser »parteiliche Entscheidungen« treffen.

Der Fall Brehmstraße wurde zur katastrophalen Niederlage für die Korruptionsjäger. Das Ermittlungsverfahren gegen Karl-Heinz Grasser musste eingestellt werden, weil sich laut Staatsanwaltschaft »trotz umfangreicher Beweiserhebungen keine Anhaltspunkte dafür ergaben, dass Karl-Heinz Grasser auf die Interessentensuche und die zu Gunsten des Standorts Brehmstraße erfolgte Entscheidungsfindung unsachlichen Einfluss genommen hätte oder dass es in diesem Zusammenhang zu Zahlungen an Karl-Heinz Grasser gekommen wäre«. Noch schlimmer lief es vor Gericht: Walter Meischberger (und die UBM-Manager) wurden zwar wegen Untreue angeklagt. Im Zuge des Prozesses stellte Richter Michael Tolstiuk lediglich viele Ungereimtheiten fest. So konnte sich Meischberger nicht mehr erinnern, wer ihm den Tipp gegeben hatte, den er den UBM-Managern gab. Tolstiuk: »Das Puzzle erweckt ausreichende Zweifel.« Meischberger und Co wurden nichtsdestotrotz erstinstanzlich in allen Anklagepunkten freigesprochen.

Dorotheum, Nordbergstraße und Brehmstraße sind Fluch und Segen zugleich. Sie sind ein Beleg für die unabhängige Justiz. Die Polizei ermittelte die Verdachtslage, der Staatsanwalt würdigte die Ermittlungsergebnisse strafrechtlich und ein Schöffengericht urteilte. Grassers Anwalt Manfred Ainedter prangert zu Unrecht die mediale Vorverurteilung seines Mandanten an. Er unterstellt, dass Journalisten von Behördenseite mit Informationen versorgt werden, und stellt damit den Verdacht des Amtsmissbrauchs in den Raum. Dabei weiß er sehr genau, dass es auch andere Quellen gibt. Grassers »geheime Steuerakten« wurden von Grassers Anwälten bzw. Steuerberatern der Stadtzeitung »Falter« zur Verfügung gestellt. Im Rahmen eines Medienverfahrens vor dem Wiener Straflandesgericht erhielt das Nachrichtenmagazin »profil« Einblick in die Buwog-Strafakte – und damit Zugang zu wertvollen Informationen. Grasser hatte »profil« zuvor wegen übler Nachrede geklagt, weil es eine belastende Ramprecht-Aussage (»ein abgekartetes Spiel«) verbreitet hatte. Auch Ainedter selbst tat seinem Mandanten nicht immer gut. Im Oktober

2009 beschwerte er sich bei der damaligen Justizministerin Claudia Bandion-Ortner über die Staatsanwälte. Sie würden ihm die Akteneinsicht verweigern und seinen Mandanten KHG nicht einvernehmen. Das Buwog-Verfahren war gerade erst angelaufen.

Mit seiner Intervention wollte er Druck ausüben, um eine rasche Einstellung zu erreichen. Das Verfahren in einer frühen Phase zu killen, ist eine altbewährte Taktik im Strafrecht. Ein »Format«-Bericht über das »Zufallstreffen« zwischen Ainedter und Bandion-Ortner im Wiener Theatercafé vereitelte den Plan – und erlaubte den Staatsanwälten, ihre Arbeit zu erledigen. Eine vom Grasser-Anwalt sehr früh getätigte Aussage nährte auch die Zweifel an der Geschichte mit dem Schwiegermutter-Geld. Als »Format« im März 2010 aufdeckte, dass Grasser in seiner Zeit als Finanzminister über die Briefkastenfirma Ferint AG eine halbe Million Euro in die Hypo Alpe Adria investiert und den Erlös daraus auf ein Konto der Mandarin Group überwiesen hatte, stellte sich eine Frage: Agierte Grasser in eigener Sache oder als Treuhänder für Ehefrau oder Schwiegermutter? Ainedter leitete die Frage an KHG weiter und antwortete dem Magazin: »Mein Mandant hat weder direkt noch indirekt vom Hypo-Deal profitiert. Das gilt nicht nur für ihn persönlich, sondern auch für Verwandte und Familienmitglieder.« Keine Rede vom Schwiegermutter-Geld.

In den Causae Buwog und Terminal Tower ist die Anklageschrift mittlerweile rechtskräftig. Rund zehn Millionen Euro hat die Staatsanwaltschaft bereits in die Aufklärung des Falles investiert. Exakt diese Summe will die Republik als Privatbeteiligter allein im Strafverfahren von KHG und Co zurückhaben. Die Ermittlungsergebnisse füllen sagenhafte 206 Aktenordner bzw. 156 Terabyte an Daten. Seit Herbst 2009 führte die Justiz 700 Einvernahmen durch und ordnete 660 Einzelmaßnahmen an, also Kontenöffnungen, Razzien, Sicherstellungen und Telefonüberwachungen. Die Wartezeit auf die Beantwortung von 40 Rechtshilfeersuchen an ausländische Justizbehörden, wie etwa in der Schweiz, in Liechtenstein und Zypern, verzögerte den Abschluss. Ein Schöffensenat wird sich durch den Aktenberg wühlen und neben den 15 Angeklagten auch noch mehr als 150 Zeugen befragen. Der Prozess wird garantiert viel Zeit in Anspruch nehmen. Mit einem rechtskräftigen Urteil vor 2020 ist nicht zu rechnen. Aber eines steht jetzt schon fest: Die gerichtliche Aufarbeitung des größten Korruptionsfalls der Zweiten Republik wird Justizgeschichte schreiben.

Kapitel 4

Das Schmiergeldkarussell –
oder: die Eurofighter-Korruption

Die konspirativen Treffen an der »Milchbar« sind gut dokumentiert. Das war der Codename für das diskrete Örtchen im Parlamentsgebäude, wo Lobbyisten des Rüstungsunternehmens EADS (heute: Airbus) mit österreichischen Politikern zusammentrafen. In den vertraulichen »Activity Reports« der Firma City Chambers Limited werden die heimlichen Gipfeltreffen mit »J. Laider«, »W. Lüssel«, »K.-H. Lasser«, »H. Reibner« oder »M. Wartenstein« stichwortartig wiedergegeben.

Neben den »Milchbar«-Meetings dienten auch österreichische Staatsbesuche wie etwa in Indien oder China sowie Charitydinner auf der Klagenfurter Seebühne zur Geschäftsanbahnung. Die Tätigkeitsberichte von City Chambers waren kurz und bündig, oft nur eine knappe Seite lang. Den deutschen Auftraggebern waren sie trotzdem in Summe acht Millionen Euro wert. Obwohl die saftigen Honorare von September 2003 bis September 2009 ausgezahlt wurden, begann das diskrete Lobbying bereits im Jahr 2002. Offizieller Autor der »Activity Reports« war ein gewisser Rajni Mehta, der als Manager der Londoner Firma City Chambers fungierte. Doch der Inder war nur der Frontman, die wertvollen Infos über die Geheimtreffen lieferte der Lobbyist Herbert Werner.

»Aus den Termineinträgen geht hervor, dass Werner über den gesamten dokumentierten Zeitraum hinweg Gespräche mit verschiedenen österreichischen Politikern und Funktionsträgern des österreichischen Militärs geführt hat«, heißt es im streng vertraulichen Eurofighter-Strafakt, der die aktuellen Ermittlungen der Staatsanwaltschaften in München und Wien beinhaltet. »Insgesamt enthalten die Kalendereinträge mehr als 30 Namen verschiedener Militärs und Parlamentarier. Bemerkenswert ist, dass den Aufzeichnungen zufolge die meisten Besprechungen – insgesamt 15 im Jahr 2003 und 1 im Jahr 2002 – [mit] dem damaligen Verteidigungsminister Herbert Scheibner (zum Teil verwendetes Synonym: Reibner) stattgefunden haben.« So wie bei Scheibner wurden die prominenten Gesprächspartner von City Chambers verschlüsselt. Laider, Lasser, Lüssel und Wartenstein – decodiert: Kärntens Landeshauptmann Jörg Haider (FPÖ/BZÖ), Finanzminister Karl-Heinz Grasser (FPÖ), VP-Bundeskanzler Wolfgang Schüssel und VP-Wirtschaftsminister Martin Bartenstein. Auch bei Großunternehmen wurde interveniert. Die »Supporting Activities« von City Chambers in den Jahren 2002 und 2003 umfassen »Contact Meetings with the Company Kapsch« oder »Constant Meeting with Magna International (Mr. Wolf/Vice Chairman)«. Gesprächsinhalte wurden nie festgehalten, sondern umschrieben: »Intensive Besprechung«, »Vertiefende Gespräche Logistik/Strukturell« oder »Vertiefende Besprechung – strategische Gespräche«. In Vieraugengesprächen mit den EADS-Managern ging es dann zur Sache. Auch die Zahlungen wurden so gut wie möglich aus der offiziellen Buchhaltung rausgehalten. In besonders heiklen Fällen wurden Briefkastenfirmen zwischengeschaltet.

Laider, Lasser, Lüssel. Warum die absurden Codes und die Geheimniskrämerei? Aus Sicht der Staatsanwaltschaften in München und Wien ist die Antwort einfach: Korruption. Die Airbus Group, die von 2000 bis 2013 noch als European Aeronautic Defence and Space (EADS) firmierte, ist heute mit weltweit mehr als 134 000 Mitarbeitern Europas größter Luft- und Raumfahrtkonzern. Im Rüstungsgeschäft konkurriert Airbus mit der früheren Schwesterfirma British Aerospace (BAE), der schwedischen Saab-Gruppe und der US-amerikanischen Lockheed Martin.

Der Republik Österreich sollte EADS ursprünglich 18 Kampfjets der Marke »Eurofighter Typhoon« liefern. Der Beschaffungsvorgang steht seit 15 Jahren unter dauerhaftem Korruptionsverdacht und beschäftigte bereits drei Strafverfolgungsbehörden in London, Wien und München sowie zwei parlamentarische Untersuchungsausschüsse und fünf Verteidigungsminister in Österreich. Tatsächlich dürfte der 2003 unterschriebene Eurofighter-Deal nicht ganz sauber gelaufen sein. Mehr als 200 Millionen Euro wurden zur Beeinflussung von politischen und wirtschaftlichen Entscheidungsträgern in Österreich verwendet, getarnt als Vermittlungsprovisionen, Beraterhonorare oder PR-Ausgaben.

Allein für »Lobbying« und »Öffentlichkeitsarbeit« rund um den Eurofighter-Deal in Österreich flossen atemberaubende Summen. Mehr als 42,5 Millionen Euro gingen an zwölf Personen bzw. Gesellschaften. Die Hälfte davon sind Österreicher, darunter die Lobbyisten Alfred Plattner (11,6 Millionen Euro) und Erhard Steininger (10 Millionen Euro). Die Werbeagentur 100 % Communications des früheren FP-Politikers Gernot Rumpold erhielt 6,9 Millionen Euro, die im Einflussbereich des Beraters Hanns Schwimann stehenden Firmen HCM und Euro-Strat rund 2,4 Millionen Euro. Und die acht Millionen Euro für City Chambers Limited werden laut EADS-Papieren dem Wiener Geschäftsmann Herbert Werner zugerechnet. Zu den vergleichsweise kleinen Fischen im EADS-Becken gehören die Agentur Salaction des Hamburger Public-Affairs-Gurus Dieter Irion (930 382 Euro) sowie die PR-Berater Peter Ott (961 843 Euro; März 2002 – Juni 2003) und Karin Keglevich (393 928 Euro; ab 2003).

Die VP-nahen Consulter Ott und Keglevich können ihre Leistung noch am ehesten nachweisen. Die meisten Geldempfänger haben ihre Leistungen schlecht bis gar nicht dokumentiert. Im Provisionsdickicht ist nur schwer feststellbar, ob die EADS-Millionen sinnvoll verwendet wurden. Nur eines steht außer Streit: Die Zahlungen stehen in Zusammenhang mit der Eurofighter-Beschaffung 2003 und sind seit 2011 Gegenstand von strafbehördlichen Ermittlungen in Österreich und Italien.

Ausgelöst wurden die laufenden Investigationen durch die Festnahme des italienischen Finanzbetrügers Gianfranco Lande, der als Treuhänder für EADS agierte. Der »Madoff von Parioli«, wie der Italiener in Anspielung auf den US-Wirtschaftskriminellen Bernie Madoff genannt wird, packte nicht ganz uneigennützig aus. Gianfranco Lande hatte nicht weniger als 225 Millionen Euro verspekuliert. Darunter war nicht nur EADS-Geld, sondern auch Vermögen der kalabrischen 'Ndrangheta. Aus Angst vor der Mafia rettete sich Lande im Jahr 2011 in die Arme der Staatsanwaltschaft Rom und erzählte ihr über die Schmiergelddrehscheibe »Vector Aerospace«, die er für EADS entwickelt hatte – und die beim Eurofighter-Deal mit der Republik Österreich auf Hochtouren gelaufen war.

»Das Ermittlungsverfahren steht in Zusammenhang mit dem von der Republik Österreich abgeschlossenen Gegengeschäftsvertrag im Zuge der Beschaffung der Eurofighter«, heißt es in einem Rechtshilfeersuchen der Staatsanwaltschaft Wien an die Staatsanwaltschaft Rom. Nach der Verdachtslage wurden aufgrund von »konstruierten Beratervertragsverhältnissen, denen kein tatsächlicher Leistungsaustausch zugrunde liegt«, erhebliche Beträge lukriert. »Darüber besteht die Verdachtslage, dass EADS Deutschland versucht hat, über die gegenständliche Konstruktion Schmiergeldzahlungen an Unternehmen bzw. Beamte zu leisten.« Mittelsmänner wie Klaus-Dieter Bergner, Österreich-Statthalter von EADS, und Alfred Plattner sollen laut Staatsanwalt dazu beigetragen haben, dass »diese Schmiergeldzahlungen tatsächlich ihre jeweiligen Empfänger« erreicht haben. Die Ermittlungen sind noch nicht abgeschlossen und die Suche nach den Geldempfängern ist eine langwierige Arbeit. »Weiters ist davon auszugehen, dass im Rahmen des EADS-Konsortiums eine kriminelle Vereinigung gegründet wurde, um über Scheinverträge Gelder aus den Partnerunternehmen abzuziehen und für korrupte Zwecke verfügbar zu machen«, schreiben die Staatsanwälte. »Bei sämtlichen Beteiligten ist daher von Geldwäschereihandlungen auszugehen.«

Das ist starker Tobak. »Eine kriminelle Vereinigung ist ein auf längere Zeit angelegter Zusammenschluss von mehr als zwei Personen, der darauf ausgerichtet ist, dass von einem oder mehreren Mitgliedern der Vereinigung ein oder mehrere Verbrechen, andere erhebliche Gewalttaten gegen Leib und Leben, nicht nur geringfügige Sachbeschädigungen, Diebstähle oder Betrügereien, […] ausgeführt werden«, heißt es in Paragraf 278 des Strafgesetzbuches. Wer Vermögen aus einer verbrecherischen Handlung »verbirgt oder ihre Herkunft verschleiert, insbesondere, indem er im Rechtsverkehr über den Ursprung oder die wahre Beschaffenheit dieser Vermögensbestandteile […] oder darüber, wo sie sich befinden, falsche Angaben macht«, der macht sich der Geldwäscherei strafbar. Die Mitgliedschaft bei einer Schmiergeld-Mafia wird mit bis zu drei Jahren und schwere Geldwäsche sogar mit bis zu zehn Jahren Gefängnis bestraft. Derartiges wird in erster Linie einer Reihe von (ehemaligen) EADS-Managern sowie deren Mittelsmännern vorgeworfen. Die Ermittlungen laufen seit vielen Jahren, doch mit einem Abschluss ist noch lange nicht zu rechnen. Angeheizt wird die Arbeit der Staatsanwälte durch eine Strafanzeige der Republik Österreich, die im Frühjahr 2017 eingebracht wurde. Darin werden zahlreiche (ehemalige) EADS-Führungskräfte des Betrugs verdächtigt.

Die Staatsanwaltschaft München hat viele Manager des Rüstungslieferanten EADS befragt sowie im Rahmen von Hausdurchsuchungen in der EADS-Zentrale hundert Gigabyte an Daten sichergestellt, darunter Aktennotizen, Briefe, E-Mails, Gesprächsprotokolle. Die streng vertraulichen Dokumente geben Einblick in die korrupten Praktiken der deutschen Airbus Group. Die Einvernahmeprotokolle über die Befragung von EADS-Managern geben die Situation besonders deutlich wieder. Der Startschuss fürs Lobbying fiel kurz nach der schwarz-blauen Regierungsbildung im Jahr 2000. Im Regierungsprogramm hatten die Parteichefs Wolfgang Schüssel (ÖVP) und Jörg Haider (FPÖ) beschlossen, dass die veralteten Abfangjäger Saab Draken (Baujahr: 1968) durch neue Maschinen ersetzt werden sollten. EADS-Military-Marketingmanager Wolfgang Aldag kann sich laut Protokoll an die Anfänge erinnern: »Die Angebotsaufforderung der Republik Österreich war an fünf Unternehmen gegangen: An Saab (Gripen), Lockheed Martin (F-16), Dassault (Mirage), Boeing (F-18) und EADS/Eurofighter (Typhoon/Eurofighter). Von diesen Firmen gaben drei, nämlich Saab, Lockheed Martin und EADS/Eurofighter, ein Angebot ab.«

Der Eurofighter war ein Gemeinschaftsprojekt von vier Ländern bzw. Rüstungsbetrieben. Im Konsortium saßen ursprünglich die DASA Deutsche Aerospace AG (33 Prozent), die spanische CASA Construcciones Aeronauticas S.A. (13 Prozent), die britische BAE Systems (33 Prozent) und die italienische Alenia Aermacchi (21 Prozent). Der Eurofighter war ein Prestigeprojekt, der erste Abfangjäger eines vereinten Europas. Das Rüstungsquartett brauchte den Erfolg. So kam es zu der seltsamen Situation, dass Lobbyisten, die in der Regel gegeneinander arbeiteten, ihre Kräfte bündelten. Prominentes Beispiel: Alfons Mensdorff-Pouilly, Ehemann der Ex-VP-Gesundheitsministerin Maria Rauch-Kallat, keilte in Österreich, Tschechien und Ungarn ausschließlich für British Aerospace. In das schillernde Waffengeschäft war Mensdorff von seinem (verstorbenen) Wahlonkel Tim Landon eingeführt worden. Landon war ein britischer Ex-Geheimagent – Spitzname »weißer Sultan«, weil er 1970 einen Staatsstreich im Oman organisiert hatte –, der als Embargobrecher unter dem südafrikanischen Apartheidregime ein Vermögen verdient hatte. Im Zuge der Korruptionsermittlungen gegen Mensdorff wurde ein vertraulicher Report von ihm an British Aerospace bekannt. Dabei geht es um den Abfangjäger-Deal 2003: »MPA [eine Mensdorff-Firma; Anm.] übte jedoch Druck aus mit dem Resultat, dass die erste Ausschreibung storniert wurde (müssen wir den Grund hierfür angeben?) und eine neue Ausschreibung ausgestellt wurde. Im Anschluss an die aggressive Zahlung von Erfolgsprämien an wichtige Entscheidungsträger [...] gab Österreich einen Auftrag in Höhe von 1,79 Milliarden Euro für den Eurofighter Typhoon bekannt.«

Stornierte Ausschreibung, aggressive Zahlung? Was war damals geschehen? Meinte Mensdorff das legendäre »Kanzlerfrühstück« vom 2. Juli 2002? Bei Kaffee und Kuchen wurden vor dem offiziellen Ministerrat heikle Themen im kleinen Kreis diskutiert. An diesem Julitag ging es um die Abfangjäger. Eigentlich hätte es der Tag von FP-Verteidigungsminister Herbert Scheibner sein sollen. Hohe Militärs und Fachleute des Bundesheeres hatten in zeitraubenden Kommissionssitzungen die drei Angebote geprüft. Sie empfahlen den schwedisch-britischen Saab Gripen als neuen Abfangjäger. Bewaffnet mit Unterlagen, standen die Generäle im Vorzimmer des Kanzleramtes Gewehr bei Fuß, um ihren Chef gegebenenfalls mit Material zu versorgen. Für Scheibner gab es nicht viel zu sagen. Auch er wollte den Gripen. Doch dem Verteidigungsminister wurde die Show gestohlen. Karl-Heinz Grasser legte als Finanzminister sein Veto ein.

Das war überraschend. In der Öffentlichkeit war Grasser als kategorischer Abfangjäger-Gegner aufgetreten – mit Rückendeckung der »Kronen Zeitung«. Das vom (mittlerweile verstorbenen) Verleger Hans Dichand herausgegebene Boulevardblatt machte monatelang gegen den Eurofighter mobil. Auf dieser Empörungswelle surfte auch Grasser. Der selbst ernannte »Mister Nulldefizit« wollte damals vor allem eines: bei den Staatsausgaben sparen. Beim Kanzlerfrühstück änderte Grasser seine Position, auch zur Überraschung von Schüssel, Scheibner und dem für Gegengeschäfte zuständigen Wirtschaftsminister Martin Bartenstein. Grassers Argumentation: Wenn er als »zahlender Finanzminister« nicht die billigste Variante bekomme – nämlich gar keine Abfangjäger –, dann komme für ihn nur der Bestbieter in Frage. Alle Angebote müssten einer differenzierten Prüfung unterzogen werden, wo neben Preis und Technik auch qualitative Aspekte eine Rolle spielten, wie etwa die Beteiligung an friedenssichernden Auslandseinsätzen, die europäische Sicherheitsarchitektur und die Förderung des österreichischen Wirtschaftsstandorts. Schüssel nahm den Ball gerne auf: Der im CSU-regierten Bayern produzierte Eurofighter war ihm von Anfang an lieber gewesen als der US-amerikanische Fighting Falcon oder der in Schweden fabrizierte Gripen. Der Finanzminister legte den Ball auf und der Kanzler verwandelte: Der Eurofighter war nun Bestbieter. Der »Schweigekanzler« wäre im Alleingang nie so weit gegangen, eine über Monate vorbereitete Entscheidung umzudrehen. Das machte erst Grassers Veto möglich. Der Eurofighter war am teuersten. Das spielte aber keine Rolle, weil es um den Bestbieter ging, nicht um den Billigstbieter. Auch die laute Kritik der »Kronen Zeitung« wurde allmählich leiser. Alles Zufälle? Eher nicht, wie die internen Ermittler der »Task Force Eurofighter« feststellen sollten.

Die Task Force des Verteidigungsministeriums nahm im November 2012 ihre Arbeit auf. Sie ist eine Art Sondereinsatzgruppe, die unter der Leitung des Generalmajors Hans Hamberger den gesamten Beschaffungsvorgang Eurofighter zu untersuchen hatte. Unterstützt wird sie durch den Präsidenten der Finanzprokuratur Wolfgang Peschorn als Rechtsvertreter der Republik gegenüber der Staatsanwaltschaft Wien sowie einem Team von externen Rechtsberatern der Grazer Advokatur Held Berdnik Astner & Partner (HBA) und der US-Kanzlei Skadden, Arps, Slate, Meagher & Flom (SASMF). Die forensischen Untersuchungen und die rechtliche Aufarbeitung der Ergebnisse nach österreichischem Strafrecht übernahm HBA zusammen mit der Wirtschaftsprüfungskanzlei Grant Thornton Unitreu. Die im »Projekt Minerva« zusammengefasste Ermittlungsarbeit ist noch nicht zur Gänze abgeschlossen, ein vorläufiger Endbericht wurde der Staatsanwaltschaft Wien in Form einer Strafanzeige übermittelt. »Empfohlen wird, die Staatsanwaltschaft Wien und die Soko Hermes bei den laufenden Ermittlungen im Rahmen der gesetzlichen Möglichkeiten zu unterstützen«, heißt es im Task-Force-Bericht vom Februar 2017: »Weiters wird empfohlen, in einem weiteren Schritt nach Abschluss der diesbezüglichen Untersuchungen festzulegen, ob gegen Eurofighter und Airbus wegen des Verstoßes gegen Compliance-Vorschriften des anglo- und US-amerikanischen Rechtsbereichs bei britischen und US-amerikanischen Behörden Anzeige eingebracht werden soll.«

Was hat die Task Force in Bezug auf Grasser festgestellt? »Die Untersuchungen zeigen, dass beispielsweise der in die Entscheidung über die Beschaffung und den Ankauf der Eurofighter von Gesetzes wegen eingebundene Vertreter des Bundesministeriums für Finanzen seine Aufgabe, die Vorgehensweise des Verteidigungsministeriums bei der Entscheidung und Umsetzung eines Vorhabens auf die Übereinstimmung mit den Bestimmungen des Bundeshaushaltsgesetzes zu prüfen und diese sicherzustellen, nicht nachgekommen ist.« Ganz im Gegenteil: Das Finanzministerium habe die Preisverhandlungen geführt, weshalb es seine »gesetzlich vorgesehene Aufsichtsrolle« nicht übernehmen konnte. Die Arbeit des Finanzministeriums wird kritisiert: »Unverständlich bleibt, aus welchen Gründen über die Gespräche angeblich von den Verhandlern der Republik Österreich keinerlei Aufzeichnungen über die bestimmenden eigenen Überlegungen und die Kaufpreis- und Leistungsverhandlungen selbst mit Eurofighter und Airbus im Jahr 2002 und 2003 geführt wurden bzw. diese nicht vorgelegt werden können.«

Angesichts der mangelnden Dokumentation auf Seiten der Republik wiegen die bei Hausdurchsuchungen sichergestellten Eurofighter-Unterlagen sowie die Zeugenaussagen der Ex-EADS-Leute besonders schwer. Die Medien wurden in den Jahren 2002 und 2003 mit Anzeigen ruhiggestellt, konstatierten die Ermittler. Pro Medium budgetierte EADS mehrere hunderttausend Euro Inseratenvolumen – in Summe mehrere Millionen Euro. Den größten Teil des Kuchens erhielt die »Kronen Zeitung«, gefolgt vom Österreichischen Rundfunk. Denn die EADS-Strategen rund um Österreich-Statthalter Klaus-Dieter Bergner befürchteten, dass eine negative öffentliche Meinung gegen den Eurofighter eine Zuschlagserteilung hätte verhindern können. EADS-Manager Wolfram Wolff schreibt am 12. Juni 2003: »Hallo Herr Dr. Bergner, Dichand wird langsam sauer wegen der nicht eingefädelten Lagardère-Story. Das Letzte, was wir auch in dieser Situation immer noch nicht brauchen können, ist, dass die ›Krone‹ wieder über uns herfällt. Bitte setzen Sie sich bald und vehement dafür ein, dass diese Geschichte klappt.« Lagardère-Story? Dabei geht es um ein Porträt der französischen Verlegerfamilie Lagardère, die zum damaligen Zeitpunkt zum exklusiven Kreis der EADS-Privataktionäre gehörte. Zur Groupe Lagardère gehören auch TV- und Radio-Sender sowie das Verlagshaus Hachette (»Paris Match«, »Elle«).

Der Kaufvertrag war noch nicht unterschrieben. Bergner musste rasch handeln. Laut Polizeibericht kontaktierte er den Lobbyisten Hanns Schwimann. Am 19. Juni 2003 reagierte Schwimann in einem als »vertraulich« markierten Brief: »Sie haben mich nach dem Stand unserer Zusammenarbeit mit ›Krone‹ gefragt. […] Zu Beginn des Erwerbsprozesses des Eurofighter war ›Krone‹ ein virulenter und gefährlicher Gegner unseres Flugzeugs. Im Rahmen der zu erläuternden Treffen ist Herrn Dichand die Bedeutung der Lagardère-Gruppe in den Medien voll bewußt geworden. Er hat uns um folgendes gebeten: Ihn zu unterstützen in einer Auseinandersetzung (vor allem persönlicher Natur und wegen Mehrheitsbeteiligungen) mit Herrn Schumann, Anteilseigner der WAZ; Zu untersuchen, ob eine gewisse Kooperation mit Hachette möglich wäre, z. B. eine kleine Beteiligung an ›Krone‹ oder die Vorbereitung eines Deals mit einem Dritten. Seitdem sind von unserem Team mehrere Aktionen gestartet worden, um Herrn Dichand zu helfen, wodurch die ›Krone‹ ihre Angriffe auf den Eurofighter und gegen die Idee, einen modernen Jäger zu beschaffen, praktisch eingestellt hat. Im Mikrokosmos der Politik wurde dieser Sinneswandel als ›sensationell‹ empfunden und hat uns sehr geholfen. Wir müssen die Gespräche nun konkretisieren, um Herrn Dichand effektiv dabei zu unterstützen, sein Problem zu lösen. Wir könnten uns so die öffentliche Unterstützung von Herrn Dichand sichern. Und wir brauchen sein Wohlwollen, besonders für die drei nächsten Monate, und selbst darüber hinaus während der nächsten zwei oder drei Jahre. Wir müssen alles tun, um diese Flanke sicher zu machen. Im Moment ist Herr Dichand uns gegenüber sehr loyal und verteidigt offen die Regierung in unserer Sache. In den Gesprächen kam auf, dass Herr Dichand (der die französische Kultur sehr schätzt) den Wunsch hat, sich ein wenig an Lagardère/Hachette anzunähern. Beispielsweise könnten Aktivitäten in diese Richtung laufen, wie etwa eine gemeinsame Operation von Hachette und WAZ, um WAZ zu veranlassen, den Wünschen von Herrn Dichand etwas mehr entgegenzukommen.«

Aus der Lagardère-Story wurde nichts. Die Franzosen waren nicht bereit, bei der »Kronen Zeitung« einzusteigen. Der Konflikt zwischen Dichand und der Westdeutschen Allgemeinen Zeitung (damals: WAZ-Gruppe; heute: Funke-Gruppe) war ihnen egal. Dichand und WAZ waren Hälftepartner bei der »Krone« – und kämpften 2003 bereits jahrelang um die unternehmerische Führung in der größten Tageszeitung Österreichs. Hans Dichand und sein Kontrahent, WAZ-Boss Erich Schumann, – beide sind zwischenzeitlich verstorben – waren leidenschaftliche Streithähne. Der schlaue Dichand hatte im »Krone«-Poker stets die besseren Karten, dass er sich mit Schumann abstimmen musste, ärgerte ihn. Zwar kassierte Dichand einen vertraglich festgelegten

Vorabgewinn von rund 700 000 Euro pro Monat und hatte in der »Krone«-Redaktion immer das letzte Wort. Doch er war nicht der alleinige Herr im Haus. WAZ-Alphatier Schumann ließ ihn das immer wieder spüren, indem er zeit- und nervenraubende Schiedsverfahren anzettelte. Kein Wunder, dass die üppigen EADS-Inserate bald in Vergessenheit gerieten – und es EADS wieder zu spüren bekam. In einem vertraulichen E-Mail vom 29. Oktober 2003 beklagte sich EADS-Manager Wolfram Wolff: »Lieber Herr Dr. Bergner, wie Sie den aktuellen Presseberichten aus Österreich entnehmen können, hat Dichand wohl seiner Redaktion angeordnet, den Eurofighter voll ins Kreuzfeuer zu nehmen (sh. Berichterstattung über EF im Zusammenhang [mit] dem österreichischen Nationalfeiertag bzw. heutiger Artikel zu Rechnungshof-Vorwurf hinsichtlich Radar). Es besteht ja durchaus die Chance, daß wir ihn zu einer früher geübten Neutralität zurückbewegen könnten, wenn wir ihm seinen Herzenswunsch mit der Lagardère-Story erfüllen. Ich bitte Sie daher ganz herzlich, dieses Thema nochmals kurzfristig und nachdrücklich aufzurollen.« Ob aus der Lagardère-Story jemals etwas wurde, ist nicht bekannt. Klaus-Dieter Bergner will zu den Gesprächen mit Hans Dichand keine Stellungnahme abgeben.

Dichand war aber nicht das einzige Problem. Das Eurofighter-Konsortium sah sich einer zunehmenden Gegnerschaft gegenüber. Die ÖVP stand geschlossen hinter dem Eurofighter. Alle anderen Parteien waren mehr oder weniger dagegen, auch der Koalitionspartner. Nach dem Knittelfelder FPÖ-Sonderparteitag im September 2002, der zu vorgezogenen Neuwahlen führte, mutierte die ÖVP mit 42 Prozent zwar zur stärksten Kraft. Doch die Regierungsmehrheit war knapp. Der kleine Koalitionspartner FPÖ war von 27 auf zehn Prozent abgestürzt. Die vom »einfachen Parteimitglied« Jörg Haider kontrollierten Freiheitlichen waren seit Knittelfeld nicht mehr paktfähig. Die Grünen waren von Anfang an gegen den Abfangjägerkauf. Und die Sozialdemokraten mit Parteiobmann Alfred Gusenbauer und Bundesgeschäftsführer Norbert Darabos an der Spitze, die bei den Wahlen leicht zugelegt hatten, deklarierten sich nun ebenfalls als kompromisslose Eurofighter-Gegner – was damals politisch opportun war, wie der Politaktivist Rudolf Fußi eindrucksvoll vorführte: Sein Anti-Abfangjäger-Volksbegehren wurde von jedem zehnten Wahlberechtigten unterschrieben. Der öffentliche Druck auf EADS nahm sukzessive zu.

Der Extremfall war eingetreten. Der Worst Case. Nun mussten die teuren Lobbyisten ans Werk und beweisen, dass sie ihr Geld wert waren. Erhard Steininger, Alfred Plattner und das Ehepaar Rumpold wurden an die Front geschickt. Die erledigten ihren Job auf unterschiedliche Art und Weise. »Susi-Sorglos-Paket« nannte Eurofighter-Österreich-Statthalter Klaus-Dieter Bergner die Rundum-Betreuung durch die Rumpolds. Dass sich irgendwann Widerstand aufbauen könnte, damit hatten die EADS-Strategen schon sehr früh gerechnet. Für die Eurofighter-Konsortialpartner aus Deutschland, England, Italien und Spanien war es nicht die erste Beschaffung. Sie wussten, was nötig war, um die öffentliche Meinung zu drehen. Sie mussten nur tief genug in die Tasche greifen.

Aus sichergestellten EADS-Akten geht hervor, dass bereits Monate vor dem »Kanzlerfrühstück« alle Eventualitäten durchgespielt wurden. So fand im Jänner 2002 ein Treffen in Brüssel statt. FPÖ-Politiker kamen mit EADS-Lobbyisten zusammen. Mit dabei waren etwa Klaus-Dieter Bergner und der damalige FPÖ-Generalsekretär Peter Sichrovsky, der auch die Hotelzimmer reservierte. In einer EADS-Gesprächsnotiz, datiert mit 15. Jänner 2002, wird der »Kurzstatus Eurofighter 2000 Österreich« zusammengefasst. Mit Referenz zu FPÖ-Mann Sichrovsky wird notiert: »Am letzten Wochenende fand ein Gespräch mit Sichrovsky, Haider und Grasser statt. Grasser unterstützt das Eurofighter Projekt voll. Er ist von der ›Europäischen Lösung‹ sehr stark beeindruckt und setzt große Hoffnung in die Realisierung. Er sieht hier den größten wirtschaftlichen Vorteil für Österreich, da er Kompensation von 4+1 Ländern erwartet und nur hier die Erfüllung der Kompensation garantiert sieht. Grasser wurde von Sichrovsky angesprochen, dass wir wahrscheinlich das Budget von (2,2 Mrd. Euro) überschreiten werden. Grasser sieht hier kein großes Problem, wenn wir für den Bereich ›Overbudget‹ eine intelligente Lösung oder Möglichkeit anbieten können.« Das ist bemerkenswert, weil KHG bis zum »Kanzlerfrühstück« stets als Sparmeister und Abfangjäger-Gegner auftrat und bestenfalls »gebrauchte« Kampfjets, weil »billiger«, kaufen wollte. »Haider unterstützt ebenfalls das Projekt, sieht derzeit jedoch das Land Kärnten bei der Kompensation stark unterrepräsentiert und erwartet hier noch etwas«, heißt es im Kurzstatus-Papier. Nachsatz: »Ist in arbeit.« Wichtig sei es etwa, einen Haider-Vertrauten einzusetzen. Damit könne man erstes Entgegenkommen beweisen. »Sichrovsky empfiehlt, für die Pressekampagne eine Agentur einzuschalten – entsprechender Vorschlag wurde gemacht und liegt bei MM6.« Das Kürzel ist Militärjargon und bezeichnet die EADS-Zuständigen für Presse & PR, Wolfdietrich Hoeveler und Wolfram Wolff. MM2 waren die Verantwortlichen für Marketing & Sales, Uwe Kamlage und Wolfgang Aldag. »Nach Information Sichrovsky arbeitet Saab/BAE seit ca. 4 Jahren in Österreich und hat bereits ein Budget von ca. 3–4 Mio Euro für PR ausgegeben, und die Kriegskasse ist immer noch voll. Die von Sichrovsky vorgeschlagene Agentur würde ca. zwei Mio Euro kosten, wo mit Sicherheit jedoch über einzelne Leistungspakete verhandelt werden kann.« Bei der Agentur handelte es sich um die 100 % Communications des Haider-Vertrauten Gernot Rumpold. »Eine komplette Beraterstruktur/aufgaben/kosten wird bis zum 22.01.2002 erarbeitet und vorgestellt. Zurzeit ist offiziell nur Hr. Steininger autorisiert in unserem Namen zu sprechen. Inoffiziell haben Gespräche mit Dr. Schumi, Schwimann stattgefunden. Auch H. Wiederwohl ist hier einzubinden.« FPÖ-Kommunikationschef Kurt Lukasek stand ebenfalls auf der Payroll von EADS – und versorgte die Deutschen mit »Politischen Analysen«, die Insiderinformationen aus vertraulichen Sitzungen der Bundesregierung und des FP-Parteivorstands beinhalteten.

Lukasek sollte zum wichtigen Inputgeber für EADS werden. Ein von Lukasek verfasstes Positionspapier vom 4. Oktober 2002 hatte die Deutschen besonders beeindruckt. Damals stand fest, dass es im November Neuwahlen geben würde. Eine heikle Situation für EADS, weil der Eurofighter-Kaufvertrag noch nicht unterschrieben war. Lukasek skizzierte die potenziellen Risiken für EADS, die eine Veränderung der politischen Landschaft in Österreich nach sich ziehen würde. Zunächst wurde das Lukasek-Papier lediglich zur Kenntnis genommen. Doch nach der Nationalratswahl mutierte Lukasek zum wertvollsten EADS-Informanten, weil er das Ergebnis fast punktgenau vorausgesagt hatte. »Am 24. November 2002 wird es eine Mehrheit von ÖVP und FPÖ geben, die über 52 Prozent der Wählerstimmen beträgt«, schrieb Lukasek im Oktober. Tatsächlich erreichte die ÖVP exakt 42,3 Prozent und die FPÖ rund zehn Prozent – in Summe: 52,3 Prozent. Aloysius Rauen, der damalige Eurofighter-Chef, war beeindruckt – und Lukaseks Reports wurden ab dem Zeitpunkt wie geheime CIA-Briefings behandelt. Für die Deutschen waren es politische Handlungsanleitungen. Der Informationsfluss lief meistens so: von Lukasek über Steininger an Bergner und am Ende zu Rauen. Zitat aus Lukaseks Oktober-Report: »Die ÖVP wird halten und auf den Eurofighter bestehen, weil es letztlich die beste Lösung für Österreich ist. [...] Wenn sich Jörg Haider im Zuge möglicher Regierungsverhandlungen etwas ausbedingt, dann ist es mit Sicherheit das Amt des Kärntner Landeshauptmanns bis 2009 und nicht der Stopp der Abfangjäger. Beim Offset wird er wieder unverschämt werden. [...] Die Rolle von Thomas Prinzhorn ist hingegen nicht zu unterschätzen, Prinzhorn setzt massiv auf Gripen, möchte Finanzminister werden und dann die Schwedenflieger puschen. [...] Die SPÖ wird es pragmatisch sehen. Sie wird sich für die Lösung entscheiden, die ihr am meisten bringt, der SPÖ selbst und der Politik der SPÖ. Die SPÖ ist für Gespräche offen. Meine Einschätzung bei der >roten Vier< hat gestimmt.« Zitat aus einem Bericht der Münchner Staatsanwaltschaft im Rahmen von Korruptionsermittlungen gegen EADS: »Aus den Ausarbeitungen Lukaseks geht eindeutig hervor, dass dieser sein politisches Insider-Wissen gezielt dazu nutzte, Strategien zu Gunsten von EADS zu entwickeln. Die Inhalte der schriftlichen Ausarbeitungen gehen somit deutlich über das Maß einer objektiven Analyse hinaus. Bemerkenswert ist zudem die Tatsache, dass in den vorliegenden E-Mail-Anschreiben vom 14. Jänner 2003 und vom 3. März 2003 als weiterer Empfänger Generalmajor Erich Wolf auftaucht.« Das nährt den Verdacht, dass auch hohe Heeresoffiziere hinter den Kulissen für EADS arbeiteten und von EADS-internen Lobbyingplänen Kenntnis hatten.

Ein Trojaner für die Roten

Ein geheimes Lobbyingprojekt von EADS drehte sich um die »Rote Vier«, das SPÖ-Quartett aus dem damaligen Parteichef (und späteren Bundeskanzler) Alfred Gusenbauer, dem Ex-Finanzminister Rudolf Edlinger, dem langjährigen Nationalrats-Klubobmann Josef Cap und dem früheren Nationalratspräsidenten (und späteren Bundespräsidenten) Heinz Fischer. Die vier haben eines gemeinsam: Sie sind Mitglieder des Fußballklubs Rapid Wien. Edlinger war damals sogar Präsident und Fischer langjähriges Kuratoriumsmitglied. Mit einem Sponsoring könne man sich das Wohlwollen der Sozialdemokraten sichern, meinte Lukasek. Rapid machte ein sportliches Tief durch und litt an einer Serie von Niederlagen gegen den Erzrivalen Austria Wien. Um die Aufmerksamkeit der SPÖ zu sichern, sei es nötig, sehr früh und sehr viel Geld für Rapid bereitzustellen, sodass sich sportliche Erfolge einstellten. Um die »Rapid-narrischen SPÖler« einzukaufen, schmiedete Lukasek einen raffinierten Plan: »Die EADS wird über den Umweg einer Wiener Firma Sponsor bei SK Rapid. Durch das indirekte Sponsoring wird erreicht, dass sich die SPÖ in ihrer Kritik der Abfangjäger auf die Position der Kontrolle im kleinen Untersuchungsausschuss und durch den Rechnungshof sowie eine transparente und begleitende Kontrolle bei den Gegengeschäften zurückzieht. Insbesondere die rote Vier. Mit der Firma, die der >Trojan< für die EADS ist, werden bereits im Letter of Intend-Stadium befindliche Projekte auf EADS-Ebene auf die tatsächliche Firmenebene herunter gebrochen, wodurch der Wiener Bürgermeister Michael Häupl (ebenfalls SPÖ) die Möglichkeit hat, die Schaffung neuer Arbeitsplätze vorzustellen, ein weiteres Argument für die SPÖ, die Schärfe aus der Auseinandersetzung zu nehmen.« Als trojanisches Pferd wurde von Lukasek das Technologieunternehmen Kapsch ins Spiel gebracht. Kapsch verhandelte damals über einen 200-Millionen-Euro-Auftrag mit dem deutschen Systemhaus debis, einer ehemaligen Daimler-Tochter. Die Daimler AG gehörte zu den EADS-Gründungsaktionären. Lukaseks Idee: EADS könnte über den debis-Auftrag via Kapsch Geld zu Rapid schleusen. Die debis-Auftragssumme müsste nur entsprechend erhöht werden. Der debis-Auftrag wäre natürlich auch ein großer Vorteil für Kapsch, wo man ein Millionengeschäft witterte. Zitat aus dem Lukasek-Papier: »Dafür ist Kapsch bereit, den Wiener Bürgermeister einzubinden – Gegengeschäfte/Arbeitsplätze/Nutzen –, wodurch eine weitere Speerspitze der Angriffe gegen die Abfangjägerbeschaffung gemildert wird.« Laut Lukasek sei bereits das Notwendige in die Wege geleitet worden. »Die Vorgespräche mit der Firma Kapsch sind abgeschlossen, die Firma Kapsch hat den Leiter der Strategieentwicklung, Herrn Josef Eltantawi, beauftragt, erste Gespräche mit dem SK Rapid zu führen.« Nachsatz: »Das erste Gespräch ist erfolgt.«

Der Kapsch-Kontakt hatte eine blaue Vergangenheit. »Josef Eltantawi war Nachfolger von Herbert Scheibner als Obmann des Rings Freiheitlicher Jugend«, schreibt das Nachrichtenmagazin »profil«. »Er arbeitete ebenfalls im FPÖ-Parlamentsklub und in der von Scheibner geleiteten Freiheitlichen Akademie. Eltantawi galt als Vertrauensmann des früheren Verteidigungsministers.« Eltantawi war auch der langjährige Lebensgefährte von Romana Schmidt, die ihrerseits ein robustes Netzwerk bei den Freiheitlichen aufgebaut hatte. Sie war parlamentarische Mitarbeiterin von Jörg Haider in seiner Zeit als Klubobmann der FPÖ (1992–1999). »Als Haider 1999 Landeshauptmann in Kärnten wurde, diente sie unter dessen Nachfolger Herbert Scheibner«, schreibt »profil«. Im Februar 2000 war Schmidt Pressesprecherin der Kurzzeit-Sozialministerin Elisabeth Sickl und bis Mai 2001 im Büro von FP-Verkehrsministerin Monika Forstinger. Danach gründete sie eine PR-Agentur. Ihr erster großer internationaler Auftraggeber: der Rüstungskonzern EADS.

Der Eurofighter machte Romana Schmidt und ihren damaligen Lebensgefährten Josef Eltantawi reich. Schmidt legte Honorarnoten für »Meinungsbildung und Argumentationstransport betreffend des Consulting-Auftrages für eine Stimmungsverbesserung im Zuge des Ankaufes der Eurofighter« an die P+P Consulting Gmbh des EADS-Lobbyisten Alfred Plattner. Der überwies von 20. Februar 2003 bis 28. Jänner 2010 exakt 878 521,68 Euro auf das Konto von Romana Schmidt. Ein Großteil davon floss an Josef Eltantawi, kleinere Beträge an andere Personen aus dem FPÖ-Umfeld. »Konkret sollen Analysen im Medien-, aber auch im Forschungs- und Firmenansiedlungsbereich erstellt worden sein«, schreibt das Magazin »News«. Die Staatsanwaltschaft Wien habe ihre Ermittlungen gegen Schmidt und Eltantawi im Jahr 2016 eingestellt. »Man hatte einige Ordner mit angeblichen Leistungsnachweisen sichergestellt und ging davon aus, dass ein ›Leistungsaustausch‹ stattgefunden habe«, so

»News«. »Ob die Leistung der Höhe der Zahlungen tatsächlich entsprochen hat, wurde nicht überprüft.« Erneut fiel die Staatsanwaltschaft Wien durch beispielloses Desinteresse an der Aufklärung in Sachen Eurofighter auf.

Obwohl aus dem komplizierten debis-Kapsch-Deal nichts wurde, waren Aloysius Rauen und Klaus-Dieter Bergner von Lukaseks Rapid-Idee offensichtlich begeistert. Gegen internen EADS-Widerstand setzten sie sich mit dem Projekt »Rote Vier« durch. »Als ich zum ersten Mal erfuhr, dass EADS den Fußballverein Rapid Wien sponsern sollte, waren die Entscheidungen schon gefallen«, erinnerte sich EADS-Manager Wolfdietrich Hoeveler laut Protokoll. »Ich hatte gegen das Sponsoring von Rapid Wien erhebliche Bedenken, da mir nicht einleuchtete, inwieweit dies für EADS zweckdienlich und förderlich sein sollte. Das Sponsoring von Rapid Wien passte nicht zu den Grundregeln, die ich für mich beim Sponsoring für relevant hielt. Insbesondere musste ein Sponsoring nach meinem Dafürhalten mit der Luftfahrt zu tun haben, publik, also offen sein, damit ein Werbeeffekt erzielt werden kann, und auch zumindest im weiteren Sinne im Zusammenhang mit einem Produkt (Geschäftsverbindung) stehen.« Außerdem sei der Betrag »ziemlich hoch« gewesen. Hoeveler standen »nur einige zehntausend Euro« zur Verfügung. Im Fall Rapid gab es keine Limits: Von September 2003 bis April 2008 flossen 4,05 Millionen Euro. Hoeveler laut Protokoll: »Meine Reaktion auf diese Info war, dass ich völlig fassungslos war. Ich hatte dagegen aus den bereits genannten Gründen erhebliche Bedenken. Aber wie gesagt, die Entscheidung war ja bereits gefallen. Soweit ich weiß, sollte es insbesondere keinerlei Außenwerbung, insbesondere keine Trikot- und Bandenwerbung geben. Es wurde mir gesagt, dass der Sponsoringbetrag der Jugendförderung dienen sollte.« Mysteriös: EADS gab Millionen für Werbung ohne Werbeleistung und für eine geheime Nachwuchsförderung aus. Wo das Geld innerhalb des Rapid-Netzwerks tatsächlich versickert ist, wissen selbst die EADS-Sonderermittler der Anwaltskanzlei Clifford Chance nicht. Zitat aus dem Forensik-Bericht: »Wir haben keine Informationen darüber, ob die Zahlungen an Rapid Wien das Verhalten der SPÖ-Politiker beeinflusst haben, insbesondere in Bezug auf den Vergleich 2007, der verhandelt wurde, als die SPÖ an der regierenden Koalition beteiligt war.« Aus Sicht der Staatsanwaltschaft ist nicht ausgeschlossen, dass der wahre Beweggrund für die Zahlungen verschleiert werden sollte: Einflussnahme auf die SPÖ.

Das Rapid-Sponsoring scheint zu einer Befriedung mit den Sozialdemokraten beigetragen zu haben. Gusenbauer, Cap und Co gaben ihren massiven Widerstand gegen die Eurofighter auf. Besonders deutlich wurde das nach der Nationalratswahl 2006. Die SPÖ (35,34 Prozent) hatte die ÖVP (34,33

Prozent) knapp geschlagen – und stand vor dem Einzug ins Kanzleramt. »Auf die sündteuren und unnützen Eurofighter ist zu verzichten, das allein spart uns schon Gesamtkosten von sechs Milliarden Euro«, so Gusenbauer im Wahlkampf 2006. »Doch solange die ÖVP als Partei der Eurofighter an der Macht ist, werden auch die Probleme in unserem Land nicht gelöst.« SP-Chef Alfred Gusenbauer versprach: »Die SPÖ wird die Eurofighter stornieren.« Und sein damaliger Wahlkampfleiter Norbert Darabos inserierte: »Sozialfighter statt Eurofighter«. Nach der Wahl war alles vergessen. Von der Abbestellung der Abfangjäger war keine Rede mehr. Das war bemerkenswert, weil Norbert Darabos – das Mastermind hinter der Anti-Eurofighter-Kampagne – als Verteidigungsminister alle Zügel in der Hand gehabt hätte. Was war passiert? Die rot-schwarze Regierung unter Kanzler Gusenbauer versuchte es mit sachlichen Erklärungen: In einer Koalition müsse man Kompromisse machen. Um den Ausstieg aus dem Eurofighter-Vertrag zu erwirken, sei eine absolute Mehrheit nötig. Doch das ist nur teilweise richtig. Korrupte Zahlungen im Rahmen des Eurofighter-Deals hätten sehr wohl eine Rückabwicklung des Beschaffungsvorgangs begründen können, wenn man gewollt hätte.

Anstatt Verstöße gegen die Antikorruptionsklausel im Eurofighter-Vertrag ernsthaft zu prüfen, wählte Darabos den in der Privatwirtschaft bevorzugten Weg eines Vergleiches. Die Anzahl der lieferbaren Jets wurde von 18 auf 15 reduziert und damit auch der Kaufpreis. Im Ergebnis würden mehrere hundert Millionen Euro eingespart, posaunte die SPÖ. Eine gewagte Behauptung: Wer weniger zahlt, der bekommt auch weniger geliefert. Darabos rechtfertigte sich damit, dass der von ihm beauftragte Zivilrechtsexperte Helmut Koziol in seinem Gutachten zum Schluss gekommen war, dass eine Auflösung bzw. der Rücktritt vom Eurofighter-Vertrag »wenig Erfolg« versprechen würde. Es bestehe die Gefahr, dass »ein Großteil« des Kaufpreises trotzdem geleistet werden müsste. Dem widersprechen drei renommierte Juristen. Selbstverständlich wäre der Rücktritt vom Eurofighter-Vertrag möglich gewesen, meinen die Rechtsexperten Josef Aicher, Andreas Kletečka und Heinz Mayer in einem gemeinsamen Gutachten, das der damalige grüne Nationalrat Peter Pilz in seiner Rolle als Eurofighter-U-Ausschuss-Vorsitzender 2007 in Auftrag gegeben hat. Doch der Darabos-Vergleich machte die Erkenntnisse der Gutachter obsolet.

Die zentrale Frage aus Sicht der drei Rechtsprofessoren: Besteht ein Schmiergeldverdacht? Dann wäre ein Rücktritt möglich. Der »Code of Business Conduct« des Eurofighter-Vertrags regelt, wer für mögliche Schmiergeldzahlungen haftet. Entscheidend sei dabei, ob die Zahlstellen für Schmiergelder der »Bieterseite« – also EADS – zuzurechnen sind. Dies sei etwa der Fall, wenn der Eurofighter-Hersteller ein »Lobbyismus-Budget« zur Verfügung stelle, ohne konkrete Gegenleistungen festzulegen. Zudem zitierte Pilz im Februar 2017 eine Passage aus dem fast zehn Jahre unter Verschluss gehaltenen Darabos-Vergleichsvertrag vom 24. Juni 2007, die stutzig macht: »Es wird davon ausgegangen, dass der Eurofighter-Untersuchungsausschuss seine Arbeit Ende Juni 2007 beendet. Die Wirksamkeit dieser Vereinbarungen ist davon unabhängig.« Pilz: »Wie kommt ein Verteidigungsminister dazu, mit Eurofighter in Vergleichsverhandlungen die Beendigung des U-Ausschusses hineinzuschreiben?« Eine derartige Bedingung sei skandalös. Außerdem ärgert Pilz, dass Darabos auf das im ursprünglichen Kaufvertrag vorgesehene »jederzeitige Rücktrittsrecht« komplett verzichtet habe. Ein »weitergehender Rücktritt« der Republik werde »einvernehmlich ausgeschlossen«, heißt es im Vergleichspapier. Pilz mutmaßt, dass es einen »Befehl« vom damaligen SPÖ-Chef Alfred Gusenbauer gegeben haben müsse, den U-Ausschuss abzudrehen, was Gusenbauer bestreitet. Dass Verteidigungsminister Norbert Darabos die Vergleichsgespräche abschloss, ohne das offizielle Ende des Eurofighter-Untersuchungsausschusses abzuwarten, bleibt jedenfalls rätselhaft.

Hartnäckige Hinweise auf mutmaßliche Korruption gab es schon 2007. Die Rumpold-Zahlungen, die Lukasek-Papiere oder fragwürdige Consultingleistungen der Ehefrau von Airchief Erich Wolf waren damals bereits bekannt. Die entsprechenden Zahlungen wurden von EADS-Lobbyist Erhard Steininger abgewickelt und konnten auch nach dessen Befragung im U-Ausschuss nicht restlos aufgeklärt werden. Auch das ominöse Rapid-Sponsoring sickerte damals allmählich durch. Wobei die Öffentlichkeit noch nichts über das EADS-Projekt »Rote Vier« wusste. Das – und noch viel mehr – wurde erst mit den 2011 gestarteten staatsanwaltschaftlichen Ermittlungen in Wien, München und Rom publik. Die Investigationen brachten ans Tageslicht, dass EADS Zahlungen im Zusammenhang mit dem Eurofighter-Deal 2003 nicht nur direkt über die Konzernzentrale in Deutschland abwickelte, sondern dafür eigens ein Offshore-Netzwerk installiert hatte.

Angewandte Voodoo-Ökonomie

Der Italiener Gianfranco Lande hatte Vector Aerospace im Auftrag von EADS gegründet. Vector bestand aus zwei Angestellten, wurde mit EADS-Geld vollgepumpt und bezahlte Honorare an Briefkastenfirmen mit klingenden Namen wie etwa Columbus Trade, Orbital Business, Comco oder Incuco für nicht näher bezeichnete Vermittlungsleistungen im Rahmen von EADS-Gegen-

geschäften mit der Republik Österreich. Der Abschluss derartiger Gegengeschäfte mit österreichischen Unternehmen war ein wesentlicher Grund für
den Zuschlag an das Eurofighter-Konsortium. EADS und Co verpflichteten
sich zur Vermittlung von Aufträgen von 200 Prozent des Eurofighter-Beschaf-
fungsauftrags, was einem Volumen von 3,4 bis vier Milliarden Euro entsprach.

Der volkswirtschaftliche Effekt von Gegengeschäften wird in der Wirt-
schaftsszene angezweifelt. »Voodoo-Ökonomie« nannte es der grüne Wirt-
schaftsprofessor und Bundespräsident Alexander Van der Bellen. Der rote
Industrielle und Ex-Finanzminister Hannes Androsch, dessen ehemalige Beteiligung, der Flugzeugzulieferer FACC, auf der Gegengeschäftsliste aufscheint,
bezweifelt den praktischen Nutzen. Androsch: »Wenn Wirtschaft so einfach
funktioniert, dann müsste die Republik 150 Jets um 17 Milliarden Euro kaufen
und Österreichs Unternehmen bekämen 34 Milliarden Euro an Aufträgen. So
naiv kann doch keiner sein.« Selbst für den größten Gegengeschäfts-Profiteur,
den Automobilzulieferer Magna, sind die Gegengeschäfte eine Mogelpackung.
Dass etwa der DaimlerChrysler-Auftrag an Magna auf die Eurofighter-Gegen-
geschäftsvereinbarungen zurückzuführen sei, hat Magna-Gründer Frank Stronach stets abgestritten. Trotzdem wurden sie von EADS-Lobbyisten zur Zahlung
von Vermittlungsprovisionen herangezogen. »Gegengeschäfte sind offensichtlich eine ideale Trägerrakete für Korruption, Misswirtschaft und Geldwäsche«,
meint SP-Verteidigungsminister Hans Peter Doskozil. Aus seiner Sicht dienten
sie EADS lediglich zur Rechtfertigung von dubiosen Zahlungen an Dritte.

»Im Zuge des italienischen Ermittlungsverfahrens wurden Unterlagen aufgefunden, die einzelne Gegengeschäfte samt Vertragswert auflisten. […] Bei
einigen ist der Name jenes Subberaters angeführt, der offenbar den Vertrag
vermittelt haben soll«, heißt es im Hausdurchsuchungsbefehl vom 30. Mai
2011. Gegengeschäfte müssen neu sein oder zusätzlich zum laufenden Business
erfolgen. Bereits angebahnte Geschäfte zwischen einzelnen Unternehmen und
den Gegengeschäftspartnern dürfen nicht eingerechnet werden. Das war der
Deal. Hier beginnt das Problem. Wie die Ermittler herausfanden, zahlte Vector
für die Vermittlung von »Gegengeschäften«, die längst unter Dach und Fach
waren. »Einzelne aufgrund der Gegengeschäftsvereinbarung abgewickelte
Gegengeschäfte wurden tatsächlich nicht abgewickelt, sondern nur vorge-
täuscht«, heißt es in einem Bericht der Staatsanwaltschaft Wien vom Juli 2011.
Das Ziel der mutmaßlichen Täuschung: »Damit das zuständige Ministerium
zulasten der Republik Österreich auf die Geltendmachung der ihr nach dem
Gegengeschäftsvertrag zustehenden Pönalforderung verzichtet.« Die maximale Strafzahlung, die sich am Beschaffungswert orientierte, lag bei rund 200
Millionen Euro. Rein betriebswirtschaftlich wäre es möglich gewesen, diesen

Betrag in den EADS-Bilanzen rückzustellen, quasi zur Absicherung drohender Vertragsstrafen bei Nichterfüllung von Gegengeschäftsverpflichtungen.

»Über die zur Erfüllung der Gegengeschäftsverpflichtungen von der Eurofighter GmbH gegründete Vector Aerospace LLP [wurden] auf Veranlassung und mit Mitteln der EADS Deutschland – Anteilseignerin der Eurofighter GmbH und Mitglied des Produktionskonsortiums Eurofighter – zwischen 2005 und 2008 Zahlungen in der Höhe von mindestens 50 Millionen Euro an insgesamt fünf Vermittlungsgesellschaften – so genannte ›Broker‹ – geleistet, die angeblich Provisionen aus Beratungsverträgen darstellten«, heißt es in der Razziaanordnung der Staatsanwaltschaft München. »Tatsächlich handelte es sich jedoch um vereinbarte Bestechungsgelder, um Entscheidungsträger (Beamte) bei der Vergabe des Vertrags zur Lieferung von Kampfflugzeugen an die Republik Österreich zu beeinflussen beziehungsweise die zugunsten der Eurofighter GmbH getroffene Auftragsvergabe absprachsgemäß zu honorieren, und um Unternehmer bei dem Abschluss von Gegengeschäften zu beeinflussen.« Mit anderen Worten: Die Staatsanwaltschaft vermutet, dass Vector über Broker, wie etwa Columbus Trade, Centro Consult, Orbital Business, Comco oder Incuco, nachträglich Schmiergeld für den Eurofighter-Deal 2003 auszahlte.

»An die Vector wurden seitens der EADS Deutschland GmbH zu diesem Zweck mindestens 71,5 Millionen Euro von 2005 bis Dezember 2007 überwiesen. Durch die sogenannten Broker erfolgten tatsächlich keine Beratungs- oder Vermittlungsleistungen zur Erreichung des Gegengeschäftsvolumens. Dies war auch gar nicht erforderlich, da der Abschluss von Gegengeschäften im vertraglich vorgegebenen Umfang und zeitlichen Rahmen bereits seit 2004 ohne Schwierigkeiten erfolgte«, heißt es im Durchsuchungsbeschluss der Staatsanwaltschaft München. Der Gegengeschäftsvertrag zwischen Eurofighter und der Republik Österreich wurde Mitte 2003 unterzeichnet. »Der erste Meilenstein war bis zum 30. Juni 2004 zu erreichen und sollte ein (Gegengeschäfts-)Volumen von einer Milliarde Euro umfassen. Der von der Eurofighter GmbH im Juli 2004 an das österreichische Wirtschaftsministerium übermittelte Bericht über die Umsetzung des ersten Meilensteines wies bereits ein Volumen von 1,66 Milliarden Euro auf. 41,5 % der Gesamtverpflichtung waren somit nach einem Jahr bereits erfüllt, was proportional Einfluss auf eine mögliche Vertragsstrafe bei Nichterreichen weiterer Gegengeschäftsvolumen hatte. Die Abtretung der Gegengeschäftsverpflichtung von Eurofighter GmbH an EADS erfolgte erst ein halbes Jahr später, nämlich am 1.12.2004, und ist daher schon aus diesem Grund wirtschaftlich nicht nachvollziehbar. Die Zahlungen an die angeblichen Vermittler (Broker) erfolgten noch später, als der Abschluss von Gegengeschäften bereits problemlos am Laufen war.«

Für Verteidigungsminister Hans Peter Doskozil brachte eine Feststellung der Justizbehörden das Fass zum Überlaufen: »Die Schmiergelder waren dabei in den von der Republik Österreich zu entrichtenden Kaufpreis eingerechnet, der sich entsprechend erhöhte.« Für eine Strafanzeige gegen die Airbus Group reichte ihm das allemal. Im Bericht der Task Force Eurofighter vom Februar 2017 liest sich das so: »Dieses Untersuchungsergebnis begründet die Verdachtslage, dass Eurofighter und Airbus die Organe der Republik Österreich seit 2002 fortgesetzt darüber getäuscht haben, dass [...] in den Kaufpreis ein Betrag von 183,4 Millionen Euro eingepreist wurde, welcher letztendlich dazu diente, eigene und fremde Kosten für kriminelle und nicht-kriminelle Geschäfte, die unter anderem auch der Anbahnung und Abwicklung der Gegengeschäfte dienten, zu zahlen.«

Im Bericht der EADS-Sonderprüfer von Clifford Chance wurden aus der Fülle an Vector-Transaktionen zwei »Sonderprojekte« hervorgehoben: die Projekte »Spielberg« und »Lakeside«.

Für Dietrich Mateschitz war es ein Herzensanliegen. Der Red-Bull-Gründer kannte die steirische Region Spielberg noch aus seiner Kindheit. Mit der weltweiten Vermarktung seines Energydrinks hatte Mateschitz ein Vermögen verdient. Im Jahr 2000 wollte er ein neues Großprojekt aus dem Boden stampfen. Er sprang auf den Zug seines steirischen Landsmannes Frank Stronach auf, der als Werkzeugmeister seinen Heimatort Weiz verlassen hatte, um in Kanada den Automobilzulieferer Magna zu gründen – ebenfalls ein Weltkonzern. Am Ende eines erfolgreichen Berufslebens wollte Stronach »dem Land etwas zurückgeben«. Bei Mateschitz war es ähnlich. Neben Ad-hoc-Altruismus und Unternehmergeist hatten die beiden Steirer Mateschitz und Stronach eine weitere Gemeinsamkeit: die Bewunderung für Karl-Heinz Grasser. Beide entwickelten eine Art väterliche Freundschaft für das junge Polittalent. Obwohl Stronach gebetsmühlenartig betonte, von den Eurofighter-Gegengeschäften niemals profitiert zu haben, führte der Magna-Konzern die Liste der im Wirtschaftsministerium eingereichten Kompensationsgeschäfte an. Auch der Getränkehersteller wäre so ein Kandidat gewesen, doch eine Kette von Ereignissen verhinderte das.

Im Gegensatz zu Magna findet sich Red Bull auf keiner offiziellen Gegengeschäftsliste. Ursprünglich hatten die EADS-Topmanager Aloysius Rauen und Thomas Rauschenbach andere Pläne. Sie führten Red Bull intern sehr wohl als Partner für den Bereich »Offset«, wie Gegengeschäfte im Militärjargon genannt werden. Konkret geht es um das von Mateschitz initiierte Projekt Spielberg. Zur Erinnerung: Auf dem Gelände des ehemaligen A1-Rings sollte ab 2004 ein Zentrum für Motorsport, Aviation und kulturelle Veranstaltungen errichtet werden. Als Investitionsvolumen waren rund 700 Millionen Euro veranschlagt. Letztlich scheiterte das ursprüngliche Projekt an einer negativen Umweltverträglichkeitsprüfung. Der Umweltsenat der Republik Österreich hatte Ende 2004 die Baugenehmigung verweigert. Doch der Oberbulle ließ nicht locker, weshalb der Red Bull Ring mit sieben Jahren Verspätung dann doch noch eröffnet werden konnte – jedoch ohne EADS-Sponsoring. Fabelhaft ist die Vorgeschichte, also was vor der Ablehnung 2004 geschah – und woran Dietrich Mateschitz nicht gerne erinnert wird.

Nach Unterzeichnung des Eurofighter-Gegengeschäftsvertrags Mitte 2003 antichambrierten Red-Bull-Manager bei EADS-Leuten, ob nicht Interesse an einem Engagement in Spielberg bestünde. Red Bull hatte die Idee, einen elitären Universitätskomplex für Motorsport und Luftfahrt zu bauen. Zum Zeitpunkt der Kontaktaufnahme im Herbst 2003 hatte Mateschitz die damalige steirische VP-Landeshauptfrau Waltraud Klasnic bereits für seine Sache begeistert. Das Okay der Landesregierung war ihm sicher. Auch EADS war interessiert und ließ ihren Lobbyisten Erhard Steininger Informationen zusammentragen. Der kam zum Schluss, dass das Projekt nicht nur Offset-fähig war, sondern sich perfekt zur Imagepflege eignete. Mateschitz und Red Bull verströmten internationale Coolness und Eleganz, an der die spröden EADS-Konzernmanager partizipieren wollten. Auch das Naheverhältnis zu Finanzminister Karl-Heinz Grasser wurde ins Treffen geführt. Die Rüstungsmanager einigten sich auf einen Beitrag von 20 Millionen Euro für das Mateschitz-Projekt.

In der Red-Bull-Zentrale in Fuschl sorgte das EADS-Investment vor allem für Staunen. Bei Projektkosten von rund 700 Millionen Euro wirkte das Engagement geradezu mickrig. So kam es, dass sich der Oberbulle höchstpersönlich einschaltete. Ende Oktober 2003 lud Mateschitz zum »Partnermeeting« ins Hotel Schloss Fuschl. Von der Gründung einer Red Bull Luftfahrtakademie über eine Fondslösung für die Spielberg-Immobilien bis hin zur »Durchforstung der Subventionierungsmöglichkeiten« wurde groß auf die Pauke gehauen, wie aus Sitzungsprotokollen hervorgeht. Die EADS-Vertreter machten damals eines klar: Hauptmotiv für ihre Beteiligung sei die »Idee der zusätzlichen Kompensationsgeschäfte«, eventuell käme für sie in Betracht, ein »Eurofighter-Trainingszentrum« zu etablieren und in Summe 20 Millionen Euro beizusteuern. Letzteres wollte Mateschitz nicht akzeptieren. »Die Firma Red Bull garantiert die Finanzierung im Ausmaß des von Ihnen geplanten Anteils (derzeit ⅓). Sollte es nicht zu einer ausreichenden Anzahl an Partnern bzw. zu nicht ausreichenden Kapitalerhöhungen kommen, übernimmt Red Bull bzw. auch Herr Dietrich Mateschitz persönlich und privat die erforderlichen Finanzierungsgarantien«, schreibt Mateschitz in einem vertraulichen

Brief an EADS-Projektmanager Thomas Rauschenbach. EADS sollte klar sein: Von Red Bull gefragt zu werden, ist ein Privileg. »Der ursprüngliche Plan von insgesamt fünf Synergie-Gesellschaftern wurde von Audi wegen der hohen Anzahl an Partnern in Frage gestellt. Prinzipiell steht aber einer weiteren Aufnahme von Synergie-Partnern (Reifen- und Erdölindustrie, Zubehör etc.) bei Wunsch nichts im Wege.« EADS befand sich also in einem exklusiven Kreis.

»Die Beteiligung am Projekt Spielberg ist vom Vorstandsvorsitzenden der VW AG, Herrn Bernd Pischetsrieder, bereits definitiv zugesagt und mit seinen Vorstandskollegen besprochen worden. Die Verabschiedung durch den Vorstand ist formal und jederzeit kurzfristig und nach Vorliegen des effektiven Investitionsbedarfes möglich. Ein Aufsichtsratsbeschluss ist nicht erforderlich.« Das Land Steiermark sei ebenfalls an Bord. »Es erfolgt eine 15-prozentige Subvention des gesamten getätigten Investitionsvolumens.« Das wären rund 90 Millionen Euro. EADS solle doch bitte nicht so knausrig sein. Mateschitz laut Brief: »Aktueller Stand ist eine Anfangsbeteiligung von 20 Millionen Euro, wobei es EADS freigestellt ist, über dieses Ausmaß hinaus weitere Kapitalerhöhungen mitzutätigen. Von den beiden anderen Partnern wäre das wünschenswert und würde primär den gesamten Fachbereich Aviation seitens EADS abdecken.«

Geiz ist gar nicht geil. Mateschitz ärgerte, dass der Rüstungskonzern bei seinem Prestigeprojekt auf der Bremse stand. Das berichtete EADS-Manager Thomas Rauschenbach an Eurofighter-Boss Aloysius Rauen nach einem Projektleitermeeting. »Herr Mateschitz hat sichtbar noch nicht verdaut, dass EADS bei ihrer restriktiven Finanzierungszusage bleibt. Er brachte zum Ausdruck, dass er später doch mehr Geld von EADS erwartet«, heißt es in einer EADS-Aktennotiz zum Thema »Eurofighter Österreich – Projekt Spielberg/Red Bull« vom 7. April 2004. »Von Volkswagen wurden 200 Millionen Euro verbindlich zugesagt, direkt von Pischetsrieder ohne Vorstandsbeschluss (vermutlich mit Piëch-Deckung). Derzeit wird intensiv nach weiteren Projektpartnern gesucht, u.a. Shell, Magna, Dubai. [...] Sollte sich die Projektpartnerfinanzierung letztendlich als schwierig erweisen, wird Red Bull die Investitionen strecken. Das würde dann besonders den Aviation-Bereich treffen. Von der Steirischen Landesregierung (Frau LH Klasnic) wurde die Zusage auf 15 % Landeszuschuss auf die Projektkosten (Investitionen) gegeben, jeweils quartalsweise geltend zu machen. Die Landesregierung übernimmt es eigenständig, für ihren Aufwand wiederum Zuschüsse aus Wien und Brüssel zu beantragen. Bei 690 Millionen Euro Gesamtinvestitionen müssen so die Partner nur 600 Millionen Euro selbst aufbringen. Bezüglich unserer Offset-Kalkulation habe ich beiliegende Überschlagsrechnung an Herrn Mateschitz übergeben und um seine Unterstützung zu gegebener Zeit gebeten.«

Nach dem Njet des Umweltsenats erübrigten sich alle weiteren Gespräche. EADS-Projektleiter Rauschenbach laut Zeugenaussage: »Ende 2004 erhielt ich von der Firma Red Bull die Mitteilung, dass unser Projekt im Rahmen der Umweltverträglichkeitsprüfung durch die zuständige Behörde endgültig abgeschmettert worden sei. So wie bis dahin geplant, konnte das Projekt nicht mehr zur Genehmigung vorgelegt werden. Die Umweltverträglichkeit war verneint worden. Red Bull versuchte dann bis ca. Ende März 2005, ein alternatives Konzept zu prüfen. Red Bull entschied dann, dass das Projekt insgesamt und endgültig eingestellt werde, da keine Alternative gefunden wurde. Zu einem schriftlichen Projektvertrag zwischen den Projektpartnern kam es insofern nicht mehr. Auch in der Detailplanungsphase war ein solcher nicht geschlossen worden.« Laut EADS-internen Schätzungen lagen die Auslagen für das Projekt Spielberg bei weniger als 2000 Euro.

Trotzdem findet sich das Projekt Spielberg in der ominösen Vector-Liste. Konkret will EADS die Vector Aerospace mit der »Entwicklung und Umsetzung einer Strategie, die EADS von ihrer Zusage entbindet, in das Spielberg-Projekt zu investieren«, beauftragt haben. Als Honorar wurden zehn Millionen Euro vereinbart, die am 15. März 2006 auch tatsächlich von EADS an Vector überwiesen wurden. Das Brisante: Einerseits war EADS zu keinem Zeitpunkt eine vertragliche Zahlungsverpflichtung gegenüber Red Bull eingegangen. Andererseits wurde das Projekt Spielberg mit dem Bescheid des Umweltsenats im Dezember 2004 bereits für tot erklärt. Aus Sicht der Ermittler ist der Fall Red Bull / Spielberg der beste Beleg dafür, dass Vector auf Basis von Scheinrechnungen Geld verschob, um im Interesse von EADS politische oder wirtschaftliche Entscheidungsträger zu beeinflussen. Der Verwendungszweck für die zehn Millionen Euro ist unbekannt. Eines ist aber klar: Mit dem Projekt Spielberg kann die Zahlung nichts zu tun haben.

Ähnlich fragwürdig ist die Zahlung für das Projekt Lakeside. »Jörg Haider stoppt den Abfangjäger Kauf«. Im Nationalratswahlkampf 2002 wurde der Slogan landesweit affichiert. Der damalige FPÖ-Chef war gegen den Ankauf. Die Eurofighter-Manager wussten, dass Haiders Wort Gewicht hatte. Es galt, Ideen zu entwickeln, um den Polittribun für die eigene Sache zu gewinnen. In der EADS-Welt wurden politisch motivierte Deals als »Special Offset Project« (SOP) bezeichnet. Im Jahr 2003 war der Lakeside Technology Park das Parade-SOP von EADS. »Primärer Zweck des Projektes war es, Jörg Haider, dem damaligen Landeshauptmann von Kärnten, seinen politischen Wunsch einer Betriebsansiedelung in Kärnten zu erfüllen«, heißt es in der Strafanzeige des Verteidigungsministeriums vom Februar 2017. »Trotz des fehlenden wirtschaftlichen Mehrwerts für die Republik Österreich und der fehlenden

Anerkennung als Gegengeschäft leistete Airbus über die von ihr beherrschte Stiftung, die Scientific Research & Development Ltd, einen Betrag in Höhe von vier Millionen Euro an die Lakeside Technologie-Privatstiftung.« Begünstigte dieser Lakeside-Stiftung war die Lakeside Labs GmbH, deren Alleineigentümer – gemäß Strafanzeige – der Verein Lakeside Labs war.»Im Vorstand des Vereins Lakeside Labs befanden sich unter anderen der ehemalige Landeshauptmann von Kärnten Jörg Haider, Gerhard Dörfler, Nachfolger von Jörg Haider und damit ebenfalls Landeshauptmann von Kärnten, sowie der Kärntner Landesrat Harald Dobernig.«

Der Schmiergeldverdacht ist auch im Fall Lakeside begründet.»Im Zeitraum von Februar 2004 bis November 2009 wurden weitere Beträge in Höhe von insgesamt zumindest 28 Millionen Euro von Airbus (früher: EADS) an Vector zur Finanzierung weiterer sogenannter ›Special Offset Projects‹ überwiesen«, heißt es in der Strafanzeige der Republik. Die Rechtsberater von SP-Verteidigungsminister Doskozil vermuten, dass es sich um Schmiergeld für Haider und Co handelte. Denn authentische Vermittlungsleistungen von Vector sind nicht dokumentiert.»Gestützt wird diese Annahme auch dadurch, dass Vector im gesamten Zeitverlauf für die Vermittlung der Gegengeschäfte nie operativ tätig wurde, über lediglich zwei Mitarbeiter und kein internationales Netzwerk verfügte sowie keine Erfahrung im Bereich der österreichischen Industrie hatte« (Strafanzeige). Auch die EADS-Sonderprüfer von Clifford Chance stellten fest:»Soweit wir wissen, zahlte EADS D tatsächlich an Vector 60 Monatszahlungen in Höhe von 30 000,– EUR für Lakeside, das heißt insgesamt 1,8 Millionen Euro und 28 Millionen Euro für besondere Offset-Projekte.« Wer das Geld am Ende kassiert hat, ist Gegenstand laufender Ermittlungen.

In der EU werden bestenfalls noch militärische Geschäfte als Gegengeschäfte anerkannt – und auch das nur unter strengen Bedingungen. Österreichs Eurofighter-Vertrag zielte in erster Linie auf zivile Geschäfte ab. In der Liste der beim Wirtschaftsministerium angemeldeten Gegengeschäfte entfallen die größten Aufträge, die EADS vermittelt haben will, in den Automobil- und Luftfahrtbereich, etwa zwischen Magna Steyr und Daimler, Fiat oder Ferrari oder zwischen der oberösterreichischen FACC AG und Airbus. Peter Pilz deckte einige skurrile Kompensationen auf: Der Rüstungskonzern Alenia – ein Mitglied des Eurofighter-Konsortiums – reichte einen Vertrag des italienischen Modehauses Sorelle Ramonda ein. Dieser Vertrag wurde nicht nur im Mai 2003 abgeschlossen, also vor Abschluss des Gegengeschäftsvertrags am 1. Juli 2003, sondern betraf eine Übernahme. Die Italiener hatten um 60 Millionen Euro eine Firma in Wöllersdorf gekauft und ließen sich die Hälfte als Gegengeschäft anrechnen – der Grund: Eurofighter soll die Mode-Allianz eingefädelt haben. Ob das wirklich so war, wurde nie überprüft.

Bemerkenswert ist auch die Anrechnung einer ausrangierten Fräsmaschine. Beamte des Bundesheeres bewiesen dabei besondere Kreativität. Die deutsche MTU Aero Engines überließ dem Bundesheer eine alte Fräsmaschine (Buchwert: 1 Euro). In der Liste der anrechenbaren Gegengeschäfte findet sich das Gerät mit einem Wert von 810 000 Euro. Wie es dazu kam? Das geschenkte Gerät wurde zunächst mit 150 000 Euro in der Heeres-Buchhaltung bilanziert, einfach so. Hinzugerechnet wurden 60 000 Euro, der geschätzte Wert der Gebrauchsanleitung, die unter »Know-how-Gewinn« verbucht wurde. Der echte bilanzielle Kunstgriff lag aber in der Bewertung künftiger Ereignisse. Durch die Fräsmaschine könnten Jahresaufträge in Höhe von 20 000 Euro selbst erledigt werden, die sonst fremdvergeben würden. Über die nächsten 20 Jahre hochgerechnet, ergab das eine Ersparnis von 400 000 Euro. Hinzu kommt ein nicht näher spezifizierter Produktivitäts- und Qualitätszuwachs von 200 000 Euro. Auf diese wundersame Weise bekam der Schrotthaufen einen Wert von 810 000 Euro.

Nicht nur bei den Gegengeschäften wurden der Fantasie keine Grenzen gesetzt. Legendär ist etwa die Eurofighter-Pressekonferenz der Agentur 100 % Communications von Gernot und Erika Rumpold. »Der E-Mail-Korrespondenz zwischen Erika Rumpold und (EADS-Manager) Wolfdietrich Hoeveler vom 12. und 14. Juli 2002 ist vor allem zu entnehmen, dass 100 % Communications 200 000,– EUR für die Pressekonferenz am 17. Juli 2002 wollte, aber Wolfdietrich Hoeveler 100 000,– EUR anbot. Aus einer Rechnung vom 27. August 2002 von Erhard Steininger geht hervor, dass 100 % Communications schließlich 96 000,– EUR für die Pressekonferenz am 17. Juli 2002 in Rechnung stellte«, schreiben die EADS-Sonderprüfer der Anwaltskanzlei Clifford Chance. »Unser Gespräch mit Wolfdietrich Hoeveler am 28. Januar 2013 hat ergeben, dass er den Preis von 100 000 Euro für eine Pressekonferenz für überzogen hält, weil der übliche Marktpreis zwischen 10 000 und 20 000 Euro liege.«

Was geschah mit der Differenz? Die Ermittler vermuten, dass es sich um Schmiergeld handelt. Üblicherweise wird bei der Geldwäscherei Cash weitergereicht und gelegentlich eine Briefkastenfirma zwischengeschaltet, um den illegalen Geldfluss zu verschleiern. Die komplizierten Pfade sind nicht zufällig gewählt, sondern sollen eine Strafverfolgung erschweren. Destinationen wie die Schweiz, Liechtenstein oder die Karibik sind für ihre mangelnde Kooperationsbereitschaft mit Staatsanwaltschaften und Steuerbehörden berüchtigt. Deswegen sind sie bei Wirtschaftskriminellen besonders beliebt.

Die Karibikgeschäfte des Grafen

Die Spielereien mit Briefkastenfirmen in Steueroasen zahlen sich aus. Die Staatsanwaltschaft Wien hat sich am Lobbyisten Alfons Mensdorff-Pouilly schon die Zähne ausgebissen. Nach jahrelang verschleppten Ermittlungen bastelte die Behörde mühselig eine Anklage wegen Geldwäsche zusammen, die in einem spektakulären Gerichtsprozess zerfetzt wurde. Mensdorff-Pouilly sollen von 2000 bis 2008 insgesamt 12,6 Millionen Euro von British Aerospace zugeflossen sein. Das Geld wurde über Karibikfirmen mit klingenden Namen wie etwa Brodmann Business, Valurex oder Columbus Trade geschleust. Wo die mutmaßlichen Schmiergelder gelandet sind und wer sie konkret kassiert hat, konnte die Staatsanwaltschaft nicht erheben. Der Verbleib »konnte nicht aufgeklärt werden«, heißt es lapidar im Strafantrag. Die wesentliche Schwachstelle der Anklage war, dass das angeklagte Delikt der Geldwäsche das Vorliegen einer sogenannten Vortat voraussetzt – und genau die konnte nicht festgemacht werden. Staatsanwalt Michael Radasztics unterstellte diversen Rüstungsmanagern und Lobbyisten, »eine kriminelle Organisation« gebildet zu haben. Doch nachweisen konnte er es nicht. Wichtige Zeugen konnten sich nicht erinnern oder verweigerten die Aussage bzw. waren in der Zwischenzeit verstorben. Das war auch eine Konsequenz der Trödelei bei den Ermittlungen. Richter Stefan Apostol bei der Verkündung des Freispruchs von Alfons Mensdorff-Pouilly im Jänner 2013: »Die Sache stinkt, aber sie stinkt nicht genug.« Zwar erkannte er »moralisch bedenkliche Geschäftspraktiken«, aber »keinen einzigen Beweis für Bestechung«. Die Indizien reichten ihm nicht aus, um »Graf Ali« ins Gefängnis zu stecken. Zwar wurde immer wieder von »Drittzahlungen« gesprochen, »aber einen Beweis, dass es Bestechungsgelder sind, haben wir nicht«. In puncto Glaubwürdigkeit machte der Richter ebenfalls deutlich: »Es ist ganz klar bewiesen, dass Sie gelogen haben.« Doch Mensdorff wusste: Als Beschuldigter ist Lügen nicht strafbar, die Anklagebehörde trägt die Beweislast.

Was so gestunken hat? Die Geschäftsusancen von »Graf Ali« und seinen Freunden. Laut Gerichtsakt wurden bei zahlreichen Treffen Geldkoffer ausgetauscht. »Insgesamt wurden zirka 4,67 Millionen Euro in bar [...] von mir persönlich übergeben. Die Übergabe des Geldes fand entweder in der Wohnung [...] statt oder ansonsten bei mir im Büro.« Die Gelder habe er im Auftrag seines väterlichen Freundes, Timothy Landon, übergeben. Die Geldempfänger wurden ihm von Landon genannt. Der stand, so wie Mensdorff, auf der Payroll von British Aerospace. Der Zahlungshintergrund war Mensdorff nicht bekannt. Was er aber wusste: Es waren sicherlich keine korrupten Zahlungen und schon gar keine Politikerbestechung. Obwohl es sich laut Mensdorff um saubere Geschäfte handelte, war er um Diskretion bemüht. Ausgewählte Mittelsmänner wie etwa seinen Freund Andreas Krassay schickte er zur Bank. Mensdorff laut Protokoll: »Sie haben die Gelder in meinem Auftrag abgehoben. Ich wollte die Gelder nicht selber abholen, da mein Name/Gesicht allgemein bekannt ist.«

Der prominente Name ist auch den EADS-Sonderprüfern aufgefallen. »Alfons Mensdorff-Pouilly unterzeichnete namens der MPA Budapest Kft einen undatierten Vertrag über Dienstleistungen zwischen Vector und der MPA Budapest Kft«, heißt es im Clifford-Chance-Bericht. »Gemäß dem Vertrag sollte Vector der MPA Budapest Kft von 1. Januar 2005 bis 31. Juli 2006 für Beratungsleistungen zu potenziellen geschäftlichen Möglichkeiten, vor allem im Bereich der nicht-militärischen Sicherheitsprodukte in Ungarn, eine halbjährliche Vergütung von 135 000 Euro zahlen.« Mensdorffs Freund Krassay, der der Staatsanwaltschaft Wien als willfähriger Geldbote bekannt ist, wird ebenso benannt. Krassay soll im Namen der tschechischen Mensdorff-Firma MPA Prague Verträge mit Vector Aerospace unterzeichnet haben. Auch hier versprach Vector, »eine halbjährliche Vergütung von 135 000 Euro« zu zahlen. Es ging um Vermittlungsleistungen beim Keilen von »nicht-militärischen Sicherheitsprodukten in der Tschechischen Republik«. Tatsächlich haben die Eurofighter-Ermittler eine brisante Direktzahlung an die MPA Budapest festgestellt. Zahlstelle war die Briefkastenfirma Columbus Trade Services, die Bestandteil der Schmiergelddrehscheibe Vector Aerospace ist. Laut Staatsanwalt diente Columbus dazu, Entscheidungsträger rund um die Eurofighter-Beschaffung zu schmieren. Ob und an wen das Columbus-Geld weitergereicht wurde, ist noch Gegenstand von Ermittlungen. Dass es der Vermittlung von Gegengeschäften diente, ist aus Ermittlersicht eher unwahrscheinlich.

Offiziell wurde der bei Vector Aerospace gepoolte Geldtopf verwendet, um die Gegengeschäftsverpflichtungen zu erfüllen. EADS hatte sich bekanntlich gegenüber der Republik verpflichtet, Gegengeschäfte im Wert von vier Milliarden Euro zu organisieren. Das war einerseits sehr leicht, weil viele Deals zum Zeitpunkt der Beschaffungsentscheidung schon paktiert waren. Andererseits mussten die Partnerunternehmen gegenüber dem Wirtschaftsministerium bestätigen, dass es sich um ein Geschäft handelte, das aufgrund des Eurofighter-Deals zustande gekommen war. Erst nach schriftlicher Bestätigung konnte Eurofighter den Deal anrechnen lassen. Aus Sicht von EADS agierte Vector als Gegengeschäfts-Broker, also als Partner, der Gegengeschäfte vermittelte. Daran zweifeln die Staatsanwälte. Sie meinen, dass Vector auch Schmiergelder für Unterschriften zahlte.

Im Eurofighter-Akt fällt diesbezüglich der Name des früheren Magna-Vorstands Hubert Hödl. »Wir haben einen Eintrag im Outlook-Kalender gesehen, der unserem Verständnis zufolge eine Verabredung von Rauen am 21. November 2001 mit Steininger und Hödl von Magna belegt«, heißt es im Clifford-Chance-Bericht. Warum trafen sich Rüstungsmanager Aloysius Rauen, EADS-Cheflobbyist Erhard Steininger und Hubert Hödl? Antwort: wegen Eurofighter. Der Beschaffungsvorgang war damals noch nicht abgeschlossen. Am 5. Mai 2003, also kurz vor der Kaufvertragsunterzeichnung, schrieb Hödl von seiner Magna-Mailadresse an die Sekretärin von Aloysius Rauen: »Im Zuge des jüngsten Zusammentreffens zwischen Herrn Manfred Bischoff und Herrn Bundesminister Grasser hat Herr Bischoff gebeten, eine Agentur als Alternative zur Firma Rumpold vorzuschlagen.« Bischoff war damals Vorstand von DaimlerChrysler, Geschäftspartner von Magna und Chairman von EADS.

Magna, Eurofighter, Grasser, Rumpold. Die Namenskette brachte auch die Eurofighter-Ermittler zum Grübeln. Bei ihrer Offshore-Spurensuche wurden sie fündig. »Nun taucht Hödl in der Anzeige des Ministeriums als ein mutmaßlicher Zahlungsempfänger aus dem sogenannten Vector-Netzwerk auf«, schreibt das Nachrichtenmagazin »News«. Laut einem Polizeibericht aus dem Jahr 2014 geht es um die zypriotische Briefkastenfirma Domerfield. »Hinter der stand laut Akt über eine Stiftung in Liechtenstein Hubert Hödl. Ermittlungen zufolge erhielt Domerfield von 2005 bis 2009 rund 4,4 Millionen Euro von der Firma Vector«, berichtet das Magazin »News«. Über Domerfield sollen Personen mit einem Naheverhältnis zu Entscheidungsträgern der Republik mitgeschnitten haben. »Aus der Stiftung in Liechtenstein soll ein Millionenbetrag an Hödl bzw. nahe Angehörige ausgeschüttet worden sein.« Zudem soll Hödl hinter der Firma Inducon stehen, die ihrerseits Geschäfte mit der schwedischen Firma Orbital machte. Laut Strafakt zahlte Vector rund 2,1 Millionen Euro an Orbital, die 1,3 Millionen Euro an Inducon weiterleitete. Inducon soll im Zusammenhang mit Magna-Gegengeschäften aktiv gewesen sein, heißt es. Laut Hödl sei alles korrekt abgewickelt worden. Das Geld sei für diverse Projekte und Kunden geflossen, so Hödl. Sein Arbeitgeber Magna kannte die Inducon-Deals. Die Geschäfte seien sauber.

Der Grad der behaupteten Sauberkeit ist momentan Gegenstand von laufenden Untersuchungen. Hödl, Mensdorff, Steininger, Plattner und Co – die Honorare der Lobbyisten könnten der Republik eigentlich egal sein. Immerhin hat ja EADS die Rechnungen bezahlt, oder? Leider nein, die dubiosen Zahlungen an Vector wurden vom österreichischen Steuerzahler refinanziert. »Aus den vorliegenden Erkenntnissen der Staatsanwaltschaft Wien, insbesondere den Informationen aus dem von Airbus selbst beauftragten Bericht der Rechtsanwaltskanzlei Clifford Chance, ergibt sich, dass bereits in den von Eurofighter im Angebot vom 22. Jänner 2002 angebotenen Gesamtkaufpreis ein Betrag von zumindest

183,4 Millionen Euro eingepreist worden war, der zur Abdeckung von eigenen und fremden Gegengeschäftskosten dienen sollte«, heißt es in der 2017 eingebrachten Strafanzeige des Verteidigungsministeriums. »Dies lässt sich insbesondere der von Eurofighter GmbH und Airbus erstellten Preiskalkulation entnehmen, in welcher vermerkt ist, dass die 183,4 Millionen Euro für ›Offset-Kosten‹ dienen sollten.« Dass der Betrag zur »Abdeckung des Risikos der Pönaleverpflichtung aus dem Gegengeschäftsvertrag« diente, sei unglaubwürdig und wirtschaftlich nicht nachvollziehbar. Warum? Das Eurofighter-Konsortium wäre nur dann zur Zahlung der Pönale verpflichtet gewesen, wenn die Republik »kein einziges Gegengeschäft innerhalb des Erfüllungszeitraumes von 15 Jahren« anerkannt hätte. Tatsächlich waren aber schon im ersten Jahr nach Kaufvertragsunterzeichnung rund 41 Prozent der Gesamtverpflichtung erfüllt. Das Verteidigungsministerium kritisiert auch die Heimlichtuerei: »Entgegen der in den kommerziellen Bestimmungen der Angebotseinholung normierten Verpflichtung wiesen die Entscheidungsträger von Eurofighter GmbH und Airbus den Betrag von zumindest 183,4 Millionen Euro weder in ihrem Angebot vom 22. Jänner 2002 noch in ihrem konkretisierenden Angebot vom 29. April 2002 sowie in den Verträgen V1 und V2 vom 1. Juli 2003 aus.« Das Verschweigen der Provisionen an Vector und die diversen EADS-Lobbyisten nährt den Verdacht, dass zweifelhafte Zuwendungen erfolgt sind. Mit anderen Worten: Die Plünderung der Republik ging so weit, dass dem Steuerzahler auch noch alle dubiosen Provisionen umgehängt wurden.

Die Republik wurde nicht nur zum Füllen des geheimen Provisionstopfs herangezogen. Ein außergewöhnliches Eurofighter-Bankgeschäft im Jahr 2003 und die Neuverhandlung des Eurofighter-Vertrags im Jahr 2007 gingen ebenfalls zu Lasten des Steuerzahlers. Sowohl FP-Finanzminister Karl-Heinz Grasser (2003) als auch SP-Verteidigungsminister Norbert Darabos (2007) präsentierten dem Eurofighter-Konsortium ein finanzielles Zuckerl.

Die bemerkenswerte Grasser-Intervention erfolgte nach Abschluss des Eurofighter-Kaufvertrags. Das Finanzministerium änderte die Rahmenbedingungen für die Finanzierung. Die Republik wollte nicht im März 2006, sondern ab Mai 2007 mit der Ratenzahlung beginnen. Dass die Begleichung von Rechnungen aufgeschoben wird, ist noch nicht auffällig. Im Privatbereich, etwa beim Erwerb von Autos oder Wohnungen, ist das keine so seltene Praxis. Irritierend ist aber, was nach der Terminverschiebung geschah. Grassers Anordnung, die auf den ersten Blick wie ein technisches Abwicklungsdetail aussieht, löste eine Kettenreaktion aus. In geheimen Runden wurde nun über Alternativen der Vorfinanzierung diskutiert. Im Ergebnis einigte man sich auf eine sogenannte Fortfaitierungs-Vereinbarung, die sich als diskretes Geldgeschenk für das EADS-Konsortium entpuppen sollte.

Ein Präsent für die Postsparkasse

Im Rahmen der Fortfaitierung trat die Eurofighter GmbH ihre Kaufpreisforderung gegenüber der Republik an die Österreichische Postsparkasse (PSK) ab. Im Rahmen dieses Bankgeschäfts zahlte die PSK insgesamt 1,67 Milliarden Euro in 23 Raten von Ende 2004 bis Februar 2009 an die Eurofighter GmbH. Im Gegenzug musste die Republik den Eurofighter-Kaufpreis von 1,96 Milliarden Euro von Jänner 2007 bis September 2014 bei der PSK abstottern. Die PSK wickelte damals nicht nur den gesamten Zahlungsverkehr der Republik ab, sondern war in 100-prozentigem Eigentum der Bawag, die bis 2006 dem Österreichischen Gewerkschaftsbund gehörte. Für die Bawag-PSK-Gruppe war das ein Bombengeschäft. Die Bank verdiente stolze 292 Millionen Euro, also die Differenz zwischen Abfangjäger-Kaufpreis und Fortfaitierungs-Wert.

Unbemerkt blieb damals, dass auch Eurofighter von dem Deal profitierte. Die Forderungsabtretung war nur möglich, weil die Republik Österreich einen weitreichenden Einredeverzicht abgegeben hatte. Die Bank schaut bei der Fortfaitierung auf konkrete Risiken, wie etwa Zahlungsausfall des Schuldners und Kreditwürdigkeit des Forderungsverkäufers. Dass die Republik ihren Verpflichtungen nicht nachkommt, war aus PSK-Sicht auszuschließen. Die Bonität der Eurofighter GmbH war da schon kniffliger. Die ist von Bedeutung, wenn die Republik Zahlungen verweigern sollte, weil beispielsweise gegen Antikorruptionsklauseln verstoßen wurde. Dann müsste sich die Bank bei Eurofighter schadlos halten. »Aufgrund einer besonderen rechtsgeschäftlichen Abrede wurde der Bawag-PSK dieses Risiko abgenommen«, heißt es in der Strafanzeige des Verteidigungsministeriums. »Darin ›garantierte‹ die Republik Österreich der Bawag-PSK, die in den Verträgen V1 und V2 vereinbarten Raten in voller Höhe und bei vereinbarter Fälligkeit zu zahlen.« Bei V1 handelt es sich um den Vertrag über die Lieferung von 18 Eurofightern und V2 beinhaltet die Abreden betreffend Ausrüstung, Logistik sowie Training und Simulation. Die Republik verpflichtete sich quasi bedingungslos zu zahlen, also »unabhängig von allen Ansprüchen und Einreden gegen die Gültigkeit und Fälligkeit der Zahlungsverpflichtung dem Grunde oder der Höhe nach, die der Käufer allenfalls aus welchem Grund auch immer auf Grund dieses Vertrages oder auf Grund gesetzlicher Bestimmungen (insbesondere aus Nichtigkeit des Vertrages) oder infolge der Ausübung von Anfechtungs-, Gestaltungs- und Rücktrittsrechten durch wen auch immer oder infolge von Gewährleistungs- und Schadenersatzansprüchen« gegen das Eurofighter-Konsortium erheben könnte. Mit anderen Worten: Selbst bei Rücktritt vom Kaufvertrag wegen festgestellter Schmiergeldzahlungen wäre die Republik verpflichtet gewesen, an die Bawag-PSK brav weiterzuzahlen.

Dieses Zugeständnis war viel wert. Es reduzierte das Risiko für Bawag-PSK und damit auch Fortfaitierungskosten für Eurofighter – zu Lasten der Republik. »Die besondere Reichweite dieses Einredeverzichts führte auf der anderen Seite dazu, dass Eurofighter von der Bawag-PSK deutlich günstigere Konditionen für die Vorfinanzierung eingeräumt werden konnten«, heißt es in der Strafanzeige des Verteidigungsministeriums. Eurofighter bekam das Geld nicht nur viel früher als geplant, sondern lukrierte auch einen Zinsvorteil von einigen hundert Millionen Euro. »Dieser von Eurofighter GmbH erlangte Vorteil wurde jedoch von dieser an die Republik Österreich nicht weitergegeben.« Was das Finanzministerium veranlasste, diesen weitreichenden Einredeverzicht abzugeben, zählt zu den vielen ungeklärten Rätseln in der Eurofighter-Affäre.

Auch die Umstände rund um den Darabos-Vergleich sind mysteriös. »An den maßgeblichen Vergleichsverhandlungen nahmen auf Seiten der Republik Österreich ausschließlich der Bundesminister für Landesverteidigung und ein externer Gutachter teil«, heißt es in einem Bericht des Rechnungshofs aus dem Jahr 2009, der die Vergleichsverhandlungen genauer unter die Lupe nahm. Nicht nur die Anzahl der Fluggeräte wurde von 18 auf 15 reduziert, sondern auch die Materialbeschaffenheit bei sechs Flugzeugen von »ungebraucht und fabriksneu« auf »fast neuwertig« herabgestuft. Die Abbestellungen umfassten einen Wert von rund 307 Millionen Euro. Jedoch stellte die Eurofighter GmbH für die außertourliche »Systemänderung«, womit die Abbestellungskosten gemeint waren, einen Betrag von rund 57 Millionen Euro in Rechnung. Somit musste die Eurofighter GmbH netto 250 Millionen Euro zurückzahlen. Ein schlechter Deal für die Republik: Sie bekam nicht nur weniger, sondern auch viel schlechtere Abfangjäger. Die trockene Zusammenfassung der Rechnungshofprüfer: »Ausgabenreduzierende Auswirkungen der Leistungsminderungen, also Änderung von Tranche 2- auf Tranche 1-Konfiguration und Akzeptanz teilweise gebrauchter Flugzeuge, sowie durch die Vermeidung der Umrüstung der Flugzeuge von Tranche 1- auf Tranche 2-Konfiguration waren im Vergleich nicht nachvollziehbar ausgewiesen.«

Im Eurofighter-U-Ausschuss 2017 zelebrierten Ex-SP-Kanzler Alfred Gusenbauer und der frühere Verteidigungsminister Norbert Darabos das enorme Sparpotenzial des von ihnen verhandelten Vergleichs. Ein Fall von hartnäckiger Realitätsverweigerung und eine gewaltige Mogelpackung. Um einen Verhandlungserfolg darzustellen, wurden wilde Kalkulationen angestellt. So wurde ein Preisnachlass von jährlich vier Millionen Euro auf 30 Jahre hochgerechnet, was kalkulatorische Einsparungen von 120 Millionen Euro ergab. Tatsächlich lag die Vertragslaufzeit bei den Betriebsverträgen bei rund 3,5 Jahren, was das gesicherte Einsparungspotenzial auf 17 Millionen Euro reduzierte. »Der Bundesminister für Finanzen war in die Vergleichsverhandlungen und in den Vergleichsabschluss nicht nachvollziehbar eingebunden, obwohl dies im Sinne der haushaltsrechtlichen Bestimmungen geboten gewesen wäre«, heißt es im Rechnungshofbericht. »Von der im Vergleich angeführten Entgeltreduktion in Höhe von >mindestens 370 Millionen Euro< waren somit nur rund 267 Millionen Euro gesichert.« Nicht nur schwarz-blaue Finanzminister, sondern auch die roten beherrschten die Kunst der kreativen Kostenrechnung. Im Eurofighter-Untersuchungsausschuss 2017 kam heraus, dass Verteidigungsminister Darabos den umstrittenen EADS-Vergleich in diskreter Absprache und auf Anordnung von Kanzler Alfred Gusenbauer arrangiert hatte. Obwohl es sich um einen komplexen und heiklen Verhandlungsvorgang handelte, berichtete Darabos stets nur mündlich. Die Schriftform wurde tunlichst vermieden. Angesichts der Verhandlungsmethodik besteht der Verdacht, dass auch der von den Sozialdemokraten arrangierte Vergleich alles andere als sauber war. Die Korruptionsspuren sind nicht nur schwarz-blau, sondern auch tiefrot gefärbt.

Beschaffungsvorgang, Gegengeschäfte, Vergleichsverhandlungen. Rückblickend betrachtet, waren die Lobbyisten und Vermittler ihr Geld wert. Für das Eurofighter-Konsortium verlief alles ganz nach Drehbuch – und das wurde bereits im Mai 2001 geschrieben. Damals trafen sich hochrangige EADS-Manager mit ihren Lobbyisten, um einen streng vertraulichen Maßnahmenplan zur »Beschaffung Abfangjäger für Österreich« zu besprechen. »Es ist uns gelungen, den Eurofighter nachträglich in die Beschaffungsliste aufzunehmen«, schreibt EADS-Lobbyist Kurt Wiederwohl im Jahr 2001. Es sei wichtig, das Paket bis 2002 abzuschließen. »Kann der Zuschlag nicht in diesem Jahr erteilt werden, ist man allgemein der Meinung, dass es aufgrund der in zwei Jahren anstehenden Nationalratswahlen für die Beschaffung der Abfangjäger politisch zu spät ist.« Mit Verteidigungsminister Herbert Scheibner, Finanzminister Karl-Heinz Grasser und Wirtschaftsminister Martin Bartenstein habe Eurofighter einflussreiche Fürsprecher. Scheibner kassierte nach seiner Politkarriere sogar Beratungshonorare von der Eurofighter Jagdflugzeug GmbH (insgesamt 60 000 Euro), die er über eine Briefkastenfirma in den Emiraten abwickelte. »Bundeskanzler Wolfgang Schüssel behält sich die Entscheidung persönlich vor, das heißt, es ist die persönliche Einflussnahme von Regierungsmitgliedern der vier Eurofighter-Länder, wie es auch Schweden seit Jahren intensivst macht, notwendig. Die Verteidigungs-, Wirtschafts- und Finanzminister der vier Eurofighter-Länder müssen ihre österreichischen Amtskollegen in gegenständlichem Beschaffungsvorhaben ebenfalls kontaktieren«, schreibt der EADS-Lobbyist und steckte auch gleich den politischen

Rahmen hinsichtlich der Gegengeschäfte ab. Der Kompensationsumfang liege bei rund drei Milliarden Euro. »Politisch wurde der Abfangjäger seit Jahren mit 20 Milliarden Schilling [1,45 Milliarden Euro] gehandelt, der tatsächliche Bedarf liegt jedoch bei 40 Milliarden.« Der Lösungsansatz: »Man behält die 20 Milliarden Schilling bei, vereinbart eine 200-prozentige Kompensation, die dann dem tatsächlichen Kaufpreis von 40 Milliarden Schilling in Form einer 100-prozentigen Kompensation entspricht.« So könne der Eurofighter dem Wähler als Wirtschaftsprogramm verkauft werden, das Jobs und Wohlstand für Österreich bringe. Doch wie könne Eurofighter derartige Summen darstellen? Auch darauf hatte Lobbyist Wiederwohl eine Antwort. Der Kaufpreis müsse niedrig angesetzt werden, erhöhen könne man immer noch im Nachhinein, also nachdem der Kaufvertrag unterschrieben sei. Was selbst die EADS-Leute erstaunte: Auch nachträgliche Vergleichsverhandlungen zu Lasten der Republik seien nicht ausgeschlossen, die politischen Entscheidungsträger hätten das signalisiert. »Das ergibt die Notwendigkeit einer gerade noch rollfähigen (besser flugfähigen!!!) Variante. Alles andere wird dann über die Jahre hin nachbeschafft und unterliegt keiner politischen Diskussion mehr.« Zur Durchsetzung dieses Masterplanes bedürfe es eines adäquaten Budgets, das über Nebenabreden bei der Refinanzierung oder den Gegengeschäften locker dargestellt werden könne.

Das Drehbuch war perfekt. Dass die Staatsanwaltschaft den Regieplan für die groß angelegte Abzocke der Republik Österreich jemals in die Hände bekäme, konnte keiner ahnen. Noch unwahrscheinlicher war, dass das Papier zur Grundlage einer Betrugsanzeige des Verteidigungsministeriums werden und die Staatsanwaltschaft ermitteln würde. »Es besteht der begründete Verdacht, dass den damaligen Entscheidungsträgern und führenden Mitarbeitern von Eurofighter und Airbus spätestens zum Zeitpunkt des Vertragsabschlusses bekannt war, dass Eurofighter im Bauzustand der Tranche 2 Block 8 an die Republik Österreich nicht zu den vertraglich zugesagten Terminen (hätten) ausgeliefert werden können«, heißt es in der Strafanzeige. »Darüber hinaus wussten die Vertreter von Eurofighter und Airbus auch, dass sie aufgrund der fehlenden Verfügbarkeit und der bereits zu diesem Zeitpunkt feststellbaren Veralterung von Ersatzteilen für Eurofighter im Bauzustand der Tranche 1 Block 5 nicht in der Lage sein würden, sämtliche versprochenen 18 Stück an die Republik Österreich zu liefern.« So liest sich der perfekte Betrug.

Demnach wussten die Mitglieder des Eurofighter-Konsortiums von Anfang an, dass sie den ursprünglichen Kaufvertrag mit der Republik niemals erfüllen würden können. »Vielmehr suggerierten sie gegenüber der Republik Österreich, dass eine ordnungsgemäße und fristgerechte Lieferung erfolgen wird und kann.« Bis zum Schluss ließen sie keine Zweifel an ihrer Vertragstreue. »Eine Aufklärungspflicht hätte sich auch im Zuge der Vergleichsverhandlungen 2007 ergeben«, heißt es in der Strafanzeige. Eine Gelegenheit, die Karten auf den Tisch zu legen – und tätige Reue zu zeigen. Doch die EADS-Manager zockten weiter. Warum auch nicht? Für sie lief alles wie am Schnürchen. Die Politiker tanzten nach ihrer Pfeife. Die Eurofighter-Verantwortlichen machten weiter und setzten »die betrügerischen Täuschungshandlungen« fort. Fazit der Task Force Eurofighter: »Durch die Eurofighter GmbH und Airbus anzulastenden Täuschungshandlungen wurde nicht nur die Republik Österreich geschädigt, sondern kamen auch den Personen eines Berater- und Interessennetzwerkes direkt oder indirekt Vermögensvorteile zu.«

Dem kann Ronald Rohrer nur zustimmen. Der Verfahrensrichter im Eurofighter-U-Ausschuss 2017 übt in seinem Endbericht harsche Kritik an EADS. Konkret wirft er dem Abfangjägerproduzenten treuwidrige Handlungen gegenüber der Republik Österreich vor. Auch der pensionierte Vizepräsident des Obersten Gerichtshofs erkennt »hohe, nicht nachvollziehbare Provisionen und Erfolgshonorare«, die an kleine Agenturen mit Nahebeziehungen zu politischen Entscheidungsträgern geflossen sind. Das rund um die Eurofighter-Gegengeschäfte aufgezogene Finanzgeflecht stößt dem ehemaligen Höchstrichter übel auf. Die Gesamtschau legt laut Rohrer-Bericht »die Vermutung unrechtmäßiger Verwendung dieser Gelder nahe«. Beweise für Bestechung konnte auch der U-Ausschuss nicht feststellen.

Fünfzehn Jahre nach der Eurofighter-Entscheidung, zehn Jahre nach dem ersten parlamentarischen Untersuchungsausschuss und nach mehr als fünf Jahren polizeilicher Ermittlungsarbeit steht die strafrechtliche Aufarbeitung der Affäre Eurofighter immer noch am Anfang. Auch der Untersuchungsausschuss 2017 brachte spannende Hinweise auf korrupte Zahlungen und Verweise auf dubiose Briefkastenfirmen. Zahlreiche Konten und Depots von Eurofighter-Lobbyisten müssen noch geöffnet werden, viele werden wohl unentdeckt bleiben. Staatsanwälte und Wirtschaftspolizisten benötigen Durchhaltevermögen – und vor allem Zeit. Dass die Politgünstlinge des Eurofighter-Geschäfts vor den Vorhang geholt werden, ist von demokratiepolitischer Bedeutung. Die Dreistigkeit und Systematik, mit der in der Causa Eurofighter geschmiert wurde, darf nicht ungeahndet bleiben. Und die Message an die Waffenlobby muss klar und deutlich sein: Korruption im Kriegsgeschäft ist nicht auszurotten, aber Korruptionisten werden nicht mehr geschützt. Die Jagd nach den Eurofighter-Profiteuren könnte noch Jahre dauern, jedenfalls darf sie nicht ergebnislos abgeblasen werden.

Kapitel 5

Im monetären Moloch –
oder: das Nationalbank-Drama

Es ist eine Schattenwelt. Seit mehr als 200 Jahren wachen Direktoren der Nationalbank über Österreichs Geld. Nach den napoleonischen Kriegen 1816 als »privilegirte oesterreichische National-Bank« gegründet, blickt sie auf eine wechselvolle Geschichte zurück. Die zahlreichen Regimewechsel von Monarchie über Republik hin zu Ständestaat und Naziherrschaft überstand die Oesterreichische Nationalbank (OeNB) unbeschadet und ging immer wieder gestärkt hervor. Die zentrale Jobdescription des Gouverneurs, des obersten Direktors der OeNB, war und ist: das Vertrauen der Staatsbürger fördern – in die Banken, in die Währung und in das Finanzsystem.

Freilich hat sich das Selbstbild der altehrwürdigen Institution nach zwei Jahrhunderten, zwei Weltkriegen und noch mehr Währungsumstellungen gewandelt. Der Gulden, die Krone, der Schilling und schließlich der Euro – die OeNB blieb durchgehend die Währungshüterin und somit mitverantwortlich für Wohlstand und Wachstum in Österreich. Deshalb genießen Gouverneur und Präsident bzw. Direktorium und Generalrat der OeNB einen außerordentlichen Ruf. Das geschäftsführende Direktorium wird aktuell vom »roten« Gouverneur Ewald Nowotny und der beaufsichtigende Generalrat vom »schwarzen« Claus Raidl präsidiert. Wiewohl sich die OeNB als unabhängig und überparteilich darstellt: Spitzenpositionen werden bis dato parteipolitisch besetzt.

Die Nationalbank sowie ihre Repräsentanten stehen zweifellos für Stabilität und Vertrauen. Sie sehen sich als Fels in der kapitalistischen Brandung. Als oberste Bankenwächter garantieren sie die Liquiditätsversorgung der mehr als 700 Kreditinstitute und somit indirekt für alle Sparbücher. Der Umgang der Banken mit Geldwäsche-Risiken, der Vermeidung dubioser Darlehensvergaben oder der gefährlichen Überschreitung von Großveranlagungsgrenzen wird von der OeNB überwacht. Als Mitglieder des Systems der Europäischen Zentralbanken dirigieren die OeNB-Direktoren schließlich auch Kreditzinsen und Geldmengen – und gehören damit zu den wichtigsten Playern auf dem globalen Geldmarkt. Während Weltfinanz-, Euro- oder Griechenland-Krise die nationalen Regierungen Europas geschwächt haben, gilt für Zentralbanken das genaue Gegenteil. Noch nie zuvor waren die Währungshüter so einflussreich – und gleichzeitig so frei von jeder Kontrolle. Während Österreichs Privatbanken, wie etwa Bank Austria, Raiffeisen sowie Erste Bank und Sparkassen, mit neuen Regularien regelrecht eingedeckt werden, spielt die Nationalbank in einer anderen Liga – und ohne Schiedsrichter. So kam es, dass Nowotny, Raidl und Co still und heimlich sehr viel Einfluss und Macht anhäuften.

Zu einer bemerkenswerten Aussage ließ sich Ewald Nowotny Ende 2015 in einem Interview im Wirtschaftsmagazin »Format« hinreißen. Ob er für eine EU-Armee plädiere? »An sich gibt es schon einen Ansatz für eine europäische Armee, eine Rapid Deployment Force«, sagte er. »Die wird man ausbauen müssen. Die Situation, wie wir sie jetzt haben, ist nicht mehr zeitgemäß. Eine EU-Einsatztruppe könnte der verbindende Teil eines Kerneuropas sein.« Im Februar 2017 konkretisierte Nowotny in der Tageszeitung »Der Standard«: »Die Aufrüstung der EU wird in einer Welt der steigenden Unsicherheit unvermeidlich sein. Die Europäische Union ist eine Gemeinschaft, die per definitionem Grenzen hat – und die wird man schützen müssen.«

Bemerkenswerte Positionen. Wiewohl Nowotny als langjähriger SPÖ-Nationalrat und Wirtschaftssprecher das Politiker-Gen besitzt, sind seine Ausführungen zur europäischen Sicherheitsarchitektur außergewöhnlich. Zum typischen Betätigungsfeld eines Notenbankers gehören Militär- und Verteidigungspolitik sicher nicht. Vielmehr sind die Aussagen ein Beispiel dafür, dass die Nationalbanker längst ihren Elfenbeinturm verlassen haben. Begriffe wie politische Unabhängigkeit oder Weisungsfreiheit dienen dazu, von eigenen Verfehlungen abzulenken – und davon gibt es unglaublich viele.

Hinter all dem Pomp und Prunk des imposanten OeNB-Palastes am Otto-Wagner-Platz verbirgt sich ein Moloch, der von einer politischen Nomenklatura mit Geld, Personal und Einfluss versorgt wird. Dort herrscht ein Leben in Saus und Braus. Zum Privilegienparadies gehören der Zugang zu Billigwohnungen und üppige Luxuspensionen sowie eine mondäne Freizeitanlage mit Clubhaus.

Tatsächlich liegt einiges im Argen. In OeNB-Tochterfirmen wie der Banknotendruckerei OeBS wurde geschmiert, was das Zeug hielt. Bares war Wahres. Reichte Geld nicht aus, dann wurden Geschäftspartner mit Luxusartikeln beschenkt. Die großen Bankskandale der letzten zehn Jahre erzählen eine

Geschichte über das Versagen des OeNB-Kaderpersonals. Keine noch so intensive Prüfung von Bawag, Constantia, Meinl oder Hypo Group Alpe-Adria hätte das kriminelle Handeln der Bankorgane verhindern können, lautet die Verteidigungsrede vieler Notenbanker. Doch kritische Prüfergebnisse herunterzuspielen und die Beseitigung schwerer Mängel erst gar nicht nachzuprüfen, liefert genügend Angriffsfläche. Die unkontrollierte Expansion der Hypo Alpe Adria entpuppte sich nicht nur als Kriminalfall und milliardenschwerer Schadensfall für die Republik, sondern auch als prototypisches Beispiel für das Kontrollversagen der Notenbanker. In der öffentlichen Wahrnehmung zählen die Zentralbanker zu den Guten. Doch wie lange noch?

Die laxe Prüfpraxis bei den landeseigenen Hypobanken war und ist kein Versehen. Die elitären Notenbanker setzen sich nur ungern den Angriffen selbstbewusster Landeshauptleute aus. Die Arbeit im Verborgenen liegt ihnen eher. Legendär sind etwa die Attacken des verstorbenen Kärntner Landeshauptmanns Jörg Haider. In den TV-Duellen der Neunzigerjahre prangerte er das »Bonzentum« in der Nationalbank an. Haiders »Taferl« mit den Supergagen der Direktoren schrieben Mediengeschichte. Haider im O-Ton: »Die leben ja wie im Schlaraffenland!« Die Attacken zeigten damals Wirkung. Die »Lemuren«, wie Haider die Direktoren der Nationalbank despektierlich nannte, waren aufgeschreckt. Ab diesem Zeitpunkt galt Haiders Hypo Alpe Adria als sakrosankt. Auch wurden die Gehalts- und Pensionssysteme der OeNB in den Neunzigerjahren reformiert. Doch das betraf vor allem Neueintretende. Die Alteingesessenen blieben fast unbehelligt. Im Rentnerparadies kehrte wieder Ruhe ein.

Die Privilegienfestung am Otto-Wagner-Platz schien lange Zeit uneinnehmbar. Es war die eigene Überheblichkeit, die die Notenbanker im Jahr 2013 in die Bredouille brachte. Gier und Arroganz sollten sie Reputation und Geld kosten. In einer Art Sammelklage forderten 972 Pensionisten und 422 aktive OeNBler ihr Glück heraus. Sie klagten gegen die im Jahr 2013 von der Regierung per Gesetz eingeführte Solidarabgabe. 3,3 Prozent der Monatsgage sollten sie zur Absicherung ihrer Pensionen abtreten. Das war ihnen zu viel. Dieser sogenannte Pensionssicherungsbeitrag sei ein Eingriff in verfassungsmäßig gewährleistete Eigentumsrechte, argumentierten sie. Sie empfanden das Gesetz als kalte Enteignung. Eine gewagte Behauptung, meinten führende Arbeitsrechtler. »Einen Schutz wohlerworbener Rechte gibt es nicht, schon gar nicht, wenn es sich nicht um Geld handelt, das man selbst einbezahlt hat«, sagt der Pensionsexperte Wolfgang Mazal. Maßvolle Eingriffe, die für die Betroffenen nicht zu hoch ausfallen, seien sehr wohl erlaubt. Doch die selbstbewussten Nationalbanker kümmerte das wenig, sie wollten es wissen – und zogen gegen die OeNB als Dienstherr und die Republik als OeNB-Alleineigentümerin vor Gericht.

Die Liste der Luxusrentner

Im November 2013 landete die 204-seitige Klagsschrift beim Wirtschaftsmagazin »Format«, das sie in der spektakulären Titelgeschichte »Die Gier der Luxusrentner« zum Thema machte. In der Klage wurden alle 1394 Kläger mit Namen und der individuellen 3,3-Prozent-Solidarabgabe aufgelistet. Die Offenlegung war nötig, weil jeder einzelne die Rückzahlung der Solidarabgabe forderte. So wurde ein bis zu diesem Zeitpunkt wohlgehütetes Geheimnis der Republik gelüftet: die Liste der Spitzenpensionisten der Nationalbank.

Die Monatspension errechnete sich aus dem in der Klagsschrift ausgewiesenen Solidarbetrag, der 3,3 Prozent des monatlichen Pensionsanspruchs ausmachte. Das Rechenergebnis war atemberaubend. Angeführt wurde das Top-Ten-Ranking von Ex-OeNB-Präsident Adolf Wala (31 915,45 Euro), Ex-Generaldirektor Heinz Kienzl (30 157,58) und Ex-Münze-General Dietmar Spranz (23 802,12 Euro). Die ehemaligen OeNB-Direktoren Peter Zdrahal (Kreditabteilung), Thomas Lachs (Auslandsabteilung) und Klaus Mündl (Bankabteilung) folgten mit 23 383,94 Euro. Ex-Wertpapierdruckerei-Direktor Herbert Skarke sowie die ehemaligen Vizedirektoren Franz Hörmannstorfer, Ferdinand Knoth und Herbert Danzinger schienen mit mehr als 18 000 Euro auf. Nach dem Bekanntwerden kamen die Superrentner gehörig ins Schwitzen. Nicht das Geld sei der Grund für den Rechtsstreit. »Uns geht es ums Prinzip, nicht um die Höhe des Betrags«, sagte OeNB-Zentralbetriebsratschef Robert Kocmich. Er wehrte sich gegen Pauschalurteile, die auf Neidreflexen beruhten. Klein- und Zuschusspensionisten würde der Abzug sehr wohl fehlen. Der Gesetzgeber habe mit dem Stabilitätsgesetz 2012 in bestehende Verträge eingegriffen, dagegen setze man sich rechtlich zur Wehr. Kocmich damals: »Für uns ist das ein verfassungswidriger Eingriff auf privatrechtliche Ansprüche, der potenziell irgendwann jeden Bürger treffen kann.«

Mittlerweile hat der Verfassungsgerichtshof entschieden. Die Pensionskürzungen sind verfassungskonform. Abzüge von 3,3 Prozent sind zumutbar, vor allem bei einer OeNB-Durchschnittspension von rund 5000 Euro. Zum Vergleich: Die Höchstpension für rund drei Millionen ASVG-Versicherte liegt aktuell bei 3355,30 Euro. Das Erkenntnis vom November 2016 sorgte jedenfalls für Ernüchterung bei den wohlbestallten Pensionsfürsten. Denn die Verfassungsrichter wendeten auch nichts gegen das Sonderpensionenbegrenzungsgesetz ein, das als Reaktion auf die OeNB-Pensionsprivilegien entstanden war und seit 1. Jänner 2015 in Kraft ist. Das Gesetz sieht gestaffelte Abzüge von fünf, zehn, 20 und 25 Prozent vor. Auf den ersten Blick klingt das schmerzlich, doch die Lobbyisten der Privilegienritter hatten sich wieder durchgesetzt. Zwar kassieren die OeNB-Pensionskaiser Wala (minus 5800 Euro), Kienzl (minus 5300 Euro) und Spranz (minus 3800 Euro) nun weniger, aber immer noch mehr als 20 000 Euro im Monat. Die Einschnitte seien minimal, wie »Format« im Jahr 2014 vorrechnete: »Ein Notenbank-Pensionist, der im Schnitt 5000 Euro erhält, muss ab 2015 rund 23 Euro Solidarbeitrag pro Monat zahlen – eine Micky-Maus-Belastung. Die Mehrheit der Superrentner wird mit läppischen ein, zwei Prozent zur Kasse gebeten.« Der Sozialforscher Bernd Marin, ein prominenter Kritiker des OeNB-Pensionssystems: »Das Sonderpensionen-begrenzungsgesetz ist in Wahrheit ein Pensionsmultimillionärsgesetz.« Ein Luxuspensionist koste den Staat bis zu neun Millionen Euro, so Marin. Mit dem Begrenzungsgesetz wurden die kapitalisierten Superpensionen auf vier bis fünf Millionen Euro gedrückt. Das sei noch immer viel zu viel. Viel schlimmer sei, dass die Privilegien der Notenbanker einzementiert wurden, weil das Sonderpensionenbegrenzungsgesetz im Verfassungsrang steht.

Die Notenbank bleibt auch nach den Reformen ein Pensionsparadies, wie ein Blick in die Geschäftsberichte zeigt. Im Jahr 2012 wurde die rund zwei Milliarden Euro schwere Pensionsreserve der Notenbank mit 113,8 Millionen Euro aus dem OeNB-Gewinn dotiert, die Aufwendungen für »14 pensionierte Direktoriumsmitglieder bzw. deren Hinterbliebene« von 4,1 Millionen Euro sind da eingerechnet. Im Jahr 2015 mussten noch immer 120,8 Millionen Euro zugeschossen werden, und auch die Direktorenzuschüsse blieben unverändert bei 4,1 Millionen Euro.

Die Pensionskosten drücken den OeNB-Profit jedenfalls gewaltig. Die Nationalbank steht zu 100 Prozent im Eigentum der Republik Österreich, und per Gesetz müssen 90 Prozent des Gewinns ausgeschüttet werden. Die Pensionszuschüsse gehen somit zu Lasten der Republik – und damit des Steuerzahlers. Die Deutlichkeit, mit der die OeNB-Privilegien sichtbar wurden, veranlasste die Bankspitze, lieb gewonnene Traditionen zu hinterfragen. Die Zeit der Showdowns zwischen Direktorium und Betriebsrat war angebrochen. Die Pfründen der Nationalbanker wurden nach und nach transparent. Der öffentliche Druck zwang Gouverneur Nowotny dazu, in seinem Haus ordentlich aufzuräumen. Konkurrenzfähigkeit auf dem Arbeitsmarkt sollte gewährleistet sein. »Ist das branchenüblich?«, fragte sich Nowotny. »Wenn nein, dann weg damit.« Das Downgrade von Business auf Economy Class bei Dienstreisen erfolgte noch freiwillig. Andere Privilegien wurden nicht kampflos aufgegeben.

Zu den üppigen Sozialleistungen hält der Rechnungshof im Bericht vom Februar 2015 fest: »Die OeNB zahlte im Prüfungszeitraum 2009 bis 2013 eine Vielzahl von Sozialleistungen mit einem hohen Gesamtumfang (rund 62,95 Millionen Euro in Summe bzw. durchschnittlich rund 12,59 Millionen Euro pro Jahr) direkt oder indirekt an ihre Dienstnehmer aus. Im Bereich der Kosten fielen für Personal rund 5,22 Mio. EUR in Summe (durchschnittlich rund 1,04 Millionen Euro pro Jahr) bzw. für Infrastruktur, Zeitaufwand, Support- und sonstige Leistungen im Zeitraum 2009 bis 2013 rund 8,23 Millionen Euro in Summe (durchschnittlich rund 1,65 Millionen Euro pro Jahr) an. In vielen Punkten war das genaue Ausmaß in der Kostenrechnung – unter anderem mangels entsprechender Zeitaufzeichnungen – nicht präzise feststellbar.« Im Klartext: Die Nationalbank überhäufte ihre Leute mit Goodies, ohne einen »dokumentierten Gesamtüberblick« zu haben.

Die Rechnungshofprüfer versuchten Ordnung ins Chaos zu bringen – und machten haarsträubende Entdeckungen. So gönnte man sich eine luxuriöse Freizeit- und Sportanlage mit Fußballplatz, Tenniscourts, einem Schießkeller und einem weitläufigen Freibad. Zutritt hatten nur Mitarbeiter, Pensionisten und deren Verwandte. Betrieben wurde die Anlage vom Erholungs- und Sportverein der Oesterreichischen Nationalbank (ESV). Der Verein wurde nicht nur alljährlich mit rund 400 000 Euro Cash subventioniert, sondern auch durch die Bereitstellung von drei Mitarbeitern. Die Gehälter von zwei Geschäftsführern und einer Sekretärin (in Summe 370 000 Euro pro Jahr) sowie alle Rechnungen für Telefon und Internet, IT und Rechtliches (140 000 Euro pro Jahr) wurden ebenfalls von der Nationalbank übernommen. Auffällig: Freigegeben wurden die Subventionsgelder von einem OeNB-Mitarbeiter, der gleichzeitig im ESV-Vereinsvorstand saß.

Traumhaft war das Leben im achtköpfigen ESV-Vorstand allemal. Offiziell war die Vereinsarbeit »ehrenamtlich«. In der OeNB bedeutet das zwar unentgeltlich, aber nicht gratis. Abgerechnet wurde, wie in der OeNB üblich, übers Privilegienkonto. Die Vereinsmeier mussten ihre Arbeitszeit im Verein weder aufzeichnen noch dokumentieren. Champagner am Pool oder ein Schnitzel im Clubhaus? Alles während der Dienstzeit möglich. Die OeNB übernahm für die ESV-Leute alle Kosten, also auch für flotte Dienstreisen zu Sportevents. Dafür gab's zwar keine Extrakohle, aber laut Rechnungshof bis zu 80 Sonderurlaubstage pro Jahr. Derartige dienstlich veranlasste Urlaube und Reisekosten wurden anstandslos vom OeNB-Direktorium freigegeben.

Das Freizeitvergnügen der Mitarbeiter war der Notenbank generell viel wert. Für Holiday-Arrangements oder für kulturelle Aktivitäten wurde tief in die Tasche gegriffen. So wurden unter dem Titel »Anmietung von Urlaubsquartieren« im Jahr 2013 rund 373 000 Euro auf das Konto des Zentralbetriebsrats überwiesen. Und für Theaterkarten, Ballveranstaltungen, Reisen, Betriebsausflüge oder das Betriebsfest gab es jährlich mehr als 100 000 Euro. Wofür der Betriebsrat das viele Geld im Detail ausgab, bleibt laut Rechnungshof ein Rätsel: »Detaillierte Informationen über den Mitteleinsatz fehlten.« Zudem wurde eine soziale Geldader entdeckt. Das sogenannte »Sozialservice« umfasst aktive und pensionierte Notenbanker und deren Angehörige. Für gesundheitlich bedingte Aufwendungen wie etwa Heilverfahren und Heilbehelfe wurden beispielsweise im Jahr 2013 rund 219 000 Euro ausgegeben. Zahlstelle war abermals der Betriebsrat, der das Geld ohne schriftliche Richtlinien verteilen durfte. Zudem wurden beachtliche Prämienzuschüsse beim Abschluss einer Krankenzusatzversicherung gewährt. Im Jahr 2013 flossen in Summe 3,38 Millionen Euro an 3638 Personen, davon 1726 Pensionisten. Letztere bekamen mit 2,37 Millionen Euro einen überproportionalen Anteil zugesprochen. Zum Vergleich: Der durchschnittliche Jahreszuschuss lag 2013 für Aktive bei 763,45 Euro und für Pensionisten bei 1377,43 Euro. Die Krankenzusatzversicherung will Nowotny künftig deckeln. Bis auf den Betriebskindergarten und das Gesundheitsservice sollen alle Sozialleistungen eingeschränkt werden, heißt es. Die Umsetzung wird noch einige Zeit in Anspruch nehmen, so wie die Suche nach einem Käufer für einen Teil der OeNB-Freizeitanlage. Ein Teil des Areals beherbergt momentan ein Containerdorf für Flüchtlinge. Die Sportplätze werden schrittweise für Rugby-Clubs und Cheerleader-Trainings geöffnet.

Generell stellte der Rechnungshof fest, dass die Nationalbank viel zu oft nach dem Gießkannenprinzip vorgeht. Geburtsbeihilfen (364 Euro pro Kind), Heiratsbeihilfen (364 Euro), Karenzzuschüsse (238,37 Euro pro Monat), Kindergartenzuschüsse (45 bis 75 Euro pro Monat), Kinderzulagen auch für volljährige Kids (230 bis 321 Euro) sowie Familienzulagen bzw. Haushaltsgeld für Singles (140 Euro) – fast jeder wurde bedacht. Zudem durfte der Betriebsrat unter dem Titel »Familienservice« rund 19 000 Euro sowie jährlich rund 52 000 Euro »zur Förderung der Verwendung öffentlicher Verkehrsmittel« verteilen. Die genannten Sozialleistungen wurden unabhängig vom tatsächlichen Einkommen ausgezahlt und vom OeNB-Management nicht kontrolliert. Der Rechnungshof empfiehlt in seinem Bericht, die »Regelungen auf ihre Angemessenheit und soziale Treffsicherheit zu überprüfen und Reformen im Bereich des Sozialaufwands durchzuführen«.

Auch bei den Sozialleistungen hatten die Superrentner eine Sonderstellung. Die Vereinigung der Pensionisten der OeNB bekam von 2009 bis 2013 jährlich 37 000 Euro für Versammlungen, kulturelle Veranstaltungen und Sportevents zugeschossen. Das Geld wurde, wie sollte es anders sein, über den Betriebsrat verteilt. »Der Rechnungshof empfahl der OeNB zu überprüfen, ob die existierende Mehrfachsubventionierung der Pensionisten der OeNB im Rahmen mehrerer inhaltlich ähnlicher Sozialleistungen sozial adäquat und angemessen war, und Reformen im Bereich des Sozialaufwands durchzuführen.« Denn: Die Großzügigkeit geht zu Lasten des Steuerzahlers, weil sie die Ausschüttungen schmälert.

Der Etikettenschwindel »sozial« offenbart sich in der langjährigen Praxis bei der Vergabe von Bankwohnungen an Mitarbeiter und Pensionisten. Die OeNB nannte sie »Sozialwohnungen«, um in der Öffentlichkeit das Bild zu vermitteln, dass die Mieter soziale Härtefälle seien. Die Wohnungen in bester Stadtlage seien in den Jahren ab 1950 nicht zur Gewinnmaximierung gekauft bzw. errichtet worden. Vielmehr handle es sich um Apartments, die laut OeNB zur »Linderung der damaligen Wohnungsnot als Sozialwohnung« vergeben wurden. Tatsächlich wurde das Kriterium der sozialen Bedürftigkeit nach der Vermietung nie nachgeprüft. Eine soziale Staffelung der Mieten war ebenfalls niemals vorgesehen und ans Einkommen gebundene Änderungsklauseln waren sowieso kein Thema. Wer sich eine Luxuswohnung organisiert hatte, konnte dort unbefristet zur Billigmiete residieren und sie problemlos in der Familie weitergeben. Sozial bedeutete in der OeNB auch: billiges Wohnen für Bonzen. Was das die OeNB kostete? Der Rechnungshof kalkulierte die Differenz zwischen gezahlten Mieten und marktüblichen Mieten für den Zeitraum 2009 bis 2013 mit rund vier Millionen Euro. Im Gegensatz zu seinen Vorgängern lenkte Gouverneur Ewald Nowotny ein und verkaufte die Bankwohnungen. Doch auch dieser Deal hatte einen Haken: Über eine Absicherungsklausel garantierte die OeNB ihren Mietern, dass sie ihre Billigkonditionen auch im Falle eines Eigentümerwechsels behalten dürfen. Die OeNB würde sich entsprechend einsetzen. Von einer derartigen Mietpreisbremse kann der Durchschnittsbürger angesichts steigender Mieten nur träumen.

Nicht mehr zeitgemäß ist wohl auch der seit 1966 bestehende Jubiläumsfonds. Gewaltige 1,5 Milliarden Euro befinden sich im Topf. Aus den Erträgen wird Forschungsförderung in großem Stil betrieben. Seit Gründung flossen rund 775 Millionen Euro in 9900 Projekte. Zudem ermächtigt das Bundesgesetz über die Nationalstiftung für Forschung, Technologie und Entwicklung die Nationalbank seit 2004, jährlich bis zu 75 Millionen Euro an die »FTE-Nationalstiftung« auszuschütten. »Nach Ansicht des Rechnungshofs war die Durchführung einer Förderungsabwicklung keine Kernaufgabe einer Nationalbank.« Auch in diesem Nebenbereich kamen Unvereinbarkeiten ans Tageslicht. So ist es üblich, dass Förderungswerber ihre Fachgutachter vorschlagen dürfen und die OeNB zumeist den vorgeschlagenen Experten heranzog. Dass persönliche Naheverhältnisse zwischen Förderungswerber und Fachgutachter bestehen könnten, kam den Notenbankern wohl nie in den Sinn. So entsteht der Eindruck, dass die Forschungsförderung nur scheinbar nach objektiven Kriterien erfolgt. Das riecht nach Günstlingswirtschaft. Ist das Geld einmal überwiesen, kümmert sich die Nationalbank wenig um die geförderten Projekte. Laut Rechnungshof wird keine nachträgliche Evaluierung der Forschungsergebnisse durchgeführt, ein freier Zugang zu Forschungsdaten und Publikationen sei ebenfalls nicht vorgesehen.

Die Förderung ist ein teurer Spaß. »Die Kosten der OeNB für die Abwicklung des originären Jubiläumsfonds waren mit durchschnittlich rund 9,7 Prozent des genehmigten Förderungsvolumens bis zu dreimal so hoch wie bei anderen Forschungsförderungseinrichtungen«, analysiert der Rechnungshof. Forschungsförderung wirkt dann wie Liebhaberei. Eine Bündelung der Forschung im Wissenschafts- und Innovationsministerium wäre effizienter. Für die Regierung, die nach Gegenfinanzierungen für die Universitäten sucht, wäre das der Jackpot. Gouverneur Nowotny ist dagegen. Den Jubiläumsfonds will er nicht hergeben. Ähnliches galt lange Zeit auch für die indirekte Beteiligung an den Casinos Austria (Casag). So wie die Forschungsförderung gehört auch das Glücksspiel nicht zu den Kernaufgaben einer Zentralbank. Die Mittlerweile sind die Casag-Anteile der ÖNB Geschichte, wurden ans Finanzministerium abgetreten – alles nur eine Frage des politischen Willens.

Fette Dinopensionen, eine luxuriöse Sportanlage, generöses Freizeitsponsoring, verdeckte Billigwohnungen und eine überteuerte Forschungsförderung. Da kann die Hauptaufgabe schon auf der Strecke bleiben: die Beaufsichtigung der Banken. Der Umgang mit der Hypo Alpe Adria, der Kollaps der Kommunalkredit und das finanzielle Desaster rund um die Volksbanken AG ist eine Schande. Auch die Kriminalfälle rund um die Constantia Privatbank und die Meinl Bank werfen ein schiefes Licht auf die Bankenprüfung. »Die Untätigkeit der Aufsicht kostete die Republik viele Milliarden«, konstatierte die grüne Nationalrätin Gabriela Moser.

Nach Ausbruch der Finanzkrise spielten hochrangige Nationalbanker eine bemerkenswerte Rolle. Im Sog der Pleite der US-Investmentbank Lehman Brothers im Herbst 2008 gerieten zahlreiche Austrobanken in eine Liquiditätskrise. Die Bundesregierung erfand ein 100 Milliarden Euro schweres Bankenhilfspaket, das den Kreditsektor temporär mit Geld versorgen sollte. Als Treuhänder der Republik wurde die Finanzmarktbeteiligung Aktiengesellschaft des Bundes (Fimbag) ins Leben gerufen. Die Fimbag beschrieb ihre Aufgabe so: »Die Einhaltung der jeweils vereinbarten Bedingungen und Auflagen zu überwachen und, im Falle von Verstößen gegen die Auflagen, die jeweils vorgesehenen Maßnahmen in die Wege zu leiten bzw. die Eigentümerrechte nach Maßgabe der entsprechenden Vereinbarungen mit dem Bund wahrzunehmen.« Die Geschicke der Fimbag lenkten Ex-Nationalbank-Präsident Adolf Wala und Ex-Nationalbank-Gouverneur Klaus Liebscher sowie Ex-Münze-General Dietmar Spranz. Wala und Liebscher waren Vorstände und Spranz Prokurist der Fimbag. Nachträglich erweist sich die am 11. November 2008 gegründete Fimbag als teurer Faschingsscherz. Der ehemalige Rechnungshofpräsident Josef Moser sagte anlässlich der Fimbag-Auflösung: »Die Fimbag hat ihre Aufgabe bei der Hypo nicht erfüllt.« Auch die Fimbag-Arbeiten rund um die Abwicklung von Kommunalkredit und ÖVAG dürfen als Trauerspiel für den Steuerzahler bezeichnet werden.

Apokalypse Alpe Adria

Zur Abwicklung der 2009 notverstaatlichten Hypo Group Alpe-Adria wurde 2013 eine »Hypo Task Force« eingesetzt. Dieser Arbeitsgruppe gehörten Klaus Liebscher – damals: Fimbag-Boss und HGAA-Aufsichtsratschef – sowie Finanzmarktaufsichts-Chef Helmut Ettl, OeNB-Direktor Andreas Ittner und Ewald Nowotny an. Was alle Task-Force-Mitglieder gemein hatten: den OeNB-Konnex. Die Hypo Task Force agierte nicht unbefangen, weil alle Mitglieder ein vitales Eigeninteresse hatten, die Nationalbank zu schützen.

Klaus Liebscher stand als Gouverneur von 1998 bis 2008 an der Spitze der Nationalbank. Damals startete die Hypo ihre wilde Expansion in Zentral- und Osteuropa. Die von Landeshauptmann Jörg Haider bereitgestellten Landeshaftungen wirkten wie Testosteron. Als die EU aus wettbewerbsrechtlichen Gründen ein ab 2007 gültiges Verbot von Haftungsübernahmen aussprach, war es schon zu spät. Haiders Hypo-Doping wirkte. Das regionale Leichtgewicht Landeshypothekenbank Kärnten war bereits zum Südeuropa-Schwergewicht HGAA mutiert – und das vor den Augen der Notenbanker. Ein derartiges von Landeshaftungen gestütztes Wachstum hätte zumindest gebremst werden müssen. Als Hüter der Finanzmarktstabilität wäre das Liebschers Job gewesen. Für den prononcierten Hypo-Kritiker und grünen Nationalrat Werner Kogler ist Liebschers Bestellung zum Chef der Hypo Task Force frivol: »Das ist, als würde man Graf Dracula zum Chef einer Blutbank machen.« Liebscher empfindet Koglers Verhalten nur als »flegelhaft«. Die schwere Kritik an seiner Tägigkeit lässt er nicht zu. Er habe stets gewissenhaft und im Sinne des Steuerzahlers gearbeitet.

Der Rechnungshof ist auf Koglers Seite. »Die Fimbag führte die ihr übertragene Auflagenkontrolle unzureichend durch, weil sie die vertraglich eingeräumten Buch-, Betriebsprüfungs- und Einsichtsrechte nicht ausübte«, heißt es im Rechnungshofbericht 2012. Bemerkenswert: Fast alle Fimbag-Mitarbeiter verfügten über OeNB-Background. Im Jahr 2010 waren das neben Wala, Liebscher und Spranz fünf weitere Personen, davon zwei, die im Rahmen von Personalüberlassungsvereinbarungen von der OeNB zugekauft wurden. Zitat aus dem RH-Bericht: »Der Personalaufwand der Fimbag stieg zwischen 2009 und 2010 um knapp 60 Prozent auf rund 730 000 Euro, wobei sich die Gehälter für den Vorstand um 42 Prozent auf rund 318 000 Euro und die Gehaltszahlungen für die Angestellten um 80 Prozent auf rund 316 000 Euro erhöhten.« Zum teuren Managementtalent kamen exorbitant hohe Rechts-, Prüfungs- und Beratungsdienste. Jede heikle Entscheidung – davon gab es viele – wurde rechtlich abgesichert. Die Beratungshonorare summierten sich in den ersten beiden Jahren auf 785 033 Euro. Angesichts der katastrophalen Fimbag-Performance 2009 und 2010 – die Volksbanken-Pleite lief in Zeitlupe ab und die Hypo musste notverstaatlicht werden – darf die Qualität der Beratung zumindest angezweifelt werden.

In der Hypo Task Force saßen auch Ittner und Ettl. Andreas Ittner war bis 2008, als er ins OeNB-Direktorium aufstieg, der Chef der Bankenaufsicht. Und Helmut Ettl war bis zu seinem Wechsel in den FMA-Vorstand 2008 als OeNB-Bankenprüfer für die Hypo Group zuständig. Aus Sicht der Hypo-Untersuchungskommission von Irmgard Griss sowie nach Erkenntnissen des Hypo-Untersuchungsausschusses wurden Böcke zu Gärtnern gemacht. Im Ergebnis stellte sich das so dar, dass die Notenbanker im Dezember 2008, als die HGAA von der Republik 900 Millionen Euro Partizipationskapital wollte, meinten: »Die HGAA würde auch ohne staatliche Unterstützung nach der erfolgten Rekapitalisierung des Hauptaktionärs [Bayerische Landesbank; Anm.] Eigenmittelquoten halten, die über den regulatorischen Mindestvorschriften liegen.« Für 2009 prognostizierten die Nationalbanker gar einen satten Hypo-Gewinn. Daher sei ein staatlicher Kapitalzuschuss okay. Die HGAA wurde als »not distressed« eingestuft. Diese OeNB-Qualifikation sollte in der Griss-Kommission und im Hypo-U-Ausschuss noch für viel Wirbel sorgen. Denn das Begriffspaar wurde aus politischem Opportunismus erfunden. Die EU kannte damals nur gesunde (»sound«) und kranke (»distressed«) Banken. Die Hypo als »not distressed« zu bezeichnen war ein österreichischer Kunstgriff. Brisant: Das Anfang 2009 freigegebene Staatsgeld wurde nicht zur Verbesserung des Kapitalpolsters verwendet, sondern um reiche Hypo-Vorzugsaktionäre wie die Flick-Stiftung auszuzahlen, auch das vor den Augen der Nationalbanker. Angesichts der dramatischen Hypo-Entwicklungen, die in der Notverstaatlichung gipfelten, wäre ein OeNB-Veto angebracht gewesen. Hunderte Millionen Steuergeld wanderten so in private Taschen.

Revidiert wurde die folgenschwere »Not distressed«-Klassifikation der OeNB erst, nachdem 900 Millionen Euro Staatsgeld an die Hypo überwiesen worden waren. In einem Brief der Nationalbank an das Finanzministerium vom 15. Mai 2009 heißt es: »Unter der Annahme, dass die Kapitalzuführung [der BayernLB; Anm.] von 700 Millionen Euro bei der Beurteilung der wirtschaftlichen Lage der HGAA und damit der Frage, ob es sich um ein grundsätzlich gesundes Unternehmen handelt, nicht zu berücksichtigen gewesen wäre, hätte die Beurteilung der HGAA durch die OeNB zum damaligen Zeitpunkt auf >distressed< gelautet.« Mit anderen Worten: Die Hypo war 2008 total kaputt, das Staatsgeld nicht zulässig.

Die Chuzpe der Notenbanker wird durch einen vom Grünen-Parlamentarier Werner Kogler veröffentlichten internen OeNB-E-Mail-Verkehr vom 14. Dezember 2008 besonders deutlich. »Müssen bedenken, dass auf die Unterstützungspakete in ein paar Jahren Untersuchungsausschüsse oder Gerichtsverfahren folgen könnten (z.B. wenn eine Bank nicht zurückzahlen kann)«, schreibt OeNB-Prüfer Peter Breyer an seine Vorgesetzten Johannes Turner und Karin Hrdlicka. »Wir sollten kritisch bleiben. […] Nach einer marktüblichen Financial Analysis ist zumindest eine Hypo Alpe Adria und eine Bawag niemals als >financial sound< zu bezeichnen.« Klarer geht's wohl kaum.

Die Nationalbank, deren jahrelanges Versagen bei der Hypo-Überwachung nun aufzufliegen drohte, musste von sich ablenken. Vorschläge, die Bad-Bank-Problematik auf Steuergeld schonende Weise zu lösen, wurden rasch abgelehnt. Als etwa im Jahr 2009 eine spannende Idee entwickelt wurde, das wachsende Staatsbanken-Problem – immer mehr Zombiebanken suchten das rettende Dach der Republik – in den Griff zu bekommen, bremste die OeNB. Konkret ging es darum, die (teil-)verstaatlichten Geldhäuser nicht dem Finanzministerium bzw. der Fimbag umzuhängen, sondern der Nationalbank. Vorbild war das Bad-Bank-Modell der Schweizerischen Nationalbank. Als die Großbank UBS 2008 in Turbulenzen geriet, wurde sie über den von der Schweizer Nationalbank finanzierten »StabFund« aufgefangen. 2013 konnte die schweizerische Bad Bank sogar frühzeitig aufgelöst werden – und das überdies mit Milliardengewinn. Wieso das in Österreich nicht möglich war, erklärten Liebscher und Nowotny 2014 folgendermaßen: »Die Hypo Task Force und die OeNB kennen das Bad-Bank-Modell der Schweizerischen Nationalbank.« Es wurde »kurz diskutiert, aber nicht näher analysiert«. Warum? »Staatsfinanzierung ist keine Notenbankaufgabe.« Die Europäischen Verträge und die Richtlinien der EZB würden das strikt untersagen. »Eine Notenbank darf eine Abwicklungsbank weder besitzen noch direkt finanzieren.« Das kategorische Njet der OeNB-Spitzenvertreter erstickte jede konstruktive Diskussion im Keim – und kostete den Steuerzahler weitere Milliarden. Universitätsprofessor Leo Chini war ein Proponent des dritten Weges: »Kein Vertrag ist in Stein gemeißelt. Die EZB hat in den letzten Jahren vorgelebt, dass eine indirekte Staatsfinanzierung nicht tabu ist.« Die OeNB misst mit zweierlei Maß. Die Forschungsförderung ist im Wissenschaftsministerium wohl besser aufgehoben und gehört, wie gesagt, nicht zu den Kernaufgaben einer Zentralbank. Trotzdem will die OeNB den 1,5-Milliarden-Euro-Jubiläumsfonds nicht auflösen.

In der EZB ist die Wahrheit eine Tochter der Zeit. Was 2009 abgelehnt wurde, wäre heute wohl nicht mehr kategorisch auszuschließen. In den letzten Jahren kauften die Euro-Währungshüter Staatsanleihen auf, wie etwa von Krisenländern wie Griechenland oder Irland, um den Euro zu stabilisieren und die Wirtschaft anzukurbeln. Seit 2016 wurde das Kaufprogramm sogar auf Unternehmensanleihen mit besonderer Bonität ausgeweitet. In der Ausgabe vom 8. Dezember 2016 berichtet das renommierte deutsche »Handelsblatt«: »Die Euro-Wächter kündigten an, ihr bislang auf 1,74 Billionen Euro angelegtes Anleihen-Kaufprogramm zur Stützung der Konjunktur um neun Monate bis mindestens Ende Dezember 2017 zu verlängern. Das ist länger, als die meisten Volkswirte erwartet hatten. Das monatliche Volumen von derzeit 80 Milliarden Euro soll dabei aber ab April 2017 auf 60 Milliarden gesenkt werden. Damit kommen weitere Geldsalven in Höhe von 540 Milliarden Euro hinzu. Das Gesamtprogramm schwillt damit auf gigantische 2,28 Billionen Euro an.«

Mittlerweile akzeptiert die EZB sogar die nach Ausbruch der Finanzkrise verteufelten Asset Backed Securities (ABS) als Pfand im Notenbankgeschäft. Der Hintergrund: Borgen sich Geschäftsbanken Geld bei EZB bzw. OeNB aus, dann müssen sie Sicherheiten hinterlegen. Bei ABS handelt es sich um synthetische Wertpapiere, die Forderungen mehrerer Gläubiger bündeln. Mit Hypotheken besicherte Wohnbaudarlehen sind die ältesten ABS-Strukturen. Verkäufer sind meistens Banken, die auf diesem Weg Risiken aus den eigenen Bilanzen auslagern. Die exzessiven Praktiken von US-Banken, Wohnbaukredite bzw. Autoleasingforderungen schlechter Bonität in ABS zu verstecken und an »dumme Investoren« zu verkaufen, gelten als Hauptursache der globalen Finanzkrise.

Im Fall von Hypo Alpe Adria, Kommunalkredit oder ÖVAG wollte die OeNB jedenfalls nicht die Alleinverantwortung übernehmen. Besser war es, die Verantwortung mit anderen zu teilen, wie Finanzministerium, Finanzmarktaufsicht und Finanzprokuratur. Das Kalkül, das eigene Versagen zu kaschieren, ging auf. Selbst der kritische Hypo-U-Ausschuss konstatierte »multiples Organversagen« bei Aufsicht und Risikokontrolle.

Tatsächlich läuft in der Nationalbank noch immer einiges nicht rund. Das meinen sogar Insider. Die Häufung von Bankskandalen, wie etwa bei Bank Medici, Constantia Privatbank, Hypo, Kommunalkredit oder Meinl Bank, rückte die gesamte Bankenaufsicht in ein schiefes Licht. Eine gemeinsame Untersuchung von Nationalbank und Finanzmarktaufsicht (FMA) lieferte erschreckende Ergebnisse, die in einem vertraulichen »Rohbericht der Joint-Task Force OeNB-FMA 2013« vom 9. Jänner 2014 zusammengefasst sind. Das von den Revisoren Oliver Bilger (OeNB) und Martin Schmölzer (FMA) verfasste Geheimpapier wurde dem Wirtschaftsmagazin »Format« zugespielt. Auf knapp 50 Seiten beschreiben die Autoren die systematischen Schwächen der Kreditinstitutskontrolle wie etwa die Aufsplittung auf OeNB und FMA. Vereinfacht ausgedrückt, ist die OeNB für das »Fact Finding«, also für Vor-Ort-Prüfungen (VOP) und Follow-up-Prüfungen (FUP) zuständig. Der behördliche Entscheidungsprozess, also das »Decision Taking«, liegt bei der FMA. Auf den ersten Blick wirkt die Aufteilung klar und strukturiert.

Die Revisoren der Joint-Task Force teilten hingegen die Meinung des Rechnungshofs, der die Bankenaufsicht lieber unter einem Dach sehen würde, um Schnittstellen- und Kommunikationsprobleme gar nicht erst aufkommen zu lassen. FMA und OeNB präferieren den Status quo: Geteiltes Leid ist halbes Leid. Nicht ohne Eigennutz. Im Falle eines Problems könne der »Schwarze Peter« elegant der anderen Stelle zugeschoben werden. Gegenseitige Schuldzuweisungen führen auch dazu, dass am Ende keiner verantwortlich ist, wie bei Hypo Alpe Adria, Kommunalkredit und Volksbanken AG zu beobachten war.

Die Joint-Task Force klopfte die Organisation und Abwicklung von Bankprüfungen der OeNB und der FMA zwischen März und November 2013 ab. Schwerpunktmäßig wurde die Mängelverfolgung unter die Lupe genommen: Wie gehen OeNB und FMA mit in den Kreditinstituten festgestellten Mängeln um? Antwort: Sehr schlecht! »Insgesamt ist [...] die erstellte Dokumentation der Mängelabarbeitung nicht transparent und schwer nachvollziehbar«, schreiben die Revisoren. Es bestehe die »Gefahr, dass nicht alle Mängel behördlich verfolgt werden und dass die Ahndung unterbleibt«. Das erinnert an die Kriminalfälle Bawag oder Hypo. In den entsprechenden OeNB-Prüfberichten wurden eklatante Mängel festgestellt, wie etwa faule Kreditberge, mutmaßliche Geldwäsche und fehlende Kontrollsysteme zur Vermeidung von Betrug und Untreue. Saniert wurden die Mängel nur unzureichend. Die zum

Teil eklatanten Missstände blieben Herrschaftswissen der Nationalbank – bis die Skandale öffentlich wurden. Auch die Ressourcenvergeudung ist beachtlich. So werden »von der Behörde als umgesetzt festgestellte Mängel in einer neuerlichen VOP« untersucht. Die Joint-Task-Force-Revisoren schreiben dazu: »Diese redundante Überprüfung ist nicht nachvollziehbar.« Das führte dazu, dass wichtigere Prüftätigkeiten unerledigt blieben. »Die behördliche Mängelverfolgung 2012/2013 ruhte über ein Jahr und deshalb waren im Prüfungszeitraum der Joint-Task Force die Mängel X und Y aus der VOP noch immer offen.« In einem Fall wurde die Behebung der Mängel »nicht behördlich urgiert«, weil darauf vergessen wurde. Die geprüfte Bank kam ungeschoren davon. Derartige Schlampigkeitsfehler in der Bankenaufsicht können schwere Folgen nach sich ziehen. Die Rechnung bekommt die Nationalbank, beglichen wird sie mit Steuergeldern.

Transparenz und Nachvollziehbarkeit gehören offenbar nicht zu den Kardinaltugenden der Bankenprüfer. In den OeNB-Berichten herrscht eine Art babylonische Sprachverwirrung. »Im FUP-Bericht der OeNB gibt es eine Vielfalt an Wording zur Beschreibung der Mängelbehebung (behoben, weitgehend behoben, zumindest teilweise behoben, formal behoben, als erfüllt betrachtet, überwiegend behoben).« Dabei wäre die Wortwahl laut Joint-Task-Force-Bericht gar nicht so schwer: »In den Behördenakten soll es nur zwei Kategorien der Mängelfeststellung geben: Mangel behoben ja/nein.« So einfach kann Bankenprüfung sein. Obwohl Prüfberichte nicht selten acht (!) Unterschriften vorweisen, werden offensichtliche Fehler übersehen. Insgesamt sei die »Dokumentation der Mängelabarbeitung nicht transparent und schwer nachvollziehbar«. Die Revisoren konstatieren eine »fehlende Inhaltskontrolle«. Erschreckend: Nach Lektüre des Task-Force-Berichts ist nicht auszuschließen, dass sich ein Hypo-Desaster wiederholen könnte.

Die Spezialbehandlung der Hypo Alpe Adria zur Zeit des Kärntner Landeshauptmanns Jörg Haider dürfte kein Einzelfall sein. Die bevorzugte Behandlung anderer Banken mit Polittangente liegt auf der Hand. Die »rote« Bawag ist definitiv so ein Fall. Die Bank gehörte bis 2005 mehrheitlich dem Österreichischen Gewerkschaftsbund. Als die riskanten Bawag-Karibikgeschäfte 1994 erstmals publik wurden, prüfte die Nationalbank das Geldhaus auf Herz und Nieren. Dass die Gewerkschaftsbank an den Kapitalmärkten hunderte Millionen verzockt hatte, war ein Skandal. Die Gewerkschaftsmitglieder waren empört. In der Öffentlichkeit wurden die Spekulationsdeals mit dem Investor Wolfgang Flöttl sehr rasch als beendet und abgewickelt erklärt. Doch das war eine Lüge. In Wahrheit wurden die fragwürdigen Karibikgeschäfte mit Flöttl fortgesetzt, so als ob nichts gewesen wäre. 2005 schlug die Stunde der Wahrheit. Nachdem der US-Broker Refco in die Pleite schlitterte, wurde auch die geschäftlich verbundene Bawag in Mitleidenschaft gezogen. Die Ordnungsnummer eins des Bawag-Strafakts beginnt mit einer abgelegten »Format«-Story vom Oktober 2005 über die Karibikgeschäfte der Bawag, die deren Eigentümer ÖGB fast in den Abgrund treiben sollten. Im Bawag-Verfahren wurde bekannt, dass die Bankenaufseher über die Flöttl-Geschäfte informiert waren. Die atemberaubenden Sondergeschäfte mit dem Sohn des mittlerweile verstorbenen Bawag-Generals Walter Flöttl waren sogar in den Bawag-Aufsichtsratsprotokollen nachzulesen. Der Spekulationswahnsinn geschah vor den Augen der Nationalbanker. Hingegen die Öffentlichkeit wusste bis Herbst 2005 nichts davon.

Zwanzig Jahre nach den ersten Bawag-Karibikdeals und zwei Jahre nach Abschluss des neu aufgerollten Bawag-Gerichtsprozesses stellte die Joint-Task Force 2014 zur Bawag fest: »Im Akt der FMA werden […] auf mehr als einer halben Seite wesentliche Mängel festgestellt. […] Dennoch wird als weitere Vorgehensweise […] kein weiterer behördlicher Handlungsbedarf gesehen.« Zum Prüfungstermin 2013 sei »die Maßnahmenverfolgung seit einem Jahr unerledigt! Damit sind zwei Maßnahmen aus 2009 mehr als vier Jahre offen sowie zehn Mängel nicht dokumentiert abgearbeitet«. Ein eklatantes Versäumnis. »Vorgangsweise und behördliche Einschätzung sind für die Joint-Task Force nicht nachvollziehbar«, heißt es. Abermals steht eine Spezialbehandlung der Bawag im Raum. Wie dieser Verdacht entstehen kann? Vor seinem Wechsel in die Nationalbank stand Nowotny als Generaldirektor an der Bawag-Spitze. OeNB-Bankenaufsichtschef Philip Reading war Bawag-Treasury-Chef. Und FMA-Vorstand Helmut Ettl war als OeNB-Vertreter in die Prüfung der Bawag-Sondergeschäfte mit Wolfgang Flöttl involviert. Alle drei gehören dem »roten« Lager an. Die Sozialdemokraten haben wenig Interesse, in der Vergangenheit der früheren ÖGB-Bank zu wühlen, zumal die Bawag-PSK auch bei der Refinanzierung des Eurofighter-Ankaufs eine aufklärungswürdige Rolle gespielt hat. Ein Buddeln in der Vergangenheit könnte für böse Überraschungen sorgen.

Unfassbar: Der pointierte Rohbericht der Joint-Task-Force-Revisoren wurde schubladisiert. Die aktuelle Struktur der Bankenaufsicht wurde bis auf Weiteres einzementiert. Ab 2018 kommt eine »Bankenaufsichts-Reform light« mit der OeNB als Prüfer und der FMA als Behörde. Neu ist, dass es mehr Rechtssicherheit für die Prüflinge geben soll. Jedoch die strukturellen Schnittstellenprobleme bleiben erhalten. »Das allgemeine Frustrationsniveau darüber, dass hauptsächlich personell und nicht inhaltlich gestritten wurde, hat alle Beteiligten erschöpft«, sagte ein in die Reformverhandlungen eingebundener Insider im April 2017 gegenüber der Tageszeitung »Kurier«. Spitzen-banker wie Ex-Bank-Austria-Boss und Erste-Group-Risikovorstand Willibald Cernko halten die Reformpläne für eine »glatte Themenverfehlung«. Zwar sollen Entscheidungsprozesse beschleunigt werden – statt zwei Jahre auf sechs Monate – und mehr Rechtssicherheit einkehren. Doch eine Entrümpelung der Regularien sei nicht vorgesehen. Viel schlimmer: Die strukturellen Schwächen der Bankenaufsicht, die in der Vergangenheit Bankpleiten begünstigt haben, bleiben bestehen. Wie das passieren konnte? In der Reformgruppe saßen die Interessenvertreter des Status quo, neben den SP-Leuten Nowotny und Ettl waren das OeNB-Bankenaufsichts-Direktor Andreas Ittner (ÖVP) und FMA-Vorstand Klaus Kumpfmüller (ÖVP). Einen echten Systemwechsel wollten sie alle nicht.

Der Machterhalt kann brutale Züge annehmen. Interne Systemkritiker werden vornehmlich entsorgt. Gegen Whistleblower, die Missstände aufzei-gen, geht die Nationalbank mit aller Härte vor. Die Tageszeitung »Der Stan-dard« berichtete über einen seit 2013 laufenden Kampf eines Nationalbank-Revisors gegen das System. Der Kontrollor sei mit für die Notenbank äußerst unangenehmen Fällen betraut gewesen. »Etwa mit dem Verschwinden von 50 000 Euro aus der Hauptkasse, die zufällig in einem Hochregal gefunden wurden, oder zwei Fällen, in denen OeNB-Angestellte Geld vom Bankomaten mitnahmen, das anderen gehörte«, so »Der Standard«. Dass die IT-Abteilung Aufträge freihändig vergeben würde, habe der Revisor ebenfalls kritisch fest-gestellt. Mit seiner kompromisslosen Haltung bei der Aufklärung habe er sich viele Feinde im Haus gemacht.

Die Interne Revision ist so etwas wie eine Firmenpolizei. Ihre Aufgabe ist es, sicherzustellen, dass alle Firmenangehörigen vom Gouverneur abwärts die internen Spielregeln einhalten. Für den Betriebsrat ist die Interne Revision der natürliche Gegner. Im konkreten Fall wurde die Arbeit des engagierten Ermittlers sehr geschätzt, weshalb er sogar zum Vizechef der Abteilung Interne Revision befördert wurde. Für das Management war er wichtiger Inputgeber, vor allem wenn es darum ging, unliebsame Mitarbeiter loszuwerden.

Doch die Wertschätzung änderte sich dramatisch, als er die Arbeit seiner obersten Chefs hinterfragte. Auch das zählt zu den Aufgaben eines guten Re-visors. »In einem im Auftrag der EZB erstellten und an diese adressierten Be-richt zum Thema Zahlungsverkehr sei der Revisor bei einer Risikobeurteilung kritisch gewesen, was zu Differenzen mit dem Direktorium geführt habe«, schreibt »Der Standard«. Das Direktorium erteilte eine schriftliche Weisung. Dass der Revisor die fragwürdige Intervention in den Bericht einarbeitete, gefiel den OeNB-Direktoren gar nicht. Das war der Anfang vom Ende. Per

1. Oktober 2013 wurde der Revisor – gegen seinen Willen – versetzt. Weil er Techniker sei, solle er die IT-Compliance leiten, lautete die lapidare Begründung. Dass das besagte Referat sich damals erst in Gründung befand, nährt den Verdacht, dass die OeNB einen unliebsamen Kritiker kaltstellen wollte.

Der Revisor ließ sich das Mobbing nicht gefallen und klagte gegen die Degradierung zum einfachen Referatsleiter, gegen die verschlechternde Versetzung. Das Verfahren landete am Wiener Arbeits- und Sozialgericht, das dem Revisor Ende 2016 recht gab. Im Zuge des Verfahrens erhob Gerichtspräsidentin Olga Stürzenbecher-Vouk einige interessante OeNB-Interna. Sie interessierte sich für den Bericht an die EZB, der ja offensichtlich der Auslöser für den Arbeitskonflikt war. Was war so schlimm an der Weisung? »Letztlich lief das auf ein falsches Testat hinaus, das ich abgeben musste«, sagte der Kläger. Ewald Nowotny habe ihm die schriftliche Weisung erteilt, wonach die Revision das Risiko geringer einzustufen habe. In einem späteren Mediationsgespräch, so der Kläger, warf ihm der Personalchef seine »Prinzipientreue« vor, die »mit der OeNB-Unternehmenskultur nicht zu vereinbaren« sei.

Nachdem der Revisor seinen Arbeitsgerichtsprozess gewonnen hatte, wurde er kurze Zeit später entlassen. Dazu muss festgehalten werden, dass Entlassungen in der Nationalbank extrem selten sind. Dass die Entlassung mit dem verlorenen Arbeitsgerichtsprozess zu tun habe, wird in der Notenbank bestritten. Vielmehr sei sie das Ergebnis einer Routineprüfung der IT-Systeme gewesen. Der in die IT-Compliance zwangsversetzte Ex-Revisor soll »die IT-Sicherheit der OeNB massiv gefährdet haben«, berichtete »Der Standard«.

Ein Loch in der Firewall

Bei einer Routineprüfung des OeNB-IT-Verkehrs wurden seltsame Datenflüsse registriert. Einmal im Monat wird das Surf-Verhalten der Mitarbeiter analysiert, also ob Pornoseiten oder Einkaufsportale online besucht werden, was während der Dienstzeit nicht erlaubt ist. Die Untersuchungen im Frühjahr 2017 brachten einen brisanten Zufallsfund. Der Revisor hatte einen Geheimkorridor programmiert – und das unbemerkt von der Cyber-Security der OeNB. Der schwerwiegende Verdacht: Über dieses »Tunnelsystem« sollen vertrauliche Informationen aus der OeNB hinausgeschmuggelt worden sein. »Der Tunnel umgeht alle Firewalls«, sagt ein mit der Causa befasster Notenbanker. Die Extremgefährdung der OeNB-Sicherheit war sogar Gegenstand einer Sonderdirektoriumssitzung. Mittlerweile ist die Sicherheitslücke geschlossen. Doch viele Fragen bleiben unbeantwortet. Wochen, Monate, Jahre:

Wie lange das Leck existierte, konnte nach einer fünfmonatigen Prüfung durch die Innenrevision nicht erhoben werden. Megabyte, Gigabyte, Terabyte. Was und wie viel gestohlen wurde, bleibt unklar. Ebenso, ob es noch weitere Leaks gegeben hat. Offiziell will die OeNB den Fall nicht kommentieren.

Hat der Revisor nun Mist gebaut, oder nicht? Dass ein OeNB-Mitarbeiter während eines laufenden Arbeitsgerichtsprozesses einen Datenraub begeht, wirkt lebensfremd. Immerhin riskiert er eine Fristlose. Genau das ist auch geschehen. Der Vertrauensverlust habe eine Entlassung nötig gemacht, heißt es seitens der Nationalbank. Was dem Entlassenen konkret vorgeworfen wird, will die OeNB nicht kommentieren. Ob er Komplizen hatte oder ob er in Wahrheit reingelegt wurde, bleibt unklar. Das sei Gegenstand eines laufenden Verfahrens vor dem Arbeits- und Sozialgericht. Merkwürdig ist, dass die Strafjustiz offensichtlich nicht eingeschaltet wurde. Unangenehme Fragen bleiben den Notenbankern so erspart.

Das regt zu Spekulationen an. Wollte die Nationalbank nur einen weiteren Kritiker loswerden und gleichzeitig eine Botschaft aussenden: Leg dich nicht mit uns an. Dass die OeNB auch einen Revisor kaltstellte, der an dem für FMA und OeNB so vernichtenden Rohbericht über die Bankenaufsicht mitgearbeitet hatte, passt da gut ins Bild. Auffällig ist: Der üblicherweise »laute« OeNB-Betriebsrat, der von Rechnungshof und Revision ebenfalls immer wieder kritisiert wurde, erweist sich in den genannten Fällen als überraschend still.

Kontrollsysteme sollen nicht nur Kriminalität verhindern, sondern auch untadelige Mitarbeiter schützen. In einer Unternehmenskultur, die von Selbstherrlichkeit und dem Glauben an Unfehlbarkeit geprägt ist, können leicht schwere Fehler passieren. So wissen Beamte, dass die Weitergabe oder der Verlust von Behördenakten übel enden kann, dass die Verletzung des Amtsgeheimnisses laut Paragraf 310 Strafgesetzbuch mit bis zu drei Jahren Gefängnis bestraft wird, dass Verstöße auch disziplinarrechtlich geahndet werden. In der Nationalbank ist das offenbar nicht abschreckend genug, wie ein Fall aus dem Jahr 2008 beweist. Damals sorgte der Leiter der OeNB-Abteilung Bankenrevision für einen Skandal – und seine eigene Ablöse. Ronald Laszlo war ein angesehener Bankprüfer. Seinen exzellenten Ruf war er los, als er hochsensible OeNB-Akten in der Kärntner Wohnung seines Bruders vergaß. Wie konnte das passieren? Es war eine Unachtsamkeit, heißt es offiziell. Zurück in Wien, bemerkte Laszlo seinen Fehler. Er rief seinen Bruder an und bat ihn, die vertraulichen Unterlagen zu shreddern. Doch ein Unglück kommt selten allein: Laszlos Bruder war damals Prokurist beim Investmenthaus AvW rund um Wolfgang Auer von Welsbach, der im Visier der Staatsanwaltschaft stand. Kurz nach dem Anruf wurde der AvW-Prokurist in Kärnten verhaftet und in

Untersuchungshaft genommen. Die Staatsanwaltschaft ermittelte im Betrugsfall AvW auch gegen ihn. Die Laszlo-Akten waren ein Zufallsfund.

Nach der Razzia wurden die »vergessenen« Akten nach Wien zurückgeschickt. Ronald Laszlo zog darauf die Konsequenzen, wie OeNB-Direktor Andeas Ittner gegenüber dem Nachrichtenmagazin »profil« im Oktober 2008 sagte: »Uns ist über die Finanzmarktaufsicht am 24. Oktober ein Unterlagenset zugegangen, das Magister Laszlo zugeordnet werden konnte. Nach seiner Darstellung hatte er die Unterlagen zuvor bei seinem Bruder vergessen. Wir haben daraufhin sofort Untersuchungen eingeleitet.« Noch vor dem Abschluss trat Laszlo zurück. Sein Dienstverhältnis beendete er durch »Selbstkündigung« und unter Verzicht auf Abfertigungs- und Pensionsansprüche. Es kommt immer wieder vor, dass Notenbanker ihre Arbeit mit nach Hause nehmen – und vergessen. An die Öffentlichkeit dringen derartige Fälle aber nie. Freiwillige Rücktritte sind ebenfalls selten. Die gut erprobte »Alles in Ordnung«-Taktik wurde durchkreuzt, weil die Justiz nun eingeschaltet und Laszlo zurückgetreten war. Transparenz und Verantwortungsbewusstsein verunmöglichten den Vertuschungsreflex. Das Ganze auszusitzen und als Bagatelle runterzuspielen, war diesmal nicht möglich. Und die Öffentlichkeit bekam erstmals einen Eindruck davon, was in der OeNB möglich war.

Das Ende des Schweigekartells

Eine »Kultur des Schweigens« herrsche in der Nationalbank, urteilte Richter Georg Olschak im Oktober 2014. In den Monaten davor war Topmanagern und Vertriebsmitarbeitern der Oesterreichischen Banknoten- und Sicherheitsdruck GmbH (OeBS) und der Münze Österreich AG der Prozess gemacht worden. Im Aufsichtsrat der beiden Gesellschaften, die sich zur Gänze in OeNB-Eigentum befinden, sitzen Direktoren und andere Spitzenvertreter der Nationalbank. Eigentlich sollte der Aufsichtsrat die Geschäfte von OeBS und Münze überwachen. Doch das Gegenteil war passiert. Der Kopf wurde in den Sand gesteckt und unfassbare Geschäftspraktiken wurden systematisch ignoriert. Doch was war passiert?

Eine im November 2010 publizierte Exklusiv-Story des Wirtschaftsmagazins »Format« brachte den Stein ins Rollen. Der Generaldirektor der Münze Österreich AG, Kurt Meyer, war im Oktober 2010 des Amtes enthoben worden. Meyer hatte die Wohlverhaltensregeln verletzt und sollte gemäß einem vertraulichen Münze-Aufsichtsratsprotokoll vom 13. Oktober 2010 wegen Verstoßes gegen Paragraf 75 Aktiengesetz »mit sofortiger Wirkung« abberufen werden.

Laut Aktiengesetz dürfen Vorstände »aus wichtigem Grund« abgesetzt werden: »Ein solcher Grund ist namentlich grobe Pflichtverletzung, Unfähigkeit zur ordnungsgemäßen Geschäftsführung oder Entziehung des Vertrauens durch die Hauptversammlung.« Eigentlich sollte diskret vorgegangen werden, keiner davon erfahren. Anfragen von Journalisten passten da gar nicht ins Konzept. In der »Format«-Redaktion wurde damals interveniert, um das Erscheinen der Story zu verhindern. Inoffiziell wurde Meyer in Schutz genommen. Beziehungskrise und Gesundheit wurden als Motive für sein Fehlverhalten genannt. Psychische Labilität wurde ins Spiel gebracht. Eine Veröffentlichung sei für Meyer lebensbedrohlich, daher rate man davon ab.

Die hartnäckigen Interventionen der OeNB-Lobbyisten gingen letztlich ins Leere. Die Geschichte wurde veröffentlicht: Auf Kosten der Nationalbank führte Meyer ein Leben in Saus und Braus. Um seiner Geliebten zu gefallen, habe er mehr als 50 000 Euro aus dem Unternehmensvermögen entwendet. Die Interne Revision der OeNB hatte nun aufgedeckt, dass Meyer falsche Kreditkartenabrechnungen mit üppigen Spesen eingereicht hatte. Das Topmanagement der Nationalbank war über die Malversationen informiert. Anstatt den Spesenritter fristlos zu entlassen und ihn bei der Staatsanwaltschaft anzuzeigen, wurde die Standardprozedur gewählt: Stillschweigen und Zudecken. Das Dienstverhältnis wurde am Ende sogar einvernehmlich gelöst, um Meyer alle Ansprüche zu sichern. »Schwierige persönliche Lebensumstände – Meyer war zwei Monate im Krankenhaus – und seine besonderen Verdienste um das Haus wurden bei der Trennung berücksichtigt«, schrieb »Format«. Weil Meyer den »Kreditkarten-Saldo am Monatsende immer abgedeckt« habe, drückten die Notenbanker ein Auge zu. Das sollte sich als kolossaler Fehler erweisen. Meyers Nachfolge in der Münze übernahm, so wie Jahre zuvor in der Gelddruckerei OeBS, ein gewisser Johannes Miller.

In diesem Herbst 2010 war man auf die Spitze eines Eisbergs gestoßen, wie Staatsanwalt und Strafrichter fünf Jahre später feststellen sollten. Die Vorgeschichte: Der Bayer Kurt Meyer arbeitete seit 1988 für die Nationalbank. Seit 1992 saß der studierte Maschinenbauer im Vorstand der Münze Österreich. In der OeNB eilte ihm der Ruf eines Sanierers voraus, weil er in den Jahren 2004 und 2005 den Turnaround der wirtschaftlich angeschlagenen OeBS geschafft hatte. Die Banknotendrucker machten unter Meyer wieder Geld. Ein Rätsel, wie die Österreicher es schafften, internationale Konkurrenten wie Giesecke & Devrient (Deutschland) und De La Rue (Großbritannien) auszustechen? Das Geheimnis ist mittlerweile gelüftet: mit Schmiergeldzahlungen.

Nach dem Meyer-Rauswurf aus der Münze startete die Interne Revision der OeNB eine Prüfung aller seinem Einflussbereich zugehörigen Geschäfte, auch die OeBS wurde abgeklopft. Sehr rasch kamen die korrupten Praktiken ans Tageslicht. Da viele Notenbank-Topmanager im Aufsichtsrat von OeBS und Münze saßen, war das Direktorium gezwungen, einen externen Wirtschaftsprüfer einzusetzen. Der Sachverständige Peter Wundsam wurde mit einer Sonderprüfung beauftragt: Alle OeBS-Geschäfte ab dem Jahr 2008 sollten unter die Lupe genommen werden. Die Durchleuchtung brachte ein unfassbares Spesenkarussell ans Tageslicht. Mehr als 500 000 Euro pro Jahr wurden für Geschenke, wie Wohnaccessoires, Dessous oder Viagra-Präparate, ausgegeben. Dabei wurden die strengen Compliance-Regeln nachweislich missachtet. Die mutmaßlichen Schmiergelder waren noch viel höher: Zum Keilen von Druckaufträgen in Syrien und Aserbaidschan flossen mehr als 14 Millionen Euro über eine Briefkastenfirma in Panama. Das meiste Geld landete bei Spitzenbeamten und Zentralbankern in Syrien und Aserbaidschan, einige hunderttausend Euro zweigten sich zwei in die Abwicklung involvierte Anwälte ab, auch Vertriebsmitarbeiter der OeBS schnitten mit.

Kaschiert wurden die illegalen Zahlungen als Vertriebsprovisionen. Das klang besser als Schmiergeld oder Kick-backs und fiel keinem auf. Der Begriff Vertriebsprovision diente auch zur Desinformation der Kontrollore, die mit gutem Gewissen wegschauen konnten. Die OeBS-Aufsichtsräte, darunter Ex-OeNB-Vizegouverneur Wolfgang Duchatczek und Ex-OeNB-Direktor Peter Zöllner, ersparten sich so unangenehme Fragen. An Duchatczek legte der Staatsanwalt strenge Maßstäbe an und setzte ihn zusammen mit Meyer, Miller und fünf weiteren Personen auf die Anklagebank. Zwar wurde Duchatczek in seiner Rolle als OeBS-Aufsichtsratschef freigesprochen, doch um seine Ansprüche gegenüber der Nationalbank (Pension, Abfertigung, Gehalt) musste er lange vor Gericht streiten. Erst im Sommer 2017 zeichnete sich ein Vergleich ab. Zöllner hingegen hatte Glück. Obwohl er Duchatczeks Stellvertreter in der OeBS und im OeNB-Direktorium für Beteiligungen zuständig war, wurden alle Ermittlungen gegen ihn eingestellt. Auf den Staatsanwalt musste Zöllner glaubwürdiger gewirkt haben als Duchatczek.

Der Umgang mit den gierigen Gelddruckern weist abermals auf ein Kontrollversagen in der Nationalbank hin. Es ist ein trauriges Beispiel für eine Unternehmenskultur des Wegschauens. In einer Institution, die für alle Banken und den Geldverkehr zuständig ist, sollte so etwas nicht möglich sein. Der internationale Reputationsschaden für die Österreicher war enorm. Auch die OeBS-Schmiergeldaffäre wäre zu verhindern gewesen, wie OeBS-Aufsichtsratsprotokolle aus den Jahren 2006 bis 2011 nahelegen. Im Aufsichtsrat waren die exorbitant hohen Provisionszahlungen immer wieder Gesprächsthema. Dass es sich um Schmiergelder gehandelt hat, wusste der Aufsichtsrat freilich nicht, aber ahnen hätte er es können. Doch es hat ihn auch nicht wirklich interessiert. Ernsthaftes Nach- und Hinterfragen ist aus den Protokollen nicht erkennbar. Die klandestine Kultur machte es den Korruptionisten in der OeBS besonders leicht, Geld abzuzweigen. Die Gelddrucker-Kontrollore gingen stets vom Guten im Menschen aus, etwa dass der Vertrieb immer geschäftsübliche Zahlungen an Handelsvertreter durchführte. Wäre ein Reputationsrisiko erkennbar gewesen, hätte der Aufsichtsrat sicher Abstand von den Auslandsgeschäften genommen. Bei vorsichtigen Fragen lautete die Antwort der OeBS-Geschäftsführung stets, dass alles in Ordnung sei und kein Risiko bestünde. Nichts anderes war zu erwarten gewesen. Sich mit banalen Beschwichtigungen zufriedenzugeben, darf den Kontrolloren zum Vorwurf gemacht werden.

Haarscharf wäre der OeBS-Skandal bereits 2008 aufgeflogen. Eine ausländische Bank registrierte verdächtig hohe Zahlungseingänge auf einem ihrer Kundenkonten. Das Geld kam von der OeBS. Die Geldwäscheverdachtsmeldung alarmierte das Bundeskriminalamt, das bei der OeBS anklopfte. Die Untersuchungen verliefen aber im Sand, weil die OeBS-Geschäftsführer den Behördenvertretern versicherten, dass alles in Ordnung sei. Es waren dieselben OeBS-Manager, die mittlerweile erstinstanzlich verurteilt wurden. »2009 wiederholte sich das Spiel«, schreibt das Magazin »profil« im November 2011. »Wieder langte eine Verdachtsmeldung aus dem Ausland beim BKA ein, wieder wurde die OeBS-Spitze kontaktiert, wieder konnte sie die Überweisungen plausibilisieren, wieder landete der Fall in den Akten.« Die Nationalbank legt Wert auf die Feststellung, dass weder der OeBS-Aufsichtsrat noch die Innenrevision Kenntnis von den polizeilichen Ermittlungen hatten. Ein Armutszeugnis für die Notenbank-Compliance. Polizeianfragen, die ins Leere gehen. Doch die Interne Revision zeigte wenig Interesse, eine Sonderprüfung einzuleiten. Dass nichts geschah, war geradezu eine Einladung an die Korruptionisten, weiterzumachen.

Die Millionenzahlungen wurden über die panamaische Briefkastenfirma Venkoy geschleust. Es wurde mehr Geld überwiesen als nötig, weil nicht nur bestochene Beamte mitnaschten. In der OeBS-Anklageschrift vom 10. Juni 2013 heißt es: »Durch die überhöhten Zahlungen haben sich jedoch direkt Klaus Altmann und Friedrich Flendrovsky bereichert, denn sie behielten als ›Honorar‹ für ihre Geldwäscheaktivitäten insgesamt ca. 600 000 Euro ein.« Zahlstelle waren Venkoy-Konten in Bratislava und London. Von dort wurden die Schmiergelder etwa an Briefkastenfirmen in Zypern weitergeleitet. Um über ihr Geld zu disponieren, brauchten die Syrer und Aseris nicht einmal nach Zypern zu reisen, sondern benötigten nur eine Kredit- oder Debitkarte.

Auch die OeBS-Vertriebsmitarbeiterin Raluca Tanasescu nutzte ihre Firmenkreditkarte mit Freude. Und wenn das Limit einmal ausgeschöpft war, holte sie sich einfach Cash ab. Ein Vorteil, wenn man für eine Banknotendruckerei arbeitet. Rasch hatte sie den Dreh heraus. Ihre Spesenabrechnungen sind mittlerweile legendär. So erwarb sie für syrische Notenbanker Damenstrümpfe (1619 Euro), Chanel-Taschen und Chanel-Schuhe (2340 Euro) sowie einen Lodenmantel (1530 Euro). Die aserischen Zentralbanker bzw. deren Mätressen wurden mit Damensandalen von Gucci (795 Euro), Stringtangas (477 Euro) und Sprüngli-Schokolade (606 Euro) beglückt. Über die Jahre wurde es immer persönlicher und intimer. Vergütung und Verhütung wechselten sich ab. Bei den diskreten Abendterminen in Damaskus und Baku wurden neben Herrenunterwäsche (477 Euro) und Pokerzubehör (279,80 Euro) auch verschreibungspflichtige Potenzmittel mitgebracht. Auch die Kurtisanen der Geschäftspartner wurden nicht vergessen: Uhren, Colliers, Strümpfe und Lidschatten, alles nett verpackt und im Wert von mehreren hundert Euro. Bei der gebürtigen Rumänin Tanasescu stießen die Sonderprüfer auch auf Geschenkrechnungen über rund 4000 Euro für »rumänische Begünstigte«. Angeschafft wurden beispielsweise eine Duschkabine, Geschirrspüler, Crosstrainer, Spülbecken, Bügeleisen und Bügelbrett sowie Schuhe und Make-up. Bis zum Ausbruch des OeBS-Skandals im Jahr 2011 wurden die Rechnungen anstandslos freigegeben. Keiner fand etwas dabei, dass private Wohnungseinrichtung mit Firmengeld bezahlt wurde.

Bemerkenswert im Fall OeBS ist, dass die Nationalbank bereits 2005 auf Sicherheitslücken hingewiesen wurde. Der Rechnungshof hatte die Arbeit der OeBS-Revision in der Ära von OeNB-Gouverneur Klaus Liebscher kritisiert. Von Anbeginn agierte die OeBS-Revision »nur mangelhaft«. Nach »vier Jahren und nur aufgrund externer Kritik« sei eine für Revisionsaufgaben zuständige Organisationseinheit geschaffen worden, bemängelt der Rechnungshof: »Die Tätigkeit der internen Revision (wurde) auch danach nur sehr eingeschränkt wahrgenommen.« Bei der Folgeprüfung 2007 stellte der Rechnungshof fest, dass wenig unternommen wurde, um die Mängel zu beseitigen. Es seien Revisoren ohne Revisionserfahrung eingestellt worden, den Empfehlungen aus dem Jahr 2005 sei »weitgehend nicht entsprochen« worden. Das Fazit der ehemaligen Vorsitzenden des Korruptions-Untersuchungsausschusses Gabriela Moser: »Wenn Schmiergelder im eigenen Haus jahrelang nicht auffallen, dann läuft etwas ganz falsch.«

Im Wegräumen der Scherben haben die Nationalbanker eine Routine entwickelt. Sinnvoller wäre es, kein Geschirr mehr zu Bruch gehen zu lassen. Eine Notenbank trägt eine große Verantwortung, wie die Eurokrise eindrucksvoll gezeigt hat. Der Erfolg der Währungshüter ist vor allem eine Frage des Vertrauens. Es reicht nicht aus, andere zu kritisieren, wie es die Zentralbanker gerne tun – und Veränderungen im eigenen Haus zu bremsen. Die Reformbemühungen von Gouverneur Nowotny gehen in die richtige Richtung, reichen aber nicht aus. Das aus dem Ruder gelaufene Nationalbank-System kann nur repariert werden, wenn die langjährigen Missstände komplett beseitigt werden. Dazu gehört, den riesigen Privilegiensumpf trockenzulegen und geeignete Kontrollsysteme zu etablieren. Das geht nicht ganz ohne Schmerzen – und tiefe Einschnitte. Ansonsten wird auch in Zukunft die Gefahr bestehen, dass der Steuerzahler fürs Porzellan aufkommen muss.

Die Notenbanker sind nicht mehr sakrosankt. Unter Protest von EZB-Präsident Mario Draghi stürmten im Sommer 2016 dutzende Polizisten die Räume der slowenischen Nationalbank. Es wurden EZB-Unterlagen, Festplatten und sogar der Computer von Notenbankchef Boštjan Jazbec beschlagnahmt. Für Draghi stellte die Polizeiintervention einen beispiellosen Verstoß gegen die politische Unabhängigkeit der Zentralbank dar. Der Justiz war das egal, sie knöpfte sich EZB-Ratsmitglied und Gouverneur Jazbec vor. Die Staatsanwälte in Ljubljana ermittelten wegen der Bankenrettung im Jahr 2013. Es geht um den Verdacht des Amtsmissbrauchs. Damals wurde eine Reihe von Banken notverstaatlicht. Viele Anleger und Sparer waren die Leidtragenden unter der Aktion, weil ihre Wertpapiere wertlos wurden. Ein Verband von Kleinaktionären hatte die Zentralbank 2014 mit mehreren Klagen eingedeckt.

Gouverneur Jazbec ist so wie Ewald Nowotny einer von 19 Notenbank-Chefs der Eurozone, die zusammen mit sechs Direktoren das oberste Organ der EZB bilden. Im Zusammenhang mit dem slowenischen Bankenrettungspaket soll die Zentralbank nicht im Interesse der Steuerzahler gehandelt, sondern vielmehr Partikularinteressen vertreten haben. Sloweniens oberster Ermittler, General Zvonko Fišer, findet gegenüber der EZB klare Worte. Deren Mitarbeiter besäßen keine Privilegien, die sie von solchen Untersuchungen ausnehmen würden. Gegen die Verdächtigen werde nicht als EU-Repräsentanten ermittelt, sondern als slowenische Bürger. Mittlerweile ist auch in Slowenien wieder Ruhe eingekehrt. Doch die Polizeiaktion sorgte erstmals für kollektives Unbehagen unter Zentralbankern. Im südlichen Nachbarland geht es um den grassierenden Nepotismus und die unerträgliche Klientelpolitik der Notenbank. Die Vertreter der Oesterreichischen Nationalbank haben es in der Hand, ob auch hier die Stimmung kippt. Irgendwann ist Schluss mit lustig – auch in Österreich.

Kapitel 6

Tickende Zeitbomben –
oder: die Staatsbanken-Krise

Gemogelt wurde schon bei der Geburt. Aus der Taufe gehoben wurde die Österreichische Kontrollbank im Jahr 1946. Der prägnante Name sollte Sicherheit
und Vertrauen durch Vater Staat vermitteln. Im Zweiten Weltkrieg wurde das
Land in Schutt und Asche gelegt. Die Entwicklungshilfe für den Wiederaufbau
lieferten die enormen Fördermittel aus dem US-amerikanischen Marshallplan.
Für Banken war das eine Goldgräberzeit. An allen Ecken und Enden wurden
Kredite nachgefragt. Brücken und Straßen sowie Energie- und Kanalnetze
mussten instand gesetzt werden. Hunderttausende Österreicher brauchten
neue Wohnungen. Ab 1950 begann auch in Österreich das Wirtschaftswunder
zu greifen. Vorn mit dabei war die Kontrollbank OeKB. Die Industrie hatte ihre
Aufräumarbeiten abgeschlossen und brauchte nun frisches Kapital – zuerst
für Investitionen im Inland und danach für die internationale Expansion. Eine
neue Euphorie hatte das Elend der Nachkriegszeit verdrängt. Immer mehr
Unternehmen wagten den Schritt ins Ausland. Die Exporte boomten – und
damit auch die Geschäfte der OeKB.

Im Namen der Republik organisiert die Kontrollbank so seit mehr als 70
Jahren sogenannte Exportgarantien. Generell übernimmt der Staat dabei wirtschaftliche und politische Risiken bei grenzüberschreitenden Geschäften, die
ein privates Unternehmen nur ungern versichern würde. Antragsteller sind
vor allem Exportunternehmen, die etwa ihre Lieferungen nach Brasilien, Indien oder Zimbabwe absichern wollen. Je exotischer das Land, desto größer
die Nachfrage nach OeKB-Garantien. Sehr rasch gesellten sich die Banken
dazu – nicht nur als Berater bei der Antragstellung; im Zusammenspiel mit der
Kontrollbank entwickelten sie sogar Spezialprodukte. Von der Raiffeisenkasse
über die Volksbanken bis hin zur Sparkasse wurden Exportkredite verkauft,
wegen der staatlichen Garantie zu besonders günstigen Zinsen. Auf Antrag
der Bank vergab die Kontrollbank auch Garantien für Forderungsankäufe bei

165

Geschäften, die möglicherweise die Hausbank selbst zuvor abgelehnt hatte. Ohne Kontrollbank wären viele Auslandsdeals wohl nie zustande gekommen. Vor allem in den Zeiten des Wirtschaftswunders brachten die Haftungsübernahmen der OeKB den Konjunkturmotor zum Schnurren. Doch es kommt auf die Auswahl der Geschäfte an und auf die Glaubwürdigkeit des Auswählenden.

Tatsächlich vermittelte die Kontrollbank auch Garantien für Deals, die den Banken viel zu gefährlich waren – und sind. Auch sogenannte Wechselbürgschaften des Bundes, die eine Hausbank im Insolvenzfall in Anspruch nehmen kann, wandern über den OeKB-Schalter. In guten Zeiten verdient die Bank. In schlechten Zeiten bekommt der Steuerzahler die Rechnung präsentiert. Zwar gibt es die Staatsgarantie nicht gratis. Das Unternehmen oder die Bank müssen eine Art Versicherungsprämie zahlen. Doch die ist verhältnismäßig billig. In Wahrheit werden gigantische Kreditrisiken vom Bankensektor in die Sphäre der Republik verschoben. Wie das möglich ist? In der OeKB haben die Banken das Sagen. Obwohl die »österreichische« Kontrollbank mit Staatsgarantien handelt, gehört sie nicht der Republik Österreich, sondern Österreichs Großbanken, wie etwa Bank Austria, Erste Group und Raiffeisen. Der Firmenname täuscht. Vor den Augen der Öffentlichkeit schufen die Banken ein Vehikel, wo sie über einen staatlichen Haftungsrahmen von bis zu 100 Milliarden Euro relativ frei verfügen können. Aktuell ist das maximale Haftungsobligo fast zur Hälfte ausgeschöpft. Die Bombe tickt – und kann jederzeit losgehen.

Es wäre nicht die erste Bankenbombe, für deren Schäden die Steuerzahler aufkommen müssten. Seit Ausbruch der globalen Finanzkrise im Jahr 2007 kollabierten einige Geldinstitute, die zuvor als solid galten: die Kommunalkredit Bank, die Hypo Group Alpe-Adria und die Österreichische Volksbanken AG (ÖVAG). Ähnlich wie die Kontrollbank nutzten sie das Vertrauen der Bevölkerung zum eigenen Vorteil. Die Hypo ist nicht nur ein Kriminalfall, sondern auch ein besonderer Sündenfall. Das Land Kärnten, Finanzministerium, Finanzmarktaufsicht und Nationalbank, Rechnungshof und Nationalrat: Alle zusammen haben bei der Kontrolle versagt. Als Kärntner Landesbank fuhr die Hypo einen atemberaubenden Wachstumskurs in Südosteuropa. Doch nach dem Kollaps wurde das schmutzige Hypo-Geschäftsmodell transparent. Nicht große Immobiliendeals auf dem Balkan oder das boomende Privatkundengeschäft brachten die Profite, sondern korrupte Kreditvergaben und diskrete Geldwäscherei, gepaart mit Schmiergeldern und illegaler Parteienfinanzierung. Die Volksbanken-Gruppe war ebenfalls ein schwarzes Loch. Als biederer Gemeindefinanzierer präsentierte sich die ÖVAG-Tochter Kommunalkredit und entpuppte sich als zypriotische Zockerbude. Die Gewinne kamen nicht

etwa aus der Finanzierung von Kanalnetzen, Krankenhäusern und Kinder-
gärten, sondern aus dem An- und Verkauf komplexer Wertpapierprodukte. Die
ÖVAG war nicht viel besser. Ein überfordertes Management entschied sich viel
zu spät für eine Ostexpansion. Nachdem Bank Austria, Erste, Raiffeisen und
Co die Bankenlandschaft in Zentral- und Osteuropa abgegrast hatten, kaufte
die ÖVAG den desolaten Rest – und das zu überteuerten Preisen.

Für die Republik wurden die drei Bankengruppen zum Problem, weil sie
über explizite und implizite Staatshaftungen verfügten. So garantierte etwa das
Land Kärnten für die Schulden der Hypo Group. ÖVAG und Kommunalkredit
schlitterten im Gefolge der Lehman-Pleite 2008 in eine existenzbedrohende
Liquiditätskrise. Die geordnete Sanierung und Abwicklung eines Kreditinsti-
tuts war damals noch nicht geregelt. Ein entsprechendes Bankeninsolvenzrecht
gibt es erst seit 2015. Haftungsansprüche und Gesetzeslücken machten die
Regierung 2008 erpressbar. Die drei Banken gefährdeten die Finanzmarktstabilität. Der Staat war am Ende gezwungen, sie aufzufangen. Als Bad Banks mit
den Namen KA Finanz AG (Kommunalkredit), Heta Asset Resolution AG
(Hypo) und Immigon Portfolioabbau AG (ÖVAG) müssen sie von der Republik mitgeschleppt werden – und stellen schon jetzt ein Milliardengrab dar.

Die Zombiebanken belasteten den öffentlichen Haushalt enorm. Laut Fis-
kalrat erhöhten sie den Staatsschuldenstand um mehr als 30 Milliarden Euro.
21,3 Milliarden Euro entfallen auf Heta, 11,6 Milliarden Euro auf KA Finanz
und drei Milliarden Euro auf Immigon. Ursprünglich lag die Belastung noch
viel höher. Allein KA Finanz brachte im Jahr 2009 16,2 Milliarden Euro auf
die Waage. Der Negativrekord bei verstaatlichten Bankschulden wurde mit
38,5 Milliarden Euro im Jahr 2015 erreicht. Wenn die drei Bad Banks fertig
abgewickelt sind, soll der Schuldenstand auf null sinken. Die Verwertung des
verbliebenen Bankvermögens wird wenig einbringen. Das Finanzministerium
ist pessimistisch und gibt keine Schätzungen heraus. Aus gutem Grund. Bis
dato ging noch jede Vorhersage aus der Himmelpfortgasse voll daneben. Unterm Strich wird ein dickes Minus für den Staat überbleiben.

Die Kontrollbank könnte zum nächsten Sündenfall für den Steuerzahler
mutieren. Auf dem Papier sind die Bilanzen zwar makellos. Doch blickt man
hinter die Kulissen, wird einem übel. Denn das Finanzmanagement der Kont-
rollbanker erinnert weniger an smarte Finanzexperten, sondern eher an unerfahrene Häuslbauer. Im Rahmen des altbewährten Exportfinanzierungsverfahrens (EFV) einigten sich Finanzministerium und OeKB, der Exportwirtschaft
günstige Refinanzierungen zur Verfügung zu stellen. Schweizer-Franken-
Kredite waren wegen des niedrigen Zinsniveaus auch bei der Kontrollbank
beliebt. »Die Garantie des Bundes gemäß Ausfuhrfinanzierungsförderungs-

gesetz ermöglichte die Aufnahme von Fremdwährungen ohne Risiko, da der Bund für etwaige Wechselkursdifferenzen (Kursrisiko) haftete«, stellte der Rechnungshof in einem Prüfbericht aus dem Jahr 2016 fest. Ein Freibrief zur Spekulation. Ohne das Risiko unter Kontrolle zu haben, förderte die Kontrollbank Fremdwährungskredite im Rahmen des Exportfinanzierungsverfahrens. »Der Schweizer-Franken-Anteil am EFV-Portfolio per 30. Juni 2015 betrug rund 18,451 Milliarden Schweizer Franken«, heißt es im Rechnungshofbericht 2016. »Der Gegenwert in Euro belief sich auf rund 17,719 Milliarden Euro.« Der historische Kurs hingegen lag bei 11,839 Milliarden Euro. Die OeKB sitzt seither auf Wechselkursverlusten von rund 5,9 Milliarden Euro.

Fremdwährungskredite fürs Finanzministerium

Die gigantischen Verluste blieben bisher sehr gut versteckt – und das ganz legal. Während Banken und Unternehmen ihre Wertpapier- und Fremdwährungspositionen zu Marktpreisen bewerten und in den Bilanzen ausweisen müssen, gilt das nicht für die Kontrollbank bzw. für das Finanzministerium. Milliardenverluste müssen nicht verbucht werden. »Diese Wechselkursdifferenzen wurden vom Finanzministerium jedoch nicht realisiert, weil fällige Kreditoperationen nicht getilgt, sondern weiter (in die Zukunft) ›überbunden‹ wurden.« Das Instrument der sogenannten »Überbindung« wurde vom Finanzministerium erfunden, um Fremdwährungsverluste »möglichst budgetschonend« (Rechnungshof) auszugleichen. Konkret sind darunter Anschlussfinanzierungen zu verstehen, wobei ein auslaufender Franken-Kredit nicht getilgt, sondern durch einen neuen Kredit ersetzt wird. Durch den einfachen Trick wird die Endabrechnung und damit die Realisierung von Kursverlusten vermieden. Das Resultat: Der Milliardenverlust wird auf spätere Finanzjahre übertragen und so versteckt. Weil die Garantie der Republik nicht schlagend wird, belastet sie auch nicht das Budget. Aus Sicht der Banken ist das großartig, weil die Folgekredite nicht gratis, sondern aufgrund des erhöhten Wechselkursrisikos sogar teurer sind. Der Rechnungshof: »Bei für den Bund nachteiligen Wechselkursen fielen daher höhere (wechselkursbedingte) Zinszahlungen an.« Profiteure sind die Großbanken, die an den Zinsen verdienen.

Die Kontrollbank ist eine tickende Zeitbombe. Der maximale Haftungsrahmen nach dem Ausfuhrfinanzierungsförderungsgesetz (AFFG) liegt bei 50 Milliarden Euro. Neben den milliardenschweren Fremdwährungsrisiken schlummern auch noch die Kreditrisiken aus Exportgarantien und Wechselbürgschaften in den Büchern. Hier liegt das Haftungsobligo bei mehr als 20

Milliarden Euro und der Maximalrahmen nach dem Ausfuhrförderungsgesetz (AusfFG) bei 45 Milliarden Euro. Dazu stellte der Rechnungshof fest, dass das Finanzministerium der Kontrollbank de facto kaum Grenzen setzte und die Arbeit unzureichend überwachte. »Entgegen der Empfehlung des Rechnungshofes legten das Finanzministerium und die Kontrollbank keine Limite zur weiteren Begrenzung des Ausfallsrisikos im Rahmen des Ausfuhrförderungsverfahrens fest«, schreiben die Rechnungshofprüfer. Auf Kreditausfälle in heiklen Ausfuhrländern in Zentralafrika, Südamerika oder im arabischen Raum kann so nur unzureichend reagiert werden. Die Kontrollbank bedient sich eines veralteten Länderrisikomodells, meint der Rechnungshof. Wenn bisher kein politisches Risiko schlagend geworden war, dann bezieht das Modell auch weiterhin keine Ausfallwahrscheinlichkeiten in die Berechnung ein. Kreditrisiken, die aufgrund aktueller Ereignisse plötzlich entstehen, bleiben im OeKB-Modell bis 2016 unberücksichtigt. Mit anderen Worten: Obwohl die Republik für mehr als 20 Milliarden Euro an Krediten haftet, sind die Risiken schwer überschaubar. »Der Rechnungshof kritisierte, dass die von der Kontrollbank erstellten Auswertungen dem Finanzministerium vorwiegend als Information dienten und dass weder die Kontrollbank noch das Finanzministerium diese systematisch zu Steuerungszwecken heranzog.« Die Republik setzt sich somit freiwillig einem Milliardenrisiko aus.

Doch es kommt noch besser. Für die gigantischen Risiken, die die Republik eingeht, leitet die OeKB ein vergleichsweise mickriges Entgelt von rund 200 Millionen Euro jährlich weiter. Abgesehen davon, dass die Prämien niedrig angesetzt sind, könnten die Rückflüsse ans Budget mehr als doppelt so hoch sein. Stattdessen werden Überschüsse bei der Kontrollbank gehortet. Grundsätzlich erfolgt die Verrechnung sämtlicher Einnahmen und Ausgaben aus dem Ausfuhrförderungsgesetz auf einem Kontrollbank-Konto. Der Saldo aus Haftungsentgelten und Schadenszahlungen war in den letzten Jahren positiv. Etwa von 2012 bis 2014 wurden in Summe 206 Millionen Euro an die Bundeskasse abgeführt. Trotz dieser Abschöpfungen stieg im selben Zeitraum der Kontrollbank-Verrechnungskontostand von 392 auf 536 Millionen Euro. Zwischen 400 und 590 Millionen Euro hätten locker an die Republik abgeführt werden können, meint der Rechnungshof. Warum das nicht geschah? Das gesetzliche Rückstellungserfordernis wurde mit einem Prozent des Haftungsrahmens festgelegt. Deshalb durfte erst ab einem Guthaben von 500 Millionen Euro ausgeschüttet werden, was prohibitiv hoch angesetzt ist. Gegen eine Senkung der Ausschüttungsgrenzen wehren sich die Banken als Miteigentümer der Kontrollbank. Immerhin würde der OeKB nicht nur Vermögen entzogen, sondern auch Mittel für die Förderung von Exporten, was eigenen Geschäftsinteressen entgegenstehen würde.

Die Miteigentümerschaft der Großbanken ist eine Quelle für Interessenkonflikte. Die Explosion des Fremdwährungsrisikos, die unkontrollierte Vergabe von Exportgarantien oder das Geldhorten auf dem Verrechnungskonto kommen jedenfalls den Bankaktionären zugute. Die Kontrollbank agiert weniger als Treuhänderin der Republik, sondern vielmehr im Sinne ihrer Eigentümerbanken. Deutlich sichtbar wurde das nach Ausbruch der Finanzkrise. Nach der Lehman-Pleite 2008 hatten es nicht nur Banken, sondern auch Österreichs Industriebetriebe schwer, Kredite zu bekommen. Um den temporären Liquiditätsengpass auszugleichen, erfand die Regierung unter SP-Kanzler Alfred Gusenbauer und VP-Finanzminister Wilhelm Molterer das Unternehmensliquiditätsstärkungsgesetz (ULSG). Auf dieser Basis übernahm der Bund Haftungen für Unternehmen und ermöglichte so den Zugang zu Krediten. Der Gesamthaftungsrahmen wurde mit zehn Milliarden Euro festgelegt. Pro antragstellende Unternehmensgruppe wurden 300 Millionen Euro bereitgestellt. Voraussetzung für die maximal fünf Jahre laufende Haftungsübernahme war, dass die Antragsteller auf wirtschaftlich gesunden Beinen stehen mussten. Dass Pleiteunternehmen mit Staatsgeld subventioniert werden, sollte ausgeschlossen werden. Mit der Abwicklung wurde die Abteilung Wechselbürgschaften der Kontrollbank betraut. Die Finanzierung erfolgte über die Banken. So erhielten 48 Unternehmen in 19 Branchen zwischen September 2009 und Dezember 2010 Haftungen von rund 1,31 Milliarden Euro auf ULSG-Basis. Dazu schreibt der Rechnungshof in einem Sonderbericht 2016: »Die Auflagenkontrolle der OeKB war unzureichend. […] Die OeKB nutzte die ihr eingeräumten Kontrollrechte wie beispielsweise das Recht auf Einsicht (z. B. im Rahmen von Vor-Ort-Prüfungen) und das Recht auf Einholung eines Berichts über die Vergütungen der leitenden Mitarbeiter nicht.« So kam, was kommen musste: Rund 483 Millionen Euro flossen an Unternehmen mit einem Rating aus dem Bereich »Non-Investment Grade«, also mit einer erhöhten erwarteten Ausfallswahrscheinlichkeit. Zwar zahlte der überwiegende Teil, darunter Unternehmen wie der Stahlkocher voestalpine, der Feuerfestriese RHI oder der Baukonzern Porr, die Kredite brav zurück. Doch es gab eine Reihe von schwarzen Schafen, wie etwa die Baufirma Alpine, die Handelskette bauMax, den Büromöbelhersteller Bene oder Holland Blumen Mark. Sie bekamen Staatshilfe, obwohl ihre wirtschaftliche Lage das nicht erlaubt hätte.

Den größten Brocken macht der Alpine-Konkurs im Juni 2013 aus. Mit 9400 Gläubigern und Passiva von rund 2,9 Milliarden Euro ist es die größte Firmenpleite in der Industriegeschichte der Zweiten Republik. Die Kontrollbank hätte niemals Haftungen für Alpine-Kredite gewähren dürfen, meint die

Finanzprokuratur als Anwalt der Republik. Die Alpine Bau hatte 2009 und 2010 via ULSG 360 Millionen Euro von den Banken erhalten, darunter Bawag, Erste Bank, Volksbanken AG, Raiffeisen International, Raiffeisen Oberösterreich, UniCredit Bank Austria. Für 180 Millionen Euro Kreditvolumen haftete die Republik. Es gäbe Anhaltspunkte, dass die Kreditgeber schon länger von wirtschaftlichen Troubles der Alpine Bau gewusst hätten. Darum will die Republik den Haftungsbetrag nicht freigeben – und streitet vor dem Wiener Handelsgericht. Für den Alpine-Prozess musste das Finanzministerium 220,83 Millionen Euro rückstellen. Davon entfallen 69,4 Millionen Euro auf Prozesskosten, Zinsen und gegnerische Anwälte. Die Troubles wären vermeidbar gewesen, wenn die OeKB ihren Job gemacht hätte.

Neun der 18 an ULSG-Finanzierungen beteiligten Kreditinstitute standen in einem direkten oder indirekten Beteiligungsverhältnis mit der OeKB. Offiziell entschied zwar das Finanzministerium auf Empfehlung eines Beirats über die Vergabe der ULSG-Garantien. Doch die OeKB gab die Richtung vor, weil sie die Vorauswahl über die dem Beirat vorzulegenden Anträge traf. Zitat aus dem Rechnungshofbericht zum ULSG: »Aufgrund der Eigentümerstruktur der OeKB und ihrer entscheidenden Rolle im Antragsprozess zur Haftungsübernahme war aus Sicht des Rechnungshofes ein Interessenkonflikt der OeKB nicht gänzlich auszuschließen.« Die OeKB-Eigentümerbanken wälzten eigenes Kreditrisiko auf den Staat ab – mit Hilfe der OeKB. Obendrein zockte die OeKB die Republik noch bei den Gebühren ab. Das Entgelt an die OeKB für die Abwicklung der Staatshaftungen war »zu hoch bemessen«, meinen die Rechnungshofprüfer. »Bei Anwendung des Durchschnittssatzes für die Bevollmächtigung gemäß Ausfuhrförderungsgesetz hätte der Bund für den Zeitraum 2009 bis 2014 um rund 2,75 Millionen Euro weniger an Bearbeitungsentgelt an die OeKB bezahlen müssen.« Immerhin seien die meisten Antragsteller langjährige Kunden der OeKB gewesen, deren wirtschaftliche Lage im Rahmen des Ausfuhrförderungsverfahrens überprüft wurde. Das erhöhte den OeKB-Gewinn. Ein weiteres Zuckerl für die OeKB-Aktionäre.

Die Zockerbude auf Zypern

Milliardenrisiken können über Nacht schlagend werden. Die Pleite der Kommunalkredit im Herbst 2008 hat das bewiesen. Sprudelnde Refinanzierungsquellen versiegten als Folge der Lehman-Krise – auch in Österreich. Just zum 50-jährigen Jubiläum kam die gesamte Wahrheit über die gefährlichen Geschäfte der Kommunalkredit ans Tageslicht. In der breiten Öffentlichkeit trat die Kommunalkredit als Sponsor im Kunstbereich auf, etwa bei der Grafischen Sammlung Albertina oder beim Kunst-Adventkalender am Wiener Rathaus. Sprudelnde Gewinne ermöglichten die teure Imagepflege. Wer nach der Herkunft der Mittel fragte, erhielt eine einfache Antwort: Die Bank nahm das Geld zu günstigen Konditionen auf dem Finanzmarkt auf und borgte es Kommunen und Gemeinden mit einem saftigen Aufschlag. Wegen der Eigentümerstruktur – die Kommunalkredit gehörte der Volksbanken-Gruppe, dem belgisch-französischen Finanzriesen Dexia und dem Österreichischen Gemeindebund – zahlte die Kommunalkredit damals im Vergleich zu Konkurrenten wie Bank Austria oder Erste Bank deutlich niedrigere Zinsen. Die Zinsdifferenz machte den Wettbewerbsvorteil aus und die Kommunalkredit profitabel.

Tatsächlich kamen die Gewinne woanders her. Die Kommunalkredit zockte auf Zypern. Eine kleine Elitetruppe drehte im Mittelmeer ein Spekulationsrad, das letztlich zu groß wurde. Milliarden wurden rund um den Globus geschickt und in damals vermeintlich sichere Wertpapiere investiert. Neben Bank-, Staats- und Unternehmensanleihen floss auch viel Austrogeld in hochriskante Asset Backed Securities (ABS) und gefährliche Derivatgeschäfte – Gesamtwert: unfassbare 16 Milliarden Euro. Konkret verkaufte die Kommunalkredit sogenannte Credit Default Swaps (CDS), mit denen sich Marktteilnehmer gegen Kreditausfälle von Banken, Staaten oder supranationalen Organisationen versichern. Für ein Ausfallsvolumen von rund sechs Milliarden Euro kassierte die Kommunalkredit sechs Millionen Euro an Prämien. Das bei einer Bilanzsumme von 33 Milliarden Euro. Zum Vergleich. Die börsennotierte Erste Group AG brachte damals 210 Milliarden Euro auf die Waage und hatte 2007 ein CDS-Volumen von 4,5 Milliarden Euro in den Büchern. Für den damaligen Kommunalkredit-Boss Reinhard Platzer schien der CDS-Verkauf ein sicheres Geschäft: An die Zahlungsunfähigkeit von US-Großbanken oder Griechenland glaubte er nicht, so wie die meisten Finanzmarktteilnehmer. Paradoxerweise liegt genau diese unterschiedliche Einschätzung von Ausfallsrisiken einem Credit Default Swap zugrunde. Offensichtlich gab es genügend Akteure, die das Unmögliche für möglich hielten – und nur einen Dummen suchten, der dagegenwettete.

Jedenfalls hatte sich Platzer ein Finanzmonster herangezüchtet, das er am Ende nicht mehr unter Kontrolle hatte. Das grausame Spiel startete im September 2008. Nachdem die Lehman-Krise den Geldmarkt ausgetrocknet hatte, funktionierte eines nicht mehr: langfristige Geldgeschäfte kurzfristig zu refinanzieren. Zudem kollabierte Großaktionärin Dexia, deren Topbonität den Österreichern bisher billiges Geld garantiert hatte. Damit brachen die tragenden Säulen des Platzer'schen Geschäftsmodells weg. Was ihm blieb, war das gefräßige Finanzmonster. Ausfallshaftungen verpflichteten die Wiener dazu,

immer mehr Geld in die zypriotische Tochter nachzuschießen. Der Kapital-
bedarf war enorm. Sehr rasch geriet auch die Kommunalkredit-Mutter ÖVAG
in die Ziehung, woraufhin der damalige Volksbanken-General Franz Pinkl die
Reißleine zog – und zum Finanzminister rannte.

Die Kommunalkredit musste im Eiltempo verstaatlicht werden. Kurzzei-
tig war sogar die Existenz der Volksbanken AG als systemrelevante Bank in
Gefahr. »Wir standen kurz vor der Kernschmelze«, sagt Hannes Androsch,
der in die Bankenrettung eingebunden war: »Der Super-GAU war in Sicht.«
Die intransparenten Bücher von ÖVAG und Kommunalkredit sowie die
Vermeidungshaltung von Nationalbank und Finanzmarktaufsicht machten
es nicht leicht. Keiner hatte damals einen Überblick – vermutlich war auch
keiner interessiert, sich einen solchen zu verschaffen. Einfacher schien es, dass
der Steuerzahler die Gesamtlast übernahm. Die bedingungslose Rettung der
Kommunalkredit war der erste Sündenfall.

Die Bankenpleite brachte Platzer ein langes Strafverfahren und einen Gerichtsprozess ein. Der Kommunalkredit-Boss wurde im Oktober 2016 von allen
Vorwürfen rechtskräftig freigesprochen und gilt als unbescholtener Mann. Zwar
deckte die Staatsanwaltschaft einige fragwürdige Transaktionen mit klingenden Namen wie »Transformator« oder »Re-Pack« auf, die offensichtlich dazu
dienten, Millionenverluste zu verstecken. Augenscheinlich waren gewagte Kon-
strukte zur Vertuschung von Bilanzverlusten damals jedoch durchaus üblich
und weitverbreitet, sodass Platzer und seinen Kollegen keine kriminelle Handlung vorgeworfen werden konnte. Die Milliardenpleite der Kommunalkredit
bleibt daher ohne gerichtliche Konsequenz und ein enormer Schaden für den
Steuerzahler. Die Pointe: Platzers Vorstandsvertrag, der ihm eine Jahresgage
von 500 000 Euro und eine Pension von 80 Prozent des Letztbezugs sichern
sollte, wurde im Jahr der Kommunalkredit-Pleite 2008 um fünf Jahre verlängert.
Über die Wirksamkeit des Vertrags mit dem Kommunalkredit-Urgestein (Vorstand seit 1990; Vorstandsvorsitzender seit 1995) wird noch immer prozessiert.

Viel geschickter hatte es da schon Franz Pinkl angestellt. Der Niederös-
terreicher trat im Jahr 2004 an die Spitze der ÖVAG, des Spitzeninstituts der
Volksbanken – und verdiente sich eine goldene Nase. Seine Machtübernahme
verlief nach einem bemerkenswerten Drehbuch. Als Aufsichtsratsvorsitzender der ÖVAG beauftragte Pinkl den Personalberater Egon Zehnder im Jahr
2003 mit der Suche nach einem Nachfolger für Klaus Thalhammer. ÖVAG-
Generaldirektor Thalhammer war zuvor bei einer Gesundenuntersuchung
einem Herzinfarkt erlegen. Nach monatelanger Suche präsentierte der damalige Egon-Zehnder-Chef Philipp Harmer eine Liste von 30 Kandidaten. Doch
der ÖVAG-Personalausschuss, der die Entscheidung zu fällen hatte, überging

die Headhunter-Liste und hob einen Mann aus den eigenen Reihen auf den Schild: Franz Pinkl, Leiter der Volksbank NÖ-Süd.

Mit dem Aufstieg von Franz Pinkl begann der schleichende Untergang der Volksbanken AG. Unter Pinkl startete die ÖVAG ihren (späten) Expansionskurs in Österreich und im Osten. Nachdem die Verhandlungen mit der Bayerischen Landesbank über eine Übernahme des 46-Prozent-Pakets an der Bawag-PSK-Gruppe gescheitert waren, suchte sich Pinkl ein anderes Zielobjekt: die Investkredit-Kommunalkredit-Gruppe. Ähnlich wie die Kontrollbank stand auch die börsennotierte Investkredit im Eigentum von mehreren Großbanken. Die ÖVAG unter Pinkl besaß das kleinste Investkredit-Aktienpaket, aber die größte Risikobereitschaft.

Zu einem besonders hohen Preis wurden alle Investkredit-Aktionäre – Bank Austria, Bawag, Erste Bank, Raiffeisen – nach der Reihe ausgekauft. Zwei Jahre und 800 Millionen Euro gingen drauf für die Investkredit-Übernahme. Von der Finanzlast sollte sich die ÖVAG nie so recht erholen. Parallel dazu übernahm Pinkl wahllos Kredit- und Leasingfirmen in CEE. Er wollte zu den Ostbanker-Legenden wie Andreas Treichl (Erste Bank) oder Herbert Stepic (Raiffeisen) aufschließen. So gelangten osteuropäische Kreditinstitute, um die andere Banken einen großen Bogen machten, unters Dach der Österreichischen Volksbanken AG. Bis zum Ausbruch der Finanzkrise verdienten die Volksbanken in Rumänien noch Geld, danach waren sie eine Verlustgrube – so wie die gesamte ÖVAG-Gruppe, die Franz Pinkl auf einem fragilen Fundament aufgebaut hatte. Nicht die Bank, sondern die Berater profitierten unter Pinkl. Boston Consulting Group, Deutsche Bank und der renommierte PR-Berater Wolfgang Rosam waren in der Goldgräberzeit mit dabei. Das Beraternetzwerk sollte Pinkl nach seinem ÖVAG-Abschied vor dem beruflichen Aus retten.

Nach dem Kollaps der Kommunalkredit 2008 war selbst für das Volksbanken-Urgestein Pinkl kein Platz mehr im Volksbanken-Sektor. Nachdem die Kommunalkredit Ende 2008 notverstaatlicht wurde und die ÖVAG sich im Frühjahr 2009 eine Milliarde Euro Staatskapital gesichert hatte, schied Franz Pinkl Ende April 2009 aus dem ÖVAG-Vorstand aus. Der Abgang wurde ihm ordentlich versüßt. Im Jahr 2009 wurden 1,6 Millionen Euro Abfertigungen und Pensionen an Vorstandsmitglieder ausgezahlt – mehr als die Hälfte dürfte Pinkl kassiert haben. Nach der Zufuhr von staatlichem Partizipationskapital verbesserte sich die wirtschaftliche Lage der ÖVAG kaum, der maroden Bank verschaffte es lediglich mehr Luft zum Atmen. Auch Pinkls Nachfolger, Gerald Wenzel, war überfordert. Den Schuldenhaufen konnte auch er nicht abtragen, schmerzliche Einschnitte wären die Folge gewesen, vor allem bei Pensionsprivilegien und anderen Goodies, die noch aus besseren Zeiten stammten.

Offiziell ging es ab 2009 stets um die Erhaltung der ÖVAG als system-relevante Bank. Ein Untergang hätte das österreichische Finanzsystem in eine Schieflage bringen können, heißt es. Bei genauer Betrachtung der Entwicklungen ab 2009 gibt es auch eine Erklärung, die so gar nicht ins Bild passt: die Sicherung von Pfründen. Auf dem Land zählen die Volksbanken zu den großen Unterstützern der Volkspartei. Darum ist es nicht überraschend, dass das Finanzministerium unter Wilhelm Molterer, Josef Pröll, Maria Fekter und Hans Jörg Schelling die Sanierung der Volksbanken mit Staatshilfe uneingeschränkt unterstützte. Auffällig ist, dass nach ÖVAG-Stützung und Kommunalkredit-Rettung die Rückstellungen für Pensionen, Abfertigungen und Jubiläumsgelder sowie Topmanagergagen im Volksbanken-Vebund regelrecht explodierten.

»Das ist ein Sittenbild und wirklich obszön«, sagt der Pensionsexperte Bernd Marin. »Eine Bank, die vom Steuerzahler gerettet wurde und Milliarden verbraten hat, leistet sich ein Pensionsparadies.« Wenn die Volksbanken-Gruppe profitabel wäre, dann hätte man ein Auge zudrücken können. »Aber so ist der mit Steuergeld finanzierte Luxus im Ruhestand eine ausgesprochene Frechheit.« Wie wäre der Missstand zu beseitigen gewesen? Mit einem Restrukturierungsgesetz hätten die Ansprüche reduziert werden und der bilanzielle Überhang an den Bund ausgeschüttet werden können. Das wäre auch verfassungsrechtlich durchaus okay gewesen, meint der Sozialwissenschaftler Wolfgang Mazal. »Das ist eine legitime Vorgangsweise, denn die Volksbanken haben den Staat schon viel Geld gekostet.«

Dinopensionen, Treueprämien und Rekordgagen unter Volksbankern nahmen gewaltige Dimensionen an. Zur Erinnerung: Die Volksbanken konnten jahrelang nicht einmal die Zinsen für die insgesamt 1,35 Milliarden Euro Staatshilfe (PS-Scheine, Aktien und Garantien) zurückzahlen. Im Gegenteil: Die Republik war gezwungen, eine Milliarde abzuschreiben. Das restliche Staatsgeld soll nach der noch laufenden Resteverwertung von ÖVAG-Vermögen über die Bad Bank Immigon hereinkommen. Im Nachhinein betrachtet, steckt hinter der Trödelei beim Umbau der ÖVAG ein sittenwidriges Kalkül: Jedes gewonnene Jahr bedeutete für die Volksbanken-Pensionisten bares Geld. Als »Sozialkapital« bezeichnen die Volksbanker die Summe aus Rückstellungen für Pensionen, Abfertigungen und Jubiläumsgelder in der Volksbanken-Verbundbilanz euphemistisch. »Zwischen 2008 und 2013 wuchs dieses Sozialkapital von 258 auf 333 Millionen Euro – ein Plus von satten 75 Millionen Euro. Während die Pensionsverpflichtungen von 128 auf 151 Millionen Euro stiegen (plus 18 Prozent), kletterte der Barwert der Abfertigungen sogar von 125 auf 159 Millionen Euro (plus 27 Prozent)«, wie das Magazin »Format« im Jahr 2015 vorrechnete. »Frivol ist aber der Anstieg beim Jubiläumsgeld von 15,5 (2008) auf 22,5 Millionen Euro. Diese Treueprämie von >1,5 bis zwei Monatsgehältern< plus >1,5 bzw. zwei Haushalts- und Kinderzulagen< für 25 bzw. 35 Jahre Firmenzugehörigkeit wäre ohne Staatshilfe wohl nie zur Auszahlung gelangt.« So wurden Superpensionisten und Abfertigungskaiser vom Steuerzahler subventioniert.

Tatsächlich wäre nur ein Bruchteil der Sozialkapitalverpflichtungen durch eigenes Planvermögen gedeckt gewesen, weshalb die ÖVAG bzw. die lokalen Volksbanken regelmäßig nachschießen mussten. Weil den Volksbankern nach der Finanzkrise das Geld ausging, musste Vater Staat einspringen. Die Einhebung eines Solidaritätsbeitrags von den Luxuspensionisten – wie etwa bei der Nationalbank praktiziert – kam dem Volksbanken-Topmanagement nie in den Sinn. Sie wählten den einfachen Weg und stellten alle Privilegien außer Streit – und dem Staat in Rechnung. »Die Ansprüche sind in Sonderverträgen bzw. Statuten genannt, rechtsverbindlich und unwiderruflich zugesagt«, heißt es im ÖVAG-Jahresbericht 2014 zum Thema »Sozialkapital«. In diesen Altverträgen stehen Pensionszusagen von bis zu 80 Prozent des Letztbezugs. Die Bank fettet die Differenz zur ASVG-Höchstpension von aktuell 3355,30 Euro auf. Ähnlich wie bei der Nationalbank sind die Namen der Luxuspensionisten vertraulich. Ein Staatsgeheimnis auf Staatskosten.

Tatsächlich gibt es viele Manager im Volksbanken-Reich, die über solch gut dotierte Altverträge verfügen. Zu finden sind die Profiteure in der zweiten ÖVAG-Reihe bzw. in den Vorstandsetagen lokaler Volksbanken. In den Verbundbilanzen werden sie als »Schlüsselpersonen« bezeichnet. Bei durchschnittlich 200 000 Euro Jahresgage kommen sie rein rechnerisch auf 10 000 bis 15 000 Euro Monatspension. Im Herbst 2013 existierten noch 51 lokale Volksbanken, die in den vergangenen Jahren fusioniert wurden. Am Ende sollen acht Bundesländer-Volksbanken übrig bleiben. Zu Spitzenzeiten arbeiteten etwa 85 Personen als Vorstände oder Geschäftsstellenleiter – und verdienten Chefgehälter. Im Jahr 2012 waren es in Summe 25 Millionen Euro und im Jahr darauf immer noch 20 Millionen Euro. Noch beeindruckender sind die Aufwendungen für Abfertigungen und Pensionen für 2012 und 2013 – die Summe: zehn Millionen Euro. Bei der ÖVAG war Ähnliches zu beobachten. Im Jahr 2009, als die Vorstände Franz Pinkl, Wilfried Stadler und Manfred Kunert die ÖVAG verließen, waren rund 1,6 Millionen Euro »für Abfertigungen und Pensionen für Vorstände« fällig. Und drei Jahre später, als der glücklose Pinkl-Nachfolger Gerald Wenzel und dessen Kollege Wolfgang Perdich ausschieden, waren es sogar in Summe 1,79 Millionen Euro. Die ÖVAG überschüttete ihr ehemaliges Topmanagement mit Geld, trotz denkbar schlechter Performance. Seit 2008 flossen mehr als 7,2 Millionen Euro »Abfertigungen und Pensionen« – und das staatlich subventioniert.

Das vom Steuerzahler unterstützte Pensionsparadies reicht aber noch viel weiter. In vielen Altverträgen werden Witwen und Waisen über die im ASVG festgelegten Ansprüche hinaus begünstigt. Allein in der ÖVAG summierten sich die Aufwendungen für »frühere Mitglieder des Aufsichtsrates und des Vorstandes sowie ihre Hinterbliebenen« von 2007 bis 2014 auf rund fünf Millionen Euro. Dass die ÖVAG in diesem Zeitraum Verluste schrieb und nur durch Staatshilfe über die Runden kam, änderte nichts daran. Die wohlbestallten Altpensionisten verloren auch keinen Cent Pension, während Mitarbeiter gekündigt wurden. Die Fusion zu acht Regionalbanken und die ÖVAG-Umwandlung zur Bad Bank Immigon machten einen Personalabbau unausweichlich. Dass teure Pensionsverträge bei der Restrukturierung unangetastet blieben, kam auch bei Gekündigten nicht gut an. Dabei wären Eingriffe in das Pensionsrecht durchaus möglich gewesen. Bei der Nationalbank wurde das durchgesetzt. Und die war im Gegensatz zur ÖVAG kein Defizitbetrieb. In einem Forensikbericht der Wirtschaftsprüfgesellschaft Ernst & Young im Auftrag der ÖVAG wurde der Vermögensverfall von 2005 bis 2011 mit »3,9 Milliarden Euro« beziffert. Zusammen mit der Kommunalkredit-Rettung wurde dieser Verfall fast zur Gänze vom Steuerzahler gedeckt. Mehrere hundert Millionen Euro davon entfallen auf teure Pensionsprivilegien.

Der Goldschatz der Volksbanker

Doch es kommt noch besser. Die Volksbanken versteckten auch Geld vor der Republik, um sich vor den Zinszahlungen zu drücken. Für die milliardenschwere Staatshilfe musste die ÖVAG bekanntlich nie einen Euro Zinsen zahlen. Ein Passus in den Verträgen mit der Republik erlaubte das: In Verlustjahren sind Staatshilfebezieher von Zinszahlungen befreit. Dabei agierten die Volksbanker nicht redlich: Sie gaben vor, bitterarm zu sein. Tatsächlich saßen sie auf einem riesigen Geldhaufen, den sie der Republik jahrelang verschwiegen hatten. Das den Volksbanken wohlgesonnene Finanzministerium machte auch keine besonderen Anstalten, nach liquidem Vermögen zu suchen. Vertrauen ist gut, doch im Fall ÖVAG wäre Kontrolle besser gewesen.

Die ÖVAG schuldete der Republik damals etwa 500 Millionen Euro an nicht gezahlten Zinsen für Partizipationskapital und Haftungen. Zusammen mit den rund 3,5 Milliarden Euro Staatshilfe für ÖVAG und Kommunalkredit macht das in Summe etwa vier Milliarden Euro. Das meiste Geld ist futsch. Die defizitäre Geschäftsentwicklung und die strengeren Eigenkapitalregeln machten eine Rückzahlung der Milliarden unmöglich, argumentierten die Volksbanker.

Aus der Verwertung der ÖVAG-Restposten und aus Gewinnen des sanierten Volksbanken-Sektors seien bis 2020 bestenfalls 300 Millionen Euro darstellbar. Doch das dürfte nicht die gesamte Wahrheit gewesen sein. Bis zum Jahr 2013 verfügte die ÖVAG sehr wohl über reichlich Vermögen. Jedoch wollte sie es schlicht und ergreifend nicht hergeben. Die EU-Kommission, die die ÖVAG-Beihilfen überprüfte, wurde als Erste darauf aufmerksam. In einem Beschluss der EU-Kommission vom 19. September 2012 wird das »überschüssige aufsichtsrechtliche Kapital der Volksbanken (d. h. des Haftungsverbunds)« mit »650 bis 750 Millionen Euro« beziffert. Dieses Geld hätte im Notfall flüssiggemacht werden können, ohne selbst in Eigenkapitalprobleme zu geraten. Logisch: Mit dem freien Verbundvermögen hätten die Volksbanken auch ihre Schulden beim Staat tilgen können. Finanzminister Hans Jörg Schelling wusste das. Als Aufsichtsratschef der ÖVAG (2012–2014) kannte er die Tricks der Volksbanker. Das Vermögen wurde mithilfe serviler Wirtschaftsprüfer, die Bilanzierungsregeln ausreizten, in Geheimtöpfen gut versteckt.

Auf den Geldschatz kann nicht mehr zugegriffen werden. Dafür ist es zu spät. Das Vermögen versickerte in den Fusionsbilanzen und kann wohl bestenfalls durch eine forensische Prüfung aufgestöbert werden. Doch daran besteht kein Interesse, weder in der Politik noch bei der Wirtschafts- und Korruptionsstaatsanwaltschaft (WKSta). Im seit Jahren laufenden Strafverfahren gegen Verantwortliche und Entscheidungsträger der Österreichischen Volksbanken AG wurde nur halbherzig ermittelt. Die Staatsanwälte wollten das Verfahren bereits 2014 einstellen, ausgerechnet der schwarze Justizminister Wolfgang Brandstetter hatte eine Fortsetzung angeordnet. Die Begründung der Weisung des Justizministeriums vom 16. Dezember 2014 (Aktenzahl: 5 OStA 213/14w): »Weil es sich bei diesem Verfahren um die strafrechtliche Aufarbeitung des wirtschaftlichen Niedergangs der Österreichischen Volksbanken AG handelt und einer der Beschuldigten, nämlich Michael Mendel, kürzlich zum Vorstand der staatlichen Abbaugesellschaft (Hypo Alpe Adria) bestellt wurde.« Auch Schelling sollte von den Staatsanwälten befragt werden, weil unter seiner Ägide – nämlich in den Jahren 2012 und 2013 – Rechtsgutachten und Forensikberichte beauftragt wurden, die Zweifel wecken, dass in der ÖVAG alles sauber ablief. Die Papiere dokumentieren nicht nur schwere Fehler früherer ÖVAG-Manager, sondern zeigen einige Parallelen zum Skandal der Hypo Alpe Adria: vom multiplen Organversagen (Vorstand, Aufsichtsrat, Finanzministerium, FMA und Notenbank) über faule Kreditvergaben bis hin zu verantwortungslosen Aktionären. Wie bei der Hypo Alpe Adria erfolgte auch die Teilverstaatlichung der ÖVAG ohne Not und auf Kosten des Steuerzahlers. Im Gegensatz zur Hypo blieb die ÖVAG de facto unangetastet.

Die Parallelen zur Hypo sind bemerkenswert. In einem Rechtsgutachten von WU-Professor Martin Winner und einem Forensikbericht von Ernst-&-Young-Prüferin Elisabeth Glaser wurde die ÖVAG untersucht. Winner stützt sich auf Glasers Untersuchungen zum Niedergang der ÖVAG und stellt fest: »Die ÖVAG musste in den Jahren 2005 bis 2011 in dem von ihr geleiteten Konzern insgesamt einen Vermögensverfall in Höhe von 3,9 Milliarden Euro hinnehmen.« Die Expansion ohne Risikomanagement und leichtfertige Kreditvergaben waren schuld. »Während die Risikovorsorgen bis einschließlich 2007 unauffällig waren, [...] waren 2009 540 Millionen Euro erforderlich, was um ein Vielfaches über den erwarteten Aufwendungen lag«, heißt es im Winner-Papier. »Die entsprechenden Kredite wurden überwiegend ohne Sicherung vergeben. [...] Bei der Kreditvergabe durch die Niederlassung Frankfurt wurden in mehrfacher Hinsicht Klumpenrisiken eingegangen.« Die globale Finanzkrise gab der ÖVAG-Gruppe den Rest.

Nach der Notverstaatlichung der Kommunalkredit wackelte die gesamte ÖVAG-Gruppe. Bankprüfer KPMG verfasste am 9. September 2009 einen Warnbrief an Finanzministerium, FMA und Notenbank: »Die Ergebnisprognosen der Bank weichen erheblich von den bisherigen Ergebnisprognosen ab und werden ein schlechteres Bild der Ertragslage und somit auch eine geringere Eigenkapitalausstattung zeigen als ursprünglich angenommen.« Der Brief wurde schubladisiert. Obwohl die ÖVAG an der Kippe stand, stellte die OeNB einen Persilschein aus – die Bank sei »nicht notleidend« –, worauf die Regierung eine Milliarde Euro Staatshilfe freigab. Detail am Rande: Ähnlich lief es bei der Hypo Alpe Adria ab, als die Notenbank 2009 die Staatshilfe unterstützte. Tatsächlich war zum Zeitpunkt der Überweisung an die ÖVAG klar, dass das Steuergeld wohl für immer verloren sein würde. Die ÖVAG zahlte auch niemals Zinsen auf das staatliche Partizipationskapital, und die Kommunalkredit entpuppte sich als Milliardenloch. Im Gegensatz zu Hypo Alpe Adria und Kommunalkredit, wo eine Vielzahl von Strafprozessen zu rechtskräftigen Verurteilungen führte, sieht es in der Strafsache ÖVAG mau aus. Weder Franz Pinkl noch seine Vorstandskollegen mussten sich für den ÖVAG-Vermögensverfall jemals verantworten. Auch Entscheidungsträger im Finanzministerium und in der Notenbank blieben verschont. Dabei waren dieselben Personen wie im Fall Hypo im Spiel, darunter die Finanzminister Josef Pröll und Maria Fekter oder Notenbank-Gouverneur Ewald Nowotny und Vizegouverneur Andreas Ittner. Auch Klaus Kumpfmüller, Vorstand der Finanzmarktaufsicht, blieb verschont, obwohl er ÖVAG-Aufsichtsrat war. »Ohne eine detaillierte Untersuchung der Handlungen der einzelnen Organe ist eine abschließende schadenersatzrechtliche Beurteilung allein auf Basis des Berichts von Ernst & Young nicht möglich«, so Winner. Zivilrechtliche Schritte gegen die für das Volksbanken-Debakel Verantwortlichen kommen zu spät. Die Verjährungsfristen liefen Anfang 2014 aus. Strafrechtlich schaut es laut Weisung des Justizministeriums anders aus. Demnach solle »ein allfälliges Fehlverhalten der Entscheidungsträger in Bezug auf ein Organisations-/Überwachungsverschulden« überprüft werden. Die Verjährungsfrist ist in dem Fall zehn Jahre. Zum Winner-Gutachten, das von Zivilprozessen gegen frühere Manager und Aufseher abrät, ruft das Justizministerium in Erinnerung: »Es darf bei der Würdigung der Gutachten von Professor Winner nicht übersehen werden, dass diese im Auftrag der ÖVAG und auf Basis der Berichte von Ernst & Young erstellt wurden, und damit insgesamt eine bloße Indizfunktion, aber keinen Beweiswert haben können.« Strafbares Handeln könne dennoch vorliegen. Justizinsider gehen trotzdem davon aus, dass das ÖVAG-Strafverfahren eingestellt wird. Es bestehe kein ernsthaftes Interesse an Aufklärung.

Das Winner-Gutachten würdigt etwa die Übernahme von Investkredit und Kommunalkredit im Jahr 2005: »Der Vorstand der ÖVAG hat unter den gegebenen Umständen sorgfaltswidrig gehandelt.« Die Banken wurden »ohne Due Diligence« übernommen, also ohne sorgfältige Prüfung von Kredit- und Geschäftsrisiken. »Auch aus Sicht des Aufsichtsrats ist dies aus meiner Sicht sorgfaltswidrig«, schreibt Winner. »Die Organwalter von ÖVAG und Investkredit haben durch Konzentration auf Geschäfte mit höheren Margen das Risiko erhöht. […] Der Vorstand der ÖVAG musste im Rahmen des gemeinsamen Risikomanagements ein System einrichten, das die Erfüllung der Auflagen überwacht, unter denen ein Kredit von ihm genehmigt wurde. Auf Basis der Feststellung von Ernst & Young ist dies meines Erachtens nicht oder zumindest nicht ausreichend passiert. Um festzustellen, welche Schäden dadurch verursacht wurden, bedarf es näherer Untersuchungen.« Die Pleite der ÖVAG scheint damit nicht ausschließlich auf die Finanzkrise, sondern vielmehr auf Managementfehler zurückzuführen zu sein. ÖVAG und Kommunalkredit würden wohl reichlich Stoff für einen eigenen Untersuchungsausschuss liefern. Ähnlich wie beim Hypo-Untersuchungsausschuss wäre auch hier ein multiples Organversagen festzustellen, also von Bankenprüfern, Finanzmarktaufsehern, Nationalbankern sowie Spitzenpolitik.

Der Aufstieg des Pleitebankers

Bemerkenswert ist jedenfalls, dass ausgerechnet ÖVAG-Boss Franz Pinkl 2009 an die Spitze der Hypo Group Alpe-Adria (HGAA) gehievt wurde. Die Vertreter der Bayerischen Landesbank, die Pinkl aus den letztlich gescheiterten Übernahmeverhandlungen um die Bawag-Anteile kannten, waren beeindruckt von Pinkls Performance. Dass er nicht nur die Kommunalkredit dem Staat umgehängt, sondern parallel dazu der ÖVAG auch noch eine milliardenschwere Staatshilfe organisiert hatte, imponierte BayernLB-Boss Michael Kemmer. Ähnliche Wunder sollte er für die Bayern vollbringen, die bis Ende 2009 größter Hypo-Einzelaktionär waren, noch vor dem Land Kärnten, der Versicherung Grawe und der Hypo-Mitarbeiterstiftung. Bei Pinkls Bestellung zum Vorstandschef der Hypo Group im Mai 2009 wurden die Weichen in der Hypo gestellt. Bayern raus und Republik rein – notfalls via Verstaatlichung. Die Bayern wollten mit allen Mitteln runter vom Pulverfass.

Die Rahmenbedingungen wurden sogar schriftlich festgelegt, wie aus einem von Kemmer unterzeichneten Sideletter hervorgeht. Pinkls Hypo-Vertrag vom 27. Mai 2009 ist beachtlich. Ihm werden eine von 1. Juni 2009 bis 31. Mai 2014 laufende Jahresgage von 500 000 Euro plus 500 000 Euro Jahresbonus, 250 000 Euro Wechselprämie, sechs Wochen Jahresurlaub und ein Audi A8 mit Chauffeur versprochen. Der wahre Knüller verbirgt sich im vertraulichen Sideletter. Im ebenfalls am 27. Mai 2009 verfassten Brief schreibt Kemmer, dass Pinkl »für den Fall einer mehr als 50-prozentigen Übernahme durch die Republik Österreich« ein Sonderbonus zustehe. »Pinkl brachte das 1,875 Millionen Euro«, schreibt das Magazin »Format« im Juli 2014. Nicht nur Pinkl profitierte – er soll für zehn Monate als Hypo-Boss mehr als 2,5 Millionen Euro kassiert haben –, sondern auch die Bajuwaren waren ein Risiko los. »Für die BayernLB besteht im Zusammenhang mit der HGAA ein Gesamtrisikovolumen in Höhe von 8,2 Milliarden Euro«, heißt es im Protokoll der Aufsichtsratssitzung der BayernLB vom 1. Dezember 2009, also kurz vor der Notverstaatlichung. Zwar wurde damals auch die Insolvenz der Hypo Group Alpe-Adria diskutiert, aber wegen des »hohen Reputationsrisikos für die BayernLB bzw. den Freistaat Bayern« nicht weiter verfolgt. Marschrichtung für die Verhandlungen mit der Republik Österreich war die »kurz- oder mittelfristige Exitperspektive für die BayernLB«. Der Vorstand sollte Bayern-Geld retten – auf Kosten der Österreicher. Die wirtschaftliche Lage der HGAA und die Finanzmarktstabilität in Österreich bzw. Zentral- und Osteuropa spielten dabei eine untergeordnete Rolle.

Dementsprechend wurde in einer BayernLB-Sondervorstandssitzung am 4. Dezember 2009 beschlossen, dass 1,1 Milliarden Euro an HGAA-Krediten aufzukündigen seien. Laut BayernLB-Boss Kemmer sollte kein weiterer Cent in die Hypo fließen. Dieser Rückzugsplan wurde in der Hypo-Aufsichtsratssitzung am 10. Dezember 2009, wo auch Kemmer anwesend war, mit keinem Wort erwähnt. Hypo-Boss Pinkl war zwar informiert, machte aber keinen

Mucks – obwohl die HGAA im Advent 2009 wegen massiver Abflüsse von Kundengeldern ums Überleben kämpfte. Kemmer, Pinkl und Co sind laut Polizeibericht verdächtig, ihrer »Berichtspflicht« gegenüber den übrigen Vorständen und Aufsichtsräten der HGAA nicht nachgekommen zu sein und »erhebliche Umstände betreffend einer drohenden Gefährdung der Liquidität« verschwiegen zu haben. Es gilt die Unschuldsvermutung.

Das Schweigen war kalkuliert. Hätte die Finanzmarktaufsicht von der Kreditrückführung erfahren, wäre die Hypo wohl sofort unter Kuratel gestellt worden. Für die international tätige BayernLB wäre das ein enormer Reputationsschaden gewesen. Zitat aus dem Polizeibericht vom Mai 2014: »Durch das Verschweigen [konnte] die entsandte Staatskommissärin [der FMA] über die Liquiditätsbedrohung nicht berichten.« Die Vertuschung verhinderte »aufsichtsrechtliche Maßnahmen wie die rechtzeitige Bestellung eines Regierungskommissärs zur Sicherung abflussgefährdeten Vermögens«. Auch Pinkl, der jede strafbare Handlung zurückweist, gibt reumütig zu: »Diese Kündigung muss vom BayernLB-Vorstand beschlossen worden sein. Daraus ist ableitbar, dass die Bayern darüber Bescheid gewusst haben.« Nachsatz: »Wenn keine Ersatzliquidität gefunden hätte werden können, dann hätte meiner Meinung nach aufgrund dieser Kündigung Insolvenz gedroht.« Wie gesagt, den Bayern war das relativ egal. Für sie war die Verstaatlichung der HGAA das ultimative Ziel – und dafür war Franz Pinkl zweifellos der richtige Mann.

Die Hypo-Untersuchungskommission unter der ehemaligen Höchstrichterin Irmgard Griss sowie der parlamentarische Hypo-Untersuchungsausschuss haben die Umstände rund um die Notverstaatlichung ausführlich untersucht. Die Republik übernahm die Anteile »ohne Alternativszenarien ausreichend geprüft und in eine Verhandlungsstrategie umgesetzt zu haben«, meint die Griss-Kommission. »Die Notverstaatlichung war eigentlich eine Verstaatlichung ohne Not«, meint der grüne Nationalratsabgeordnete Werner Kogler. Auch nach der Verstaatlichung wurde weitergewurschtelt. »Das Beihilfeverfahren wurde nicht mit dem notwendigen Einsatz betrieben, die Entscheidung über eine Bad Bank wurde aus sachfremden Motiven hinausgeschoben«, heißt es im Griss-Bericht. Das ist eine versteckte Kritik an Hypo-Vorstand Gottwald Kranebitter, dem Aufsichtsratspräsidenten Johannes Ditz und Vizepräsident Rudolf Scholten. Anstatt das Wohl der Gesellschaft im Auge zu haben, agierten sie wie politische Marionetten. Die Vermutung ist nicht ganz von der Hand zu weisen: Ditz saß als Finanzstaatssekretär (1987) und Wirtschaftsminister (1995) für die ÖVP in der Bundesregierung und Scholten war von 1990 bis 1997 als SP-Bundesminister in mehreren Kabinetten für Unterricht und Kunst, Wissenschaft und Forschung sowie Verkehr zuständig. Wirtschaftsprüfer Kranebitter eilt bis heute der Ruf eines Experten für Bankbilanzen voraus. Doch seine Rolle als Berater der Hypo bei der Verstaatlichung stellt einen möglichen Interessenkonflikt dar und lässt an seiner Unbefangenheit als Hypo-General zweifeln. Zudem stand Kranebitters früherer Arbeitgeber, die Wirtschaftsprüfungskanzlei KPMG, auf der Payroll des schillernden Hypo-Investors Tilo Berlin.

Zur Erinnerung: Im Jahr 2006 stieg eine von Tilo Berlin angeführte Investorengruppe bei der Hypo Alpe Adria ein. Bei 46 Investoren, also Privatpersonen und Investmentvehikeln, wurden 250 Millionen Euro eingesammelt. Das Geld wurde über eine Luxemburger Zweckgesellschaft gepoolt, die ihrerseits Genussscheine an die Investoren verkaufte. Das hatte mehrere Vorteile. Zunächst blieben die Investoren anonym, weil es keine Publizitätspflicht gab. Auch der Fiskus sah durch die Finger, weil über die Konstruktion Gewinne nicht in Österreich versteuert werden mussten. Selbst die für jeden Kleinanleger geltende Spekulationsfrist konnte so umgangen werden. Zur Investorengruppe gehörten etwa die Milliardärin Ingrid Flick, das Spediteurehepaar Senger-Weiss, die Familie von Ex-Mayr-Melnhof-Boss Michael Gröller oder der frühere IV-Präsident Veit Sorger. Auch Karl-Heinz Grasser – zum Zeitpunkt des Einstiegs noch Finanzminister – war investiert. KHG-Anwalt Manfred Ainedter im Jänner 2010: »Nicht überall, wo ein Skandal ist, ist ein Grasser drin.« Ainedter lag falsch. Grassers indirekte Beteiligung über die Briefkastenfirma Ferint AG ist mittlerweile behördlich dokumentiert.

In seiner Skandalprosa »Der Deal«, die bei einer Razzia sichergestellt wurde, beschreibt Tilo Berlin, wie er potenzielle Investoren umgarnte. »Mit Michael Gröller hatten wir jemanden gefunden, der uns im Rahmen des ›Wiener Syndikates‹ salonfähig machte und Kunden zuführte«, schreibt Berlin. »Gespräche mit Finanzminister Grasser und dem Industriellenpräsidenten Veit Sorger rundeten mein Bild ab.« Gröller, Goess, Maculan, Orsini-Rosenberg – der Industrieadel war begeistert. »So fanden hektische Gespräche bei der Hasenjagd in Andau auf Einladung von Industriellenpräsident Veit Sorger statt, bei der ich permanent auf den endlosen Äckern zwischen Gewehr und Handy abwechseln musste.« Am Ende hatte Berlin sogar altes Geld aus Deutschland an Bord. Auch die Namen Flick, Maucher, Piëch und Schwarzkopf finden sich auf Berlins Liste. Später kamen noch Schweizer Trusts und britische Private Equity Fonds wie Cheyne Capital hinzu.

Die Berlin-Investoren kauften sich etappenweise von Dezember 2006 bis Juni 2007 über die Luxemburger Berlin & Co Capital (BCC) in die Hypo ein. In drei Tranchen wurden in Summe 640 Millionen Euro für 25,1 Prozent hingelegt und noch vor Ablauf des Jahres 2007 an die BayernLB weiterverkauft. »Die BCC war somit eine reine Zweckgesellschaft und wurde lediglich zwischengeschaltet«, heißt es in einem »Anfallsbericht« des Finanzamts an die Staatsanwaltschaft vom 13. September 2012. »Binnen weniger Monate wurde ein Gewinn von rund 175 Millionen Euro erzielt.« Rein rechnerisch macht das eine Durchschnittsrendite von 27 Prozent. Ein saftiger Profit. Strafbar war der Deal nicht. Die Staatsanwaltschaften in München und Klagenfurt klopften die Transaktion gut ab, doch es fehlte das strafrechtliche Substrat für eine Anklage. Jedenfalls fehlte es der Kärntner Anklagebehörde am gehörigen Mut, es mit Österreichs Wirtschaftselite aufzunehmen.

Bei den ehemaligen Hypo-Topmanagern Wolfgang Kulterer und Günter Striedinger tat man sich leichter. Die waren zum Abschuss freigegeben – und wurden bei jeder Gelegenheit angeklagt. Mit Akribie wurde ein Kreditfall nach dem anderen aus dem Berg an Hypo-Akten hervorgezaubert, um einen neuen Gerichtsprozess anzuzetteln. Zur gleichen Zeit wurden zahlreiche Strafakten geschlossen. Manche Verfahren wie etwa gegen Othmar Ederer, den einflussreichen Ex-Generaldirektor der Grazer Wechselseitigen Versicherung, wurden wegen Verjährung eingestellt oder – ähnlich wie bei den Berlin-Investoren – weil am Ende des Ermittlungsverfahrens kein hinreichender Tatverdacht für eine weitere Verfolgung bestand. Die Grawe war ein Großaktionär und unterstützte die Expansionspläne von Kulterer uneingeschränkt, ebenso die Sonderwünsche des Kärntner Landeshauptmanns Jörg Haider. Ohne Ederers Sanktus wäre der Einstieg der BayernLB wohl unmöglich gewesen. »Die Grawe stimmt dem Deal mit der Bayerischen Landesbank nur dann zu, wenn die Grawe für den Consultantsverkauf einen Betrag von 20 Millionen Euro innerhalb von zwei Jahren erhält«, so Ederer in einem E-Mail an BayernLB-Boss Werner Schmidt aus dem Jahr 2007. Neben der Grawe erhielten auch das Land Kärnten sowie die Hypo-Mitarbeiterstiftung in Summe 50 Millionen Euro. Diese Sonderdividende ist bemerkenswert, weil die Bank im Geschäftsjahr 2007 wegen hoher Abschreibungen eigentlich nichts extra hätte auszahlen dürfen. Das Unrecht wurde Ederer und Co offenbar im Rahmen eines Zivilverfahrens 2014 bewusst. Die Hypo Group hatte ihre Altaktionäre und ehemaligen Vorstände auf Rückzahlung der 50 Millionen geklagt. In dem teuren Zivilprozess gegen Wolfgang Kulterer, Tilo Berlin und Othmar Ederer als früherem Hypo-Aufsichtsrat gab es Vergleiche. Dem Generalvergleich mit der Bank Burgenland – die Grawe-Tochterbank hielt die Hypo-Aktien – traten die Grazer Wechselseitige als deren Eigentümerin sowie Ederer bei. Mit der Zahlung von 17,5 Millionen Euro an die Hypo war der Schaden wiedergutgemacht und der Spuk vorbei.

Siegfried Grigg, der ebenfalls vom Vergleich umfasst war, kam in einer anderen Hypo-Sache nicht so glimpflich davon. Grigg war Vizegeneral der Grawe und Kurzzeit-Vorstand der Hypo Group. Die Unterschriften, die er zwischen 1. Oktober 2006 und 31. Mai 2007 als Hypo-Vorstandschef getätigt hatte, sollten ihm zum Verhängnis werden. Gemeinsam mit Kulterer, der damals Hypo-Aufsichtsratschef und Vorstand der Flick-Stiftung war, unterzeichnete er fragwürdige Put-Optionen und erlaubte teure Sonderdividenden. Die Privilegien wurden in erster Linie der milliardenschweren Stiftung des deutschen Industriellen Friedrich Karl Flick angeboten. Die gewährte Put-Option erlaubte es der Flick-Stiftung, ihre Hypo-Aktien vorzeitig und ohne Wertverlust an die Hypo zurückzuverkaufen. Die geheimen Sonderverträge dafür wurden bei einem Notar hinterlegt und erst im Rahmen von Hausdurchsuchungen entdeckt. Über diesen Weg wurde der Landeshypo noch im Krisenjahr 2008 wertvolles Kapital entzogen. Geld, das beispielsweise zur Rückzahlung der kurz zuvor gewährten Staatshilfe fehlte. Noch schlimmer: Mit dem 2009 vom Staat gewährten Partizipationskapital wurden auch Hypo-Vorzugsaktionäre wie etwa die Flick-Stiftung abgeschichtet. Der Clou: Die Flicks wollten raus aus der Hypo, weil es zu riskant wurde. Die Stiftung wollte kein Geld verlieren. Dieses Risiko übernahm der Steuerzahler. Grigg und Kulterer sowie Tilo Berlin und Josef Kircher wurden für ihr Verhalten in Sachen Put-Optionen (nicht rechtskräftig) zu mehrmonatiger Haft verdonnert. Die Flick-Stiftung kam mit einer Micky-Maus-Strafe von 400 000 Euro davon. Wobei die halbe Strafe nachgesehen wurde, weil die reiche Stiftung vorher noch nie negativ in Erscheinung getreten sei und tatkräftig zur Aufklärung beigetragen habe. Schmerzhaft war die Strafe nur für Grigg, der Unterschriften leistete, ohne zu prüfen, was er da unterzeichnete.

Die geheimen Deals von Kulterer, Flick oder Ederer sollten eigentlich nie ans Tageslicht kommen – und schon gar nicht vor Gericht landen. Dass es dennoch passierte, ist der »CSI Hypo« zu verdanken. Das ist jene Ermittlertruppe, die unter VP-Finanzminister Josef Pröll eingesetzt und vom Wiener Finanzprokurator Wolfgang Peschorn und dem Grazer Rechtsanwalt Guido Held geleitet wurde. Teilweise gegen den Widerstand des Hypo-Vorstands unter Wolfgang Kranebitter wurden Kreditakten in Südosteuropa durchleuchtet, Geldflüsse nach Liechtenstein verfolgt und fragwürdige Insidergeschäfte offengelegt – und am Ende zur Anzeige gebracht. Für ihre Arbeit kassierte die Kanzlei Held Berdnik Astner & Partner zwischen sechs und sieben Millionen Euro – und viel Kritik. Die war ungerechtfertigt. Gemessen an den Rückflüssen von weit über 100 Millionen Euro, war das gut investiertes Geld. Im Hypo-Untersuchungsausschuss griff CSI-Anwalt Guido Held seine Kritiker erstmals frontal an: Ex-Hypo-Boss Kranebitter, Ex-Hypo-Präsident Johannes Ditz und viele andere hätten das Wirken der CSI Hypo durch gezielte Medienarbeit diskreditieren wollen. Die kritischen Stimmen in der Hypo seien als »miese Partie« diffamiert worden, empörte sich Held.

»Ich bin deswegen so aufgeregt, weil mich hat man vom ersten Tag an total besudelt«, so Held bei seiner Befragung im Hypo-U-Ausschuss. Er wolle sich nur »eine goldene Nase verdienen« und sei »mit Tätern verbandelt«. Guido Held ist verheiratet mit Ursula Mayr-Melnhof-Saurau-Held, der Witwe des bei einem Autounfall verstorbenen Franz V. Mayr-Melnhof-Saurau. Der Clan war Teil der Berlin-Investorengruppe. Eine Reaktion »auf solche Unterstellungen« war ihm wegen seiner anwaltlichen Verschwiegenheitspflicht verboten. Im U-Ausschuss machte er sich Luft – und gab interessante Einblicke. Prinzipiell wäre die Notverstaatlichung ohne Megaverluste abzuwickeln gewesen. Die Fehler waren hausgemacht. »Es gab in Wirklichkeit nur Großgläubiger«, so Held im U-Ausschuss. »Hätte man saniert nach der Notverstaatlichung, wäre eine außergerichtliche Sanierung möglich gewesen.« Kranebitter habe aber, gestützt auf Gutachten der KPMG aus den Jahren 2006 und 2007, die Hypo wie eine ganz normale Bank weitergeführt und nicht wie eine Abbaubank. Die KPMG-Gutachten seien in Wahrheit nur »teuer und oberflächlich« gewesen. Doch das wurde in der Hypo ignoriert, weil Kranebitter früher in der KPMG-Geschäftsführung gesessen war.

»Ich bin heute der Meinung, dass aus der Bank vor und nach der Notverstaatlichung falsche Meldungen an die Öffentlichkeit und an die Politik erfolgten«, sagte Held. Als etwa die Finanzprokuratur darauf bestand, weiteren Geldspritzen erst nach Vorlage eines tragfähigen Sanierungskonzepts zuzustimmen, hätten die CSI-Untersuchungen gezeigt, dass das »System nicht tragfähig« war. »Plötzlich sahen wir jede Woche neue Kreditfälle, wo 50 Millionen, 100 Millionen Euro fehlten.« Jeder dritte Kreditfall sei ohne Kreditrisikomanagement, ohne Dokumentation gewesen. Da wollte man eine Maske drüberlegen, so Held. Alles eh in Ordnung, wenn die CSI Hypo ihre Arbeit beendete, dann würde alles wieder passen. Das wurde auch den Verantwortlichen im Finanzministerium und in der staatlichen Bankenholding Fimbag kommuniziert. Die CSI-Leute waren nicht mehr die Guten, sondern die Geldvernichter, und es gab viele, die sich vor der akribischen Arbeit der CSI Hypo fürchteten. Die Hypo war damals unter der Aufsicht der Bankenholding Fimbag und der Nationalbank. Fimbag-Präsident war zu diesem Zeitpunkt Veit Sorger, der zur Berlin-Partie gehörte. Fimbag-Vorstände waren Klaus Liebscher und Adolf Wala – beide hatten als Nationalbank-Granden bei der Kontrolle der Hypo keine gute Figur gemacht. Die milliardenschweren Landeshaftungen, die den österreichischen Finanzmarkt destabilisierten, hatten sie zugelassen. Versäumnisse wie diese mussten bei einer Aufarbeitung der Vergangenheit ans

Tageslicht kommen. Letztlich ist genau das passiert, wie die mühselige Arbeit der CSI Hypo, der Griss-Kommission und des U-Ausschusses eindrucksvoll belegt. Leider wurden die Versäumnisse von Bankenaufsicht, Fimbag und Co viel zu lange unter den Teppich gekehrt. Bis es irgendwann zu spät war.

Für andere Berater war die Hypo hingegen sehr wohl ein Eldorado. Finanzprokurator Wolfgang Peschorn sagte vor dem Hypo-Ausschuss aus, dass ihm regelmäßig Beraterlisten vorgelegt wurden, wo nicht alle Berater angeführt worden seien. Immer wieder seien neue Namen aufgetaucht, die ihre Dienstleistungen in »irgendwelchen Verhandlungen« vergütet haben wollten. Bezahlt hat die Rechnung die Hypo Group Alpe-Adria. Ob die Beratungsleistung wirtschaftlich berechtigt oder gar zweckmäßig war, wurde selten hinterfragt. Vergangenheitsbewältigung gehöre zu einer erfolgreichen Restrukturierung, meint Peschorn, der als Finanzprokurator oberster Anwalt und Berater der Republik ist. Es gehe um die Frage, wo ist was falsch gelaufen und welche Fehler können in Zukunft vermieden werden. Er sei nicht dazu da, so Peschorn, um »Kosten zu erhöhen, sondern um Schaden zu begrenzen«. Man müsse wissen, was mit »kaputten Assets« gemacht wird und wie es dazu kam. Das sei seine Verpflichtung gegenüber dem Steuerzahler, der den Schaden nicht allein tragen sollte. Die Aufarbeitung der Vergangenheit war kein Selbstzweck. Einerseits sollten Verantwortliche zur Rechenschaft gezogen, andererseits systematische Fehler für die Zukunft verhindert werden.

Nicht alle arbeiteten so effizient wie Helds Hypo-Team. Laut einer parlamentarischen Anfragebeantwortung von Finanzminister Hans Jörg Schelling wurden allein in den Jahren 2010 bis 2014 insgesamt 256 Millionen Euro für externe Berater ausgegeben. Auf die CSI Hypo, zu der auch die sechs Millionen Euro für Held zählen, entfällt nur ein geringer Teil. 62 Millionen Euro wurden für die »Aufarbeitung der Vergangenheit« ausgegeben, also zur Deckung der Kosten für Rechtsstreitigkeiten, forensische Analysen, private Ermittlungs- und Recherchetätigkeiten, Datenaufbereitung, Dokumentation und juristische Beratung.

Und wer kassierte die restlichen fast 200 Millionen Euro? Die Fimbag sollte das wissen, weil sie gemäß den Auflagen für das 2008 vergebene Partizipationskapital dazu verpflichtet war. Dieser Aufgabe kam die Fimbag aber nicht nach, wie auch der Rechnungshof kritisierte. Die Fimbag-Aufstellung über die Kosten der externen Berater der Hypo für den Zeitraum 2010 bis 2013 stellt sich demnach so dar: Für Beratungen im Zusammenhang mit »Reorganisation und Fit for Sale«, also für Restrukturierung und Sanierung der Südosteuropa-Tochterbanken und Planung der Bad Bank Heta, fielen 57 Millionen Euro an.

Im Bereich »Risiko und Work-out«, der den Aufbau des Risikomanagements, die Behebung der von der Aufsicht festgestellten Mängel und die Betreibung fauler Kredite umfasste, wurden Honorare von 86 Millionen Euro verbucht. Investmentbanken und Wirtschaftsanwälte kassierten bis Ende 2013 im Zusammenhang mit dem Abverkauf von Beteiligungen und Kreditportfolios rund 21 Millionen Euro. Für Wirtschaftsprüfungen, EU-Verfahren und »sonstige Themen« wurden 30 Millionen Euro in Rechnung gestellt. Der oberösterreichische Landesrat Elmar Podgorschek, der in seiner Zeit als FP-Nationalrat die Beraterkosten bei Schelling 2014 parlamentarisch erfragt hat, ist noch immer empört: »Da hat man sich auf Kosten der Steuerzahler bedient.«

Tatsächlich war das nur die Spitze des Eisbergs; seit Podgorscheks Anfrage sind fast drei Jahre vergangen, und einiges ist dazugekommen: ein (fehlgeschlagenes) Hypo-Sanierungsgesetz, ein teurer Vergleich mit der Bayerischen Landesbank und ein kostspieliger Streit mit Hypo-Anleihegläubigern, wo ebenfalls (internationale) Anwälte und PR-Berater beschäftigt waren. Außerdem fehlen in allen Berechnungen die Ausgaben für Sachverständige, die für Staatsanwaltschaft und Gericht sowie für Griss-Kommission und Hypo-U-Ausschuss gearbeitet haben. Hypo-Experten wie der renommierte Gerichtsgutachter Fritz Kleiner schätzen, dass so locker eine weitere Viertelmilliarde Euro an »versteckten« Beraterkosten zusätzlich angefallen sind. Das Geld käme aus unterschiedlichen Staatstöpfen und sei schwer zu quantifizieren, doch am Ende zahle immer und überall der Steuerzahler.

»Die Vorkommnisse rund um die Hypo Group Alpe-Adria sind von Fehlentwicklungen und Fehlleistungen auf Landes- und auf Bundesebene gekennzeichnet«, heißt es im Bericht der Hypo-Untersuchungskommission von Irmgard Griss. »Die rasante Expansion der Bank war nur durch die Landeshaftung möglich, ohne dass das Land Kärnten die damit verbundenen Verpflichtungen hätte erfüllen können. Die verantwortlichen Entscheidungsträger des Bundes unterließen es nach Offenbarwerden der krisenhaften Entwicklung der Bank, die notwendigen Informationen angemessen aufzubereiten, die rechtlichen Rahmenbedingungen ausreichend zu prüfen und strategisch vorzugehen, indem Alternativszenarien entwickelt und darauf aufbauend Entscheidungen getroffen wurden.« Der Griss-Bericht wurde im Dezember 2014 präsentiert. Die Hypo Group Alpe-Adria ist seither Geschichte, sie wurde mit mehr als fünf Jahren Verspätung in eine Bad Bank umgewandelt. Doch bei den anderen Landeshypothekenbanken ist wenig passiert. Deren Landeshaftungen stellen weiterhin tickende Zeitbomben dar.

Die Bundesländer stehen für Verbindlichkeiten gerade, die ihre Hypothekenbanken bis zum Jahr 2007 eingegangen sind. Jahr für Jahr reduziert sich das Risiko für die Länder um hunderte Millionen Euro, weil Haftungen abreifen. Neue Bankschulden werden nicht mehr vom Land garantiert. Problematisch sind die bestehenden Haftungen aber allemal, weil sie das Land – wie im Fall Hypo Group Alpe-Adria – unweigerlich in Mitleidenschaft ziehen. Dabei ist es egal, wem die Landeshypo gehört. Im Moment stehen lediglich die Hypos in Niederösterreich, Tirol und Vorarlberg im Landeseigentum. Der Rest ist mit Raiffeisen (Oberösterreich, Salzburg, Steiermark), mit der Grazer Wechselseitigen (Burgenland) oder der Bank Austria (Wien) verbandelt. Das konsolidierte Haftungsrisiko liegt noch immer bei mehr als 20 Milliarden Euro. Die Schieflage einer Landeshypo würde jedes Landesbudget enorm belasten und in Einzelfällen sogar sprengen. Gut, dass die letzten Haftungen 2017 auslaufen.

Am Risikocharakter der Landesbanken ändert das wenig. »Die Landeshypos sind volkswirtschaftlich völlig verzichtbar«, sagt Hannes Androsch, ehemals Finanzminister und Vizepräsident der mittlerweile aufgelösten Bankenholding Fimbag. »Das sind teure Spielwiesen der Landesfürsten.« In Niederösterreich und Tirol war und ist die Einflussnahme besonders groß. Wie beim Sündenfall Kärnten üben sich Abschlussprüfer, Bankenaufsicht oder Landesparlament in der Beobachterrolle in auffälliger Zurückhaltung. Auf eine Begrenzung der Risiken wird viel zu wenig hingewirkt. Die Risiken fürs Land bleiben bestehen. Nicht selten übernehmen Politveteranen die Kontrollaufgaben.

Im Fall Hypo Group Alpe-Adria gibt das Rudolf Scholten auch freimütig zu. Er sei von Bundeskanzler Werner Faymann gefragt worden, ob er die Rolle des stellvertretenden Hypo-Aufsichtsratspräsidenten übernehmen wolle, erzählte Scholten im Hypo-U-Ausschuss. »Es war nicht mein Wunschjob.« Trotzdem übernahm er die Hypo-Aufsicht. Als hauptberuflicher Vorstandsvorsitzender der Kontrollbank und nebenberuflicher Präsident der Wiener Festwochen war Scholten offenbar nicht ausgelastet. Sowohl Scholten als auch Hypo-Aufsichtsratschef Johannes Ditz hatten einen klaren Auftrag: die Kosten für den Steuerzahler nach der Verstaatlichung so gering wie möglich zu halten. »Es ging nicht darum, wie schreiben wir mit der Bank Gewinne, sondern wie können wir diese Bank steuerschonend abwickeln«, so Scholten. Dazu wollte man die Teile, die für Investoren interessant wären, herauslösen und verkaufen sowie die schlechten Teile abspalten und abbauen. Das war eine Art interne Bad Bank. Auf politischen Druck sei eine echte Bad-Bank-Lösung nicht zustande gekommen, wie auch Hypo-Aufsichtsratschef Johannes Ditz wiederholt betont hat. Ditz sei für eine rasche Bad-Bank-Lösung gewesen. Die hätte zwar die Staatsschulden nach oben geschraubt, doch die regelmäßigen

Staatszuschüsse in Milliardenhöhe wären vermeidbar gewesen. Doch gegen den politischen Willen des Eigentümers sei nichts zu machen gewesen, sagt Ditz in Richtung seiner Parteifreunde Josef Pröll, Maria Fekter und Hans Jörg Schelling, die als Finanzminister nacheinander für die Hypo verantwortlich waren. Ditz: »Der Steuerzahler hätte sich Milliarden erspart.«

Auf die Frage im Hypo-U-Ausschuss, welche Versäumnisse in ihrer Amtszeit passiert seien, nannten Ditz und Scholten unisono den fehlenden Schulterschluss zwischen Politik und Unternehmensführung. Der Eigentümer sei der Unternehmensführung mit viel Misstrauen begegnet. Als einen Fehler des Aufsichtsrats nannte Scholten, dass man zu lange gehofft habe, dass sich alles bessern würde: »Wir hätten sagen sollen, ›entweder – oder‹, als wir merkten, dass die Kommunikation nicht funktioniert.« Schon bei der Übernahme hätte man einen klaren Übergabeprozess mit allen Informationen verlangen sollen. »Aufgrund der Vorwurfsdichte sagt jeder, er selber habe keine Fehler gemacht, sondern alle anderen – das halte ich nicht nur für unlogisch, sondern für falsch«, äußerte Scholten Kritik an allen, die Kritik von sich weisen. Rudolf Scholten gilt als kunstsinnig, weltgewandt und politisch intelligent. Doch gemessen an seinen eigenen Worten, hat er als Hypo-Aufseher komplett versagt. Aus Sicht des Steuerzahlers sind unter seiner Aufsicht Schadenssummen und Beraterkosten explodiert. Scholten war offensichtlich der falsche Mann am falschen Platz.

Enorme Risiken schlummern auch in der Kontrollbank, wo Scholten von 1997 bis zu seinem Ausscheiden im Juli 2016 als Vorstandschef arbeitete. Dass in der Kontrollbank die Fremdwährungsrisiken für die Republik explodierten, die Haftungen für Exporte boomten und gleichzeitig die Ausschüttungen an die Republik mickrig blieben, musste er wissen. Der Sozialdemokrat Scholten ist Vorsitzender der Wiener Festwochen, Vorsitzender des Österreichischen Filminstituts und Mitglied des Exekutivkomitees der Bilderberg-Konferenz. Er verfügt über exzellente Politkontakte. Der letzte Versuch, das Exportfinanzierungssystem zu reformieren, unternahm Finanzminister Karl-Heinz Grasser. Auch KHG scheiterte an Scholten und der Bankenlobby. Dabei ist die Kontrollbank kein unbeschriebenes Blatt. Ein tragischer Fall brachte sie vor vielen Jahren ans Licht der Öffentlichkeit.

Zwanzig Jahre liegt der Selbstmord von Gerhard Praschak zurück. Der Kontrollbank-Vorstand hatte sich im April 1997 mit einer Smith & Wesson das Leben genommen. Zuvor paktierten Banken und Parteien Scholtens Rückkehr in die Kontrollbank, wo der seine Karriere begonnen hatte. Ein unappetitlicher Postenschacher, wie er damals üblich war, ging Scholtens Bestellung voraus. Die Kontrollbank gehört zwar österreichischen Banken, weil aber ihre Hauptaufgabe in der Absicherung von Exportgeschäften besteht und der Staat bürgt, hat die Politik bei Jobbesetzungen ein gehöriges Wort mitzureden. Auch Praschak, ehemals Kabinettsmitarbeiter von Finanzminister Ferdinand Lacina und Kanzler Franz Vranitzky, war so an seinen Topjob gekommen. Dass er Scholten hätte weichen und prestigeträchtige Auslandsfunktionen hätte abgeben müssen, war ihm aber zu viel. »Dr. Scholten erklärte mir, dass ich zur Kenntnis nehmen müsse, dass wir nicht in London oder New York lebten, wo die Performance ausschlaggebend sei«, schrieb Praschak in seinem Abschiedsbrief, den er auch an Oppositionsparteien und Medien geschickt hatte. »Gewisse Dinge seien so kompliziert, dass man sie einem Politiker eben nicht erklären könne. Da er Minister gewesen sei, laufe dies eben so. Er rate mir nochmals, mich dem massiven Druck der Politik nicht zu widersetzen. Ich müsste mir dann die Frage gefallen lassen, ob ich dann noch tragbar wäre.« Das deutsche Nachrichtenmagazin »Der Spiegel« nannte Praschak einen »gekränkten Narziss«, der als Kontrollbank-Vorstand »jede Bodenhaftung verloren« habe. Trotzdem: Sein Abschiedsbrief löste ein politisches Erdbeben aus. Auf 120 Seiten beschrieb er den Postenschacher der sozialdemokratischen Machtelite in und rund um die Kontrollbank.

Die beigelegten Unterlagen dokumentierten massive Unregelmäßigkeiten in der Kontrollbank, wie etwa den Versuch der Eigentümerbanken, Gewinne verdeckt auszuschütten, um sich Steuern zu ersparen, und wie in einzelnen Exportkreditfällen das Risiko beinhart auf den Staat abgewälzt wurde. Preis- und Zinsabsprachen der österreichischen Großbanken im sogenannten »Lombard-Club« wurden ebenfalls aufgedeckt und vom damaligen Oppositionsführer Jörg Haider prompt aufgegriffen. Nach staatsanwaltschaftlichen Ermittlungen waren prominente Bankdirektoren gezwungen, ein Diversionsangebot anzunehmen, um einer strafrechtlichen Verfolgung zu entgehen. Die EU-Kommission verhängte 2002 ein Bußgeld von 124,26 Millionen Euro, eine Rekordstrafe. Der damalige EU-Wettbewerbskommissar Mario Monti nannte den Lombard-Club eines der »schockierendsten Kartelle in der EU-Geschichte«. Laut Kommissions-Bericht starteten die Absprachen in den Fünfzigerjahren – also lange vor Österreichs EU-Beitritt 1995 – und dauerten bis zum Juni 1998. In diesem Monat hatte die EU-Kommission mit Beamten des österreichischen Wirtschaftsministeriums mehrere Banken unangemeldet durchsucht und hunderte Dokumente beschlagnahmt. Die Erste Bank musste mit 37,69 Millionen Euro das höchste Bußgeld zahlen, gefolgt von Bank Austria und Raiffeisen Zentralbank (je 30,38 Millionen Euro). Die Gewerkschaftsbank Bawag und deren 2001 von der Republik erworbene Tochter Postsparkasse sowie das Volksbanken-Spitzeninstitut ÖVAG mussten jeweils 7,59 Millionen

Euro blechen. Mit einem blauen Auge kamen die Raiffeisenlandesbank NÖ-Wien und die Hypo Niederösterreich davon. Sie mussten 1,52 Millionen Euro Bußgeld zahlen.

»Das ist wie bei der Mafia, wo der Pate die Anweisungen gibt und sich alle Spieler danach zu richten haben«, polterte Jörg Haider im Jahr 1997 gegen den »Intrigantenstadl« in der Kontrollbank. »Das ist das Sittenbild des roten Hochadels und der schwarzen Schildknappen, die sich die Republik aufgeteilt haben.« Ironie des Schicksals: Haider sollte alle Lombard-Kartellbrüder in den Schatten stellen. Die Landeshaftungen, die der Kärntner Landeshauptmann so großzügig an die Hypo Alpe Adria vergab, befeuerten die wilde Expansion und das kriminelle Treiben am Balkan erst so richtig. Bis zum Unfalltod im Herbst 2008 war Haider der Pate vom Wörthersee, vor dem Regierungsmitglieder, Noten-, Kontroll- und Privatbanker gleichermaßen buckelten.

Zwanzig Jahre nach den Praschak-Enthüllungen hat sich an den Mechanismen in der Kontrollbank wenig geändert. Zwar ist der politische Einfluss zurückgegangen, doch atmosphärisch ist er immer noch spürbar. Solange die staatlichen Exportgarantien verwaltet werden, wird sich daran nicht viel ändern. Wer zahlt, schafft an. Nach der Rechnungshofkritik wurde der Haftungsrahmen von insgesamt 95 auf 80 Milliarden Euro gesenkt. Doch das Haftungsobligo liegt weiterhin bei stolzen 43,9 Milliarden Euro. Aus wirtschaftlicher Gesamtsicht und unter Vermeidung von Doppelanrechnungen betrage das Gesamtrisiko lediglich 25,7 Milliarden Euro, heißt es aus der Kontrollbank, weil Haftungen gemäß Ausfuhrförderungsgesetz und Ausfuhrfinanzierungsförderungsgesetz bilanzseitig sowohl die Kreditvergabe als auch die Mittelbeschaffung absichern. »Der Abbau der Schweizer-Franken-Positionen wird entsprechend der mit dem Finanzministerium akkordierten Strategie weiter vorangetrieben, bleibt aber weiterhin bestehen«, heißt es von OeKB-Seite. Der Abbau dürfte noch Jahre dauern, auch eine Ausweitung des Milliardenverlusts kann nicht ausgeschlossen werden.

Die Franken-Deals könnten die Kontrollbank politisch in die Luft sprengen und eine neue Regierungskrise auslösen. Höchste Zeit, das verkrustete OeKB-System aufzubrechen. Ohne Entschärfungsteam könnte Österreich sehr bald vor dem nächsten Milliardencrash stehen – und am Ende vielleicht die nächste Staatsbank umgehängt bekommen.

Kapitel 7

Aktenzeichen XY unberührt – oder: die Zweiklassenjustiz

Er ist das wahre Wunderkind der Regierung. In weniger als vier Jahren vom politischen Newcomer zum Vizekanzler der Republik Österreich. Das schaffte vor ihm noch keiner. Gemeint ist Wolfgang Brandstetter. Schon die Bestellung zum Justizminister Ende 2013 war außergewöhnlich. Nicht der lange Marsch durch die politischen Institutionen oder die Prominenz eines Showstars waren ausschlaggebend, sondern eine Männerfreundschaft. Michael Spindelegger, Brandstetters »best buddy«, holte ihn als sogenannten »Parteifreien« in sein Regierungsteam. Spindelegger, dessen Politkarriere mittlerweile beendet ist, schwärmt noch heute davon, dass er mit Sebastian Kurz und Wolfgang Brandstetter zwei Politstars erfunden habe.

Sebastian Kurz ist mittlerweile jüngster Obmann und Kanzlerkandidat der Volkspartei. Den viele Jahre milde belächelten Integrationsstaatssekretär hievte Spindelegger an die Spitze des Außenministeriums. Als Vorsitzender der Jungen ÖVP rüttelte Kurz einst im Wiener Wahlkampf die konservative Parteibasis auf. Mit Slogans wie »Schwarz ist geil« sorgte er für Schlagzeilen. Damals cool inszenierte Bilder, wie etwa Kurz auf der Kühlerhaube des »Geil-o-Mobils«, verfolgen den schwarzen Shootingstar noch heute. Dementsprechend groß war der öffentliche Aufschrei, als er Außenminister wurde. Ein (damals) 27-jähriger Jusstudent als Österreichs Chefdiplomat? Das könne nicht gut gehen. Drei Jahre später ist jeder Zweifel vergessen. Der »schwarze Messias«, wie er in den Medien genannt wird, soll die Renaissance der »neuen« Volkspartei einleiten. Als Bundesparteiobmann erhielt er Generalvollmacht über Personal und Wahllisten. Sein politisches Kapital macht das möglich. Kurz ist wer und wiegt schwer.

Ob als Gastgeber der erfolgreichen Atomverhandlungen zwischen den USA und Iran, als Schließmeister der Balkan-Route während der Flüchtlingskrise oder als Hardliner im Umgang der EU mit der Türkei. »Basti Fantasti« lässt keinen kalt. »Das größte Eigen-PR-Talent seit Karl-Heinz Grasser« ätzen seine Politgegner. Wobei: Im Gegensatz zu KHG ist »Bastis« Weste bislang supersauber geblieben. Nicht nur international ist Kurz hoch angeschrieben. Indexierung der Kinderbeihilfe für Ausländer, Kürzung der Mindestsicherung für Inländer, Zero Tolerance in den Islam-Kindergärten: Weil er Reizthemen unverblümt anspricht, liebt ihn der Boulevard. Fachlich gut vorbereitet und rhetorisch gewandt. Höflich, freundlich, sachlich. Der 31-Jährige greift nach dem Kanzleramt. Und »Spindis« zweite Polit-Schöpfung hilft ihm dabei.

Auch der joviale Universitätsprofessor Brandstetter sitzt fest im Sattel. Zwei ÖVP-Obmänner und einen SPÖ-Vorsitzenden hat er politisch überlebt. Den Ambitionen eines Sebastian Kurz steht er nicht im Weg. Das hat er von Anfang an klargestellt. Ganz im Gegenteil, er begünstigt sie mit allen Mitteln. Im Kabinett des Justizministers machten sich die »Basti-Boys« bereits Monate vor dem Obmannwechsel breit. So wie Kurz pflegt auch Brandstetter gute Kontakte zu Niederösterreichs Ex-Landeshauptmann Erwin Pröll, der auch nach seinem Rücktritt gerne den Strippenzieher spielt. Prölls VP Niederösterreich stand vor der Ablöse von Parteiobmann Reinhold Mitterlehner geschlossen hinter Kurz. Pröll brachte nicht nur Landeshauptfrau Johanna Mikl-Leitner und Innenminister Wolfgang Sobotka auf Schiene, sondern auch Wolfgang Brandstetter als Vizekanzler ins Spiel.

Der Koalitionspartner, der sich viel lieber an einem Vizekanzler Kurz gerieben hätte, konnte Brandstetters Ernennung wenig entgegenhalten. Auch SP-Kanzler Christian Kern schätzt ihn. In der Vorwahlkampfzeit wirkte Brandstetter wie eine Art Bodyguard, der Kurz aus der politischen Schusslinie hält. Das tagespolitische Hickhack, das seit der Ankündigung von Neuwahlen im Mai 2017 ausgebrochen war, managte Wolfgang Brandstetter bravourös. Die Routine als Strafverteidiger kam ihm entgegen. Egal wie scharf die politischen Heckenschützen schossen, an Brandstetter prallte alles ab. Früher gehörte es zu seinem Tagesgeschäft, mit hartnäckigen Polizisten und beharrlichen Staatsanwälten umzugehen. Als Verteidiger von prominenten Wirtschaftskriminellen musste er viel einstecken, auch wenn die Angriffe selten persönlich waren. In der Politik ist das anders. An den rauen Ton hat er sich rasch gewöhnt. Und die Opposition macht ihm keine Angst.

Nicht nur als interimistischer Vizekanzler und väterlicher Beschützer von Sebastian Kurz machte Brandstetter eine gute Figur. Auch als Justizminister erwies sich der trockene Strafrechtsprofessor rasch als »political animal«, also mit einem besonderen Gespür für politische Entwicklungen und Konsequenzen ausgestattet. Das Justizressort ist ein innenpolitisches Minenfeld. Als Justizminister kann man eigentlich wenig richtig, dafür sehr viel falsch machen.

Werden Strafverfahren früh eingestellt oder dauern Ermittlungen besonders lang: Schuld trägt das Ministerium. Die Angreifer lauern überall. Darum lautet die Devise: Am besten keine Angriffsfläche bieten. Beeindruckend, wie es Brandstetter geschafft hat, in seinen vier Jahren im Palais Trautson unbeschadet davonzukommen. Dabei wäre er mit seiner Vergangenheit als Strafverteidiger die ideale Zielscheibe.

Für Brandstetter gehört Befangenheit zum Alltag. Für Kritiker ist er ein wandelnder Interessenkonflikt. Lang ist die Liste der Strafverfahren, die er vor dem Wechsel in die Politik betreut hat. In der Inseratenaffäre stand er Bundeskanzler Werner Faymann zur Seite. Investor Tilo Berlin (Hypo Alpe Adria), Ex-Bankvorstand Reinhard Platzer (Kommunalkredit), Immobilienmanager Karl Petrikovics (Immofinanz), Ex-Vorstand Rudolf Fischer (Telekom Austria) und Kasachstans Ex-Botschafter Rachat Alijew zählten zu seinen Mandanten. Berlin, Fischer und Petrikovics wurden erstinstanzlich verurteilt, Platzer freigesprochen. Umstritten ist der Fall Alijew, der vor seinem Prozess inhaftiert wurde und kurz vor seinem Auftritt vor Gericht ums Leben kam. Brandstetter war zeitweise Alijews Unterkunftgeber, als der sich vor den Schergen Nursultan Nasarbajews – sein Ex-Schwiegervater und Staatspräsident Kasachstans – verstecken musste. Als sogenannter »Protektor« saß Brandstetter auch im Beirat einer steinreichen Alijew-Stiftung in Liechtenstein. Der Tod von Rachat Alijew wirft noch immer Rätsel auf. Das Justizministerium folgt der Selbstmordtheorie wohl auch aus Eigeninteresse. Denn: Gruselig ist allein der Gedanke, dass ein Gefangener in einem österreichischen Gefängnis umgebracht werden könnte.

Im Prozess rund um den berühmt-berüchtigten Villacher Steuerberater Dietrich Birnbacher wurde Brandstetter mit einem brisanten Rechtsgutachten für die Kärntner Landesholding ins Spiel gebracht. In seiner schriftlichen Expertise 2008 beurteilte er nicht die Angemessenheit des Sechs-Millionen-Euro-Honorars, sondern die strafrechtliche Relevanz. Darf die Holding das von Landesvater Jörg Haider und seinem Vize Josef Martinz vereinbarte Birnbacher-Honorar übernehmen oder liegt Befugnismissbrauch vor? Wolfgang Brandstetter stellte der Landesholding einen Persilschein aus. Er fand strafrechtlich nichts Bedenkliches, empfahl aber zur Absicherung weitere Gutachter für Detailfragen heranzuziehen. Mittlerweile steht fest, dass das Birnbacher-Honorar, das ursprünglich sogar zwölf Millionen Euro ausmachte, sehr wohl von strafrechtlicher Relevanz war. Der frühere ÖVP-Kärnten-Chef und Vizelandeshauptmann Josef Martinz musste deswegen 4½ Jahre ins Gefängnis. Birnbacher, der erst im Verlauf des Gerichtsprozesses ein Geständnis ablegte, kam mit 2½ Jahren – davon sechs Monate unbedingt – vergleichsweise milde davon. Brisant: Brandstetter lieferte eines von fünf Sachverständigengutachten, das die Staatsanwaltschaft Klagenfurt im Jahr 2009 heranzog, um das Strafverfahren Birnbacher einzustellen. Dass es anders kam, ist dem damaligen Leiter der Korruptionsstaatsanwaltschaft, Walter Geyer, zu verdanken. Gegenüber Kollegen ließ der anklingen, dass seine Leute den Sachverhalt nochmals einer gründlichen Prüfung unterziehen würden, wenn die Staatsanwaltschaft Klagenfurt nicht interessiert sei. Das erzeugte einen gewissen Druck: Sollten die Wiener eine strafbare Handlung erkennen und anklagen, würde das umgekehrt bedeuten, dass sich die in der Causa involvierten Klagenfurter Staatsanwälte des Amtsmissbrauchs verdächtig gemacht hätten. Auf wundersame Weise mutierte die Einstellung zur Anklage.

Auch in der Buwog-Anklage fällt Brandstetters Name. Nachdem die Buwog-Bombe im Herbst 2009 explodiert war, trafen sich Karl-Heinz Grasser, Walter Meischberger und Ernst Plech mit Rechtsberatern, um das weitere Vorgehen zu besprechen. Karl Petrikovics, der damals die ominösen Buwog-Provisionen gezahlt hatte, kam nicht selbst zu den konspirativen Treffen, sondern schickte Brandstetter als seinen Stellvertreter. Trotzdem: Auf der langen Buwog-Zeugenliste des Staatsanwalts sucht man den Namen des Justizministers vergeblich.

Eine Spezialbehandlung? Vielleicht. Brandstetter weist das zurück. In Strafverfahren mische sich der Justizminister grundsätzlich nicht ein. Das hatte er schon zum Amtsantritt versprochen. Um den Anschein jeglicher Einflussnahme im Keim zu ersticken, erfand Brandstetter den sogenannten Weisungsrat. Dabei handelt es sich um ein Gremium unter dem Vorsitz des Generalprokurators, das über die Einstellung und Fortführung von prominenten Strafverfahren entscheidet. Immer wenn der Verdacht einer Verwicklung des Justizministers besteht, eine politische Weisung erteilt werden soll oder der Justizminister sich als befangen empfindet, wird der Weisungsrat eingeschaltet. Die Erfindung des Weisungsrats war Brandstetters politisches Gesellenstück. Denn in Wahrheit sind die vier Weisen nur ein Feigenblatt. Sie suggerieren der Öffentlichkeit, dass das politische Kabinett im Palais Trautson nicht mehr in laufende Strafverfahren eingreifen kann. Tatsächlich gibt es diese Möglichkeit weiterhin. Der Minister steht an der Spitze der Weisungskette, sein Weisungsrecht kann er nicht einfach so an der Garderobe abgeben. Auch der Weisungsrat ändert daran nichts. Zudem werden die Strafakten von der Strafrechtssektion vor- und aufbereitet, was zu einer gewissen Vorselektion führt. Schließlich ist der Vorsitzende des Weisungsrats in seiner Rolle als Generalprokurator ein dem Justizminister untergeordneter Beamter. Hauptberuflich weisungsgebunden, nebenberuflich weisungsfrei: Das klappt nur in der Theorie. Persönlichkeitsspaltung ist nicht gesund.

Gemessen an der Performance der Staatsanwaltschaften und Strafgerichte in »clamorosen Causae«, wie »lärmende« Promifälle in Justizkreisen gerne genannt werden, hat sich unter dem »parteifreien« Justizminister wenig geändert. Eher entsteht der Eindruck, dass die Justiz gegenüber der Volkspartei besondere Milde walten lässt und den großen Politkalibern im sozialdemokratischen und freiheitlichen Lager eine Spezialbehandlung zukommen lässt. Im Normalfall startet die Staatsanwaltschaft ihre Ermittlungen nach Vorliegen eines Anfangsverdachts. Dann ist alles möglich: von der Einholung schriftlicher Stellungnahmen und der Durchführung von Einvernahmen bis hin zur Einbindung von Sachverständigen oder polizeilichen Maßnahmen, wie etwa Hausdurchsuchungen, Kontenöffnungen, Observationen oder Telefonüberwachungen. Der Staatsanwalt benennt dann Verdächtige, Beschuldigte oder Zeugen – und hemmt so nebenbei die mögliche Verjährung einer Straftat. Das sind Momente, in denen die Justiz funktioniert.

Nach politischer Intervention riecht es erst, wenn einzelne Schritte gar nicht zugelassen werden. Aus den Strafverfahren haben die Politjustiziare gelernt: Wurden Ermittlungen in heiklen Verfahren einmal eingeleitet, dann konnten sie nur nach eingehender Prüfung eingestellt werden. Die Lösung: erst gar nicht einen Anfangsverdacht aufkommen lassen. Wie das zu machen ist? Ganz einfach: Entweder wird so rasch geprüft, dass offensichtliche Ungereimtheiten übersehen werden, oder es wird der »falsche« Anfangsverdacht abgeklopft. Sucht ein Staatsanwalt nach Amtsmissbrauch oder Untreue und findet nichts, dann heißt es offiziell meistens: »Der Sachverhalt wurde geprüft und kein Anfangsverdacht festgestellt.« Das Statement suggeriert, dass in alle Richtungen geprüft wurde. Meistens ist das aber nicht der Fall. Mit anderen Worten: Wer beispielsweise nur nach Amtsmissbrauch sucht, der wird keinen Anfangsverdacht für strafbaren Förderungsmissbrauch finden. Oder: Wenn der Staatsanwalt keinen »hinreichenden« Tatverdacht erkennt, der eine Einvernahme rechtfertige, dann ist das so. Weil Ermittlungsverfahren nicht öffentlich sind, muss sich der Staatsanwalt auch nie öffentlich rechtfertigen, etwas »übersehen« zu haben.

Rechenschaftspflichtig sind die Staatsanwälte lediglich ihrem obersten Dienstherrn: dem Justizminister. Bei einer politischen Intervention greift eine Art vorauseilender Gehorsam: Das Kabinett des Justizministers »wünscht« sich, dass ein Verfahren gegen einen prominenten Politiker nicht weiter betrieben wird. Der Staatsanwalt hegt zwar einen Verdacht, doch weiß er, dass seine Erhebungen wohl nicht gerade karriereförderlich sind. Immerhin würde er »den Wünschen« seiner Chefs nicht entsprechen. Die Lösung: am besten erst gar nicht anfangen, etwa mit Befragungen oder Aufträgen an die Polizei. Dass

Staatsanwälte mutige Schritte wagen, kommt in den letzten Jahren immer seltener vor. Ganz im Gegenteil, es mehren sich Fälle, die nach Politintervention riechen. Die Pröll-Stiftung, die Kickl-Files und das Haselsteiner-Gutachten sind bemerkenswerte Fälle, die elegant im Sand verlaufen sind. Niederösterreichs ehemaliger VP-Landeshauptmann Erwin Pröll, der freiheitliche Bundesparteisekretär Herbert Kickl und NEOS-Finanzier Hans Peter Haselsteiner werden von der Justiz mit Samthandschuhen angefasst. Pröll, Kickl und Haselsteiner sind unbescholten, weil die Staatsanwälte nicht einmal einen Anfangsverdacht witterten. Vielleicht liegt das daran, dass Walter Geyer nicht mehr die Wirtschafts- und Korruptionsstaatsanwaltschaft leitet. Seit seiner Pensionierung Ende 2012 agiert die Behörde verhalten. Unter Geyer wurden noch die großen Fische gejagt – ohne Rücksicht auf Herkunft und Stand. Pröll, Kickl und Haselsteiner wären wohl genauer unter die Lupe genommen worden. Geyers Nachfolgerin, Ilse Vrabl-Sanda, ist viel zurückhaltender – und das merkt man.

Freibrief für Förderungen

Warum das bemerkenswert ist? Pröll, Kickl und Haselsteiner stehen im Zentrum von Fällen, die die Justiz nach kürzester Prüfung nicht einmal näher untersuchen wollte. Im Eiltempo wurde ihnen ein Freibrief ausgestellt, der sie von jedem strafrechtlichen Verdacht exkulpierte. Aus journalistischer Sicht werden die Fälle dadurch noch spannender. Viele Fragen bleiben offen. Die Justiz kann sie aber nicht beantworten, weil sie gar nicht erst angefangen hat, zu ermitteln. Aus Sicht der Wirtschafts- und Korruptionsstaatsanwaltschaft sind offensichtlich manche Österreicher gleicher als andere. Doch um welche Fälle geht es eigentlich konkret?

Da wären die Landesförderungen für die Dr. Erwin Pröll Privatstiftung. Im Jänner 2017 deckte »Falter«-Chefredakteur Florian Klenk auf, dass das Land Niederösterreich die gemeinnützige Pröll-Privatstiftung mit einem kleinen Vermögen bedacht hatte. Seit dem Jahr 2008 wurden mit Beschluss der Landesregierung, also mit Zustimmung von SPÖ, FPÖ und Team Stronach, jährlich 150 000 Euro aus dem Landesbudget bereitgestellt, zuletzt im Dezember 2016. In Summe waren das 1,35 Millionen Euro: 300 000 Euro landeten auf Stiftungskonten, 1,05 Millionen Euro auf Konten des Landes Niederösterreich, jederzeit abrufbereit für die Stiftung. Doch wofür? Für gemeinnützige Projekte. Für welche? Für viele kleine und ein großes. Der Hauptzweck der Stiftung sei die Errichtung einer Akademie für den ländlichen Raum, hieß es. Daran arbeite man seit vielen Jahren. Die Suche nach einem geeigneten Standort und wissenschaftlichem Personal nehme viel Zeit in Anspruch. Fakt ist: Neun Jahre nach Stiftungsgründung gibt es die Akademie immer noch nicht. Selbstverständlich seien die Förderungen einem Zweck gewidmet, hieß es. Der offizielle Zweck des Förderansuchens liege den Beschlüssen der Landesregierung zugrunde, doch die werden geheim gehalten. Fragen dazu kommen einer Majestätsbeleidigung gleich. Legendär ist das »ZiB 2«-Interview mit Erwin Pröll im März 2017. ORF-Anchorman Armin Wolf stellte präzise Fragen zur Pröll-Stiftung. Warum die Landesregierung die Subvention für die Stiftung verheimlicht habe, wollte Wolf wissen? Was wird mit dem Geld geschehen? Warum wurden die Fördergelder jahrelang gebunkert? Warum wurde ein Geheimnis daraus gemacht und die Öffentlichkeit nicht informiert? Pröll war sichtlich verärgert. Alle Fragen wurden erbost abgeschmettert. Erwin Pröll im O-Ton: »Machen Sie doch nicht den Fehler, Dinge zu erklären, die nicht zu erklären sind.«

Eine Anregung, die an ganz anderer Stelle sofort aufgenommen wurde. Die Vertreter der Wirtschafts- und Korruptionsstaatsanwaltschaft wollten – frei nach Erwin Pröll – nicht den Fehler machen, Dinge zu ermitteln, die nicht zu ermitteln sind. »Wir haben den Inhalt des ›Falter‹-Artikels nach Vorliegen strafbarer Handlungen geprüft«, sagt WKStA-Mediensprecher René Ruprecht. »Es lag kein Anfangsverdacht vor.« Die Behördenprüfung startete am 16. Jänner 2017, kurz nachdem die Medien darüber berichtet hatten. Geprüft wurde »in jede Richtung«. In welche Richtung konkret? »Kein Kommentar.« Nur zwei Wochen später war die staatsanwaltschaftliche Erstprüfung abgeschlossen. Wie gesagt: in jede Richtung ohne Anfangsverdacht. Das Strafgesetzbuch umfasst mehr als 300 Paragrafen. Welche genau abgeklopft wurden, will die Behörde nicht preisgeben. Was offensichtlich nicht untersucht wurde: ein möglicher Förderungsmissbrauch der Dr. Erwin Pröll Privatstiftung. Wofür flossen die Fördergelder? Was war der Zweck? Wer hatte die Idee? Wer stellte den Antrag? Wurden die Landesgelder widmungsgemäß verwendet? Wer verfügte über das Geld? Derartige Fragen blieben unbeantwortet, weil keine Ermittlungen eingeleitet wurden. Nicht einmal die Ergebnisse der parallel laufenden Rechnungshofprüfung in Sachen Pröll-Stiftung wollte die Justiz abwarten. Eine in der Strafverfolgung gängige Praxis wurde im Fall Pröll nicht angewandt: die Einleitung von Ermittlungen, um mutmaßliche Straftäter nicht entwischen zu lassen.

Was geschah, kurz nachdem die Justiz bekannt gab, keine Ermittlungen einzuleiten? Die Stiftung wurde aufgelöst, die überwiesenen 300 000 Euro wurden samt Zinsen zurückgezahlt und auf die weiteren 1,05 Millionen Euro wurde wohlweislich und unwiderruflich verzichtet. Das teilte Stiftungsanwalt Christian Grave Ende Mai 2017 mit. »Der Stiftungsvorstand der gemeinnützigen Dr. Erwin Pröll Privatstiftung hat mir als langjährigem rechtsfreundlichen Berater der Stiftung den Auftrag erteilt, die Auflösung der Stiftung vorzubereiten«, so Grave. Der Hauptzweck der Stiftung, nämlich die Errichtung der »Akademie der Förderung des ländlichen Raumes«, scheine mittelfristig nicht realisierbar. »Im Besonderen aufgrund der Tatsache, dass Herr Dr. Erwin Pröll aus dem Amt des Landeshauptmannes ausgeschieden ist«, so Anwalt Grave. Die Stiftung gibt es somit nicht mehr und jeder mutmaßliche Schaden wäre mit der Rückzahlung der Landesgelder samt Zinsen getilgt. Die strafrechtliche Konsequenz: Selbst für den theoretischen Fall, dass der Rechnungshof den Verdacht des Förderungsmissbrauchs hegen würde, könnte nunmehr keiner bestraft werden. Weder die Stiftung noch deren Vorstand unter der Führung von Erwin Pröll. Denn es würde tätige Reue gelten, wonach nicht zu bestrafen ist, wer vor Verfahrenseröffnung seine Straftat wiedergutmacht. Wie heißt es so schön in Paragraf 167 Strafgesetzbuch: »Dem Täter kommt tätige Reue zustatten, wenn er, bevor die Behörde von seinem Verschulden erfahren hat, wenngleich auf Andringen des Verletzten, so doch ohne hiezu gezwungen zu sein, den ganzen aus seiner Tat entstandenen Schaden gutmacht.«

Tatsächlich kam es so, wie es kommen musste. Im Prüfbericht über die Pröll-Stiftung und andere Förderprojekte des Landes Niederösterreich stellte der Landesrechnungshof eklatante Fehler fest: »Im Hinblick auf den allgemein gehaltenen Stiftungszweck wäre allerdings die Anwendung aller in Betracht kommenden Förderungsgesetze, Richtlinien und Regierungsbeschlüsse zu prüfen gewesen.« In den Förderungsakten der Finanzabteilung des Landes waren »keine weiteren Unterlagen zu den schriftlichen Ansuchen der Privatstiftung« zu finden, »insbesondere nicht für ein bestimmtes Vorhaben«. Eine Förderung ohne Zweck auszuzahlen, riecht gewaltig. »In drei Fällen lagen keine schriftlichen Ansuchen der Privatstiftung und ab 2010 keine schriftlichen Förderungszusagen der NÖ Landesregierung an die Privatstiftung vor«, schreibt der Landesrechnungshof im Juni 2017. »Die Vorgangsweise erfolgte im Rahmen der Privatwirtschaftsverwaltung und wich von den Allgemeinen Richtlinien für Förderungen des Landes Niederösterreich ab, ohne dass dies in den Regierungsbeschlüssen ausdrücklich ausgesprochen wurde, konnte sich auf kein Förderungsgesetz stützen und war mit Interessenkollisionen behaftet. Mit der Rückzahlung der Förderung samt Zinsen lag eine zweckmäßige Bereinigung vor.«

Ein Machtwort von Wolfgang Brandstetter wäre in der Causa Pröll-Stiftung angebracht gewesen. Die Weisung des Justizministers, dass der Bericht des Landesrechnungshofs abzuwarten sei, hätte viel bewirkt. Leider agierte

Brandstetter wie ein befangener Parteipolitiker. So hat die Angelegenheit einen unangenehmen Beigeschmack.

Die Spekulationsverluste in Niederösterreich

Der offensichtliche gnädige Umgang der Justiz mit der niederösterreichischen Volkspartei wird auch im Fall Hypo Niederösterreich deutlich. Während die Causa Hypo Group Alpe-Adria mehrere Strafverfahren, Gerichtsprozesse und rechtskräftige Verurteilungen nach sich gezogen hat, ermittelt die Justiz in Niederösterreich seit mehr als sieben Jahren im Schneckentempo. Auf Basis einer Anzeige der Finanzmarktaufsicht wird seit 2009 wegen des Verdachts der Untreue und Bilanzfälschung untersucht. Normal ist an diesem Verfahren gar nichts mehr. Die Causa wurde seitens der Staatsanwaltschaft St. Pölten dreimal (!) eingestellt und der ermittelnde Staatsanwalt viermal ausgetauscht. Zuletzt befasste sich die Wirtschafts- und Korruptionsstaatsanwaltschaft mit der Akte »Hypo NOE« (Zahl: 3 St 25/12 g). Worum geht es? Die Verdachtslage wurde in einem Bericht des Magazins »Format« folgendermaßen zusammengefasst: »Die Hypo Niederösterreich hatte dem Land Niederösterreich im Jahr 2007 geholfen, Verluste aus Spekulationsgeschäften mit Wohnbaudarlehen zu verstecken.« Der Verdacht stütze sich auf Polizeiberichte der Taskforce »Cetium« – so nannten die alten Römer das Stadtzentrum des heutigen St. Pölten – sowie Anordnungen des Korruptionsstaatsanwalts Simon Himberger, der die Ermittlungen bis 2015 als Erster vorangetrieben hat. Demnach soll die irische Briefkastenfirma Augustus Funding Limited zur Verlustevertuschung eingerichtet worden sein. Himbergers Ermittlungen Anfang 2013 machten das Versagen seiner Vorgänger deutlich. In drei Monaten hatte der ambitionierte Staatsanwalt mehr Zeugen und Beschuldigte verhört als seine Kollegen in den drei Jahren zuvor. Es entstand der Eindruck, dass Himbergers Vorgänger keine Wickel mit Landesvater Erwin Pröll wollten.

Dabei lief in der Pröll-Hypo viel schief. »Die Verdachtslage stützt sich vorrangig auf von Nationalbank und der FMA im Zuge der Überprüfung der Hypo erstellte und gesammelte Unterlagen«, schrieb Himberger in einem Bericht an das Wiener Straflandesgericht vom Dezember 2012. Über einen Notkredit für Augustus soll »die Hypo nicht nur die von ihr selbst gehaltenen Wertpapiere (im Volumen von rund 175 Millionen Euro), sondern auch jene des Landes Niederösterreich (im Volumen von rund 600 Millionen Euro)« vor einer drohenden Wertvernichtung gerettet haben. Nach eingehender Prüfung kam Himberger zum Schluss, dass die Transaktion nur dann Sinn ergäbe, wenn die Hypo dem Land dabei helfen wollte, Verluste zu verstecken. Welche Verluste waren gemeint?

Kurze Rückblende: Das Land Niederösterreich hatte ab 2001 mehrere Milliarden Euro aus dem Verkauf von Wohnbaudarlehen erlöst. Die rund 4,4 Milliarden Euro dienten nicht nur der Tilgung von Schulden, sondern wurden auch auf dem Kapitalmarkt veranlagt. Letzteres übernahm die landeseigene Investmentfirma Fibeg, die in Spezialfonds der DWS investierte. DWS ist die Fondsgesellschaft der Deutschen Bank. Im Zuge der Finanzkrise 2007 erwiesen sich die Fibeg-Veranlagungen als Desaster. »Die vom Land veranlagten 1,5 bis zwei Milliarden Euro wurden vermutlich im ersten Quartal 2001 in DWS (Austria) Niederösterreich Fonds angelegt«, sagte ein Ex-DWS-Manager laut Einvernahmeprotokoll.

Das Land bangte Ende 2007 bereits um mehr als eine halbe Milliarde Euro. Für VP-Landeshauptmann Erwin Pröll, der 2008 Landtagswahlen zu schlagen hatte, tickte eine Zeitbombe. Die sollte der damalige VP-Finanzlandesrat und spätere Innenminister Wolfgang Sobotka entschärfen. Die Fibeg hatte sich jedenfalls ordentlich verzockt. Ex-Hypo-Vorstand Richard Juill laut Protokoll: »Der Grund für die Gründung von Augustus war, dass die Bank in strukturierten Produkten investiert war.« So wurden die Ramschpapiere damals genannt.

Offiziell handelte es sich um Veranlagungen mit Triple-A, also mit höchster Bonität. Tatsächlich war es Finanzschrott. Nicht nur die Pröll-Hypo fiel auf die smarten Investmentbanker von Citigroup, BNP Paribas und Co herein, auch die deutschen Landesbanken und viele Kommunen erwiesen sich als naive Käufer. Die Finanzkrise brachte den Spekulationsirrsinn ans Tageslicht. »Dieser Umstand führte dazu, dass die Investments Wertverluste erlitten«, sagte ein in den Augustus-Deal involvierter Hypo-Banker laut Protokoll. »Es drohte bei anhaltender Krise, dass diese Investments einen Totalausfall erleiden würden.« Die Pröll-Hypo zitterte um rund 200 Millionen Euro. »Dieselbe Situation gab es aufgrund der Information durch Höck [Fibeg-Geschäftsführer Herbert Höck; Anm.] im Bereich Landesveranlagung (Wohnbauförderungsdarlehen)«, erinnerte sich Hypo-Vorstand Juill laut Protokoll. »Nur dort war ein höheres Investment in Eigenkapital gegeben und daher auch das zu herauskaufende Assetvolumen höher. Dort ging es um ca. 600 Millionen Euro.« Die Verlustgefahr brachte das Land unter Zugzwang. »Auf der Suche nach Lösungen wurde Augustus erfunden«, schreibt »Format«: »Eine Briefkastenfirma in Dublin sollte der Fibeg und der Hypo die verlustbeladenen Wertpapiere abkaufen. Das Geld dafür stellte die Hypo bereit.« In einem Hypo-NÖ-Aufsichtsratsprotokoll heißt es: »Zur Durchführung dieser Transaktion beantragt Höck die Finanzierung der Gesellschaft mit einem Betrag von 1,1 Milliarden

Euro.« »Meiner Erinnerung nach wollte der Vorstand Wertpapiere aus Gesellschaften herauskaufen«, so Hypo-NÖ-Staatskommissär Anton Rainer laut Protokoll vom 31. Jänner 2013. »Mit dem Herauskauf wollte man Verluste für die Bank und die Fibeg verhindern.«

Dank Hypo-Kredit konnte Augustus alle miesen NÖ-Papiere aufkaufen, um den Finanzschrott kurze Zeit später weiterzureichen. Ein DWS-Manager gab unter Wahrheitspflicht zu Protokoll, dass »Income Notes [d. h. Spezialanleihen] von Augustus durch NÖ-Spezialfonds erworben« wurden, womit das Risiko wieder aus den Augustus-Büchern raus und wirtschaftlich wieder in Niederösterreich gelandet war. Am Ende war eines erreicht: Die Fibeg musste ihre Spekulationsverluste nie ausweisen. Die Ermittler der Taskforce Cetium hegen den Verdacht, dass die Prüforgane von Augustus, Hypo Niederösterreich und DWS bei der Vertuschung geschickt zusammenspielten. Darum führte die Staatsanwaltschaft die in den Augustus-Deal involvierten Manager von DWS und Deloitte – als Wirtschaftsprüfer von Augustus und Hypo Niederösterreich – als Beschuldigte. Die tatsächliche Höhe der Wohnbauspekulationsverluste ist unbekannt. Der Rechnungshof stellte bereits 2010 fest, dass die Veranlagungen um »eine Milliarde Euro unter dem Zielwert« liegen. In seiner Rolle als Finanzlandesrat hatte Wolfgang Sobotka in der Vergangenheit stets betont, dass der Verkauf der Wohnbaudarlehen unterm Strich nur Gewinne gebracht habe. Gegenteilige Behauptungen werden von Vertretern der ÖVP Niederösterreich als »skandalös« zurückgewiesen. Die Cetium-Ermittler sollen zwischenzeitlich von mehreren Seiten zur Ordnung gerufen worden sein, heißt es. Einerseits von ihrem obersten Dienstherrn, VP-Innenminister Wolfgang Sobotka, andererseits von den Hypo-NÖ-Staatsanwälten Nummer fünf und sechs. Denn Staatsanwalt Simon Himberger hat mittlerweile das Handtuch geworfen und den Job gewechselt. Er ist nun Zivilrichter und als solcher unabhängig, unversetzbar und weisungsfrei – all das, was ihm in der Causa Hypo NÖ verwehrt wurde.

Das Verfahren gegen die Hypo Niederösterreich könnte nach acht Jahren eingestellt werden, befürchtet ein Mitglied der Taskforce Cetium, das nicht genannt werden möchte. Nach derart langer Verfahrensdauer mache eine Anklage keinen Sinn mehr, heißt es. Zeugen seien nicht mehr im Land, Beschuldigte könnten sich nicht mehr erinnern. Prozessökonomische Gründe sprechen für ein kaltes Verfahrensende. Zum Vergleich: Im zähen Buwog-Verfahren, das ebenfalls Ende 2009 gestartet wurde, gab es den ersten Anklageentwurf vor zwei Jahren. Rechtskraft erlangte die Anklageschrift 2017. Im Fall Hypo Niederösterreich ist man noch weit davon entfernt. Momentan durchlaufen die Vorhabensberichte der Wirtschafts- und Korruptionsstaatsanwaltschaft die interne Qualitätsprüfung – mit ungewissem Ausgang. Die Causa Hypo NÖ ist längst eine juristische Farce.

»Fake News«, »Sudelkampagne«, »Skandalisierungs-Neurotik«. Die ÖVP ist nicht zimperlich im Umgang mit Journalisten, die über die Pröll-Skandale berichten. Am härtesten traf es »Falter«-Chefredakteur Florian Klenk und »ZiB 2«-Moderator Armin Wolf. Beide wurden via Presseaussendungen, Facebook und Twitter angegriffen. Mit allen Mitteln wurde versucht, ihre Redlichkeit in Frage zu stellen. In der Kampf-PR gehört das zum Standard-Repertoire: bei Attacken sofort zum Gegenangriff übergehen. Überschütte kritische Journalisten mit Dreck, irgendetwas bleibt hängen. Dass sich Journalisten zur Wehr setzen, wird deshalb zunehmend wichtig. Der »Falter« machte es vor. Die Stadtzeitung klagte die Volkspartei, die sich dem Druck eines Gerichtsverfahrens beugen musste. Den Vorwurf, dass der »Falter« über die Pröll-Stiftung »gelogen« bzw. »Fake News« verbreitet habe, musste die ÖVP im Juli 2017 öffentlich zurückziehen. Peinlich für die Pröll-Partei.

Die Freiheitliche Partei hingegen musste nie Kreide essen. Vor allem FP-Generalsekretär Herbert Kickl ist berühmt-berüchtigt für seine Kampfrhetorik. »Daham statt Islam« stammt aus der Feder des promovierten Philosophen. An der Seite von Jörg Haider kämpfte er gegen »Privilegienstadl« und »Parteibuchwirtschaft« an. Das macht er noch heute. Als sich Haider mit dem Bündnis Zukunft Österreich (BZÖ) im April 2005 von der FPÖ abspaltete, blieb Kickl »daham« – und wurde unter FPÖ-Obmann Heinz-Christian Strache zur »blauen Eminenz«. In der Übergangsphase von Haider zu Strache wurde auch Kickl schwach, wie vertrauliche Gerichtsakten nahelegen. Demnach soll Kickl von Aufträgen des Landes Kärnten geheim und indirekt profitiert haben.

Zur Erinnerung: Die Wirtschafts- und Korruptionsstaatsanwaltschaft ermittelt in der Causa Ideenschmiede wegen Kick-back-Zahlungen des Landes Kärnten an das Haider-BZÖ bzw. die Strache-FPÖ. Der Vorwurf der illegalen Parteienfinanzierung richtet sich dabei auch gegen Kickl, wie die Stadtzeitung »Falter« im Jahr 2015 erstmals berichtete. Kickl sei verdeckter Eigentümer einer Gesellschaft gewesen, die Verträge mit der FPÖ abgeschlossen hat. Demnach sollten Werbeerlöse aus Landesregierungsinseraten teilweise in die Parteikasse zurückfließen. »Kickl war – über einen Treuhänder – ab Ende März 2005 heimlicher Hälfteeigentümer einer Werbeagentur namens Ideenschmiede, die einst Jörg Haider und später FPÖ-Chef Heinz Christian Strache betreute«, schreibt der »Falter«. »Am fünften April, als Kickl die Hälfte der Firma besaß, vereinbarte diese mit der Kärntner FPÖ, dass sie zwanzig Prozent des Auftragsvolumens aus Kärntner Regierungsinseraten an die Partei weiterreichen müsse. Dieser ›Kick-back‹-Passus wurde später aus dem Vertrag entfernt. Damit Kickl nicht in Firmen- und Grundbüchern aufscheint, hielt sein Strohmann, der Agentur-Geschäftsführer Thomas Sila, dessen Firmenanteile und Grundstücke als Treuhänder. Sila soll laut seinem Mitarbeiter Andreas K. auch FPÖ-Chef Strache 70 000 Euro im Koffer nach Wien >aussibracht< haben. Strache und Sila dementieren dies vehement.« Die Werbeagentur Ideenschmiede habe Kickl ein eigenes Spesenkonto eingerichtet, berichtete der »Kurier«. Laut Abrechnungsunterlagen, die im Rahmen von Hausdurchsuchungen sichergestellt wurden, wurden in den Jahren 2005 und 2006 sowie 2008 und 2009 »Nächtigungskosten« für den FPÖ-Generalsekretär beglichen. Im »Kurier«-Interview stellte Peter Pilz trocken fest: »Wenn für jemanden in einer Firma ein eigenes Spesenkonto eingerichtet wird, kann man schwerlich behaupten, man habe mit der Firma nichts zu tun.« Kickl und Strache weisen trotzdem jedes strafrechtlich relevante Verhalten zurück. Es gilt die Unschuldsvermutung.

»Ich halte um der lieben Sachlichkeit willen für alle an Fakten Interessierten zum wiederholten Mal fest, dass kein einziger Funktionär oder Mitarbeiter der FPÖ im Zusammenhang mit Ermittlungen gegen die Agentur Ideenschmiede von der zuständigen Staatsanwaltschaft als Beschuldigter geführt wird. Das gilt natürlich auch für Bundesgeschäftsführer Weixelbaum«, so Kickl in einer FPÖ-Aussendung am 21. Juli 2015. Die Namen der Beschuldigten will die Wirtschafts- und Korruptionsstaatsanwaltschaft auch 2017 nicht bekannt geben. Kickl wurde nie als Beschuldigter geführt. Ganz im Gegenteil: Das Justizministerium blockierte den Auslieferungsantrag seiner Ermittler an das Parlament. Sie wollten Herbert Kickl als Beschuldigten vernehmen, weil sie gezieltere Fragen betreffend seine Rolle bei den Geschäften mit der Ideenschmiede hatten. Zitat aus dem Erlass der Oberstaatsanwaltschaft Wien auf Weisung des Justizministeriums vom 25. September 2015: »Entgegen der Darstellung im Bericht vom 24. Juli 2015 liegt ein das Ersuchen um Zustimmung des Nationalrates zur Verfolgung des Abgeordneten zum Nationalrat Herbert Kickl tragender Tatverdacht (derzeit) nicht vor.« Daran hat sich bis heute nichts geändert. Ob Kickl etwas angestellt hat, wird die Justiz wohl nie erfahren. Er steht nicht nur unter dem Schutz des Immunitätsgesetzes, sondern hat auch Freunde in der Justiz.

In der Auswahl der Schutzbefohlenen herrscht in der Justiz eine eigene Form der politischen Willkür. Nicht nur der VP-Königsmacher Pröll und das FPÖ-Mastermind Kickl profitierten davon, sondern auch Hans Peter Haselsteiner, der liberale NEOS-Geldgeber. Im Frühjahr 2013 verplapperte sich Haselsteiner im »ZiB 2«-Interview mit Armin Wolf: Früher sei er im Umgang mit Parteifinanzierungsanfragen »viel, viel lockerer« gewesen. Der Großaktionär des Baukonzerns Strabag gab zu, für eine 2005 von der BZÖ-Agentur Orange erstellte Studie über die »Lkw-Maut in Tschechien, der Slowakei und Ungarn« 240 000 Euro bezahlt zu haben. Auf Wolfs Frage nach der Gegenleistung für das Honorar sagte Haselsteiner: »Irgendeine Studie wird schon dabei gewesen sein. Das hoffe ich zumindest.« Ähnlich wie im Fall Pröll gab die Korruptionsstaatsanwaltschaft schon damals vor, aktiv zu werden. »Wir haben den Anfangsverdacht geprüft, aber kein Ermittlungsverfahren eingeleitet«, sagte Erich Mayer, der Sprecher der Wirtschafts- und Korruptionsstaatsanwaltschaft, im Oktober 2013. Die Anfangsverdachtsprüfung im Fall »Maut-Studie« dauerte damals noch ein halbes Jahr und umfasste die exakte Transkription des kurzen »ZiB 2«-Interviews, ein Vorgang, der mehrere Wochen in Anspruch nahm. Die Zurückhaltung der Staatsanwälte ist bemerkenswert, weil ähnlich gelagerte Fälle in der Telekom Austria oder bei den Lotterien in Anklageschriften mündeten: Über Scheinrechnungen und Pseudogutachten der Agentur Orange wurde Geld ins BZÖ geschleust. Trotzdem erkannte die Justiz im Fall Haselsteiner gar keinen Anfangsverdacht. Dementsprechend fanden keine polizeilichen Aufklärungsmaßnahmen statt: Bei Strabag und Orange wurde nicht einmal angefragt, ob man sich das inkriminierte Gutachten anschauen dürfe. Sowohl Haselsteiner als auch die damaligen Ex-Orange-Chefs Arno Eccher und Elisabeth Kaufmann-Bruckberger – sie war BZÖ-Nationalrätin und saß für das Team Stronach in Niederösterreichs Landesregierung – wurden nie einvernommen. Dass Eccher – ein Freund von Ex-BZÖ-Vizekanzler Hubert Gorbach – wegen dubioser Telekom-Zahlungen an Orange bereits angeklagt wurde, machte ihn für den Staatsanwalt offensichtlich nicht verdächtig. Eigentlich wäre es logisch gewesen, tiefer zu bohren. Haselsteiner und Strabag mussten jedoch zum Fall »Maut-Studie« keine Stellungnahme abgeben, weil es ja keinen Fall »Maut-Studie« gab. Weil offiziell nie ermittelt wurde, konnte offiziell niemand befragt und auch nichts eingestellt werden.

»Orange kennt sich bei Mautsystemen so gut aus wie mit Online-Glücksspiel und Responsible Gaming«, sagt Gabriela Moser, ehemalige Vorsitzende des Korruptions-U-Ausschusses. Die grüne Nationalrätin Moser äußerte bereits im Jahr 2013 einen Verdacht: »So wie Lotterien und Telekom hat auch Strabag über Scheingutachten Geldflüsse ans BZÖ verschleiert. Es besteht der Verdacht der illegalen Parteienfinanzierung und der Untreue. Dass die Justiz nicht ermittelt, ist ein Skandal.« Haselsteiner und Co haben nichts mehr zu befürchten. Zwölf Jahre sind seit dem Studienauftrag vergangen. Eine Straftat wäre bereits verjährt. Pikant: Kurz vor dem legendären »ZiB 2«-Interview stellte das Oberlandesgericht Wien fest, dass ein fünf (!) Jahre laufendes Korruptionsverfahren gegen Haselsteiner und die Strabag einzustellen sei. »Nach der auf […] Dokumenten beruhenden Verdachtslage ergeben sich als mögliche Adressaten einer Bestechung Istvan Csillag [ehemaliger Wirtschaftsminister Ungarns; Anm.] sowie die damaligen Regierungsparteien MSZP und SZDSZ«, heißt es im OLG-Beschluss. Haselsteiner hatte im Verfahren zugegeben, dass die Strabag 15 Millionen Euro an den Ex-Chef des Liberalen Forums, Alexander Zach, und den Lobbyisten Zoltán Aczél gezahlt hatte. Zachs Firma soll das Bestechungsgeld 2004 in Ungarn weiterverteilt haben. Es galt, die Verstaatlichung einer von der Strabag in Ungarn betriebenen Autobahn abzuwenden.

Die Bestechung von ausländischen Amtsträgern sei 2004 nur strafbar gewesen, »wenn damit die Absicht verbunden war, sich einen Auftrag oder einen ›unbilligen Vorteil‹ zu verschaffen«. Jedoch: »Der Versuch, bereits erteilte Konzessionen und Aufträge zu erhalten, war nach der Beurteilung des Oberlandesgerichts nicht strafbar«, heißt es mit Verweis auf den Paragrafen 307 im Strafgesetzbuch. Zu den großzügigen Strabag-Zahlungen schreibt das Oberlandesgericht im Jahr 2013: »Wenngleich diese Überweisungen klassisch dem kriminellen Muster zur Verschleierung von tatsächlichen Empfängern von Zahlungen entsprechen, sind die Ermittlungen daher nunmehr an einem Punkt angelangt, der nach eigener Einschätzung der ermittelnden Beamten eine weitere Nachvollziehbarkeit des Geldflusses nicht erwarten lässt.« Auf den OLG-Beschluss replizierte der OECD-Antikorruptionsexperte Mark Pieth 2013 folgendermaßen: »Österreich ist Weltmeister im Einstellen von Korruptionsermittlungen.« Daran hat sich seither wenig geändert.

Ein Kanzler im Visier des Staatsanwalts

»Wer fragwürdige Vorgänge an die Öffentlichkeit bringt und auf tatsächlichen Aufklärungsbedarf hinweist, der erfüllt eine Grundaufgabe der Medien«, meint Franz C. Bauer als langjähriger Präsident der Journalistengewerkschaft. »Attacken auf das Recht auf freie Meinungsäußerung stellen einen Angriff auf eine Säule der Demokratie dar.« Besonders kompliziert wird es, wenn sich die Politik etwa in Form von Anzeigenschaltungen in Medien einkauft. So geschehen in der sogenannten Inseratenaffäre. Von 2011 bis 2013 wurde nicht nur gegen den damaligen Bundeskanzler Werner Faymann ermittelt, sondern auch gegen seinen früheren Kabinettschef im Infrastrukturministerium und späteren Kulturminister Josef Ostermayer. Untersucht wurde Faymanns Wirken als Infrastrukturminister in den Jahren 2007 und 2008. Der Vorwurf: Mit Hilfe seines Kabinettschefs habe er die dem Ministerium unterstellten Unternehmen

Asfinag und ÖBB angewiesen, Werbung in den Boulevardblättern »Heute«, »Kronen Zeitung« und »Österreich« zu schalten. Die Werbung habe vor allem der Darstellung des Ministers gedient – ein Missbrauch von Steuergeld.

Im Korruptions-Untersuchungsausschuss, der sich ausführlich mit der Faymann-Affäre beschäftigte, wurde eine Zeugenaussage von Asfinag-Manager Marc Zimmermann vom 21. August 2012 erörtert. Die Zusammenarbeit mit dem Infrastrukturministerium habe sich nach Faymanns Angelobung grundlegend verändert. Zimmermann laut Protokoll: »Zirka ein Monat, nachdem Faymann zum Verkehrsminister angelobt worden war, wurde mir vom Vorstand mitgeteilt, dass der Eigentümervertreter nunmehr wünsche, dass die Werbung stärker in Erscheinung treten solle und wir unsere Leistungen besser in die Öffentlichkeit transportieren sollen. […] Ich habe mich über diese Mitteilung zunächst gefreut, weil ich mir gedacht habe, dass ich in meiner Position mehr Gestaltungsmöglichkeiten habe, und mir natürlich überlegt, welche Leistungen der Asfinag ich noch besser oder verstärkter an die Öffentlichkeit transportieren könne. Die Situation hat sich aber ab Angelobung Faymanns auch in der Form geändert, dass zahlreiche Medienvertreter, insbesondere Anzeigenverkäufer direkt an das Kabinett des Beschuldigten Faymann herangetreten sind und dort Angebote bezüglich diverser Werbeeinschaltungen gelegt haben.« Die Deals waren bereits ausverhandelt, die Asfinag sollte lediglich als Zahlstelle dienen.

Ähnliches wusste auch Martin Huber zu berichten, der von November 2004 bis April 2008 Generaldirektor der ÖBB war. Huber gab in seiner Zeugeneinvernahme vom 7. Oktober 2011 zu Protokoll: »Kurz nachdem Faymann Verkehrsminister geworden ist, möglicherweise schon im Jänner 2007, hat er in dieser Eigenschaft das Werk Simmering besucht. Bei diesem Besuch hat mich Faymann darauf angesprochen, dass er ein Gespräch mit Dichand senior gehabt habe, der ihm angeboten habe, in der ›Kronen Zeitung‹ eine 14-tägige Reportage über die ÖBB zu schalten, in der einerseits Leserbeschwerden und Lesermeinungen abgedruckt werden, die ÖBB die Möglichkeit hat, Stellung zu nehmen und allfällige Verbesserungen und Erneuerungen darzustellen. Er hat mich gefragt, ob ich mir vorstellen könnte, eine solche Imagewerbung für die ÖBB zu machen, wobei ich ihm gesagt habe, dass ich mir das grundsätzlich schon vorstellen könnte und dies im Vorstand erörtern werde. Ich glaube, dass mir Faymann schon gesagt hat, dass diese Reportagen-Reihe zirka 500 000 Euro kosten werde, das weiß ich aber nicht mehr sicher, über die Dauer wurde meiner Erinnerung nach nicht gesprochen.« Faymann und Co warteten gar nicht das offizielle Okay ab, wie aus dem Grünen-Bericht über die Ergebnisse des Korruptions-U-Ausschusses hervorgeht: »Hubers prinzipielles Einverständnis hat in weiterer Folge offenbar ausgereicht, um noch im Jänner 2007 die Kampagne in der ›Kronen Zeitung‹ zu starten. Der Antrag im ÖBB-Vorstand, mit dem die Finanzierung der Kampagne beschlossen wurde, erfolgte dagegen erst im September 2007, also ein halbes Jahr später.«

Zum damaligen Zeitpunkt saß der FPÖ-nahe Manager Stefan Wehinger im Vorstand der ÖBB-Personenverkehr AG. Laut seiner Zeugenvernehmung vom 7. September 2011 war die Inseratenkampagne auf ausschließlichen Wunsch des Faymann-Kabinetts durchgeführt worden: »Aus meiner Erinnerung war die Inseratenkampagne nicht die Idee der ›Kronen Zeitung‹ und deren Teams, sondern ausschließlich die Idee des Kabinetts, mit dem Schwerpunkt Herrn Faymann auf der ¼ Seite mit Bild zu Wort kommen zu lassen. Von einer Reportage, wie dies zum Beginn der Kampagne oben auf der Seite dargestellt war, kann keine Rede sein, weil niemals ein Mitarbeiter von der ›Kronen Zeitung‹ bei uns war und uns zu irgendwas befragt hat.« Wehinger behauptet, dass er gegen die Inseratenschaltung war, weil sie den ÖBB nichts brachte. Woraufhin seitens des Ministeriums kommuniziert wurde, dass man bei weiterem Widerstand auf die Zusammenarbeit mit ihm verzichten würde.

An den ÖBB-Aufsichtsrat konnte sich Wehinger aufgrund seiner FPÖ-Verbindungen nicht wenden. Die Aufseher waren voreingenommen. Im Kontrollgremium unter dem Vorsitz von Horst Pöchhacker hatten nach der Regierungsumbildung nun die »Roten« das Sagen. Die inhaltliche Gestaltung der Inserate erfolgte nicht allein durch »Krone«-Journalisten oder Ministeriums-Mitarbeiter, sondern zum Großteil durch ÖBB-Leute. Der Arbeitsablauf in den ÖBB gestaltete sich laut Wehinger-Protokoll folgendermaßen: »Etwa ¾ des Inhaltes dieser Doppelseiten wurde durch den Personenverkehr befüllt. Wir wurden 14-tägig dazu aufgefordert Texte dazu zu erstellen. Zur Frage, von wem wir dazu aufgefordert wurden, gebe ich an, dass das Herr Walter Sattlberger von der ÖBB Holding Kommunikation war, der die Personenverkehr dazu aufforderte. Er kam zu mir und erklärte mir, dass jeweils dienstags Redaktionsschluss ist und dass er bis zu diesem Zeitpunkt Material braucht. ¼ der Seite wurde vom damaligen Infrastrukturminister Faymann befüllt. Kommuniziert wurde mit direkten Mitarbeitern von Herrn Faymann, damit meine ich Kabinettsmitarbeiter und mit Herrn Ostermayer. Geärgert hat uns besonders – mit uns meine ich den Vorstand (der zweite Vorstand war Erich Söllinger) und das FK-Führungskräfte 1 Management –, dass in dieser ¼ Seite von Faymann immer wieder Seitenhiebe auf die ÖBB enthalten waren. [...] Niemand hat verstanden, warum wir für Inserate bezahlen sollen, deren Inhalt nicht wichtig war und die nicht im Budget verankert waren. Zudem wurden in den Anzeigen ja noch Seitenhiebe vom Minister verpasst. Holding

Kommunikation, Holding und Personenverkehr – in der Funktion der zuvor genannten Personen – haben gemeinsam versucht das abzustellen. Daraufhin hat Herr Ostermayer in meine Richtung klar kommuniziert, dass das entweder der Wunsch von Herrn Faymann oder der Wunsch des Ministeriums ist, ich kann mich an seinen genauen Wortlaut nicht erinnern, er hat mit mir damals am Telefon darüber gesprochen. Was mich das Ganze besonders in Erinnerung halten hat lassen, ist das Faktum, dass Herr Ostermayer meine persönliche Zukunft in dieser Funktion als Personenverkehrsvorstand mit dem Wohlwollen gegenüber diesen Inseraten verbunden hat.« Ostermayer bestreitet das in seiner Beschuldigtenvernehmung vom 29. November 2011: »Dieses Gespräch schließe ich aus. Ich habe Wehinger sicher nie damit unter Druck gesetzt, dass er seinen Vorstandsposten allenfalls verlieren könnte, wenn er bei der Bezahlung der Rechnung der ›Kronen Zeitung‹ nicht kooperiere. Ich kann auch ausschließen, dass er mich wegen der Bezahlung angerufen und sich aufgeregt hat.« Fakt ist: Wehinger musste gehen.

Obwohl der Rechnungshof feststellte, dass die »Krone«-Kampagne den Eindruck erweckte, dass es sich um eine Inseratenkampagne für Werner Faymann handelte, stellte die Justiz das Strafverfahren gegen Werner Faymann und Josef Ostermayer ein. Zuvor hatte die Staatsanwaltschaft ein Gutachten in Auftrag gegeben, das die »objektive Werthaltigkeit« der »Krone«-Kampagne beurteilen sollte. Die zentrale Frage nach dem Werbenutzen der Kampagne konnte der Gutachter nicht eindeutig beantworten: »Ein Werbenutzen setzt eine entsprechende Wirkung der Botschaft beim Empfänger (Leser) der ›Kronen Zeitung‹ voraus. Dieser Wert ist nur eingeschränkt feststellbar und bedarf einer empirischen Wirkungsforschung. […] Die für das Gutachten zu beantwortende Frage kann aus vorgenannten Gründen der fehlenden empirischen Wirkungsforschung nicht (auch nicht näherungsweise) beantwortet werden.«

Ob sich das Image der Bundesbahnen durch negative Zeitungsinserate verbessert? Eigentlich sollte die Antwort ein klares Nein sein. Was sonst?! Doch selbst hier gibt sich der Gutachter diplomatisch: »Die Vorgehensweise der Negativwerbung birgt […] nicht steuerbare Risiken.« Außerdem könne der Gutachter in den 24 untersuchten Inseraten keine lineare Werbestrategie erkennen. Selbst im Hinblick auf das »Negative Campaigning«, also das ÖBB-Bashing in der »Krone«, ist keine eindeutige Bewertung möglich. Die Arbeit der »schwarzen« Justiz ist da schon leichter zu bewerten: Die ÖVP wollte dem politischen Gegner lange eins auswischen. Doch mit der Zeit wurde der damaligen VP-Justizministerin Beatrix Karl klar, dass der Plan nach hinten losgehen könnte. Damals kamen die Telekom-Ermittlungen so richtig in Fahrt – und dort standen hohe VP-Repräsentanten wie etwa Vizekanzler Wilhelm Molterer im Visier.

Unter Faymann wurde das Inseratenbudget von ÖBB und Asfinag – mehr als 25 Millionen Euro im Jahr – regelrecht geplündert. Die nach Gutsherrenart erfolgte Verteilung an die Boulevardblätter machte sich für Faymann bezahlt. Im Dezember 2008 löste er den glücklosen Alfred Gusenbauer als Bundeskanzler ab – und hielt sich bis Mitte 2016. Im Zuge der staatsanwaltschaftlichen Ermittlungen wurde ein viel zitiertes Treffen im Februar 2008 zwischen Huber, Ostermayer und Pöchhacker bekannt. »Bei diesem Gespräch wurde ich von Ostermayer sehr klar und unmissverständlich auf das Marketing- bzw. Inseratenbudget angesprochen, mit dem Hinweis, dass sich der Minister eine erkleckliche Summe davon für seine Disposition vorstelle. Ich habe das mit dem sehr knappen Hinweis, dass ich als Vorstand einer Aktiengesellschaft nicht eine Sekunde daran denke, für irgendjemanden und auch nicht für den Minister in Haft zu gehen, kategorisch und unmissverständlich abgelehnt«, gab Martin Huber gegenüber der Staatsanwaltschaft Wien zu Protokoll. »Ostermayer hat mir gegenüber sehr wohl einen konkreten Betrag genannt, und zwar sieben Millionen Euro, die Faymann für seine Dispositionen sich vorstellen könnte, was ich, wie von mir bereits erwähnt, kategorisch abgelehnt habe.«

Im Korruptions-U-Ausschuss wurden die »Sieben Millionen für den Werner« näher erörtert. »Horst Pöchhacker, Präsident des Aufsichtsrates der ÖBB Holding AG und Vizepräsident des Aufsichtsrates der Asfinag AG, gab zu diesem Gespräch befragt an, sich nicht an eine Sieben-Millionen-Forderung erinnern zu können«, heißt es im Grünen-Endbericht zum Korruptions-U-Ausschuss. »Er könne allerdings nicht ausschließen, dass in seiner Gegenwart über Inserate an sich gesprochen wurde. Ostermayer wiederum bestritt in seiner Beschuldigtenvernehmung, Geld für Faymann verlangt zu haben: Es sei zwar allgemein über imagefördernde Maßnahmen für die ÖBB gesprochen worden, jedoch könne er ausschließen, einen bestimmten Betrag gefordert oder die Formulierung ›für den Werner‹ verwendet zu haben.«

Trotz der massiven Verdachtslage auf illegale Einflussnahmen auf Geschäfte der ÖBB wurden die Ermittlungen der Staatsanwaltschaft eingestellt – das mit schriftlicher Zustimmung der Oberstaatsanwaltschaft vom 29. Juni 2012. Es stehe Aussage gegen Aussage, wodurch der Vorwurf gegen Ostermayer in einem Prozess voraussichtlich nicht beweisbar sei. Die Idee der freien Beweiswürdigung durch das Gericht, die auch die Glaubwürdigkeit von Angeklagten und Zeugen umfasst, wurde geflissentlich ignoriert. Auch ein brisanter Amtsvermerk über ein Telefonat, das die in der Faymann-Causa ermittelnde Staatsanwältin Ursula Kropiunig mit dem ehemaligen ÖBB-Aufsichtsrat Günther Gfatter geführt hatte, fiel aus Sicht des Justizministeriums nicht mehr ins Gewicht. Zitat aus dem Amtsvermerk: »Günther Gfatter gibt telefonisch be-

kannt, er sei von 2005–2007 ein Aufsichtsrat der ÖBB gewesen und habe mit 3.)
regelmäßig eine Stunde vor den Aufsichtsratssitzungen Besprechungen abge-
halten. Am 27.3.2007 habe ihm der Drittbeschuldigte höchst erregt erzählt, der
Erstbeschuldigte habe von ihm für die ›Krone‹ zehn Millionen Euro verlangt,
von der Asfinag verlange er fünf Millionen Euro.« Mit Drittbeschuldigter ist
Martin Huber und mit Erstbeschuldigter Werner Faymann gemeint.

Die Staatsanwaltschaft kam nach mehr als zwei Jahre laufenden Ermittlungen zum Schluss, dass weder für die Asfinag noch für die ÖBB ein Schaden
im strafrechtlichen Sinn nachweisbar sei. Im Gegenteil: Die Asfinag sei durch
die Werbeinschaltungen in ein positives Licht gerückt worden und auch die
ÖBB hätten von den Inseraten »irgendwie« profitiert, da sie »irgendwie«
auch einen »positiven Informations- bzw. Werbecharakter« gehabt hätten.
Zwar sei die ÖBB-Medienkampagne in der »Krone« ganz auf den damaligen Minister Faymann zugeschnitten gewesen, doch »irgendwie« war sie
auch zum Wohle der Bahn. Immerhin habe der Gutachter festgestellt, »dass
sogar ein objektiver Nutzen für die ÖBB vorlag und diese als Nutznießerin der
Kampagne vom Bekanntheitsgrad des Ministers profitieren konnte«. Klar, die
Bundesbahnen gehören zu den unentdeckten Schätzen Österreichs, die erst
durch Werner Faymann landesweit bekannt wurden. Der FPÖ-EU-Abgeord-
nete Harald Vilimsky, dessen Sachverhaltsdarstellung die Causa Faymann ins
Rollen gebracht hatte, sprach anlässlich der Verfahrenseinstellung im Juli 2013
von einem »ÖVP-Geschenk für einen künftigen SPÖ-Kanzler«, um die in
der Wählergunst sinkende rot-schwarze Koalition weiterzuführen. Auch der
damalige VP-Vizekanzler Spindelegger war zum damaligen Zeitpunkt politisch
angeschlagen – und sollte ein Jahr später Geschichte sein.

Die Entstehungsgeschichte der Inserate wurde bei der strafrechtlichen Bewertung vollkommen außer Acht gelassen. Was von der Inseratenaffäre übrig
blieb? Das sogenannte Medientransparenzgesetz, das Minister-Inserate à la
Faymann verbietet. Das Gesetz war ein Pyrrhussieg, weil es gleichzeitig die
Inseratenvergabe an die Auflage knüpft. Was auf den ersten Blick vernünftig
klingt, ist wiederum eine versteckte Absicherung des Boulevards. Denn Qualitätszeitungen wie »Kurier«, »Die Presse« oder »Der Standard« haben es
schwerer, öffentliche Inserate zu erhalten, als die auflagenstarken Gratisblätter
»Heute« und »Österreich« oder die »Kronen Zeitung«. Das eigentliche
Husarenstück, einen amtierenden Bundeskanzler vor der gerichtlichen Verfolgung wegen Untreue zu schützen, war aber einem ganz anderen Mann zu
verdanken: Wolfgang Brandstetter, damals Strafverteidiger des SP-Kanzlers
und heute Justizminister der Republik Österreich.

Plädoyer für mehr Transparenz, Verantwortung und Kontrolle

Die Schmiergeldquellen sprudeln wieder. Die Korruptionssümpfe wachsen. In den großen Wirtschaftskrimis landen nur selten Hauptdarsteller auf der Anklagebank, geschweige denn im Gefängnis. Buwog, Burgtheater, Telekom. Zuerst passierte sehr viel, dann sehr lange nichts und am Ende nur das Notwendigste. Eurofighter, Nationalbank, Staatsbanken. Missstände waren lange bekannt, die Sanierungserfordernisse offensichtlich. Trotzdem wurden viele Milliarden Euro Steuergeld verbraten.

Die Wirtschaftskriminellen lachen sich ins Fäustchen. Politiker und Parteisoldaten auch. Im Fall illegaler Wahlkampffinanzierung oder Parteispenden müssen sie sich unangenehme Fragen gefallen lassen wie im Fall Telekom. Auch in der Öffentlichkeit. Doch wochenlange Schlagzeilen sind noch immer angenehmer als jahrelange Gefängnisstrafen. Es gibt nicht viel zu befürchten. Das ist der allgemeine Eindruck. Ermittlungsverfahren dauern viel zu lang wie im Fall Grasser oder werden mit haarsträubenden Begründungen eingestellt wie ebenfalls im Fall Grasser. Beides ist kostspielig (für die Republik) und nervenraubend (für die Betroffenen). Trotzdem gilt ein Grundsatz uneingeschränkt: Die Partei geht frei – und das ist inakzeptabel.

Das Gefühl, dass es sich »die da oben in der Politik« irgendwie richten, wird bestätigt, wenn Strafverfahren erst gar nicht eingeleitet werden. Wer Sumpfblüten ignoriert, der will den Sumpf nicht sehen. So geschehen bei der Pröll-Stiftung oder dem Haselsteiner-Gutachten. Jämmerlich war die Justizarbeit im Fall Faymann: Weil zu spät abgedreht wurde, musste zwar ermittelt werden. Doch widerwillig, halbherzig und elend lang. Am Ende wurde des (Ex-) Kanzlers Image massiv beschädigt und die Öffentlichkeit fassungslos mit der Lektion zurückgelassen: Politinserate sind nicht okay, aber auch nicht strafbar. Wenn also ein Politiker befreundeten Boulevardmedien öffentliche Gelder in Form von Inseraten zuschanzt, dann bewegt er sich damit in Österreich im Rahmen des Erlaubten. Hunderttausende Euros für Gutachter, Polizisten und Staatsanwälte waren nötig, um diese Erkenntnis zu erlangen. So werden Staatskassen diskret ausgeräumt.

Es muss an der Strafverfolgung hapern, wenn die Justiz selbst für Insider nicht mehr nachvollziehbar ist. Der Überwachungsstaat wird ausgebaut und die Bürgerrechte werden sukzessive eingeschränkt. Gleichzeitig wird im Bereich der Wirtschaftskriminalität immer wieder ein Auge zugedrückt. Ministerialbeamte, Richter und Staatsanwälte verstecken sich hinter Paragrafen. Sie schaffen es ganz selten, eigene Aktivitäten nachvollziehbar und widerspruchsfrei zu erklären, geschweige denn kriminelle Handlungen aufzuklären. Die Justiz wirkt deshalb in ihrem Handeln auf den Durchschnittsösterreicher abgehoben und willkürlich – und kostet. Ein giftiger Cocktail für eine Demokratie.

Verluste werden sozialisiert, Profite privatisiert. So lief es nach der Finanzkrise. Doch das muss nicht so weitergehen. Das systematische Ausräumen der Staatskassen kann gestoppt werden. Ein banaler Ansatz wäre: Verluste vermeiden und nicht sozialisieren. Zum Teil geschieht das bereits, im Finanzbereich etwa werden mittlerweile Bankentestamente gefordert. Sie klären, wer im Fall eines Bankenzusammenbruchs die Rechnung zu bezahlen hat, wobei die Regeln nicht ganz ausgegoren sind. In anderen Staatssektoren (Kultur, Militär, Sozialversicherungen) hat sich wenig geändert. Auch hier sollte sorgsamer mit Staatsgeld umgegangen werden, Zuschüsse sollten gezielter und mit Bedacht verteilt werden. Doch das ist leichter gesagt, als getan. Die Profiteure bleiben meist dieselben, manchmal wechseln nur die Gesichter.

Übrig bleibt ein Unbehagen. Wer an die Rettung von Hypo und Co denkt, dem wird übel. Die Performance der politischen Elite war katastrophal. Ja, schon richtig, die Auswirkungen einer Bankenpleite sind schwer abzuschätzen. Eine Bankenabwicklung war und bleibt kompliziert. Wenn aber Personen an die Schalthebel der geretteten Banken gesetzt werden, die zuvor einen nicht unwesentlichen Anteil am Desaster hatten, dann stimmt etwas nicht. Großzügige Subventionsvergaben, haarsträubende Pensionsprivilegien und uneingeschränkte Haftungserklärungen belasten den öffentlichen Haushalt nachhaltig. Warum das nicht beenden? Die Betroffenen, also Politiker, National- und Staatsbanker, wollen das offensichtlich mehrheitlich nicht. Das muss nicht so bleiben. Es gibt einige Ansatzpunkte für eine Veränderung. Klare Verantwortlichkeiten und persönliche Haftungen wären ein erster Schritt.

Das Ergebnis könnte ein Staat sein, wo es Wirtschaftskriminelle schwer haben, Schmiergelder und andere Geldgeschenke abzuschöpfen, wo Subventionsbetrüger und korrupte Politiker keinen Platz haben und wo auch eine politische Justiz zur Rechenschaft gezogen wird.

Genug mit der Geheimnistuerei

Die Leitlinien für einen sauberen Staat sind weitgehende Transparenz, umfassende Kontrolle und klare Verantwortlichkeiten. Die Einhaltung dieser Prinzipien hätte so manchen Skandal erst gar nicht entstehen lassen. Wirtschaftskriminelle lieben die Geheimnistuerei. Eine Kultur des Wegschauens und fehlende Zuständigkeiten begünstigen ihr übles Gewerbe. Auch Personen und Institutionen, die über Geld, Macht und Einfluss verfügen, finden sich in diesem System bequem zurecht. Amtsmissbrauch, Interventionen und Schmiergelder werden zur Normalität. Das Strafgesetzbuch umfasst mehr als 300 Paragrafen. Von Betrug über Bestechung bis hin zu Geldwäscherei und Untreue gibt es festgelegte Strafen. Doch selten kommen sie zur Anwendung. Geldstrafen sind oft mickrig. Haftstrafen sind entweder sehr kurz oder werden gar nicht exekutiert. Bis es zum Prozess oder geschweige denn zum Schuldspruch kommt, sind die Wirtschaftskriminellen entweder »zu alt« oder »zu krank« für das Gefängnis. Oft können sie die Strafe als Freigänger verbüßen oder bekommen die Fußfessel. Korruptionisten lachen die Justiz aus. Dementsprechend müssen Bestrafungsmodelle angepasst werden, Sanktionen müssen spürbar sein. Da gäbe es einige Ideen. Doch alles der Reihe nach.

Transparenz auf allen Ebenen. Warum nicht?! Die Idee der Transparenzdatenbank gibt es schon lange. Die Empfänger von öffentlichen Förderungen sollten zentral erfasst werden, um einen Überblick zu ermöglichen, wer wie viel vom Staat erhält. Warum nicht auch gleich alle Zahlungen an Parteien oder Politiker offenlegen? Egal von wem und in welcher Höhe. Im Internet einsehbar, nicht in irgendeinem Staatsarchiv verwahrt. Die Jungpartei NEOS zeigt, dass das möglich ist. Selbstverständlich müssten »Freundeskreise« einbezogen werden. Wer der Wiener SPÖ Geld zukommen lassen will, der spendet an rote Vorfeldorganisationen wie die Kinderfreunde oder das SP-nahe Echo Medienhaus. Der Telekom-Skandal legte offen, dass Zuwendungen an parteinahe Organisationen oder Agenturen »zur politischen Landschaftspflege« gehören. Frank Stronachs »golden rule« gilt auch hier: »Wer das Gold hat, macht die Regeln.« Beim Team Stronach war klar, wer das Sagen hatte. Doch wer zieht bei den Altparteien SPÖ, ÖVP und FPÖ die Strippen? Die komplizierten Parteistrukturen machen es schwierig, das zu eruieren. Ganz oben steht der Obmann, doch der wird wirtschaftlich nie angetastet. Die Sanktionen bei Verstößen gegen das Parteienfinanzierungsgesetz sind milde. Auch Zuwendungen in Form von Honoraren für Gutachten, Studien etc. sollten in der Transparenzdatenbank aufscheinen. Der bürokratische Aufwand dürfte sich in Grenzen halten, und jeder müsste das eigentlich gutheißen, außer man will

Geldflüsse verheimlichen. Dann wird es kompliziert. Ergo: Wer Geldflüsse aus welchen Gründen auch immer nicht offenlegt, der sollte finanziell hart bestraft werden. Bei politischen Parteien könnte der Obmann zur Kasse gebeten werden, der könnte sich gegebenenfalls beim eigentlich Verantwortlichen das Geld zurückholen. Das wäre eine parteiinterne Sache.

Parteien an den Pranger

Deshalb sind klare Verantwortlichkeiten – neben Transparenz und Kontrolle – so wichtig. Sie schaffen eine Verbindlichkeit, Probleme zu lösen. Die politischen Parteien müssen für ihr Fehlverhalten zur Rechenschaft gezogen werden und die Konsequenzen empfindlich spüren. Es versteht sich von selbst, dass illegale Finanzierungen zurückgezahlt werden müssen. Doch das allein ist zu wenig. Das Schlagwort lautet Triple-Damage. Der dreifache Betrag sollte einer Partei, die Zuwendungen nicht offenlegt, als Geldstrafe abverlangt werden. Wer das bezahlen soll? Ein Drittel könnte von den Parteimitgliedern, ein Drittel aus der Kürzung der staatlichen Parteienförderung und ein Drittel aus den Taschen aktiver Politiker kommen. Die Pönale sollte zweckgewidmet werden. Zurückfließen sollte das Geld zu je einem Drittel an die Justizbehörden, an karitative Organisationen und an konkurrierende Parteien. Strafen sollten sofort exekutiert und nicht wie im Fall der ÖVP-Schulden bei Telekom, Lotterien und Raiffeisen OÖ ratenweise abgestottert werden. Konsequenzen für verantwortliche Parteisoldaten? Der zeitlich befristete Eintrag in ein personenbezogenes Transparenzregister. Wer in dieser Cool-out-Datenbank aufscheint, muss sich außerhalb des öffentlichen Bereichs einen Job suchen. Drei Jahre Berufsverbot im staatsnahen Bereich (ÖBB, OMV, Verbund, Sozialversicherungen etc.), fünfjähriger Ausschluss von Nationalrats-, Bundesrats-, Landtags- und Gemeinderatsmandaten sowie ein sieben Jahre dauerndes Moratorium für einen Einsatz im Staatsdienst (Magistrat, Ministerium etc.). Mit Ablauf der Frist gelten die Sünden als getilgt, auch politische Aktivitäten sollten wieder erlaubt sein. Quasi ein Fegefeuer auf Zeit.

Nicht nur das Abkassieren, sondern auch das Wegschauen muss Konsequenzen haben. Wer als Aufsichtsorgan in eine Affäre verwickelt war, sollte nicht auch bei den Aufräumarbeiten dabei sein. Bei den Staatsbanken Hypo, Kommunalkredit und ÖVAG lief es genau umgekehrt – und viel ging schief. Bei der Abwicklung wurde verzögert und vertuscht. Am Ende war Strafbares verjährt und Vermögen verschwunden. Aufsichtsorgane, also Politiker, Spitzenbeamte und Spezialorgane (FMA, OeNB, Rechnungshof etc.), sollten für nachweisbares Fehlverhalten persönlich haftbar gemacht werden. Das könnte vor dem Zivilgericht geltend gemacht werden. Die Gefahr, fürs Wegschauen oder Delegieren geradestehen zu müssen, würde wohl dazu führen, dass die Betroffenen von sich aus klare Zuständigkeiten und Verantwortlichkeiten einfordern. In Spezialfällen ist es durchaus sinnvoll, ausländische Experten zu Rate zu ziehen. Bei Hypo, Kommunalkredit und ÖVAG wäre die Einsetzung von US-amerikanischen, britischen oder deutschen Bankensanierern für den Steuerzahler wohl billiger gewesen. Im Nachhinein betrachtet, hätten sich deren höhere Honorare wohl gerechnet.

Im Kompetenzwirrwarr zwischen Finanzministerium, Nationalbank, Finanzmarktaufsicht und Rechnungshof werden Missstände leicht übersehen. In guten wie in schlechten Zeiten wird »Schwarzer Peter« gespielt. Fehlentwicklungen werden zwar früh erkannt, aber das ist es in der Regel auch schon. Mit der Alarmmeldung wird die Sache oft als erledigt betrachtet. Was in weiterer Folge geschieht, interessiert die Kontrollore schon nicht mehr. Bei der Hypo führte dieses stereotype Muster zu einem Milliardenschaden. Paradox: Vom multiplen Organversagen profitierten ausgerechnet die Beaufsichtigten, wie etwa Hypo, ÖVAG und Co, vor und nach der Notverstaatlichung. Supergagen und Luxuspensionen wurden nicht in Frage gestellt, sondern abgesichert. Das Image war zwar ruiniert, die Vermögensverhältnisse blieben aber unangetastet.

Auch bei der Kontrollbank ist etwas im Busch. Ein Super-GAU zeichnet sich ab, wenn nicht eingegriffen wird. Auch hier sind die Milliardenrisiken seit Langem bekannt. Warum nichts passiert? Weil noch nichts passiert ist, also der Steuerzahler noch nicht zur Kasse gebeten wurde. Dabei könnte die tickende Zeitbombe früh entschärft werden. Doch wer soll das tun? Wer ist dafür verantwortlich, wer zuständig? Genau da liegt das Problem.

Das Ende der Verantwortungslosigkeit

Die Verantwortlichkeit muss auf jeder Ebene klar sein. Das ist die zweite Leitlinie in einem sauberen Staat. Eine Art »Verantwortlicher Beauftragter« müsste her. Im Verwaltungsstrafrecht ist die Rolle bekannt. Dort ist der Verantwortliche Beauftragte für die Einhaltung von Verwaltungsvorschriften innerhalb eines Unternehmens zuständig. Bei Verstößen muss er den Kopf hinhalten. Im Bereich Lohn- und Sozialdumping kann er sogar persönlich bestraft werden. Was in der Privatwirtschaft möglich ist, sollte auch dem Öffentlichen Dienst zumutbar sein.

Die Einsetzung eines Verantwortlichen Beauftragten in Sachen Landes- oder Bundeshaftungen wäre ratsam. Ein solcher sollte über Vollmachten verfügen, die nicht erst im Krisenfall wirken. Er wäre eine Art »Supersheriff«, der früh eingreifen könnte, idealerweise noch bevor Schaden entsteht. Angesichts der hohen Gagen verwundert es, dass viele Staatsmanager und Aufsichtsorgane nie zur finanziellen Rechenschaft gezogen wurden. Eigentlich müssten sie für ihre langjährige Untätigkeit haften. Wie gesagt, das aktuelle System der strukturierten Verantwortungslosigkeit verhindert das. Viele sind zuständig, keiner ist verantwortlich. Und bestraft wird am Ende der Steuerzahler.

Freilich kann es vorkommen, dass ein Manager alles richtig macht und trotzdem alles schiefgeht. In der Privatwirtschaft heißt das unternehmerisches Risiko. Auch gute Manager können einmal Pech haben. Nur wer strafbare Handlungen setzt, rechtmäßige Handlungen unterlässt oder schlicht nicht zum Wohl des Unternehmens agiert, sollte zur Rechenschaft gezogen werden. Strafbarkeit und Rechtmäßigkeit sind im Gesetz geregelt. Doch wann agiert ein Manager gegen das Unternehmenswohl? Die »Business Judgement Rule« hilft da bei der Beurteilung. Demnach agieren Vorstände und Geschäftsführer »im Einklang mit der Sorgfalt eines ordentlichen und gewissenhaften Geschäftsleiters«, wenn der Manager sich »bei einer unternehmerischen Entscheidung nicht von sachfremden Interessen leiten lässt und auf der Grundlage angemessener Information annehmen darf, zum Wohle der Gesellschaft zu handeln«. Der Oberste Gerichtshof wendet diese Regel seit 1998 an, und seit 2016 findet sie sich auch im Aktien- und GmbH-Gesetz.

Der unternehmerische Spielraum muss jedoch gewahrt bleiben. Manager treffen Entscheidungen, die oft mit einer gewissen Unsicherheit behaftet sind, und sie können sich im Nachhinein als falsch erweisen. Das muss noch nicht strafbar sein. Wer aber nach Lust und Laune entscheidet, Risiken ignoriert oder in heiklen Situationen untätig bleibt, der agiert nicht zum Wohle des Unternehmens. Zielgerichtete, fundierte Entschlüsse sollen gefördert werden. Der Status quo ist jedenfalls untragbar: Inaktivität schützt sehr oft vor Strafe – zumindest im staatsnahen Bereich. Was Vorständen und Geschäftsführern in der Privatwirtschaft zumutbar ist, soll auch für Politiker, Richter, Staatsanwälte und andere Staatsdiener gelten. Warum sollten abgehobene Sektionschefs, faule Finanzprüfer oder schlampige Ermittler für Regelverletzungen nicht persönlich haften? Ein Monatssalär, ein Jahreseinkommen, die Streichung von Pensionsprivilegien oder die Degradierung inklusive Gehaltseinbußen. Strafen sollten sich nach dem Grad des Fehlverhaltens richten. Faulheit schützt vor Strafe nicht. Dummheit ist nicht strafbar, soll aber teuer werden – auch für Staatsdiener.

Parlamentarische Untersuchungsausschüsse, die Verantwortlichkeiten klären sollen, hinterlassen oft einen ambivalenten Eindruck. Sie wirken wie ein mit viel Aufwand produziertes Showprogramm auf Kosten des Steuerzahlers. Eine Reality-Show, die sich am Ende nur wenige anschauen. Dabei haben die U-Ausschüsse durchaus ihre Berechtigung. Was der Eurofighter-U-Ausschuss (2007), der Korruptions-U-Ausschuss (2011) und der Hypo-U-Ausschuss (2015) ans Tageslicht brachten, war sensationell. Die »smoking gun«, also den berühmten Beweis, um einen Politiker wegen Korruption festzunageln, gab es zwar nicht. Doch es wurde vieles aufgeklärt. Wertvoll waren die zahlreichen Zeugenbefragungen. Sie gewährten nicht nur einen guten Einblick in korrupte Mechanismen, sondern brachten so manchen diskreten Dealmaker vor den Vorhang. Nicht nur für Historiker, Soziologen und Journalisten sind die Ausschussprotokolle eine wahre Fundgrube. Auf der Parlamentshomepage sind tausende Seiten Ausschuss-Dokumentation für jedermann abrufbar, was einen wichtigen Beitrag zur Aufklärung darstellt. Nicht nur die Frontmänner kommen zur Sprache. Auch die Hintermänner und die zahlreichen Nebendarsteller wurden im U-Ausschuss in die Mangel genommen. So wurde deutlich: An den Skandalen waren viel mehr Personen beteiligt, als vor Gericht gestellt wurden. Doch eines wurde ebenso klar: Die Verantwortlichkeiten waren geschickt auf mehrere Personen oder Institutionen aufgeteilt, sodass im Extremfall keiner (!) zur Rechenschaft gezogen werden konnte. Die U-Ausschüsse lieferten jedoch das, was Korruptionisten am meisten fürchten: Transparenz, die Grundlage für Veränderungsprozesse. Leider zog der Gesetzgeber bis dato keine Lehren daraus.

Von zeitgeschichtlichem Interesse sind die Protokolle der vom U-Ausschuss befragten Personen, die landläufig als öffentlichkeitsscheu gelten. Legendär ist etwa der Auftritt des Milliardärs Martin Schlaff, der in der fünfstündigen Befragung mehr als fünfzigmal die Aussage verweigerte – stets mit den Worten »Ich entschlage mich«. Beeindruckend, mit welcher Brillanz Schlaff die inquisitorischen Absichten der Abgeordneten im Keim erstickte: »Ich sehe die Sache hier so: Wir sind hier freie Bürger, die sich gegenübersitzen. Sie sind Volksvertreter, und ich bin ein Bürger, und ich komme meiner Pflicht nach, indem ich hier vor Ihnen sitze und Ihre Fragen beantworte. Aber es gibt gewisse Regeln, und die Regel ist: Sie fragen, und ich antworte. Und wenn Sie mich nicht davon überzeugen, dass ich antworten muss, dann antworte ich einfach nicht – und nehme die Konsequenzen in Kauf. Danke.« Spannend waren die 50 Fragen, die Schlaff unbeantwortet ließ, etwa zu den Geschäften mit der früheren Gewerkschaftsbank Bawag oder mit der Telekom Austria, seine millionenschweren Deals in Bulgarien, Serbien und Weißrussland sowie die Connections zu Karl-Heinz Grasser, Wolfgang Schüssel und Alfred Gusenbauer sowie dem Lobbyisten Peter Hochegger. Das 72 Seiten starke Parlamentsprotokoll ist eine interessante Lektüre, so wie viele andere Dokumente, die der Öffentlichkeit nun zugänglich sind.

Die Transparenz, die ein U-Ausschuss erzeugt, ist sicherlich ein Wert an sich. Seine Arbeit ist nicht die Lösung aller Probleme, sondern ein wichtiger Schritt im Kampf gegen Korruption und Misswirtschaft. Die Ergebnisse der parlamentarischen Untersuchungen können zur Aufklärung laufender Wirtschaftskrimis zweckdienlich sein. Zwar werden sie von der Justiz mit dem lapidaren Hinweis, dass ihr das meiste ohnedies schon bekannt sei, meist ignoriert. Doch der Eindruck, der hier vermittelt wird, trifft nicht zu. Warum? Ganz einfach, weil die Justiz die Akten selten zur Gänze durchliest, geschweige denn einer ernsthaften Prüfung unterzieht. Es fehlen die Ressourcen, heißt es sehr oft. Eine Ausrede. Vielmehr fehlt es an Engagement, Motivation und – wie so oft – an kompetenten Polizisten und Staatsanwälten. Wer nicht aufklären will, der fängt nicht zu suchen an – und erspart sich so die Arbeit.

Dort, wo es regelrecht nach Wirtschaftskriminalität stinkt, ziehen es Strafverfolger nicht selten vor, nicht einmal nachzubohren. Der berühmte »Anfangsverdacht« kommt immer wieder dann zur Sprache, wenn Staatsanwälte zu faul oder zu feige sind, um Ermittlungen zu starten. Bei einflussreichen Politikern oder Industriemanagern ist das häufig zu beobachten. Der dürre Verweis auf den »fehlenden Anfangsverdacht« reicht aus, um mutmaßliche Täter vor der Strafverfolgung zu schützen. Freunderlwirtschaft in Justizkreisen? Die gibt es nicht. Offiziell. Die Willkür bei der Einleitung von Ermittlungen lässt vermuten, dass Justitia nur auf einem Auge blind ist. Zumindest wenn es um Fälle von öffentlichem Interesse geht, wie etwa bei den umstrittenen Förderungen für die Dr. Erwin Pröll Privatstiftung. Wertvolle Hinweise zur Aufklärung von Korruptionsfällen, wie beispielsweise durch Whistleblower und Journalisten, erscheinen wertlos, wenn die Justiz sie nicht aufgreift.

Der Rechnungshof als Superkontrollor

Macht braucht Kontrolle. Momentan sind die Kontrollsysteme nicht intakt. Am besten funktioniert noch der Rechnungshof, der seine Rolle als »watchdog« sehr ernst nimmt. Doch auch seine Möglichkeiten sind beschränkt. Er darf zwar lautstark bellen, aber das Beißen ist ihm gesetzlich untersagt. Dafür ist die Justiz zuständig, die sich in den großen Wirtschaftskriminalfällen gerne freiwillig einen Beißkorb umhängt. Die lange Verfahrensdauer und die rasche

Einstellung von Promifällen lassen das vermuten – oder jene Fälle, wo Beweismaterial für kriminelles Treiben auf den Servern von Parlament und Rechnungshof unbeachtet bleibt. Ausgewertet wird das Material am ehesten von Journalisten, die dann sozusagen die Übersetzungsarbeit übernehmen. Freiwillig kommen Strafverfolger eher selten auf die Idee. Der Rechnungshof hütet wohl den größten öffentlich zugänglichen Datenschatz. Die Berichte sind von Experten verfasst, die ihre Arbeit mit großer Sorgfalt und Gewissenhaftigkeit ausführen. »Als unabhängiges, oberstes Organ der Finanzkontrolle für Bund, Länder und Gemeinden hat er die gesamte Staatswirtschaft, das heißt die Gebarung öffentlicher Einrichtungen und privater Rechtsträger mit öffentlichen Mitteln, zu überprüfen und für den bestmöglichen Einsatz öffentlicher Mittel und die Verbesserung der Effizienz und Effektivität – auch im Bereich der Kontrolle – zu sorgen«, so die Eigendefinition des Rechnungshofes. Darüber hinaus fungiert er als »watchdog« in Bezug auf Parteienfinanzierung sowie bei Pensionen und Gagen im öffentlichen Dienst. Auch die Kontrolle öffentlicher Einrichtungen und privater Rechtsträger, die von Bund, Ländern und Gemeinden kontrolliert oder finanziert werden, fallen in sein Aufgabengebiet.

Der Rechnungshof ist ein funktionierendes Kontrollorgan, das in seinen öffentlich zugänglichen Berichten über Buwog, Bundestheater, Eurofighter, Nationalbank oder die Staatsbanken Hypo bzw. Kommunalkredit schon lange auf strukturelle Missstände hinweist. Der Rechnungshof erhält Zugang zu vertraulichen Informationen. Deshalb erkennt er Fehlentwicklungen lange bevor Medien und Staatsanwaltschaften sich einschalten. Vermutlich wären auch die von illegaler Parteienfinanzierung begleiteten Malversationen in der Telekom Austria viel früher aufgedeckt worden, wenn ihm die Prüfung erlaubt gewesen wäre. Weil der Staat keine kontrollierende Mehrheit besaß, fiel die Telekom nicht in sein Prüfraster.

Der Rechnungshof ist auf die kontrollierende Tätigkeit beschränkt. Das Gesetz erlaubt ihm nicht mehr. Wenn die Prüflinge die (durchaus konstruktiven) Empfehlungen nicht umsetzen wollen, hat der Rechnungshof keine Sanktionsmöglichkeiten. Im Prinzip ist das im Sinne der Gewaltenteilung, weil eine Konzentration von Macht bekanntlich rasch zu Machtmissbrauch führen kann. Ausnahmen bestätigen die Regel. Doch im Fall des Rechnungshofs wäre eine Ausweitung der Befugnisse zweckmäßig. Klar definierte Exekutivfunktionen würden seine Arbeit noch wirkungsvoller machen. Ihm könnten Sonderrechte eingeräumt werden, wie etwa die begleitende Kontrolle bei Maßnahmen von besonderem öffentlichen Interesse oder die Beantragung von Strafen oder Zwangsmaßnahmen gegenüber »unverantwortlichen« Amtsträgern. Die Strafen könnte ein Richter in einer Art Eilverfahren verhängen wie etwa bei einer Einstweiligen Verfügung, die nur in besonderen Fällen erlassen wird. Im Kartellrecht gibt es ein funktionierendes Vorbild: die Bundeswettbewerbs-behörde, die illegale Preisabsprachen und gesellschaftsschädliche Zusam-menschlüsse gnadenlos verfolgt. Wer nicht freiwillig ein Bußgeld zahlen will, der wird vors Kartellgericht gezerrt. Der furchtlose Behördenleiter Theodor Thanner scheut keine Konflikte und hat bereits den Lebensmittelriesen Spar oder den Glücksspielkonzern Novomatic das Fürchten gelehrt.

Vermutlich wäre eine Kompetenzerweiterung für den Rechnungshof in mehreren Bereichen sinnvoll. Drei Problemfelder würden sich besonders gut eignen: (Sonder-)Pensionen, (Staats-)Haftungen und das Förderwesen. Privi-legien, Sparpotenzial und Schadensrisiko konzentrieren sich dort und bieten ein breites Feld für den Missbrauch von öffentlichen Geldern. Die Bundes- und Landespolitiker haben in diesen Bereichen wenig Lösungskompetenz bewiesen. In den Sonntagsreden fordern sie Veränderungen: Es muss etwas geschehen. Aber aus parteipolitischen Gründen passiert dann doch nichts. Die Erfahrung zeigt: Ohne Druck von außen sind Korrekturen in Sachen Pensio-nen, Haftungen und Förderungen unwahrscheinlich. Angekündigt wird viel, umgesetzt nur wenig. Vorstände und Geschäftsführer von staatsnahen Firmen sowie hohe Beamte in den Ministerien und Magistraten vollziehen die Gesetze, solange sie selbst keine Probleme bekommen. Somit scheitert ein sauberer Staat auch an der Bequemlichkeit der Staatsmanager. Die wollen sich nicht mit Politik, Gewerkschaft und Lobbyingverbänden anlegen. Deshalb bleiben lieb gewonnene Privilegien unangetastet. Der Status quo ist empörend. Immerhin ist der Reformbedarf gut dokumentiert, genauso wie die Handlungsanleitun-gen für eine Reform.

Das Reform-Manifest

»Positionen für eine nachhaltige Entwicklung Österreichs« nennt sich das kaum beachtete Reform-Manifest des Rechnungshofs aus dem Jahr 2015. Auf 480 Seiten werden die wichtigsten Problemfelder detailliert analysiert, Risiken quantifiziert und Lösungsansätze vorgestellt. Die Empfehlungen orientieren sich nicht an Parteipolitik oder Ideologie, sondern am effizienten Einsatz von Steuergeldern. Die Handlungsanleitungen des Rechnungshofs beispielsweise für die Bereiche Pensionen, Haftungen und Förderungen müssten nur umge-setzt werden.

Allein bei den Pensionen sind die Einsparungspotenziale laut Rechnungs-hofbericht für den Zeitraum 2015 bis 2050 gigantisch: genannt seien nur

Stadt Wien (350 Millionen Euro), Bundesbahnen (920 Millionen Euro) und Sozialversicherungen (786 Millionen Euro). Auch Nationalbank, ORF und Länder besitzen Sonderpensionsrechte, die ihren Beschäftigten eine überdurchschnittliche Altersruhe sichern. Die liegen nicht nur deutlich über dem ASVG-System, sondern toppen auch das Beamtenpensionsrecht. Entgegen den öffentlichen Ankündigungen zeigt die Politik kaum Reformbereitschaft, die Privilegienburgen zu stürmen. Das mag daran liegen, dass davon auch potenzielle Versorgungsposten betroffen wären. Die Bundesbahnen und die Sozialversicherungen sind die letzten Bastionen, wo abgehalfterte Parteisoldaten untergebracht werden können. Da dürfte ein gewisses Maß an Eigeninteresse bei den Politikern schon eine Rolle spielen.

»Die vom Hauptverband im Jahr 2014 durchgeführte Reform wich wesentlich von den Empfehlungen des Rechnungshofs ab«, schreibt der Rechnungshof über die paradiesischen Zustände in den Sozialversicherungsträgern: »Gegenüber dem vom Rechnungshof empfohlenen Einsparungspotenzial von rund 1,15 Milliarden Euro setzte sie lediglich ein Einsparungspotenzial von rund 144 Millionen Euro um. Es verbleibt ein Einsparungspotenzial von rund 786 Millionen Euro im Zeitraum 2016 bis 2050 (Einsparungen z. B. durch Erhöhung des Pensionssicherungsbeitrags oder durch Entfall der Verlustdeckel).« Die Pensionisten der Pensionsversicherungsanstalt, des Unfallversicherers AUVA und der Gebietskrankenkassen sowie die Ruheständler aus den Sozialversicherungsanstalten der Bauern, Beamten und Eisenbahner verdienen in der Rente nicht nur ein Vielfaches eines durchschnittlichen ASVG-Pensionisten, sondern sogar ein Vielfaches der ASVG-Höchstpension von derzeit 3355,30 Euro. Das muss man sich auf der Zunge zergehen lassen: Die Pensionsverwalter verdienen im Ruhestand mehr als ein Pensionist, für den die Sozialversicherer zuständig sind.

Das Pensionsparadies erschließt sich aus einer parlamentarischen Anfragebeantwortung des Gesundheitsministeriums an die NEOS. Demnach betrugen die Kosten für Zusatzpensionen im Vorjahr rund 330 Millionen Euro. Ein Plus von rund 15 Prozent im Vergleich zum Jahr 2010. Rund 17 000 Personen haben Anspruch auf Luxuspensionen, die sogenannten Dienstordnungspensionen, die auf die ASVG-Rente draufgeschlagen werden. 1280 ehemalige Sozialversicherer erhalten eine Pension, die 100 bis 200 Prozent der ASVG-Höchstpension ausmacht. Bei 118 Pensionsfürsten sind es sogar zwischen 6700 und 10 000 Euro pro Monat. Bei der Nationalbank war die Schieflage enorm: Dort verdient ein Durchschnittspensionist bekanntlich rund 5000 Euro und der Königsrentner unfassbare 32 000 Euro pro Monat. Nötig wäre lediglich eine Harmonisierung mit dem ASVG-System, um den mit öffentlichen Geldern subventionierten

Pensionssumpf trockenzulegen. Das wäre sozial gerecht. Der Sozialforscher Bernd Marin: »Luxuspensionen sind Sümpfe struktureller Korruption.«

Pensions-Sheriffs, Haftungs-Wächter & Förderungs-Polizei

Im Rechnungshof könnte eine Special Force eingerichtet werden, die auf Grundlage eines parlamentarischen Grundsatzbeschlusses (»Keine Pensionsprivilegien auf Staatskosten«) die Pensionsharmonisierung einleitet, begleitet und überwacht. Parallel zu den »Pensions-Sheriffs« könnten auch zusätzlich »Haftungs-Wächter« und eine »Förderungs-Polizei« ins Leben gerufen werden. Sie sollten darauf achten, dass es keine unzeitgemäßen Pensionsprivilegien, Haftungsübernahmen und Förderungsgeschenke mehr gibt. Die Landeshypos bleiben tickende Zeitbomben und stellen noch immer eine Gefahr für die Volkswirtschaft dar. Auch die in der Kontrollbank schlummernden Milliardenrisiken werden stiefmütterlich behandelt. Höchste Zeit für eine Art Transparenzregister für Staatshaftungen. Momentan gibt es keine gemeinsame Datenbank, die das öffentliche Haftungsrisiko auflistet, also die schlummernden Gefahren in Gemeinden, Ländern, Bund und Sozialversicherungsträgern sowie Spezialfällen wie der Kontrollbank. Einen konkreten Überblick über die Dimension der möglichen bösen Überraschungen hat im Moment keiner.

Die »Haftungs-Wächter« sollten nicht nur diese Datenbank pflegen, um die Pleitengefahr frühzeitig zu erkennen, sondern auch die Kompetenz haben, eine Sanierung einzuleiten sowie die Verantwortlichen zu bestrafen. Das könnte, wie gesagt, im Rahmen eines beschleunigten Verwaltungsstrafverfahrens gelöst werden. Auf den ersten Blick mag das mühsam und kurzfristig vielleicht sogar teuer sein. Doch die Erfahrungen mit der Hypo-Pleite und ein Vergleich mit den Folgekosten zerstreuen die Zweifel. Das mittelfristige Kalkül ist: Wer persönlich haftet, geht sorgfältiger mit fremdem Vermögen um.

Eine »Förderungs-Polizei« hätte ebenfalls genug zu tun und würde sich sehr rasch rechnen. Gemäß Förderungsbericht des Bundes werden rund 20 Milliarden Euro jährlich für Förderungen ausgegeben, drei Viertel davon werden indirekt vergeben. In den Spezialtöpfen gibt es für Minister, Landeshauptleute und Co viel zu verteilen. Das Erschließen von Förderquellen ist längst eine Geheimwissenschaft, die vor allem Parteisekretäre bestens beherrschen. »Fehlende Gesamtstrategien und unzureichende Abstimmung des Leistungsangebots und der Leistungsadministration in Bereichen, in denen mehrere Organisationen – insbesondere mehrere Gebietskörperschaften – nebeneinander ähnliche Leistungen bereitstellen, führt zu Defiziten in der Treffsicherheit der Systeme«, schreibt der Rechnungshof in seinen »Positionen für eine nachhaltige Entwicklung«. Auch hier muss, wie bereits seit Jahren gefordert, zuerst eine Förderungsdatenbank eingerichtet werden. Damit wäre sehr rasch klar, wohin Staatsgelder fließen. Die Mehrfachförderung von Projekten und Initiativen könnte schlagartig beendet werden. Wer trotzdem Fördergelder auszahlt, könnte rasch und einfach identifiziert – und gegebenenfalls zur Rechenschaft gezogen werden. Die Transparenz verunmöglicht es, heimlich Fördergelder beiseitezuschaffen. Ein Politiker, der Landesgelder bedingungslos verschiebt, um sie zu einem späteren Zeitpunkt freihändig zu verteilen, wäre dann leicht überführt.

Ein Fall à la Dr. Erwin Pröll Privatstiftung wäre dann schwer möglich. Niederösterreichs Landesrechnungshof hatte im Zuge des Pröll-Verfahrens alle Landesförderungen untersucht. Das Ergebnis war vernichtend. Nicht nur das Förderverfahren rund um die Pröll-Stiftung wurde beanstandet, sondern auch die gesamte Förderpraxis des Landes. Niederösterreich zahlte im Jahr 2016 rund 1,88 Milliarden Euro an Förderungen aus. »Die Förderungsabwicklung erwies sich als mangelhaft. Von den 534 Förderungsfällen wiesen nur 125 ordnungsgemäße, vollständige Unterlagen auf«, schreibt der Landesrechnungshof 2017. »In den übrigen Fällen fehlten Unterlagen wie zum Beispiel Projektbeschreibungen oder Aufstellungen über Kosten und Finanzierung, die zur Beurteilung der Vorhaben erforderlich waren.« Den Prüfern fehlten »aussagekräftige Entscheidungsgrundlagen und erforderliche Unterlagen für die Förderungskontrolle«. Die Zuwendungen an die Pröll-Privatstiftung wurden als fragwürdig identifiziert, weil sie sich »auf kein Förderungsgesetz« stützten und mit »Interessenkollisionen behaftet« waren. Ergänzend hält der (Bundes-) Rechnungshof zur Pröll-Stiftungs-Prüfung fest: »Ohne geeigneten Zweck eine Förderung zu gewähren, ist nicht im Sinne des Steuerzahlers. Es muss jederzeit transparent nachvollziehbar sein, warum, in welcher Höhe und wofür ein Land Förderungen bewilligt und ausbezahlt.« Im Fall der Pröll-Stiftung war das leider nicht der Fall. Förderungsmissbrauch ist grundsätzlich strafbar.

Parteienfinanzierung, ein Kavaliersdelikt

Strafrechtliche Folgen werden im Fall Pröll-Stiftung vorläufig ausgeschlossen. Auch der Bericht des Landesrechnungshofs ändert nichts daran. Die Pröll-Stiftung wurde im Mai 2017 aufgelöst und zuvor wurden alle Landesförderungen samt Zinsen getilgt. Ein Fall für den Staatsanwalt kann die Pröll-Stiftung somit nicht werden, weil es sie ja nicht mehr gibt und kein Schaden mehr gegeben ist. Anders wäre es freilich gewesen, wenn der Staatsanwalt im Jänner 2017 ein Ermittlungsverfahren eingeleitet hätte. Das wäre möglich gewesen. Doch im Gegensatz zu tausenden anderen Strafverfahren wurde die Causa Pröll rasch abgedreht. Die Geschwindigkeit, mit der die Wirtschafts- und Korruptionsstaatsanwaltschaft jeglichen Anfangsverdacht im Fall Pröll geprüft hat, ist jedenfalls atemberaubend. Die Behörde hätte die Erhebungen des Rechnungshofs abwarten können, was in der Regel und in vergleichbaren Fällen geschieht. Üblicherweise dauert eine ernsthafte Prüfung strafrechtlich relevanten Verhaltens mehrere Wochen, in prominenten Fällen, wo besondere Sorgfalt angewendet wird, sogar Monate. In diesem Fall war innerhalb weniger Tage alles klar.

Der Fall Pröll riecht jedenfalls nach Zweiklassenjustiz. Justizminister Wolfgang Brandstetter und dessen Vorgängerinnen haben Spezialbehandlungen für Politiker stets abgestritten, was nicht wirklich verwunderlich ist. Trotzdem entsteht bei Betrachtung von Promifällen der Eindruck einer Ungleichbehandlung im Vergleich zum gemeinen Volk. Auf das Telekom-Strafverfahren, wo massive Parteienfinanzierung in Richtung ÖVP, SPÖ, FPÖ und BZÖ nachgewiesen wurde, trifft das zu. So stellte der Staatsanwalt fest, dass die Parteien über Scheinaufträge verdeckt finanziert wurden. »Eine Vielzahl von Zahlungen erfolgte, um Personen des politischen Spektrums oder politische Parteien wohlgesonnen zu stimmen oder ihnen keinen Wunsch abschlagen zu müssen«, heißt es in der Telekom-Anklageschrift. Bemerkenswert: Obwohl die Volkspartei besonders emsig beim Füllen der »schwarzen Kassen« und beim Stiften von Wohlgesonnenheit war, landete kein einziger Spitzenpolitiker auf der Anklagebank. Zwar wurde gegen den früheren ÖVP-Generalsekretär Johannes Missethon, den Ex-ÖVP-Obmann Wilhelm Molterer und Ex-ÖVP-Generalsekretär Reinhold Lopatka ermittelt und die Österreichische Volkspartei nach den Strafbestimmungen des Verbandsverantwortlichkeitsgesetzes verfolgt. Jedoch wurden alle Verfahren eingestellt, weil offenbar kein strafbares Verhalten erkannt wurde. Wie gesagt, Justitia ist nur auf einem Auge blind. Illegale Parteienfinanzierung wird in Justizkreisen als Kavaliersdelikt gesehen.

Selbst in clamorosen Causae, also Verfahren mit medialem Getöse, sind die Gerichte nur auf den ersten Blick streng. Kommt es zu einer der seltenen Verurteilungen, dann wirken Schuldsprüche zunächst hart, aber die Strafen meistens milde. Auffällig oft werden die vom Erstrichter verhängten Haftstrafen und Bußgelder im Instanzenzug nochmals herabgesetzt. Begründet wird die geringe Strafhöhe oft mit der überlangen Verfahrensdauer, was in komplizierten Wirtschaftskriminalfällen keine Seltenheit ist. In den prominenten Strafverfahren, wie etwa Buwog, Telekom oder Eurofighter, wurde mehr als sieben Jahre ermittelt. Oft wären die Fälle nach drei Jahren reif für eine gerichtliche

Auseinandersetzung gewesen. Nur zur Absicherung drehten die Staatsanwälte mehrere Extrarunden. Die Verfahren wurden unnötig in die Länge gezogen. Ob aus Vorsicht oder aus Nachsicht gegenüber der Politik, bleibt ein Rätsel. Die Lektion: Das lange Prozedere kostet nicht nur Nerven (auf Seiten der Beschuldigten), sondern auch viel Geld (auf Seiten des Staates).

Die Strafverfolger reden sich dabei gerne auf die komplexen Auslandsbezüge aus: Die Beantwortung von Rechtshilfeersuchen dauere so lange, außerdem verfüge die Justiz über zu geringe Ressourcen, um die großen Wirtschaftscausae rasch abzuarbeiten. Alles nur Ausreden. Es wird auch viel Zeit unnötig vertrödelt. Längst bekannte Schnittstellenproblematiken werden zu spät thematisiert, Zeugen oder Beschuldigte zu spät befragt. Darüber hinaus werden sinnlose Observationen und Überwachungsaktionen durchgeführt, die nicht nur viel kosten, sondern auch wenig bringen. Krasses Beispiel: Auf Antrag der Staatsanwaltschaft Wien wurde tagelang das Eingangstor der Meinl Bank von der Polizei observiert. Warum? Nicht um konspirative Treffen zu filmen oder eine Vertuschung zu beweisen. Nein, es ging im Wesentlichen darum, bestimmte Meinl-Manager für eine polizeiliche Befragung abzufangen. Geht's noch?! Die teure Spionageaktion wurde von Polizisten gewünscht, von einem Staatsanwalt beantragt und von einem Richter genehmigt. Ein Paradebeispiel für fehlgeschlagene Selbstkontrolle und mangelndes Gespür für Geldverschwendung.

Ein Zeitfresser sind auch die überbordenden Berichtspflichten. Der Fall Grasser wurde fast zwei Jahre durch fünf Instanzen geprüft. Die Justiz rechtfertigt das mit dem Argument, dass Qualitätsprüfungen nun einmal Zeit kosten. Doch im Fall Grasser wird besonders deutlich, wie schlampig gearbeitet wurde. Die Anklageschrift wurde von Gruppenleiter und Behördenleiter in der Wirtschafts- und Korruptionsstaatsanwaltschaft geprüft, danach ging der Akt an die Oberstaatsanwaltschaft Wien und danach an die Strafrechtssektion im Justizministerium. Jede Prüfung dauerte mehrere Monate, weil man sich ja keine Fehler erlauben wollte. Am Ende musste dann auch noch der Weisungsrat seinen Senf dazugeben, weil der Justizminister als damaliger Strafverteidiger des Angeklagten Karl Petrikovics bei einem Geheimtreffen mit Karl-Heinz Grasser und Walter Meischberger nach Ausbruch der Buwog-Affäre im Herbst 2009 dabei gewesen war. Angesichts der Menge an kompetenten Prüfern und der langen Prüfzeit sollte man meinen, dass die Anklage wasserdicht war. Ganz im Gegenteil: Das Oberlandesgericht Wien übte herbe Kritik und hob sogar einen Anklagepunkt (Faktum Lehman-Vergabe) komplett auf. Eine Qualitätskontrolle mit derartig katastrophalem Ergebnis kann man sich sparen.

In der Justiz versickert reichlich Steuergeld. Besonders offensichtlich wurde das auch bei der berühmten Telefonüberwachung von Karl-Heinz Grasser,

Walter Meischberger und Ernst Plech. Die drei Beschuldigten im Buwog-Verfahren sprachen sich über Aussagen gegenüber der Justiz ab. Die abgehörten Gespräche machten deutlich, dass Meischberger nicht wusste, wofür er hunderttausende Euros an Provisionen kassiert hatte. Damals fiel seine mittlerweile legendäre Frage: »Wo woar mei Leistung?!« Plech und Grasser erklärten ihm, wie er sich auf die Einvernahmen vorbereiten sollte, was er den Ermittlern weismachen sollte. Ein wertvoller Ermittlungsschatz, sollte man glauben. Doch die Justiz machte nichts daraus: Die Staatsanwälte verhängten keine U-Haft etwa wegen offensichtlicher Verabredungsgefahr. Die Strafrichter fällten keine Schuldsprüche, weil die entlarvenden Telefonate offensichtlich keine strafrechtliche Relevanz hatten. Von Wert waren die Telefonüberwachungsprotokolle lediglich für die Kabarettisten Thomas Maurer, Robert Palfrader und Florian Scheuba, die im Rahmen von Vorlesungen im Audimax der Universität Wien eine Show daraus machten. Dann ersparen wir uns doch gleich teure Telefonüberwachungen, wenn sie vor Gericht ohnedies nichts wert sind. Oder der berüchtigte Tierschützer-Prozess der Jahre 2010/2011, wo die Justiz sogar ihre Möglichkeiten missbrauchte. Die Überwachungsmaßnahmen und die Einschleusung von verdeckten Ermittlern reichten dem Staatsanwalt für eine Anklage, hatten aber keinen Beweiswert – ergo: Freisprüche für alle. Außer Spesen nichts gewesen. Neuerdings basteln Justiz- und Innenministerium an einem Polizeistaat. Beamten soll erlaubt werden, was Hackern verboten ist: Sicherheitslücken in der IT auszunützen. Geplant ist die Installierung von Spionagesoftware auf Smartphones, Tablets und Computern, um beispielsweise WhatsApp- oder E-Mail-Kommunikation abzufangen. Bevor Brandstetter und Sobotka neue Gesetze erfinden, bestehende Polizeimacht ausweiten und Bürgerrechte einschränken, sollten sie im eigenen Haus aufräumen.

Justizpolizei gegen Wirtschaftskriminelle

Die Staatsanwälte sind bekanntlich die Herren des Strafverfahrens und unterstehen dem Justizminister. Anordnungen des Staatsanwalts werden von der Kriminalpolizei ausgeführt, die wiederum dem Innenminister weisungsgebunden ist. Die Ermittlungsbeamten sind somit Diener zweier Herren. Oft kommt es vor, dass Ermittlungen verschleppt werden, weil Polizisten keine Zeit haben, um staatsanwaltschaftliche Anordnungen zeitnah auszuführen. Kurzfristig werden Ermittlungsbeamte von Promicausae abgezogen und dringenderen Fällen zugeteilt. In den clamorosen Causae kommt das interessanterweise sehr häufig vor. »Die Öffentlichkeit erfährt das nie«, wie ein Justizbeamter erzählt.

Die Ermittler haben sich daran gewöhnt. Die aufgeteilten Verantwortlichkeiten bremsen die Ermittlungsarbeit. Eine Art »Justizpolizei«, die der Staatsanwaltschaft direkt unterstellt ist, könnte Abhilfe schaffen. Im Finanzministerium gibt es so etwas: die »Finanzpolizei«, als Betrugsbekämpfungseinheit, die bei Steuerhinterziehung, Sozialbetrug und organisierter Schattenwirtschaft sowie im Kampf gegen illegales Glücksspiel aktiv wird. Die Justizpolizei würde in Korruptions- und Wirtschaftskriminalfällen eingeschaltet werden und könnte gegebenenfalls – etwa bei Hausdurchsuchungen – von der Kriminalpolizei im Innenministerium unterstützt werden.

Die Abwicklung von Finanzstrafverfahren gehört ebenfalls reformiert. Im Spezialbereich, wo es etwa um Abgabenbetrug und Steuerhinterziehung geht, sind die Gesetze in den vergangenen Jahren zunehmend verschärft worden – und die Zahl der anhängigen Verfahren ist gestiegen. Gleichzeitig wurde die Strafprozessordnung nicht angepasst. In schweren Fällen führt der Staatsanwalt die Ermittlungen und bei begründetem Verdacht wird ein Strafrichter befasst. Das ist nicht mehr zeitgemäß. Im Finanzstrafverfahren sollte das Finanzamt, wo die Spezialisten sitzen, die Rolle der Anklagebehörde übernehmen, nicht die Staatsanwaltschaft. Schuld- und Freisprüche könnte das Bundesfinanzgericht fällen, wo ebenfalls Experten sitzen. Das würde dem Staat auch teure Sachverständigengutachten ersparen. Einmal mehr wird im Fall Karl-Heinz Grasser der Zuständigkeitsmissstand deutlich. Der finanzrechtliche Abschlussbericht im Finanzstrafverfahren ist seit August 2013 fertig. Die Finanzstrafverfahren gegen Walter Meischberger, Ernst Plech und Peter Hochegger gelten seit 2010 als de facto enderledigt. Die inkriminierten Sachverhalte – unversteuerte Honorare wurden über Steueroasen kassiert – sind nicht kompliziert und wurden umfassend geprüft. Trotzdem wird innerhalb der Justiz bis heute herumgemurkst. Für beschuldigte Personen wie Grasser, Meischberger und Co ist das ein untragbarer Zustand, der nicht durch komplizierte Auslandsbezüge verursacht wurde, sondern durch eine unstrukturiert arbeitende Justiz. Eine Reform der Zuständigkeiten würde nicht nur Abschlüsse beschleunigen, sondern sich auch finanziell auswirken. Bis zum rechtskräftigen Abschluss eines Finanzstrafverfahrens muss auch der Staat auf vorgeschriebene Steuern und Geldstrafen warten.

Das Lamento über zu wenig Geld ist trostlos. Eine bessere finanzielle Ausstattung löst nicht das Problem, wenn gleichzeitig staatliche Strukturen ineffizient sind. Die Personaleinsatzplanung in der Justiz ist reformbedürftig. Intransparenz und Chaos dominieren, und das bei einem starren Dienstrecht. Versetzungen innerhalb der Justizbehörden sollten vereinfacht werden, wenn kurzfristig Personalbedarf herrscht. Anstatt nach neuen Planstellen zu schreien, sollte über Einsparungen und effizienteren Ressourceneinsatz nachgedacht werden. In den großen Strafverfahren zeigt sich das deutlich. Die willkürliche Disposition von Polizisten wurde bereits erwähnt. Häufige Wechsel bei den ermittelnden Staatsanwälten sind ebenso beliebt wie Versetzungen. Es versteht sich, dass auch für Staatsanwälte eine Karriereplanung möglich sein muss, doch maßvolle Eingriffe sollten erlaubt sein. Nichts tun und wegschauen, so wie jetzt, ist keine Lösung. Momentan werden Versetzungsanträge von Behördenleitern achselzuckend abgenickt. Frei nach dem Motto: Wenn einer wegwill, dann soll man ihn nicht aufhalten. Doch das führt auch zu massiven Verfahrensverzögerungen. Jeder Newcomer muss sich abermals in die Causa neu einarbeiten. Je komplexer der Fall, desto länger die Einarbeitungszeit. Dem Problem könnte leicht begegnet werden: Bei prominenten Strafverfahren sollte ein Wechsel mitten im Rennen nicht erlaubt sein. Grundsätzlich sollte gelten: Solange das Verfahren nicht abgeschlossen ist, wird der Sprung an eine neue Dienststelle untersagt. Besteht ein Staatsanwalt trotzdem darauf, gibt es Minuspunkte in der Personalakte, was sich bei künftigen Beförderungen auswirkt. Oder er sucht sich einen anderen Job. Ein Prozedere, das in der Privatwirtschaft üblich ist. Damit würde klar und deutlich signalisiert: Eine kurze Verfahrensdauer hat oberste Priorität. Nebenbei könnte der zügige Abschluss von Großverfahren zum Karrierekriterium in der Strafjustiz werden.

Momentan gehen die Anreize in die Gegenrichtung: Gute Staatsanwälte wechseln in renommierte Anwaltskanzleien. Schlechte Staatsanwälte gehen mit Ärmelschoner in Pension. Die Einführung moderner Managementmethoden in der verkrusteten Justiz wäre sicher eine Überlegung wert. Die Probleme sind hausgemacht, wie der Rechnungshof feststellte: »Kürzere Verfahrensdauer war oftmals Folge einer effektiven Dienstaufsicht.« Wo ein Wille, da ein Weg. Es scheint, dass im Moment die Mehrheit nicht so recht will.

Rasche Strafverfahren und eine »gerechte« Strafe. Davor haben Wirtschaftskriminelle am meisten Angst. Zieht sich das Verfahren in die Länge, dann ist die erste Wette bereits gewonnen. Warum ein zügiges Verfahren so wichtig ist? Die Wahrscheinlichkeit einer Verurteilung nimmt mit der Verfahrensdauer ab. An der Verhängung der »gerechten« Strafe scheitert die Justiz regelmäßig. Eine Gefängnisstrafe ist für viele Wirtschaftskriminelle ein banales Berufsrisiko, das selten schlagend wird. Geldstrafen sind überschaubar. Finanzielle Verluste haben sie deshalb nicht wirklich zu befürchten. Genau das würde ihnen aber am meisten wehtun. Dass korrupte Zahlungen sofort bzw. nach Verbüßung einer Haftstrafe abgeschöpft werden, sorgt sie schon viel mehr. Ein Blick auf die Urteile in den großen Wirtschaftskriminalfällen beweist, dass sich Korruption und Untreue am Ende auszahlen – zumindest finanziell. Ein, zwei, drei Jahre Haft bzw. eine kurze Episode mit Fußfessel oder eine Strafe als Freigänger verbüßen? Klar, einen vom Gefängnisleben bestimmten Alltag wünscht sich keiner. Doch Fußfessel und Co sind erträglich, wenn danach ein Leben als Millionär wartet. Für Wirtschaftskriminelle, die vor dem Prozess »verhandlungsunfähig« oder kurz vor dem Gefängnis »haftunfähig« werden, schaut es noch besser aus. Für die großen Wirtschaftskriminalfälle der letzten sieben Jahre gilt: Bis auf wenige Ausnahmen sind die meisten Verurteilten entweder nicht in Haft oder überraschend schnell wieder draußen. Korrupte Politiker, aalglatte Lobbyisten oder gefallene Wirtschaftsbosse profitieren davon, dass im Strafrecht Resozialisierung oberstes Ziel ist. Also das Zurückfinden in das gesellschaftliche Leben. Wer das weiß, kann sich schon während des Strafverfahrens auf den Worst Case vorbereiten: Nicht selten mutieren wohlhabende Menschen zu armen Kirchenmäusen, sobald ihr Fall gerichtsanhängig wird. Obwohl sie in besten Lokalen speisen und teure Autos fahren, behaupten sie, von Almosen und Mindestsicherung zu leben.

Das Empörende daran: Die Justiz nimmt die behauptete Vermögenslosigkeit stillschweigend zur Kenntnis.

Unglaublich, aber wahr: Die Vermögensverhältnisse, die zu Prozessbeginn aufgenommen werden und als Grundlage für die Bemessung einer möglichen Geldstrafe dienen, werden fast nie überprüft. An dieser Front zocken die Wirtschaftskriminellen den Staat ein zweites Mal ab: Wer bewiesen hat, dass er korrupte Zahlungen über Zypern, Liechtenstein und die Schweiz schleusen kann, der kann wohl auch seine wahren Vermögensverhältnisse gut kaschieren. Lange Verfahren erleichtern es, sich auf den Worst Case vorzubereiten – wie etwa die Scheidung mit Vermögensübertragung zu planen, den Wohnsitzwechsel in ein Steuerparadies zu organisieren oder rechtzeitig vor dem Gerichtsprozess in Privatkonkurs zu gehen. Letzteres wird durch die kürzlich gesetzlich herabgesetzte Entschuldungsdauer von sieben auf fünf Jahre besonders attraktiv. Ex-Vizekanzler Hubert Gorbach hat vorgemacht, wie es geht: Obwohl er bzw. seine Sekretärin in Summe 268 000 Euro indirekt von der Telekom Austria erhalten hatten, kam er mit einer Diversion davon. Zuvor waren die strafbestimmenden Wertgrenzen von 50 000 Euro auf 300 000 Euro angehoben worden. Nach Zahlung von 1680 Euro Bußgeld und 100 000 Euro Wiedergutmachung entging Gorbach einer weiteren Strafverfolgung. Er behauptete, über ein Nettoeinkommen von 1573 Euro zu verfügen, sodass die Diversion nicht schlimmer ausfiel. Ob er diesbezüglich die Wahrheit sagte, wurde erst gar nicht erhoben. Das geringe Bußgeld ist besonders krass, wenn man sich zurückerinnert, dass Ex-VP-Innenminister Ernst Strasser für sein Ansinnen, als EU-Abgeordneter Geld für EU-Gesetzesinitiativen anzunehmen, ins Gefängnis musste. Obwohl Strasser nicht einen einzigen Cent kassierte, wurde er zu einer dreijährigen Haftstrafe verurteilt. Glück im Unglück: Strasser bekam nach kurzer Zeit Freigänger-Status – tagsüber in Freiheit, am Abend im Gefängnis – und nach einem halben Jahr die Fußfessel.

Die Justiz vertraute aus unerfindlichen Gründen dem Vermögensbekenntnis eines geldgierigen Ex-Vizekanzlers. Für Gorbach haben sich die schmutzigen Geschäfte mit der Telekom somit ausgezahlt. Ein verheerendes Signal. Besser wäre es gewesen, Gorbach zu Sozialdienst zu verdonnern. Wenn man weiß, dass einer der wichtigsten Antriebsfaktoren bei korrupten Aktivitäten der finanzielle Gewinn ist, dann ist ein mickriges Bußgeld nicht abschreckend. Bis dato gibt es noch nicht einmal eine automatische Kooperation zwischen Justiz und Finanz, um die wahren Vermögensverhältnisse der Straffälligen zu erheben. Dabei wäre das ein Leichtes: Eine Rasterfahndung über öffentliche Register (Grundbuch, Firmenbuch) und Steuerakten würde sicherlich ein authentischeres Bild liefern als das fragwürdige Vermögensbekenntnis eines Beschuldigten, der obendrein bei falschen Angaben nichts zu befürchten hat.

Die fortgesetzte Abzocke durch ertappte Wirtschaftskriminelle wird durch die lasche Vorgangsweise der Republik sogar begünstigt. Das Eurofighter-Verfahren ist das beste Beispiel dafür. Der Beschaffungsvorgang fand vor 15 Jahren statt. Seitdem wurde durch Medienberichte, Strafanzeigen und Untersuchungsausschüsse eine Vielzahl an fragwürdigen Umständen aufgedeckt. Trotzdem ermittelte die Staatsanwaltschaft im Schneckentempo – und signalisierte damit: Korruption ist ein Kavaliersdelikt. Mittlerweile ist bekannt, dass rund 200 Millionen Euro an Schmiergeldzahlungen von Airbus an unbekannte Dritte geflossen sind. Eine Geldsumme, die sogar in den von der Republik gezahlten Kaufpreis eingepreist worden war, wie Ex-Eurofighter-Boss Aloysius Rauen gegenüber firmeninternen Sonderermittlern zugab. Diese Aussage ist den Behörden bereits seit Jahren bekannt und beschreibt einen glatten Verstoß gegen die im Eurofighter-Kaufvertrag enthaltenen Antikorruptionsklauseln. Doch wie reagierten die hohen Vertreter der Republik, also Kanzler, Verteidigungs-, Justiz- und Finanzminister? Außer öffentlichen Empörungsbekundungen wurden keine rechtlichen Schritte eingeleitet.

Das änderte sich erst im Frühjahr 2017, als SP-Verteidigungsminister Hans Peter Doskozil die Airbus Group (früher: EADS) bei der Staatsanwaltschaft anzeigte. Die Anklagebehörde erwachte aus ihrem Dornröschenschlaf. Es kam zu Hausdurchsuchungen. Bis heute können die Airbus-Manager nicht plausibel erklären, wofür die rund 200 Millionen Euro verwendet wurden. Vermutlich hätten die verantwortlichen Beamten anders agiert, wenn sie für ihr jahrelanges Nichtstun in der Eurofighter-Affäre finanziell haftbar gemacht worden wären. Wie gesagt, aktuell ziehen unterlassene Handlungen zum Schaden der Republik keine Konsequenzen nach sich.

Die Justizbehörden in München und Wien gehen davon aus, dass beim Eurofighter-Deal Schmiergelder gezahlt wurden. Doch das zu beweisen, ist grundsätzlich schwer. Sinnvoller wäre es, eine Regel zu schaffen, die Scheinrechnungen per se finanziell unter Strafe stellt. Einer Scheinrechnung liegt keine wahre Leistung zugrunde. Das ist klar. Fingierte Rechnungen dienen dazu, etwas zu verbergen: vor der Finanz, der Justiz oder einer dritten Person. Auch das ist logisch. Dementsprechend liegen in der Regel unlautere Motive vor. Wieder ein Fall von Triple-Damage. Wer bei Geschäften mit der öffentlichen Hand Leistungen nicht plausibel erklären kann – also Scheinrechnungen ausstellt –, der muss den dreifachen Rechnungsbetrag als Pönale zahlen, an die betrogene Stelle, an eine Non-Profit-Organisation und an die Branchenkonkurrenz. Strenge Strafen sollten in eindeutigen Fällen rasch exekutiert werden. Anders ausgedrückt: Wer ein Expertenhonorar in Millionenhöhe zahlen will, der soll das auch künftig tun dürfen. Wenn aber Auftragnehmer und -geber das Honorar nicht erklären können, dann wird es ernst. Wer einem Nicht-Experten ein Expertenhonorar zahlt oder Null-Leistungen fürstlich honoriert, der soll nicht nur in Erklärungsnot kommen. Rasche Geldbußen schmerzen viel mehr als die Drohung, in ein langes Strafverfahren verwickelt zu werden. Anders als bisher sollten Vertragsstrafen bei Korruption schon bei dringendem Tatverdacht fällig werden, nach dem Grundsatz: Wer Rechnungen nicht erklären kann, der muss zahlen. Beim Finanzamt wird das schon lange praktiziert. Bei der Einkommensteuererklärung gilt: Fragwürdige Rechnungen werden nicht anerkannt. Dieses Prinzip könnte man problemlos bei Beschaffungsaufträgen anwenden.

Beim Eurofighter-Skandal kam alles zusammen: dubiose Zahlungen an Lobbyisten, Scheinrechnungen an Gegengeschäfts-Broker und verdächtige Briefkastenfirmen. Weder Airbus noch die Zahlungsempfänger konnten glaubhaft machen, wofür das Geld geflossen war. Trotzdem erlitt Airbus keinen finanziellen Nachteil. Das mag noch kommen, aber bis dato kamen auch Airbus-Lobbyisten wie die Agentur Rumpold ohne finanziellen Schaden davon. Selbst als die Justiz im Fall Rumpold von der Finanz auf dubiose Zahlungseingänge hingewiesen wurde, passierte nichts. Der ermittelnde Staatsanwalt öffnete nicht einmal die Rumpold-Konten, um Geldflüsse zu untersuchen, oder durchsuchte die Rumpold-Büros nach Scheinrechnungen. Er tat nichts, außer einen Vorhabensbericht zu schreiben, in dem er sein Nichtstun in Worte fasste. Das war vor acht Jahren. Mittlerweile arbeitet der Mann ohne Riecher bei der Wirtschafts- und Korruptionsstaatsanwaltschaft. In der Zwischenzeit wurde Gernot Rumpold in einem Telekom-Verfahren schuldig gesprochen, weil er haufenweise Scheinrechnungen ausgestellt hatte. Spät, aber doch. Darauf können die Telekom-Staatsanwälte zwar stolz sein, doch für die Eurofighter-Staatsanwälte ist das peinlich – und für die Justiz insgesamt ist die Causa eher ein Beispiel für systematisches Versagen.

Politiker, Privilegien & Presse

Die Aufarbeitung der großen Wirtschaftskrimis wird den üblen Geruch der Zweiklassenjustiz nicht los. Die Immunität von Abgeordneten wirkt da wie ein Relikt aus längst vergangenen Tagen. Zweifellos darf die Ausübung der parlamentarischen Arbeit nicht eingeschränkt werden. Doch warum muss ein parlamentarischer Immunitätsausschuss darüber wachen, ob das Auslieferungsbegehren angebracht ist. Es entsteht der Eindruck, dass selbst die Parlamentarier der Justiz nicht trauen. Ein schlechtes Signal für das Wahlvolk. Die parlamentarische Immunität sollte deshalb abgeschafft werden. Nur die freie Rede sollte sanktionslos bleiben, der Rest nicht. Die Treuhandgeschäfte des FPÖ-Generalsekretärs Herbert Kickl könnten dann problemlos und uneingeschränkt untersucht werden. Die aktuelle Gesetzeslage verbietet das. Umgekehrt dürfen Politiker, die rechtskräftig vor Gericht stehen, weiterhin ihr politisches Amt ausüben. Auch das ist untragbar. Rücktritt bei Anklage, nicht erst bei rechtskräftiger Verurteilung. Suspendierung bei laufenden Ermittlungen. Für Politiker sollten strenge Maßstäbe gelten, zumal Strafverfahren eher selten sind. Warum durfte der wegen Untreue im Zusammenhang mit dem Salzburger Finanzskandal (nicht rechtskräftig) verurteilte Heinz Schaden nach Anklage und während des Prozesses sein Amt als Salzburger SP-Bürgermeister ungehindert ausüben? Auch der Kärntner SP-Landeshauptmann Peter Kaiser, der in der Top-Team-Affäre massiv unter Beschuss stand, hätte sein Amt vorläufig ruhend stellen müssen. Zumindest bis zum Abschluss der Ermittlungen sollten hohe politische Exekutivämter nicht ausgeübt werden dürfen. Betroffene Politiker pochen grundsätzlich auf die Unschuldsvermutung. Solange nicht ein rechtskräftiger Schuldspruch vorliege, solle man sie doch bitte in Ruhe lassen. Warum eigentlich? Jeder Spitzenrepräsentant hat einen Stellvertreter, der bis zum Verfahrensabschluss die Amtsgeschäfte übernehmen könnte. Eine lange Verfahrensdauer hätte dann auch für Spitzenpolitiker spürbare Konsequenzen und wäre nicht nur wie jetzt ein Problem für den Durchschnittsbürger. Im Moment werden von Politikern Strafverfahren lediglich als unangenehm empfunden. Dass die Unschuldsvermutung, die von strafverfolgten (Ex-)Politikern gerne strapaziert wird, nicht in Stein gemeißelt ist, beweist die aktuelle Asylgesetznovelle. Demnach starten Verfahren zur Asylaberkennung nicht erst bei rechtskräftiger Verurteilung, sondern schon bei Anklageerhebung oder sobald jemand auf frischer Tat ertappt wurde oder in U-Haft landet. Laut Gesetz soll das Aberkennungsverfahren binnen eines Monats abgeschlossen sein – und die Abschiebung umgehend folgen. Wünschenswert wäre es, wenn die Abgeordneten eine ähnliche Zero-Tolerance-Politik für Korruptionsdelikte einführten.

Nicht nur für Abgeordnete im Nationalrat oder in den Landtagen sollten strengere Regeln gelten. Auch den Aufsehern von staatsnahen Unternehmen sollte auf den Zahn gefühlt werden dürfen. Betrugsfälle wie am Burgtheater zeigen eindrucksvoll, dass ein zahmer Aufsichtsrat dazu beitragen kann, ein günstiges Umfeld für Malversationen zu schaffen. Generell fällt auf, dass im staatsnahen Bereich der sogenannte Dunning-Kruger-Effekt ein recht häufig zu beobachtendes Phänomen ist. Gemeint ist die von den Psychologen David Dunning und Justin Kruger entwickelte Theorie, wonach unfähige Menschen nicht nur besonders beratungsresistent sind, sondern auch keine Inkompetenz-Kompetenz aufweisen. Die Aufseher im Burgtheater, in der Hypo und bei anderen Korruptionsfällen belegen das: Schwache Leistungen gehen einher mit großer Selbstüberschätzung. Inkompetente Personen neigen dazu, ihre eigenen Fähigkeiten zu überschätzen und überlegene Fähigkeiten bei anderen nicht zu erkennen. Weil unfähige Personen auch unfähig sind, das Ausmaß ihrer eigenen Inkompetenz zu erkennen, machen sie systematische Fehler. Angesichts der schwachen Performance bei der Bewältigung der Hypo-Krise wurde auch ein Kompetenz-Vakuum in Finanzministerium, Finanzmarktaufsicht und Nationalbank offensichtlich. Das Ministerium wird durch das Parlament kontrolliert, wo wiederum gewählte Politiker sitzen. Im Alltagsgeschäft ist die Finanzmarktaufsicht weisungsfrei und die Nationalbank dem Regime der Europäischen Zentralbank unterworfen. Freilich unterliegen auch sie den jeweiligen Gesetzesnormen und unregelmäßigen Rechnungshof-Prüfungen. Doch im Wesentlichen kontrollieren sie sich selbst. Wenn Kontrollstellen de facto unkontrolliert arbeiten, dann bleibt als einzige Kontrollinstanz nur noch die freie Presse als »public watchdog« übrig.

Die Inseratenaffäre rund um Kanzler Werner Faymann hat das besondere Naheverhältnis zwischen der Spitzenpolitik und Boulevardzeitungen, wie »Heute«, »Kronen Zeitung« und »Österreich«, offengelegt. Solche Konstellationen sorgen für Interessenkonflikte und sind demokratiepolitisch nicht gesund. Bis zuletzt plante die Regierung unter SP-Kanzler Christian Kern eine »plattformneutrale« Förderung von Journalisten bzw. von journalistischen Arbeitsplätzen. Demnach soll die Grundvoraussetzung für die Basisförderung der Status als »Universalmedium« sein. Die Regierung will keine Fachmedien (»Special Interest«) fördern, sondern nur Publikumszeitungen und -zeitschriften. (Warum eigentlich nicht?!) Der Haken am Regierungsplan: Der »Grundbetrag« von bis zu 5000 Euro pro Journalist soll in keiner Weise von Qualitätskriterien abhängig gemacht werden. Qualität solle lediglich »zusätzlich« gefördert werden. (Warum eigentlich?!) So soll es für Redaktionsstatuten (bis zu 2000 Euro pro Journalist), für moderierte Foren (bis 1100 Euro pro Journalist) oder für die Teilnahme am Presserat (bis 1000 Euro) zusätzlich Geld geben. Geplant sei ein Förderdeckel von einer Million Euro.

Dieses seltsame Modell hat vermutlich einen fragwürdigen Hintergrund. SP-Medienminister Thomas Drozda will nun erstmals Gratismedien Steuergeld zuschanzen. Er wolle sich die Entscheidung nicht anmaßen, einzelne Redaktionen nicht zu fördern, lautet seine Verteidigung. Drozda: »Da bewegen wir uns sehr nahe an der Zensur.« Franz C. Bauer, Präsident der Journalistengewerkschaft, kann da nur den Kopf schütteln. »Das ist ein Schlag ins Gesicht jedes denkenden Bürgers«, meint Bauer zu Drozdas Plänen. Die Abhängigkeit von Inseraten als einziger Einnahmequelle stelle Gratismedien auf eine andere Ebene als Kaufzeitungen, argumentiert Bauer im »Standard«. »Wenn ein Unternehmer beschließt, seinen Leserinnen und Lesern eine Zeitung zu schenken, dann ist das sein Privatvergnügen«, so Bauer. »Wenn er dafür aber dann in die Taschen der Steuerzahler greifen will, um sich dieses Geschenk von anderen finanzieren zu lassen, dann ist das ganz einfach frech.« Seit der Faymann-Affäre ist bekannt, dass sich die SPÖ das Wohlwollen des Boulevards gerne mit Inseratenmillionen sichert. Drozda will diese fragwürdige Gepflogenheit offensichtlich noch weitertreiben – und Krawallblättern zusätzlich Förderungen nachwerfen. Drozda hat recht, Zensur geht gar nicht, der willkürliche Ausschluss von Zeitungen von den Fördertöpfen auch nicht. Was aber sehr wohl geht, ist die Festlegung von einheitlichen Qualitätskriterien, die sowohl für Gratisblätter als auch Boulevard- und Qualitätszeitungen gelten.

Die Anwendung des Journalisten-Kollektivvertrags und des Ehrencodex der Presse sollte eine Selbstverständlichkeit sein. Förderungswürdiger Journalismus kann nur in Medien stattfinden, wo qualifizierte Journalisten arbeiten. Seriöse Journalisten sind bemüht, dem Ehrencodex der österreichischen Presse zu folgen. Über die Einhaltung dieser journalistischen Ethikrichtlinien wacht der Presserat. Dieser ist ein freiwilliges Organ der Selbstkontrolle im Medienbereich, das Verstöße dokumentiert und transparent macht. Bei der Vergabe von Presseförderungen und öffentlichen Inseraten könnte der Presserat eine aufgewertete Rolle spielen. Wiederum geht es um Transparenz, Verantwortlichkeit und Kontrolle. Im Presserat sitzen schon jetzt Vertreter aller seriösen Medien des Landes, was eine gewisse Äquidistanz und Sachlichkeit in der Entscheidungsfindung garantiert. Medien, die sich nicht an Ehrencodex oder Kollektivvertrag halten, sollten nicht mit Steuergeld unterstützt werden. Der Presserat könnte beispielsweise ein Moratorium über ethisch fragwürdige Medien aussprechen: Wer nachweislich, mehrfach und rücksichtslos andersdenkende oder schutzbedürftige Personen beschimpft, gegen sie gehetzt oder sie in ihrer Menschenwürde verletzt hat, der soll für die Dauer von ein, zwei oder drei Quartalen kein öffentliches Geld kassieren. Nach Ablauf der Frist sollen Presseförderung und Inserate wieder freigegeben werden. Die betroffenen Medien hätten es dann in der Hand, ihr publizistisches Verhalten zu ändern. Das würde nicht nur die Eigenverantwortung stärken, sondern auch die Qualität der Berichterstattung.

Im Moment arbeiten die Boulevardblätter ohne Selbstkontrolle. Diskriminierung, Hetze und Persönlichkeitsverletzungen machten den Großteil der vom Presserat sanktionierten Verstöße aus. Die Rangliste der Verstöße gegen den Ehrencodex wurde – wenig überraschend – im Jahr 2016 von »Kronen Zeitung«, »Österreich«, »Wochenblick« und »Heute« angeführt. Überwiegend Medien, die aufgrund ihrer hohen Reichweite auch die meisten Inserate bekommen, und nach den vorläufigen Plänen der Regierung auch in Zukunft die meisten Förderungen bekommen würden. Die Auslagerung der Bestrafungskompetenz an den Presserat würde den Vorwurf der politischen Einflussnahme ins Leere gehen lassen und mittelfristig zu einer Verbesserung des politischen Klimas beitragen. Vermutlich würden auch die Boulevardzeitungen an Qualität gewinnen. Jedenfalls könnten sich Medien dann ihrer eigentlichen Hauptaufgabe widmen: der uneingeschränkten Information und kritischen Reflexion über Geschehnisse und Entwicklungen von öffentlichem Interesse – und nicht der Verbreitung von Parteiwerbung und Unternehmens-PR. Viele Verlage durchleben wirtschaftlich angespannte Zeiten, setzen Ressourcen falsch ein. Verlegerische Geschäftsmodelle, wo konstruktiver, investigativer sowie auf- und erklärender Journalismus keinen Platz haben, sollten nicht vom Staat gefördert werden.

Schluss mit dem Amtsgeheimnis

Journalisten kommt eine besondere Rolle als »public watchdog« zu. Doch das ist kein Exklusivrecht. Ein Informationsfreiheitsgesetz könnte jedem Staatsbürger ermöglichen, den Mächtigen auf die Finger zu schauen. Der uneingeschränkte Einblick in die Geschäfte der öffentlichen Hand sollte jedem Bürger zustehen. Das Konzept ist nicht neu. Vor 250 Jahren erlaubte Schweden als erstes Land seinen Bürgern, Informationen von staatlichen Stellen anzufragen und Dokumente von Behörden einzusehen. In den Sechzigerjahren reformierten die USA ihren »Freedom of Information Act« und gewähren seither weitreichende Akteneinsicht. Selbst in Deutschland gibt es seit zehn Jahren ein Informationsfreiheitsgesetz. Weltweit gewähren mehr als 100 Staaten ihren Bürgern auf nationaler Ebene das Recht auf Zugang zu Behördeninformationen. Das ist grundsätzlich auch in Österreich so, wo das sogenannte Auskunftspflichtgesetz gilt. Doch in der Praxis verweigern Beamte – meist aus Bequemlichkeit – jede Auskunft und verweisen auf das Amtsgeheimnis. Das führt im Moment dazu, dass etwa Amtsmissbrauch und Förderungsbetrug viel zu lange unter der Decke bleiben. Die Geheimnistuerei geht so weit, dass sich auch öffentliche Stellen gegenseitig Auskünfte mit Verweis auf das Amtsgeheimnis verweigern bzw. verzögert weitergeben. Bei der Aufarbeitung von Wirtschaftsskandalen (Buwog, Hypo) bremsten sich regelmäßig Finanz- und Justizministerium gegenseitig aus – und gelegentlich spielte auch das Wirtschaftsministerium (Eurofighter) mit. So werden ideale Rahmenbedingungen für Korruption geschaffen.

Wie weit muss der Staat seinen Bürgern Einblick in seine Arbeit gewähren? Derzeit sticht das Amtsgeheimnis die Auskunftspflicht der Behörden: Ersteres verpflichtet Behörden zur Verschwiegenheit über vertrauliche Informationen, Letzteres erlaubt die Auskunft über alles, was keiner Verschwiegenheit unterliegt. Was ist nun vertraulich? Für Österreichs Beamte grundsätzlich alles. Unvergessen ist der Fall aus dem niederösterreichischen Langenzersdorf, wo ein Bürger sich für die Ergebnisse der Gemeinderatswahl 2010 interessierte. Die Auskunft zur Vorzugsstimmenverteilung wurde ihm mit Verweis auf das Amtsgeheimnis verweigert. Das sagt alles.

Die Abschaffung des Amtsgeheimnisses wäre wichtig für die Korruptionsbekämpfung, weil sie Transparenz förderte und Behördenwillkür abstellte. Ob bei der Strafverfolgung, bei der Steuereintreibung oder bei der Vergabe von Förderungen: Uneingeschränkter Einblick in Behördenakten ist nicht nur Gift für Willkür, sondern ermöglicht die Aufdeckung von Missständen, die Identifizierung der dafür Verantwortlichen und beschleunigt gegebenenfalls deren Verfolgung. Dass Akten von schutzwürdigen Personen, wie etwa Kindern und Jugendlichen, oder Daten zu Krankheit und Gesundheit nicht für jedermann online einsehbar sein sollten, versteht sich von selbst. Doch die Bereiche, die einen besonderen Vertrauensschutz erfordern, sind überschaubar. Werden Akten vor der Einsicht ohne Begründung eingeschwärzt, dann sollten die Verantwortlichen dafür zur Rechenschaft gezogen werden können. Eine derartige Beamtenwillkür bremste die Aufklärungsarbeit in den parlamentarischen Untersuchungsausschüssen, blieb aber bis dato ohne Konsequenzen für jene, die die Aktenschwärzungen angeordnet hatten. Auch die Vereitelung von Aufklärungsarbeit sollte nicht ungestraft bleiben.

Das Amtsgeheimnis schafft in der Korruptionsbekämpfung eine Informationsasymmetrie: Die Ermittler kennen ihren Strafakt, externe Whistleblower kennen ihn nicht. Die könnten aber wertvolle Hinweise liefern – die zur Aufklärung beitragen –, wenn sie nur davon wüssten. Freilich besteht die Gefahr, dass mit Veröffentlichung von Ermittlungsakten auch die Wirtschaftskriminellen gewarnt werden. Doch das sind sie ohnedies über die Akteneinsicht, die jedem Beschuldigten in einem Strafverfahren zusteht. Die Akten könnten online gestellt werden, wenn der Staatsanwalt nicht mehr weiterweiß oder bei der Suche nach einem Anfangsverdacht auf der Stelle tritt. Die Möglichkeit, über das Internet teilweisen bzw. eingeschränkten Einblick in Behördenverfahren nehmen zu können, wäre ein Fortschritt. Echte Informationsfreiheit, gepaart mit klaren Verantwortlichkeiten, wäre in Österreich sicherlich eine kleine Revolution und würde – was noch viel wichtiger ist – das ultimative Ende für den geplünderten Staat und seine Profiteure bedeuten.